메이저리그 마이너리그 치열한 경쟁

John Feinstein 지음
IB스포츠 옮김

BOOK STAR

◆

목차

◆

추천사

송재우 MBC SPORTS+ 메이저리그 해설위원

2016년 대한민국과 관련한 메이저리그 역사는 다시 한번 씌어졌다.

기존의 추신수, 류현진, 강정호의 뒤를 이어 박병호, 이대호, 김현수, 오승환이 메이저리그에 도전장을 던진 것이다. 박찬호로 시작된 메이저리그 관심도가 이렇게 올라간 적은 실로 오랜만이다.

그런데 우리에게 비쳐지는 것은 메이저리그에서의 화려한 모습과 좋은 활약에 따른 환호뿐이다. 하지만 모든 면에서 밝음과 어두움이 공존한다. 이들의 영예 뒤에는 낮은 임금과 대우 그리고 주목받지 못하는 외로움의 과거가 있다.

열악한 환경과 제한된 자리를 차지하기 위한 치열한 경쟁, 그리고 누군가 자기를 지켜보고 끌어줄 사람을 기다리며 땀을 흘린다. 때론 그 기다림이 영겁의 시간으로 이어질 때로 있다.

이 책에 다뤄진 인물들은 모두 실존 인물이고 각자가 걸어온 길은 다르다.

하지만 이들이 바라보는 곳은 한 군데이다. 그 목표 지점이 멀게만 느껴진다. 하지만 멈추지 않는 자만이 그곳에 다다를 수 있다는 것을 너무 잘 알고 있다.

이들의 삶은 우리네 인생과 다름이 없다. 이 책의 인물들을 통해 낯선 마이너리그 생활과 어려움 그리고 꿈의 무대 메이저리그에서 뛰는 선수들을 한 번쯤은 다른 시각으로 바라보고 퍽퍽한 삶에 힘을 얻을 수 있는 계기를 삼아 보는 것은 어떨까!

박찬호

오늘의 나는 어제까지의 내가 만들었다. 어려움과 고통, 힘겨움은 모두 자신의 생각이 만들어 놓은 착각일 뿐이다. 고난을 이겨내려면 내가 달라져야 한다. 고통은 절대적으로 우리를 더 강하게 만들 수 있는 비타민이다. 이 책을 읽으면, 내가 미국 프로야구에 처음 진출해서 겪었던 힘든 시절이 다시 생각난다. 독자들도 이 책을 통해 희망과 용기를 갖고 오늘의 힘든 세상을 극복하기 바란다.

추신수

2000년 미국 프로야구에 진출해서 5년간 마이너리그 선수로 뛰었다. 마이너리그 생활은 너무 힘들었다. 오직 메이저리그 진출을 목표로 남들보다 더 열심히 훈련을 했다. 2005년 4월 21일, 드디어 대타로 메이저리그 첫 타석에 들어섰으나, 결과는 1루 땅볼이었다. 3일 후 경기에서 마침내 첫 안타, 첫 타점을 기록했다. 이 감격적인 순간을 어찌 잊겠는가? 이 책은 나와 같은 선수들의 애환과 좌절, 그리고 감격적인 성공 이야기를 담고 있다.

류현진

직구보다 변화구에서 왜 홈런이 많이 나오는지 아세요? 치기는 더 어렵지만, 치기만 한다면 더 많은 회전이 담긴 변화구가 더 힘을 받고 더 멀리 날아가기 때문입니다. 지금 내 앞에 남들보다 힘들고 어려운 변화구가 날아오고 있습니까? 축하합니다! 당신은 이제 홈런을 칠 수 있는 기회를 잡은 것이니까요. 이 책에는 기회가 왔을 때 홈런을 친 사람들과 삼진을 당한 사람들의 이야기가 담겨 있습니다. 여러분도 이 책을 읽고 인생의 역전 홈런을 날리기 바랍니다.

강정호

미국 메이저리그는 야구 천재들이 모이는 곳이다. 또한, 무수한 야구 천재들이 처참하게 무너져 내린 곳이기도 하다. 메이저리그에서 주전 자리를 확보하는 것은 정말 어렵다. 나는 메이저리그에 처음 진출한 시범경기에서 27타석에 3안타, 타율 0.111라는 극심한 부진을 겪었다. 하지만 이를 극복하고 메이저리그에 성공적으로 정착했다. 이 책은 나처럼 미국 프로 야구에서 성공하기 위해 고군분투하는 사람들의 이야기이다.

◆◆

등장 인물

스콧 엘라튼 투수. 신인 시절, 1차 지명 선수로 24세에 휴스턴 에스트로즈에서 17승을 거둔 적이 있으나 2008년 부상과 음주 문제로 선수 생활이 중단되었다. 2011년 8월 엘라튼은 자신의 야구 인생이 끝나지 않았음을 깨닫고 필라델피아 필리스의 트라이아웃에 참가하기로 결심한다. 결국, 이 도전은 그의 무모한 기대를 뛰어넘었다.

론 존슨 볼티모어 오리올스 산하 트리플A팀 노퍽 타이즈의 감독. 57년 인생 중 대부분의 시간을 마이너리그에서 보냈으며, 메이저리그에서 22경기를 뛰었다. 그는 스스로 "나는 내 별 볼 일 없는 커리어의 황혼기에 있다."라고 말한다. 매일 같이 야구장에 가는 것을 사랑했고 이 열정은 그를 완벽한 트리플A팀의 감독이 될 수 있게 하였다. 존슨은 트리플A의 삶에 대해 이렇게 이야기했다. "만약, 네가 마이너리그를 좋아하지 않는다면, 더 열심히 해라."

존 린지 지명타자. 린지는 야구 역사에서 독특한 기록을 남겼다. 그는 역사상 어떤 선수들보다 메이저리그 승격 없이 가장 많은 마이너리그 게임을 출장했다. 2010년 그가 원치 않았던 기록은 끝이 났다. 린지는 메이저리그로 돌아가는 것에 대해서 그 자신은 '우연한 사고'였다고 말한다. 그는 "어느 누구도 상처받는 것을 응원하지 않는다. 그렇지만 사람들은 상처를 받는다. 그것이 현실이다."라고 이야기했다.

마크 롤로 심판. 30세가 되던 2011년, 롤로는 메이저리그 승격 명단에 올랐다. 이것은 롤로가 메이저리그 수준의 경기를 진행할 수 있으며, 곧 메이저리그에서 심판을 할 수 있다는 의미였다. 그러나 2012년은 매우 어려운 한 해였다. 아주 극소수의 심판들만이 승격되었으며, 그는 심판 인생의 미래에 대한 의문이 생기기 시작했다.

네이트 맥클라우스 볼티모어 오리올스 외야수. 굴곡 많은 야구 인생의 완벽한 본보기이다. 맥클라우스는 2008년 피츠버그에서 올스타에 선정되며 애틀랜타로 이적하게 되고 다시 피츠버그로 오게 된다. 2012년에 0.140의 타율을 기록하며 방출을 당한다. 그는 야구 인생이 끝날지도 모르는 상황이었지만 트리플A 노퍽에서 기회를 잡았고, 2012년 포스트시즌 주전 좌익수로 활약하게 된다. 2013년 시즌을 200만 달러에 볼티모어와 계약했다.

찰리 몬토요 템파베이 레이스 산하 트리플A 더햄 불스의 감독. 47세인 그는 7번의 시즌 동안 6번이나 포스트시즌에 팀을 진출시킨 유능한 트리플A 감독이며 레이스 역시 몬토요가 선수들을 잘 육성하는 것에 큰 믿음을 보내고 있다. 그러나 그의 성공적인 경력과 주변의 인정에도 불구하고 그는 메이저리그에서 좋은 제의를 받을 수가 없었다.

스콧 포드세드닉 외야수. 2005년 월드시리즈의 영웅. 월드시리즈 2차

전에서 끝내기 홈런을 치면서, 휴스턴과 1승 1패의 동률이 될 수 있었던 상황을 시카고 화이트삭스가 리드하는 상황으로 만들고 시리즈 싹쓸이(sweep)를 이끌었다. 하지만 2년 후에 포드세드닉은 방출되었고 그는 방랑자처럼 캔자스시티, 시카고, 필라델피아, 보스턴으로 팀을 옮겨가며 트리플A에 머무는 시련을 겪었다. 2012년 시즌을 필라델피아 필리스 산하 트리플A 리하이밸리에서 시작한 포드세드닉은 그의 굴곡 많던 야구 인생의 여정을 끝내려고 생각하고 있다.

크리스 스윈든 투수. 그는 2012년 그 자신은 원하지 않았지만 야구 역사에 남을 만한 기록을 세우게 된다. 그것은 바로 그가 5주 동안 4개의 팀에서 방출과 계약을 한 것이다. 37일 동안 뉴욕 메츠에서 버펄로로 그리고 라스베이거스(토론토 블루제이스 산하)로, 그리고 콜럼버스(클리브랜드 인디언즈 산하)로, 그리고 스크랜튼 윌크스배리(뉴욕 양키스 산하)로 팀을 옮겼다가 결국은 원소속 팀이었던 뉴욕 메츠 산하 버펄로로 돌아오게 되었다.

브렛 톰코 메이저리그 100승 투수. 톰코는 2009년 그가 100번째 승리를 거두는 경기에서 심각한 어깨 부상을 당하게 된다. 그의 말에 의하면 그는 매우 형편없는 신인 시절을 보냈지만 2년 후 텍사스에서 메이저리그에 데뷔하였다. 톰코는 신시내티 레즈 산하 트리플A 루이즈빌에서 2012년 시즌을 시작했다.

◆◆◆

프롤로그

Prologue

2012년 6월 2일

늦은 봄, 펜실베이니아 주 앨런타운의 저녁, 2008년부터 5년간 리하이밸리 아이언피그스의 홈구장으로 사용된 코카콜라 파크는 1만 100명의 관중으로 매진을 이루었다. 땅거미가 지고 기온은 21도 정도였으며 약간의 바람이 불었다. 그날은 토요일 저녁이었고 1982년 발표한 빌리 조엘의 노래 '앨런타운'으로 유명해진 인구 12만 명이 안 되는 도시의 야구장이었다.

리하이밸리 아이언피그스가 오타와에서 앨런타운으로 홈을 옮긴 후 매진이 되거나 매진에 임박하는 일은 일상적인 일이 되었다. 그리고 야구장은 포터컷 레드삭스와의 더블헤더 경기 중 두 번째 경기가 시작되는 것을 알리듯이 함성으로 가득 찼다.

아이언피그스는 30분 전에 첫 번째 게임을 5대 4로 이기고 두 번째 경기도 홈팀으로서 분위기 좋게 시작하였다. 포터컷 레드삭스는 원래 예정된 선발투수였던 로스 올렌도프가 전날 샌디에이고 파드리스와 계약을 하는 바람에 주로 중간 계투로 나오던 토니 페냐 주니어를 선발투수로 등판시켰다.

오늘 포터컷의 선수가 내일은 애리조나의 선수가 될 수 있는 것이 마이너리그의 삶이다. 혹은 이런 일들이 때때로 다른 방식으로 나타나기도 한다.

그 경기에서 페냐는 3이닝을 던졌다. 포터컷의 감독 어니 베일러는 그가 6점을 주지 않았더라도 그를 강판시켰을 것이다. 페냐는 54개의 공을 던졌다. 그것은 감독들이 중간 계투에게 바라는 최대한의 투구 수였다. 아이언피그스가 4회 말 6대 4로 경기를 리드를 잡았을 때 베일러는 불펜으로 가서 투수 교체를 준비했다.

모든 마이너리그 야구장에서 이닝과 이닝 사이에 아무것도 안 하는 경우는 없다. 팬들은 안타, 득점 그리고 실책 다음에 이닝과 이닝 사이의 엔터테인먼트를 기대하고 그것을 즐긴다.

야구장에는 팬들이 참여하는 각종 이벤트가 있으며 스탠드에서 모두의 정신을 산만하게 만들 만한 몇몇 이벤트가 진행된다. 이런 상황을 봤을 때, 더햄에서 2012 시즌 중 가장 실망스러운 사건은 조지 젯슨 나이트(George Jetson Night)가 우천으로 취소된 것이었다.

앨런타운에는 웩언인턴(whack an Intern)이라 불리는 유명한 팬 참여 이벤트가 있다. 웩언인턴은 단어가 가진 의미의 폭력적인 이벤트가 아니라 가족들이 참여하는 이벤트이다. 4개의 구멍이 있는 큰 상자가 3루 베이스 쪽에 설치되고, 그 안으로 피그스의 인턴들이 들어가 있는다. 그리고 참여자들은 플라스틱 배트를 가지고 구멍으로 나오는 인턴들의 머리를 치는 이벤트이고 연속으로 가장 많이 치는 사람이 승리하는 게임이다.

야구장을 찾는 모든 사람이 웩언인턴에 몰입하는 동안 베일러 감독은 좌측 불펜으로 구원투수를 교체하기 위해 갔다. 장내 아나운서가 구원투수를 소개할 때 그곳은 이미 플라스틱 배트에 지배를 당하고 있어서 사람들은 그 어떤 반응을 보이지 않았다.

구원투수는 바로 2006년 8월에 마지막으로 메이저리그 경기를 가졌었던 마크 프라이어였다. 마지막 메이저리그 경기 이후로 프라이어는 마이너리그에서 6년간 샌디에이고, 텍사스, 뉴욕 양키스 이렇게 3팀에서 48이닝을 던졌다.(매년 8이닝씩 던진 셈이다) 마운드에서 몸을 풀고 있는 31세의 투수는 웩언인턴의 우승자 발표에 정신이 분산된 팬들에게 자신의 존재를 알릴 수 있는 방법이 없었다.

이 사건은 마크 프라이어가 누군지 기억하는 사람들에게는 매우 놀랄 만한 일이었다. 2001년, USC를 나와 그해 신인 드래프트에서 전체 2번으로 지명되었다. 그가 2번으로 지명된 이유는 그가 당시 1번 픽을 가지고 있던 미네소타에서 뛰기를 거부했기 때문이었다. 결국, 미네소타는 미네소타 지역의 영웅인 조 마우어를 대신해서 뽑았고 이것은 양측 모두 만족하는 드래프트였다.

프라이어는 컵스와 1,050만 달러의 계약금으로 계약했으며 이것은 2009년 스티븐 스트라스버그가 워싱턴 내셔널스와 1,500만 달러의 보너스로 계약하기 이전까지 신인이 받은 가장 높은 계약금이었다. 프라이어는 2002년에 메이저리그에 데뷔하였고 1년 뒤 그가 22세가 되던 해, 18승을 거두며 내셔널리그 사이영상 투표에서 3위를 기록했다. 그와 캐리 우드는 컵스를 내셔널리그 중부 지구 챔피언으로 이끌었고, 1945년 이후 팀의 첫 월드시리즈 진출에 1승만을 남겨두었다.

내셔널리그 챔피언십 6차전 8회에 컵스의 관중인 스티브 바트맨이 루이스 카스티요의 파울볼을 잡았을 때 프라이어는 컵스의 역사에 오점을 남겨 버린 투수가 되었다. 만약에 모이제스 알루(당시 컵스의 좌익수)가 그 파울볼을 잡았더라면 3대 0으로 앞서고 있는 상황에서 무실점 행진 중이던 프라이어의 활약과 더불어 월드시리즈까지 아웃카운트 4개만을 남겨두는 상황이었다. 그러나 컵스는 결국 그러지 못하였다. 프라이어는 모든 야구팬이 기대하는 그런 스타가 되지 못했다. 2003년에 프라이어는 2012년의 스트라스버그처럼 좋은 투구를 했지만 그는 팔꿈치 수술을 받지 않았다.

1년 뒤, 프라이어에게 부상이 시작되었다. 아킬레스건 파열을 시작으로 이후에 다른 부상들이 나타나기 시작했다. 2005년에는 11승을 거둘 만큼 건강을 유지하였으나 2006년 8월 어깨 부상으로 두 달간 부상자 명단에 오르게 되었지만 예상보다 일찍 복귀를 했다. 그리고 그가 다시 마운드에 올랐을 때, 그는 3년 동안의 빛나던 성적보다 저조한 1승 6패와 7.21의 평균 자책점을 기록했다.

비시즌 동안 수술을 거부한 이후 그는 다음 시즌 수술대에 오를 수밖에 없는 상황이 되기 전까지 마이너리그에서 1이닝만을 던졌다. 컵스는 2007년 말 그를 방출했고, 그의 마이너리그 여정이 시작되었다.

샌디에이고에서 2시즌 동안 부상으로 공을 던져 보지도 못했고 텍사스에서 1년, 양키스에서 1년을 뛰었다. 4년 동안 그는 21번 마운드에 올랐으며 메이저리그로 돌아갈 만큼 건강한 상태를 만들지 못했다.

그는 그의 팔이 건강하다는 것을 보여주기 위해 플로리다에서 열린 확장된 스프링 트레이닝에 참여했고 레드삭스와 2012년 5월 계약을 체결했다. 그와 계약을 채결한 후 정확히 한 달이 되는 시점에서 레드삭스는 그를 포터컷 레드삭스에 합류시키기 위해 앨런타운으로 보냈다.

그의 목표는 보스턴의 중간 계투가 되는 것이었다. 그가 한때 최고의 유망주라고 불리던 시절과는 상당히 먼 이야기지만 그것만으로도 그는 만족할 수 있었을 것이다. 앨런타운의 저녁, 프라이어의 현실은 웩언인턴보다 암담했다.

신문에는 'Transactions(거래)'이라는 제목 아래에 매일 이름이 적혀 있는 리스트가 올라온다. 이 섹션은 통계 자료에 쓰이는 작은 글자 폰트를 쓰고 일반적으로 '애거트(agate)'라고 알려져 있다. 야구의 이적이 허용된 모든 날 중에 선수들의 삶이 바뀌고 그 변화는 애거트에 기록된다.

스콧 엘라튼, 브렛 톰코, 크리스 스윈든, 스콧 포드세드닉, 네이트 맥클라우스, 존 린지, 찰리 몬토요, 론 존슨, 마크 롤로.

야구를 정말 좋아하는 사람들이라면 이 9명의 이름을 아마도 들어봤을 것이다. 3명의 투수, 2명의 외야수, 1명의 지명타자, 2명의 감독, 1명의 심판. 맥클라우스만이 메이저리그로의 복귀를 위해 마이너리그에서 방출당했고, 그 경우를 제외하고는 이 9명의 대부분은 2012년 시즌을 트리플A의 인터내셔널 리그에서 시작했다.

애거트에 기록되지 않는 심판인 롤로를 제외하고는 모두는 그들의 경력 중 여러 차례 애거트에 그 이름을 드러냈다. 2012년 시즌에 스윈든은 혼자서 11번이나 애거트에 이름을 올렸다. 그들의 이야기는 대부분 야구 선수의 삶을 상징한다. 오로지 엄청난 재능과 운만이 선수들을 메이저리그로 이끌고 그들이 은퇴할 때까지 메이저리그에 꾸준히 머물게 해준다.

선수 생활 대부분을 백업 포수로 지내 오다가 클리브랜드 인디언스, 시카고 화이트삭스, 뉴욕 메츠, 몬트리올 엑스포스와 플로리다 말린스 등의 감독으로 이동한 제프 토버그는 윈터미팅 기간 동안 만약 메츠가 소문으로 들려오던 대형 트레이드를 발표할 것인가에 대해 질문을 받았다. 토버그는 "소문에 포함된 선수들에게 물어보세요."라고 대답했다.

마크 프라이어는 2012 시즌 동안 애거트에 3번 이름을 올렸다. 그 내용은 보스턴 레드삭스와 마이너리그 계약을 체결한 것과 스프링 트레이닝 엔트리 확장 때 포터컷으로 승격된 것, 그리고 8월에는 결국 보스턴 레드삭스에서 방출당했다는 소식이었다.

매 시즌 동안 Transactions란에는 사실상 주목받지 못하는 수많은 소식이 올라온다. 혹자는 프라이어, 혹은 미겔 태하다 혹은 돈트렐 윌리스와 같은 이름들을 잠시 동안 애거트에서 슬쩍 봤을 것이다. 그리고는 이것이 그들에게 일어난 일이라 생각하며 자기가 할 일을 할 것이다.

그러나 모든 이적들에는 선수들의 삶이 변하는 것들이 포함되어 있다. 그것은 야구 선수 인생에 있어서 너무나 기쁜 최고의 순간일 수도, 속이 뒤틀리게 실망스러운 최악의 순간일 수도 있다. 가족들 모두 낯선 곳으로 이사를 해야 하고, 그런 변화는 선수 자신에게도 큰 영향을 미친다. 누군가 승격되면 누군가는 강등되어야만 한다. 자신이 승격될 거라고 믿었던 3, 4명의 선수들은 또 다른 슬럼프를 겪게 되며 트리플A 클럽하우스에 항상 존재하는 질문을 스스로에게 한다. "왜 나는 안 되는 것일까?"

트리플A 시즌은 수백 개의 이야기들로 채워진다. 그 이야기들 중 몇몇은 다른 것들에 비해서 아주 강력하고 혹은 놀랍거나 가슴 아프거나 재미있거나 비범한 이야기들이다. 이 책은 마이너리그의 전반적인 삶을 살아가는, 한때는 스타였다가 져 버린, 한때는 부유했다가 그렇지 않게 된, 그리고 높은 곳을 열망했지만 한 번도 그곳에 도달해 보지 못한, 몇 안 되는 사람들에 관한 책이다.

엘라튼, 톰코, 스윈든, 포드세드닉, 맥클라우스, 린지, 몬토요, 존슨, 롤로.

스콧 엘라튼은 고등학교를 졸업하면서 1차 드래프트 라운드에서 뽑혀

24세의 나이에 휴스톤 에스트로스에서 17승을 거두며 화려하게 등장했고 부상에 의해 무너졌다.

그가 말한 것처럼, 그는 메이저리그의 삶을 살았다.

브렛 톰코는 메이저리그에서 100승을 올릴 만큼 뛰어난 선수였다. 그렇지만 아직 야구를 포기할 의사가 없었던 톰코는 2012년 39세의 나이로 트리플A에서 자리를 찾고 있는 중이다.

크리스 스윈든은 2013년을 톰코에 정확히 100승이 모자란 상태에서 시작했다. 그러나 그의 2012년의 여정은 야구 역사에서 몇 명만이 했었던 것과 일치하는 일들이었다.

큰 성공을 거둔 사람들도 그들에게 어떤 불행이 오지 않을까 걱정하는 자신들을 발견하는 경우가 있다. 2005년, 스콧 포드세드닉은 아주 경험하기 힘든 경험을 하게 된다. 포드세드닉은 월드시리즈 경기에서 끝내기 홈런을 쳤으며 시카고 화이트삭스가 휴스턴 애스트로스를 상대로 4게임 스윕을 달성한 야구 선수로서 가장 즐거운 축하의 순간에 중견수로서 그 자리에 함께 있었던 경험이 있었다.

7년 뒤, 2012년 시즌 동안 포드세드닉은 2번이나 경기 도중에 나가야 했으며, 자신이 만약에 건강했다면 자신은 아직 메이저리그에서 뛸 만하다는 믿음으로 두 차례 다시 돌아왔다.

네이트 맥클라우스는 2012년 5월 피츠버그 파이어리츠에서 방출을 당했음에도 불구하고 포드세드닉과 같은 믿음을 가지고 있다. 그의 한 시즌 동안의 과정은 그를 정상에서 바닥까지 왔다갔다하는 롤러코스터 같았다. 그의 이야기는 마이너리그의 선수들이 어떻게 지내는지 보여주는 것이었다.

선수만이 메이저리그를 꿈꾸며 마이너리그의 삶을 살지 않는다. 더햄 불스의 감독인 찰리 몬토요는 그의 26년 프로야구 인생의 대부분을 마이너리그에서 보냈다. 그는 단 한 달 동안 몬트리올에서 뛰며 5번 타석에 들어섰다.

론 존슨 역시 메이저리그에서 22게임을 3개의 팀에서 뛰었다. 2010년에 마이너리그를 거쳐 보스턴의 1루 베이스 코치로 일을 했었지만, 2011년 포스트시즌 진출에 실패하며 그 책임으로 팀을 나와야 했다. 그는 트리플A로 돌아갔고 노퍽으로 가게 됐다. 그리고 그곳에서 마이너리그 수준의 삶에 대해 불만을 가지고 있는 사람들에게 이렇게 이야기해 주었다. "만약 네가 이곳에서의 삶을 좋아하지 않는다면 더 열심히 해라."

몬토요와 존슨은 트리플A 선수들이 버스로 이동하고 혹은 별 3개짜리의 모텔에서 잠을 자는 것이 선수들에게 일어날 수 있는 최악의 일과는 거리가 있다는 것을 직접적인 체험으로 알고 있다. 그리고 이것이 선수들의 그런 불평들을 듣는 것을 별로 좋아하지 않는 이유이다.

심판들도 홈 게임이 없다는 것을 제외하고는 똑같은 삶을 산다. 선수, 감독, 코치들과 같이 트리플A에서의 불리함을 극복해 오고 있지만, 그들 역시 그들이 원하는 곳에 가 있지는 못한다. 그들을 위한 많은 돈과 부유한 삶 역시 메이저리그 레벨에서만 존재한다.

마크 롤로는 2012년 인터내셔널 리그에서 최고의 심판으로 거론되었다. 그는 메이저리그 게임에도 참여하였고 그의 목표에 거의 다 도달했다고 느꼈었다. 그러나 그는 아직 마이너리그에 있고 메이저리그로 가는 것은 마치 밤에 몸을 수없이 많이 뒤척이는 것과 같이 그가 어떻게 할 수 있는 일이 아니었다.

각 이야기는 그들이 하는 일에 최선을 다하는 사람들의 투쟁을 보여주지만 주어진 순간은 그들이 원하는 만큼 좋지는 않다. 때때로 트리플A 선수가 메이저리그로 승격할 때, 혹은 메이저리그로 돌아올 때 그들의 기분은 말로 설명할 수 없어 눈물을 흘릴 정도로 뜻깊은 일이다.

그리고 때때로 메이저리그라는 산을 올라온 선수들은 그들의 기분을 설명하기 위해 몇 개의 단어만을 선택한다. 상쾌한 10월의 밤, 불과 몇 달 전에 피츠버그 파이어리츠에서 방출되었지만 양키스와 2012년 아메리칸리그 디비전 시리즈를 준비하고 있는 네이트 맥클라우스의 생각은 간단하였다.

"이것은 정말 멋진 일입니다."

이곳의 이야기는 선수들이 그들의 이름을 영광스러운 곳이 아닌 애거트에서 보게 될 때, 그 순간들을 통해 어려움이 계속되는 2012년의 맥클라우스가 썼던 이야기들과 같다. 그 어려움은 모두에게 다르고 여러 가지 이유로 고민하게 만든다.

오클랜드 애슬레틱스의 투수인 브렛 톰코는 텍사스에서 2009년 9월에 메이저리그 100번째 승리를 거두었다. 그런데 그때 그의 어깨가 망가졌다. 그는 더 이상 공을 던지지 못할 수도 있다는 생각을 하면서 마운드에서 내려왔다. 9회 시작과 함께 크리스 데이비스에게 직구를 던지려고 하던 그는 어깨에서 무언가 튀어나오는 듯한 느낌을 받았고, 톰코는 직구를 계속 던지다가는 팔이 망가질 수도 있다고 생각해서 변화구만으로 그 게임을 마무리하였다.

톰코의 어깨에 대한 생각은 정확했다. 그의 어깨는 부러져 있었다. 부상으로 마운드에서 내려오는 것이 자신의 마지막 야구에 대한 기억이 되는 것을 원하지 않았던 톰코는 수술 이후에 야구장에 돌아왔지만 루키리그까지 강등되었다. 싱글A 리그에서 캘리포니아의 스톡튼에서 뛸 때 그는 그의 투구를 펑펑 쳐내는 여러 어린 선수들을 상대하였다. 6번의 선발 동안 그가 기록한 방어율은 7.52였다. "나는 아웃카운트를 잡을 수 없었어요." 그는 이야기했다. "이것은 매우 부끄러운 일이었죠. 그곳은 아무 관심도 받지 않는 곳이었어요. 그렇지만 그곳의 많은 사람이 나에게 '늙은이, 집으로 돌아가, 넌 끝났어.'라고 고함을 질러댔었죠."

톰코는 그 당시 그의 투구를 보는 사람들의 반응을 이해할 수 있었다.

그러나 그는 아직 그가 메이저리그에서 100승을 거두었을 뿐만 아니라 14시즌 동안 266번의 선발투수로 등판하여 1,209개의 삼진을 잡고 메이저리그에서 1,816이닝을 던졌던 선수였다는 것을 믿었다.

톰코는 의사가 다시 예전 상태로 돌아가려면 시간이 꽤 걸릴 것이라고 이야기했다고 말했다. "물론 나는 한 번도 잘한 적이 없는 그런 선수와 같았어요. 한번 고통이 지나고 나면 부상 이전의 나로 돌아갈 수 있다고 생각했었죠. 그렇지만 이건 그렇게 간단한 일이 아니었어요. 나는 여전히 예전으로 돌아갈 수 있다고 생각하고 있어요. 그렇지만 동시에 모든 현실을 직시하고 나의 아내와 자식들에게 돌아가야 하지 않을까 하고 생각하기도 합니다."

그의 아내는 그가 계속 도전을 하도록 설득하였다. 브렛 톰코는 서서히 예전의 메이저리그 타자들을 아웃시키던 시절의 투수로 돌아오기 시작하였다. 그는 시즌 말미에 마이너리그 트리플A의 새크라멘토로 돌아갔다. 그렇지만 그는 아직 메이저리그로 돌아오지 못하고 있다. 2011년 그가 받은 최고의 제안은 텍사스 레인저스에서 받은 마이너리그 계약이었다. 그는 메이저리그 캠프에 초청받지 못하고 스프링 캠프에 참여할 수 있는 기회가 없다는 것을 알고 있었던 그는 텍사스의 제안을 받아들였다.

"내가 은퇴할 생각을 얼마나 많이 했었는지 아무도 모를 것입니다. 2009년 내가 어깨 부상을 당하고 4일 뒤에 우리는 쌍둥이를 얻었어요. 그리고 내가 집을 떠나 있는 매일매일 내 아이들이 너무 그리웠어요. 그러나 나는 포기할 수 없었습니다."

4월 20일, 시즌이 빡빡하게 진행 중일 때 중간 계투가 필요한 레인저스는 톰코를 승격시켰다. 공교롭게도 그의 첫 메이저리그 등판은 19개월 전 그가 어깨를 다쳤던 바로 그 마운드였다.

"세 번째 아웃을 잡고 더그아웃으로 들어왔죠. 그리고 내가 다쳤던 그 날이 끝이 되지 않고 모든 것이 되돌아왔다고 나를 깨우쳐 주었습니다. 더그아웃에 두 걸음 들어왔을 때 자제력을 잃어버렸어요. 그것도 완벽하게 잃어버렸죠. 나는 모두가 내가 우는 걸 보는 것을 원하지 않아서 작은 화장실이 있는 복도로 바로 들어갔어요. 그리고 화장실에 들어가서 문을 잠가버렸습니다."

"나는 그곳에서 잠시 시간을 가졌어요. 몇 분 뒤, 론 워싱턴 감독이 와서 문을 두드렸어요. '이봐, 안에 괜찮아?' 워싱턴 감독이 물었죠. '괜찮은 거야?' 나는 괜찮다고 그에게 이야기했어요. 내가 나왔을 때 그는 안에서 무슨 일이 있었는지 다 안다는 듯이 웃고 있었습니다. 그는 어떤 말도 하지 않았고 그럴 필요도 없었죠. 그가 모든 것을 다 알고 있었다는 것을 나는 알 수 있었습니다."

톰코는 당시를 회상하며 미소 지었다. "때때로 삶에서 다시 돌아가는 것은 꼭 좋은 일만은 아니지만, 이 경우는 내가 했었던 어떤 것보다 만족스러웠습니다."

스포츠에서 가장 가슴 아픈 이야기는 쉽게 볼 수 있는 수백만 장자 스타들의 관한 이야기가 아니라 종종 그들이 경기를 하는 동안 실패를 하더라도 그들의 게임에 나서는 것을 사랑하는 그런 선수들에 관한 이야기이다.

르브론 제임스, 타이거 우즈, 혹은 로저 페더러, 미겔 카브레라의 업적들은 우리들로 하여금 경외심을 가지게 하지만, 그들은 가슴이 벅차오르는 감동은 만들어 내기 어렵다. 그러나 아담 그린버그가 메이저리그에서 그의 첫 타석 이후 7년 만에 두 번째 타석에 들어섰을 때 우리는 모두 멈춰 서서 바라보게 되고, 미소를 지으며 온몸에 전율을 느낀다. 팔 부상 이후 은퇴를 하고 고등학교 야구 코치를 하고 있는 지미 모리스는 35세가 되던 해에 처음 메이저리그에 진출했으며 2년간 총 15이닝을 던졌다. 그의 이야기는 디즈니 영화가 되었고 마지막 장면에서 우리를 눈물짓게 만들었다.

영화 〈루키〉는 수정을 할 수 없는 실화이기에 더 특별했다. 어느 순간에 영화에서 보이지 않는, 특히 메이저리그로 가기 위해 싸우는 선수들 사이에 살아남는 야구 선수는 없었다. 실패 없이 모리스의 이야기가 나왔을 때 그들은 머리를 흔들며 놀라워했다. 왜냐하면, 그가 메이저리그에서 15이닝을 던지는 것이 얼마나 굉장한 일인지를 모두 이해하고 있었기 때문이다.

"15분 동안 메이저리그에 머물러도 그 선수는 위대한 야구 선수입니다." 트리플A 수준 이상에서 15분을 뛰어 본 적이 없는 디트로이트 타이거스의 감독 짐 레이랜드가 이야기했다. "메이저리그에 가기 위해서는 얼마나 잘해야 하는지 사람들은 전혀 이해하지 못합니다."

한때 메이저리그에 있다가 마이너리그 이하로 내려간 선수들은 "자네, 메이저리그로 승격이야!"라는 아주 간단한 말을 듣기 위해 감독의 사무실로 오라는 것이 어떤 의미를 가지고 있는지 잘 알 것이다.

"아무도 트리플A 야구 경기에서 던지고 타격하는 흉내를 내면서 야구 경기를 하며 자라지 않습니다." 2012년에 5주 동안 5개의 다른 팀에서 뛰었던 크리스 스윈든의 이야기다. "아무도 뒤뜰에 가서 자신에게 '버펄로 바이슨스의 스윈든이 마운드에 오릅니다.'라고 이야기하지 않습니다."

그는 미소 지었다. "아무도 5도의 낮은 기온에서 첫 투구를 하고 2,000명의 관객들이 모여 있는 마이너리그 구장에서 투구하는 것을 꿈꾸지 않습니다."그렇지만 대부분의 야구 선수가 짧게 혹은 아주 길게 그런 곳에서 경기를 한다. 현실은 대부분 꿈과는 항상 다르게 다가온다.

스윈든은 여러 현실들을 상징한다. 2012년에 3개의 다른 팀에서 메이저리그로 승격됐었다. 그는 또한 4개의 다른 팀들에서 방출을 당했다. 그의 경우는 좀 극단적이지만 팀을 옮기고 다른 등급의 리그들을 오가는 것은 야구 선수들에게 많이 일어나는 일이다.

거의 예외 없이 그들은 마이너리그에서 모든 시간을 다 보낸다. 그들 모두, 심지어 수천만 달러의 연봉을 받는 사람들도 그들의 첫 메이저리그 승격을 기억한다. 스타덤에 오르고 마이너리그로 돌아가는 선수들은 아마도 이러한 승격과 강등이 좀 더 받아들이기 쉬울 것이다. 왜냐하면, 당연한 일이라고 생각하기 때문이다. 단 며칠이지만 메이저리그로의 짧은 여정이 그들의 야구 인생의 하이라이트인 사람들도 있다. 그리고 단 한 번도 메이저리그에 가 보지 못한 사람들도 있다.

스윈든이 지적했듯이 그들은 모두 거대한 운동장의 마운드 위에서, 누상에서 그리고 필드 위에서 영웅처럼 그들의 이름을 연호해 주는 수만 명의 관중이 있는 메이저리그에서 뛰는 것을 꿈꾸며 자라왔다. 아무도 트리플A에서 뛰는 것을 꿈꾸지 않는다.

찰리 몬토요는 2007년부터 더햄 불스의 감독이었다. 그는 대부분의 시간을 마이너리그에서 보냈고 여전히 메이저리그로 올라갈 기회가 생기길 바라고 있다. 2012년에 노퍽의 감독으로 마이너리그에 돌아온 론 존슨 역시 같은 기회를 꿈꾸고 있다.

"좋은 소식은 우리는 아주 좋은 버스를 가지고 있다는 것입니다." 어느 날 밤 그위닛까지 9시간 동안 이동하는 존슨은 이야기했다. "아무도 우리 버스를 망가뜨릴 수는 없습니다."

둘 다 그들의 경기를 사랑하고 경기를 위해 헌신한다. 하지만 그들의 자식들과 같은 현실적인 삶의 요소가 개입될 때 그들은 경기보다 중요한 것이 있다는 것을 느꼈다. 몬토요는 심판의 콜을 잃어버리는 것이 그다지 중요하지 않다는 것을 상기시키듯이 그의 모자 안에 두 아이들의 사진을 넣어 놓았다.

"그렇다고 항의를 하지 않는 것은 아닙니다." 그는 웃으면서 이야기하였다. "하지만 나는 그 심판도 똑같이 가족이 있다는 것을 기억하려고 노력합니다. 그리고 그 심판도 아마 나만큼 힘들게 노력할 것입니다."

책 한 권에 담아내기에는 불가능할 정도로 마이너리그의 삶에 대한 수많은 이야기가 있다. 그러나 몇몇 불굴의 의지와 관련되어서 두드러지는 이야기들이 있다. 야구라는 스포츠는 의지의 스포츠이다.

"'잠시만요, 나는 메이저리거예요. 나는 이곳에 속해 있지 않아요.' 이렇게 이야기하기는 쉽습니다." 스콧 엘라튼은 마이너리그에 대해 말했다. "하지만 경기는 좋든 안 좋든 선수가 하는 만큼 따라옵니다. 이런 사실에서 멀어질 때, 선수들은 그들 삶의 대부분을 예전 야구 선수로 살아야 한다는 것을 깨달아야 합니다. 이것이 야구 선수들은 자신들이 가진 것을 만족하며 그들이 경기에 뛰는 것이 가능할 때까지 최대한 오래 선수 생활을 하기 위해 노력하는 이유이고 이것은 좋은 일입니다. 물론 그렇게 되는 것보다 말이 쉬운 법이지요."

모든 선수는 그들이 처음 메이저리그로 승격되는 것이 얼마나 큰 의미인지 알고 있다. 그래서 어떤 선수가 처음으로 승격이 되면 트리플A 클럽하우스에서 어떤 종류의 축하 행사든지 항상 존재하는 이유이기도 하다. 모두들 선수 생활 중 가장 특별한 순간이라고 이해한다. 한 번이라도 승격을 해본 사람들은 그것이 무엇을 의미하는지 기억한다. 한 번도 승격을 해보지 못한 사람들은 그 일이 일어나기를 얼마나 원하는지 알고 있다.

J.C. 보스칸의 이야기는 지미 모리스의 이야기와는 다르다. 왜냐하면, 그는 한 번도 야구를 멈춰본 적이 없기 때문이다. 1996년 여름, 16세의 나이로 애틀랜타 브레이브스에 입단했고 이후 4시즌 동안 마이너리그에서 뛰었다. 2002년 그는 처음으로 트리플A로 승격했다. 그러나 더 높은 곳으로 가지는 못했다. 왜냐하면, 그가 아무리 뛰어난 포수여도 메이저리그 선수들의 공을 잘 칠 수 없었기 때문이다.

그는 더블A에서 몇 년을 뛰다가 브레이브스를 떠났고 밀워키 브루어스와 신시내티 레즈의 트리플A 팀에서 뛰었다. 2008년 그는 브레이브스와 다시 계약을 했다. 물론 그가 애틀랜타에서 경기를 할 일은 없을 것이라는 것은 알지만 사람들은 그를 클럽하우스의 리더로서 존경하며 젊은 선수들에게 좋은 본보기가 될 수 있다고 생각하였다. 이러한 이유들로 그가 다시 돌아오길 바라는 사람들이 있었기 때문에 그는 다시 계약을 할 수 있었다.

2년 뒤 그위닛에서 뛰면서 그는 타자로서 가장 좋은 성적을 거둔다. 그리 특별한 성적은 아니지만 5개의 홈런과 그의 통산 타율인 0.222보다 조금은 높은 0.250의 타율을 기록했다. 늦은 8월, 보스칸은 그가 9월 승격 명단에 있다고 들었다.

매년 9월 1일 메이저리그 팀들은 그들의 엔트리를 25명에서 최대 40명까지 로스터를 확장한다. 드물게 5명에서 6명 이상 선수들을 승격시킨다. 대부분의 선수들은 불펜과 벤치의 깊이를 더해 주고 아니면 어린 선수들을 승격시켜 메이저리그의 맛을 알게 해준다. 가끔 팀은 선수들에게 'good-guy 프로모션'을 준다. 'good-guy 프로모션'은 선수들이 메이저리그에 올라오면 그 보상으로 메이저리그의 연봉을 한 달간 받을 수 있고 마이너리그에 계속 머물러 있었던 것에 대해서 불평을 하지 않게 된다.

보스칸은 14년간 마이너리그에서 뛰었고 스프링 캠프를 제외하고는 메이저리그 클럽하우스 안에 들어간 적이 없었다. 30세인 그는 1997년에 베네수엘라에서 미국으로 건너왔던 빛나는 눈을 가진 10대의 유망주 시절과 매우 동떨어져 있었다.

8월 31일, 그위닛의 클럽하우스에서 경기 후 브레이브스는 그들의 승격 명단을 발표했다. 보스칸은 그의 야구 경력 중 그날 밤이 가장 두려웠다고 기억했다.

"저는 운동장 위를 걸었습니다. 그리고 저는 제가 이번에 승격이 되지 않으면 다시는 그런 기회가 오지 않을 것이라고 생각했습니다."라고 그는 회상했다. "솔직히 이번이 저에게는 메이저리그에 갈 수 있는 마지막 기회이지만 동시에 가장 좋은 기회일 것이라고 생각했습니다. 저는 간신히 마음을 다잡아 경기를 했습니다. 제가 할 수 있는 생각은 이 모든 것이

이 경기가 끝나고 일어날 것이라는 것입니다. 그 시간이 저의 시간이 될 수 있게 하나님에게 기도하였습니다."

게임이 끝나고 보스칸은 그의 로커 앞에 서서 경기 후에 나오는 음식을 집었다. 타격 코치 제이미 디스무크는 데이브 브룬데이지 감독의 사무실로 데려갈 선수를 지명했다. 그들은 I-85번 도로를 타고 60km이 떨어진 터너필드로 이동한다. 디스무크가 클럽하우스 주변에서 그의 일을 하듯 60km는 보스칸에게는 수만 km처럼 느껴졌었다.

처음 이름이 호명된 선수는 0.319의 타율을 기록하며 메이저리그에서 계속 머물 20세의 천재 프레디 프리맨이었다. 그가 브룬데이지의 사무실에서 나올 때 얼굴에는 커다란 미소가 가득했고 그를 축하해 주는 사람들이 그를 둘러쌌다.

디스무크는 그의 일을 계속했다. 한 선수가 부룬데이지의 사무실로 가는 코너로 걸어가고 다른 선수가 다음으로 갔다. 그들은 감출 수 없는 큰 웃음을 보여주었다. 축하는 계속되었다. 아무도 자리를 떠날 수 없었다. 왜냐하면, 오늘은 그들이 메이저리그로 가는 행복한 밤이기 때문이다.

6명의 선수들이 그위닛 브레이브스로 들어와 애틀랜타 브레이브스로 나오듯 브룬데이지를 만나고 나왔다. 그리고 몇 분 동안 디스무크의 호명이 없었다. 보스칸의 심장은 멎을 듯했다. 6명의 선수가 승격이 되었다. 그의 꿈은 끝났다.

디스무크는 다시 나타나서 보스칸 쪽으로 바로 걸어갔다.

"감독이 널 보기 원해 JC." 디스무크가 무표정하게 말했다. 보스칸은 겁이 나기 시작했다. 아마 부룬데이지는 좋은 이야기를 먼저 하고 이제 그에게 젊은 포수들을 위해 더블A에 갈 것을 말할 것이라고 알고 있었다. 아니면 그는 방출되는 것일지도 모른다.

사실 부룬데이지는 보스칸에게 해줄 말들을 준비하고 있었다. “나는 그에게 매우 슬픈 모습을 보이며 네가 야구를 하면서 때로는 어떤 것들이 네가 원하는 방향으로 흘러가지 않기도 한다고 말을 해주려고 했습니다.” 부룬데이지가 말했다. “그러나 그가 안으로 들어왔을 때 그는 악수를 했고 나는 준비한 것을 할 수 없었죠.”

보스칸이 안으로 들어가자 모든 그위닛의 간부들이 앉아 있었다.

“앉게나 JC.” 부룬데이지가 보스칸을 엄숙하게 보며 말했다.

보스칸은 부룬데이지의 책상 맞은편에 있는 소파에 앉았다.

“자넨, 아직 메이저리그에 가본 적이 없지?” 대답은 알고 있었지만 부룬데이지가 물어보았다.

“네.”보스칸이 그의 머리를 흔들며 대답했다.

부룬데이지는 이 장난을 계속할 수 없었다.

“JC, 원래 자네를 골려주려고 그랬는데 난 더 이상 못하겠네.”

부룬데이지가 목이 멜 것 같은 목소리로 말했다.

“오늘은 자네의 날이야. 메이저리그 승격을 축하하네.”

보스칸은 눈물이 왈칵 쏟아졌다. 방 안의 모두는 그들의 눈물을 감추기 위해 노력하고 있었다.

부룬데이지는 “내가 오랜 시간 마이너리그 감독으로 있었지만 정말로 내 생애 최고의 순간이네.”라고 말했다.

보스칸은 모두에게 감사의 말을 하며 악수하고 서로 포옹을 한 뒤에 방을 나왔다. 부룬데이지의 사무실은 선수들의 로커가 있는 클럽하우스로 가는 복도에 위치해 있다. 보스칸이 코너를 돌아 로커가 있는 곳으로 다시 돌아갔을 때 모든 팀원들은 그를 기다리고 있었다.

“이건 꼭 영화 루키의 마지막 장면 같았습니다.” 보스칸이 말했다.

"모든 팀원들이 그곳에 있었고 그들은 모든 사실을 알고 나를 기다리고 있었습니다. 내가 그들을 봤을 때 모두가 나를 위해 손뼉을 쳐주고 축하해주고 나를 안아주던 그 느낌은 내가 살아 있는 동안 절대 잊을 수 없을 겁니다."

보스칸은 다음 날 전국의 애거트에 같은 기사 속 7명의 선수 중 하나로 30개의 팀에서 승격된 선수들의 명단 안에 언급되었다.

'애틀랜타 브레이브스 – 트리플A 그위닛 포수 J.C. 보스칸 승격.'

이 책은 J.C. 보스칸에 관한 것이다.

그리고 이 책의 모두는 그와 같다.

1

스콧 엘라튼

다시 시작하다

최근 스프링캠프만큼 많은 변화가 있는 것은 야구계에서 없을 것이다. 더 자세하게 이야기하면 스프링캠프 시설의 변화라 할 수 있다. 한동안 대부분 야구 구단들은 겨울을 나기 위해 낡고 눅눅한 비좁은 장소들을 사용했었다. 마이너리그 시설은 매년 6주 정도의 기간 동안 구단 전체의 본부로 사용되어 왔다. 야구 구장은 역시 오래되었지만 어떻게 보면 팬들에게는 선수들을 가깝게 볼 수 있는 천국일 수 있었다. 하지만 외야 팬스는 마치 애브너 더블데이가 야구를 창안한 지 얼마 안 지나 지어진 것처럼 보일 정도로 낡았다.

심지어 1947년 브루클린 다저스가 스프링캠프 모델로 만들었던 베로비치도 시간이 멈춘듯한 오래된 느낌을 주었다. 더그아웃은 지붕이 없고 베이스라인을 따라 잘려져 있어 경기 중에 선수들은 태양 빛에 익거나 일광욕을 하는 장소로 보일 정도였다.

요 몇 년 사이에 낡은 시설들은 대부분 사라졌다. 다저타운은 봄 기간 동안 비어 있고 다저스가 애리조나에 수십만 달러를 투자하여 지은 새로운 캠프 장소로 훈련을 가 있는 동안 지역 고등학교 팀들이 이용하였다.

구단들의 스프링캠프는 규모가 큰 사업이 되어서 플로리다와 애리조나의 지방 정부들은 구단을 위해 거대한 웨이트 트레이닝센터부터 시작해서 메이저리그 구장의 작은 버전처럼 보이는 햇볕이 내리쬐는 훌륭한 연습 구장까지 선수들이 필요로 하는 모든 가능한 편의시설이 완벽하게 구비되어 있는 현대적인 야구 시설들을 지었다.

현대식 스프링 캠프 시설의 좋은 예로 브라이트 하우스 필드만한 곳이 없을 것이다. 이곳은 1995년부터 사용된 필리스의 스프링캠프인 잭 러셀 메모리얼 스타디움을 대신하기 위해 필라델피아 필리스가 2004년에 280만 달러를 투자하여 만든 필리스의 스프링캠프이다. 클리어 워터 애리어로 알려진 잭 러셀 스타디움은 고전적인 낡은 스프링캠프이다. 이곳은 나무로 만들어져 있고 필리스가 떠날 때는 오래된 곳의 모든 모서리마다 패인트칠이 벗겨져 있었다.

오래된 스프링캠프의 클럽 하우스는(미국 야구계에서 로커룸이라고 이야기하는 사람은 없다. 모두 클럽하우스라고 이야기한다.) 실제로 선수들에 의해 붐볐고 비좁았다. 특히 캠프가 시작될 때 50에서 60명의 선수들이 35개가 안 되는 로커를 사용했었다.

잭 러셀 스타디움은 우중충한 클럽하우스를 가지고 있었다. 브라이트 하우스 필드에 있는 필리스의 클럽하우스는 완전히 달랐다. 쉽게 50개의 로커를 넣을 수 있는 넓은 공간이 있고, 필리스 관계자를 제외하고는 출입이 통제된 몇 개의 방이 있어서 선수들은 원하지 않는 미디어 관계자들이나 클럽하우스로 출입한 사람들의 방해 없이 완벽한 사생활 보호를 받으며 휴식을 취하거나 음식을 먹거나 몸을 풀 수 있다.

4년간 스콧 엘라튼이 야구계를 떠나 있었음에도 불구하고 그는 2012년 2월 필리스의 클럽하우스에 들어가는 것이 너무 편안하다고 느꼈다. 대부분의 선수들은 그가 누구인지 알 수가 없었다. 왜냐하면, 프로 운동선수들은 15분 전의 일은 기억하지 않을 정도로 신경을 쓰지 않기 때문이다. 2012년에 메이저리그에서 많은 경기에 출장하고 2001년에 은퇴한 칼립 켄 주니어는 오래된 사람이다. 윌리 메이스는 먼 기억이고 베이브 루스는 10대의 선수들이 뛰는 리그의 이름일 뿐이다.

엘라튼은 많은 부상에도 불구하고 메이저리그에서 56승을 거둔 투수이다. 2000년에는 약체 휴스턴 애스트로스에서 17승을 거두었다. 그러나 그는 2008년 이후로 메이저리그 클럽하우스에 없었고 그가 2미터의 장신임에도 불구하고 많은 선수는 그가 누구인지 알 수 없었다.

"사람들이 나를 보고 잘나가는 유망주라고 생각하는 것과는 다른 것이죠." 그가 웃으며 말했다.

"난 아마도 모든 면에서 36세처럼 보였을 것입니다."

7개월 전, 심지어 필리스의 단장인 루벤 아마로 주니어조차도 엘라튼을 인지하지 못했다. 8월의 어느 날, 필리스와 콜로라도 로키스의 경기 전 배팅 연습을 하는 동안 야구장 안에 있던 엘라튼은 아마로를 불렀었다. 엘라튼은 7세인 그의 아들과 함께 배팅 연습을 보고 있었고, 아마로가 근처에 서 있다는 것을 인지했을 때 즉흥적으로 그에게 말을 걸기로 했다.

"아들과 함께 야구장에 갔었는데, 필리스에는 라울 이바네즈, 로이 오스왈트, 클리프 리 같은 나의 친구들이 있었습니다." 엘라튼은 이야기하였다. "그들은 우리를 위해 티켓을 주었고 우리 마을은 덴버에서 한 시간 정도 떨어져 있어서 그곳에 차를 몰고 갔습니다. 그들은 우리에게 야구장 안에 들어갈 수 있는 필드 패스를 주었고 제 아들인 제이크에게 이것은 아주 멋진 일이 될 것이라고 생각했죠. 우리는 야구장 안을 걸어 다녔고 선수들과는 어느 정도 떨어져 있는, 그들의 타격을 방해하지 않기 위

| 스콧 엘라튼

해 설치된 설치물 뒤에 필드 패스를 가지고 있는 다른 사람들과 함께 서 있었습니다."

"저는 야구장에서 선수들과 관중들을 나누는 설치물들을 수천 번 보았지만 항상 다른 쪽에 있었습니다. 단 한 번도 평상복을 입고 선수가 아닌 상태에서 야구장에 서 있다는 것을 생각해 본 적이 없었죠. 저는 굴욕적인 기분을 느꼈고 그곳에 서 있는 것이 싫어졌습니다."

"그때 루벤 아마로(필라델피아 필리스 단장 - 역자)가 근처에 서 있는 것을 보았습니다. 그를 만나 본 적은 없었지만, 그를 확실히 알 수 있었어요. 그래서 그의 이름을 불렀죠. 루벤이 나를 보았지만, 제가 누구인지 모르는 것을 알 수 있었습니다. 그러나 그는 예의가 바른 사람이어서 우리가 서 있는 곳으로 걸어 왔습니다."

엘라튼의 말은 사실이었다. 아마로는 엘라튼이 누구인지 몰랐다. "나는 스콧 엘라튼이 누구인지 알아요." 아마로는 말했다. "그는 내가 있던 팀에서 오래 뛰어서 모를 리가 없죠. 그러나 그는 몇 년 전 내가 마지막으로 그의 투구를 본 이후 살이 많이 빠져 있었습니다. 그가 나에게 '루벤, 스콧 엘라튼입니다.'라고 말했을 때 그에 대한 기억이 바로 돌아왔습니다."

엘라튼은 체중이 많이 줄어 있었다. 그가 야구를 그만둔 2008년에 발

수술 이후 그의 체중은 118kg에서 136kg을 왔다갔다했었다. "나는 수술 이후에 운동을 하지 않았습니다." 그는 말했다. "건강을 유지하기 위해 아무것도 하지 않았어요. 어느 날 135kg가 되었을 때, 나는 136kg가 되기 싫었고 이제 멈춰야 할 때가 왔다고 생각했죠. 그래서 나는 운동을 다시 시작했고 내 고향에 있는 고등학교 팀의 배팅볼 투수를 시작했어요. 덴버에 갔던 그때 나의 몸무게는 102kg 정도로 감소되어 있었습니다."

엘라튼이 자신을 소개하고 나서 그의 아들을 소개하였다. 그는 아마로에게 무언가를 이야기했고 그가 물어봤음에도 불구하고 그는 놀라고 말았다. 그날, 그는 왜 그의 입에서 그런 말이 나왔는지 알지 못했다.

"루벤, 내가 다시 야구를 할 수 있는 기회가 있다고 생각하나요?" 그는 말했다. "당신이 생각하기엔 내가 다시 공을 던질 수 있을까요?"

조금도 과장하지 않고 아마로는 엘라튼의 질문에 놀랐다. 아마도 더 놀란 사람은 엘라튼 자신이었을 것이다. "나는 내가 무엇에 홀렸었는지 솔직히 아직까지 모릅니다." 그는 머리를 내저으며 이야기했다. "그 생각은 그 말이 내 입에서 나오는 순간까지 한 번도 가진 적이 없었습니다. 아마도 그 생각은 마음의 어느 장벽 뒤에 있었는지도 모릅니다. 무엇인가 내 머리를 두드리며 '나는 이곳에서 야구를 보는 것이 싫어.'라고 이야기해 주는 것 같았어요. 그것이 아니면 내가 야구 선수로 저곳에 서 있던 느낌이 다시 떠올랐던 것 같습니다."

엘라튼이 더 놀란 것은 아마로가 "당신 미쳤나요?"라는 식의 대답을 하거나 정중하게 질문을 회피하지 않았다는 것이다. 대신에 그는 어깨를 으쓱하며 이야기했다. "만약 당신이 원한다면 시즌이 끝나고 당신의 투구를 지켜볼 사람을 보낼게요."

엘라튼은 더 이상 묻지 않았다. "좋아요." 그는 이야기했다. "어떻게 당신과 연락을 할 수 있지요?"

아마로는 자신의 명함을 그에게 주었다. 그리고 그들은 악수를 하였다. 엘라튼은 그곳에서 자신이 무슨 행동을 했는지 의아해하며 그곳을 떠났다.

나중에 알게 된 일이지만, 사실 아마로는 실언을 하지 않았다.

엘라튼은 그가 자라난 작은 마을 라마로 돌아갔다. 그리고 조쉬 바드와 함께 기본 투구를 시작했다. 조쉬 바드는 가까운 곳에 사는 예전 메이저리그 포수이다. 엘라튼은 아마로에게 전화가 오기를 확실하게 원했지만 아마로의 전화는 계속 오지 않았다. 그러나 그는 만약을 위해서 준비를 해두고 싶었다. 그는 매번 바드에게 공을 던질 때 아드레날린이 분비되는 것을 느꼈다. 그리고 시즌이 끝났을 때 그는 그가 완전히 미친 것이 아니라는 것을 믿기 시작했다. "혹시 조금이라도 가능성이 있지 않을까?"

월드시리즈가 끝나고 얼마 되지 않아 아마로에게 전화가 왔다. 그는 필리스의 쉐인 빅토리노가 상을 받은 것을 축하하는 연회에 참석하기 위해 덴버에 갈 것이라고 했다. 만약 엘라튼이 여전히 관심이 있다면 덴버로 와서 연회 이후 오전에 엘라튼의 투구를 볼 수 있을 것이라고 했다.

엘라튼과 바드는 11월 아침 일찍 차를 몰고 가 그 지역의 학교에서 아마로를 만났다. 아마로는 서서 엘라튼이 투구를 시작하는 것을 보았다. 5분 뒤에 그는 엘라튼에게 투구를 멈추라고 이야기했다.

"나는 내 투구가 그렇게 나빴었나 하고 생각했습니다."

엘라튼이 말했다.

"나는 나 자신이 꽤 잘 던진다는 믿음을 가지는 스타일입니다. 루벤이

5분 뒤에 투구를 멈추라고 이야기했을 때 내 심장이 덜컹 내려앉는 것 같았어요. 나와 바드, 루벤의 시간을 낭비했다고 생각했습니다."

그러나 그것은 기우였다.

"나는 당신이 무엇을 해왔는지 모릅니다. 그러나 당신의 투구는 내가 기억하는 당신의 마지막 투구와는 완전하게 다른 모습입니다." 아마로는 이야기했다. "당신은 편하게 공을 던지는 것처럼 보이고, 그 공은 좋은 움직임을 가지고 있습니다. 당신의 투구가 아주 마음에 듭니다. 만약에 당신만 괜찮다면 당신의 투구하는 모습을 녹화하고 싶습니다."

엘라튼은 당연히 수락하였다. 아마로는 50개의 투구를 모두 녹화하였다. 아마로가 했던 말들에 고무되어 엘라튼은 아마로가 계속 연락을 이어가자고 이야기할 것이라고 생각했다. 그렇게 그는 희망을 가지고 그곳을 떠날 것 같았다. 아마로는 그러지 않았다.

"당신과 계약을 하고 싶습니다." 그는 말했다. "당신의 에이전트 연락처를 주면 그와 연락하여 계약을 진행하고 싶습니다."

엘라튼은 거의 멍해졌다. 적어도 그는 마음속의 어떤 장벽 뒤에 있던 자신을 그 장벽 앞으로 꺼내었다.

그 만남 이후 4개월 뒤, 엘라튼은 널찍한 브라이트 하우스 필트의 클럽하우스에 걸어 들어왔고, 등번호 59번이 빳빳하게 펴져 있는 깨끗한 유니폼이 그의 이름이 걸린 로커 안에 걸려 있는 것을 찾아내었다. 데뷔 시절 그의 공을 상대했었던 베테랑 선수들이 그에게 와서 인사를 하며 그를 환영해 주었다.

"당신이 만약 야구 선수였다면 클럽하우스는 유니폼을 입고 있을 때에 매우 편안한 장소입니다." 그는 말했다.

"심지어 당신이 한동안 그곳에 없었더라도 유니폼을 입는다면 그때 당신이 이곳에 소속되어 있다는 것을 느낄 것입니다. 만약에 당신이 유니폼을 입고 있지 않으면 그때는 그렇지 않을 것입니다. 당신이 누구인지 누구였는지는 중요하지 않습니다. 원래 그런 것입니다."

선수들은 가끔 언젠가 그들이 유니폼을 벗거나 로커를 가지지 못하는 날에 대한 두려움을 이야기한다. 엘라튼은 그가 선수들이 유니폼을 입지 않은 시민으로 덴버에 나타났을 때 그는 그 두려움에서 한 발 더 앞서 있었다. 심지어 아주 낯선 얼굴들이 주위에 가득해도 유니폼을 다시 입는 것은 편안했다.

아마로의 방문 이후에 가진 필리스와의 협상은 한 가지 작은 문제를 제외하고는 매우 순조로웠다. 그것은 성적에 대한 인센티브였다. 엘라튼은 그것을 원하지 않았다. 필리스는 꽤 전형적인 두 유형의 계약을 제안했다. 만약 그가 메이저리그 로스터에 진입할 경우, 60만 달러를 받게 된다. 그것은 메이저리그 최저 연봉보다 12만 달러가 많은 돈이었다. 왜냐하면, 그것은 메이저리그로 올라가는 보너스가 포함되어 있었기 때문이다. 만약에 그가 마이너리그에 있을 경우 매달 트리플A에서 아주 높은 금액인 1만 5,000달러를 받게 되는 것이었다.

"메이저리그 승격을 위한 인센티브 조항을 삭제해 주세요." 엘라튼은 마이클 모스에게 이야기했다. 마이클 모스는 과거 칼립 켄 주니어와 커비 푸켓을 대신했었던 그의 오랜 에이전트 론 샤피로의 파트너였다.

"정말 인센티브 조항을 삭제하길 원합니까?" 모스가 망연자실해하며 말했다. "네." 엘라튼이 대답을 했다. "나는 내가 메이저리그로 돌아가는 것을 방해하는 돈을 원하지 않습니다. 만약에 나와 다른 사람이 승격에 가까워져서 내가 승격이 된다면 구단은 나에게 보너스를 지급해야 할 것입니다. 그러면 구단은 아마도 내가 아닌 다른 선수를 승격시키겠지요. 나는 그런 식으로 기회가 사라지는 것을 원하지 않습니다."

모스는 아마로에게 전화를 해서 엘라튼의 특이한 제안을 말했다. 아마로는 단 한 번도 선수들이 더 적은 돈을 받겠다고 요구한 것을 본 적이 없었다. 그러나 그는 엘라튼의 생각을 듣고는 웃음을 지었다.

"우리가 이야기하는 그 정도 돈은 그가 승격하거나 못 하거나를 결정할 정도의 영향력이 없다고 스콧에게 솔직하게 이야기해 주세요." 그는 말했다. "만약에 그가 보너스를 받을 만큼 충분히 잘 던진다면 그는 그것을 받아야만 합니다. 만약 필라델피아가 그를 원한다면 그 정도의 돈은 전혀 문제가 되지 않을 겁니다. 내가 약속합니다."

모스가 아마로가 해준 이야기를 엘라튼에게 말해주었을 때 엘라튼은 여전히 의심스러웠지만 결국 합의를 보았다. 그는 스프링캠프 기간 동안 클리어워터에서 필리스가 그를 강등시키는 것을 불가능하게 할 만큼 투구하려는 간단한 목표를 가지고 도착했다.

"현실적으로 그곳에는 열려 있는 어떤 자리도 없어요. 특히 선발투수를 위한 자리는 없습니다." 그는 말했다. "로테이션을 보면 그곳에는 들어갈 자리가 없다는 것을 깨닫는 것이 할 수 있는 전부입니다. 그들은 모두 스타이고 베테랑들입니다. 2008년 이후 샬럿에서의 세 번의 선발 등판 외에는 난 선발투수를 해본 적이 없습니다. 이성적으로 나는 그것을 알고 있습니다. 그러나 경쟁자로서 나는 그들에게 내가 아직 메이저리그 투수라는 것을 보여줄 것입니다. 만약에 내가 나 자신이 충분히 좋은 투수라고 믿지 않는다면 그곳에 내가 있을 자리는 없습니다."

엘라튼은 처음 가진 세 번의 등판에서 그의 실력을 그들에게 보여주었다. 그가 마운드 위에서 진짜 타자들을 마주했을 때 그는 마치 오랜만에 자전거를 다시 타는 것처럼 예전으로 돌아왔다. 2미터의 장신인 그의 모든 팔과 다리에서 나오는 특이한 투구는 타자들이 이전에 본적이 없었던 것이었고 타자들의 밸런스를 무너뜨렸다.

"처음 세 번의 등판에서 나는 연습 투구 없이 던졌습니다." 그는 그 기억에 미소 지으며 이야기했다. "그건 내가 휴스턴에 있었던 2000년으로 돌아간 그런 느낌이었습니다."

2000년도는 엘라튼이 부상 이전까지 휴스턴에서 17승을 거두며 미래가 보장된 화려한 삶을 즐기던 해였다. 12년 뒤, 3월의 플로리다의 서쪽 해안의 태양 아래에 그는 다시 25세가 되어 있었다. 그는 클럽하우스에서 동료들이 자신을 주목하고 있는 모습에서 그것을 알 수 있었다.

그리고 놀랍지 않게 그는 다시 현실로 돌아왔다. 순식간에 일어난 일은 아니었다. 그는 천천히 내려갔다. 꽤 잘 던졌지만 스프링캠프가 시작되던 때만큼은 아니었다. 3월이 끝나가면서 그는 2월 동안 우려했던 순간들이 점점 쌓여가고 있다는 것을 알고 있었다. 그럼에도 불구하고 스프링캠프가 끝나기 일주일 전까지 그는 로스터에 남아 있었다.

"나는 예정된 불펜 투구 전, 이른 아침에 운동을 하였습니다." 그가 말했다. (투수들이 투구를 쉬는 날, 그들은 불펜에서 공을 던진다. 야구 선수들은 그 운동을 불펜 투구라고 말한다. 많은 투수가 그 말을 짧게 해서 이렇게 이야기한다. "최근 내 불펜은 괜찮았어.") "내가 사이클 머신을 돌리고 있을 때 투수 코치인 리치 더비가 왔습니다. 나는 리치에게 "몇 시쯤에 불펜 피칭을 하면 되나요?"라고 물었습니다. 그리고 그는 나를 보고 이야기했습니다.

"찰리의 사무실에서 이야기를 좀 해야 할 것 같아요."

찰리 마누엘은 필리스의 감독이었다. 엘라튼은 그가 아침 식사를 함께 하기 위해 자신을 부르지 않았다는 것을 알 수 있었다. "메이저리그에서 감독들이 사무실로 부르는 경우는 2가지 이유가 있습니다. 그리고 그 2가지는 모두 안 좋은 것입니다." 엘라튼은 말했다. "첫 번째는 아마도 로테이션에서 빠지거나 벤치행을 통보받는 것입니다. 이것은 안 좋은 일이지만 두 번째는 더 좋지 않습니다."

이번에는 두 번째 이유였다. 엘라튼이 사무실로 들어갔을 때, 루벤 아마로는 마누엘과 함께 앉아 있었고, 이것이 무엇을 뜻하는지 너무나 분명했다. 아마로와 마누엘은 엘라튼이 스프링캠프에서 보여준 것에 대해서 칭찬을 해주었다. 그는 열심히 훈련했고 코칭스태프들이 요청한 것을 모두 다 했었다. 두 사람은 만약 엘라튼이 제구력이 더 향상된다면 메이저리그 마운드에 오를 만한 능력이 있다고 생각했다. 그러나 엘라튼 자신이 알듯이 필리스는 조 블라튼과 반스 웰리처럼 스타는 아니지만 탄탄한 메이저리그 경력을 가진 투수들을 제외하더라도 로이 할러데이, 클리프 리, 콜 해멀스와 같은 선발투수들이 있는 축복받은 팀이었다.

마누엘은 마이너리그에 존재하는 야구 선수만큼 그들이 가장 많이 듣는 불가피한 말로 미팅을 마무리 지었다.

"내려가서 꾸준히 운동을 열심히 하면 곧 다시 이곳으로 올라올 기회가 있을 거야. 시즌은 길잖아."

엘라튼은 실망스러웠지만 놀라기보다는 기운을 차렸다. 그는 지난 8월만 해도 관중으로 야구장에 와서 관객들이 서 있는 곳에서 아마로에게 인사를 했었지만, 7개월이 지난 지금 그는 메이저리그 로스터의 끝자락에 서 있는 것이었다. 그는 상투적일지라도 마누엘의 말이 사실이라는 것을 알고 있었다. 시즌은 길다. 그리고 그가 만약 트리플A에서 잘 던진다면 필라델피아로 갈 수 있는 기회가 있을 것이다. 그는 자신이 그럴만한 충분히 좋은 투수라고 믿고 있었다.

그는 아마로와 마누엘에게 기회를 준 것에 감사하며 그의 짐들을 정리하여 건물을 가로질러 마이너리그 캠프 장소로 이동했다. 메이저리그 클럽하우스에서 마이너리그 클럽하우스까지는 걸어서 몇 분밖에 걸리지 않지만, 엘라튼에게 그 여정은 시간과 공간을 지나 또 다른 차원의 곳으로 가는 듯한 여정이었을 것이다.

"내가 문을 열었던 그 순간 모든 기억이 물밀 듯이 되살아났어요." 그는 미소 지으며 이야기했다. "내가 36세라는 것을 제외하고는 마치 내가 어린 투수인 것 같았습니다. 나는 한 발을 들여 놓았습니다. 그곳은 냄새까지도 여전하였습니다."

운동 선수들은 종종 실패, 실망, 두려움의 냄새에 대해서 이야기한다. 하지만 이 냄새는 다른 것이었다.

"말 그대로 냄새였습니다." 엘라튼은 이야기했다. "플로리다에 있는 마이너리그 클럽하우스는 보통 50명 정도를 수용할 수 있게끔 지어집니다. 그러나 매년 이맘때쯤에는 200여 명의 선수들이 이곳을 함께 사용합니다. 바로 그 냄새입니다. 어마어마한 냄새."

야구 선수들은 누구도 바로 메이저리그에 갈 수 없다는 것을 알고 있다.

한때는 선수가 아주 엄청난 재능을 가지고 있거나 팀에서 빠른 언론의 관심을 얻어내기 위해서 선수들이 마이너리그를 그냥 지나쳤을지도 모른다. 요즘은 그렇지 않다. 심지어 스티븐 스트라스버그, 브라이스 하퍼, 마이크 트라웃 같은 굉장한 선수들조차도 마이너리그에서 어느 정도 시간을 보냈었다.

그러나 이런 선수들의 마이너리그 여정은 오로지 한 방향, 승격이었다. 그들은 마이너리그 클럽하우스에서 메이저리그로 승격되었을 때, 다시 이곳으로 돌아오지 않을 것을 믿고 있었다. 물론 많은 사람이 돌아온다. 에스컬레이터가 끝까지 다 올라가면, 그들을 오르고 내리게 하는 어지러움을 느끼는 지점이 있다.

2012년에 디트로이트 타이거스의 포스트시즌 로스터에 포함되어 있던 대니 워스는 2012년 시즌 말 디트로이트로 돌아오기 전까지 4년간 11번이나 마이너리그로 갔었다.

"매번 마이너리그로 떨어지는 순간에 상처를 받습니다."

그는 이야기했다. "마이너리그행이 다가오는지 그렇지 않은지는 중요한 것이 아닙니다. 다만, 두 가지 중에서 한 가지를 할 수 있습니다. 부루퉁하게 화가 나 있음을 말할 수도 있고 자신에게 솔직해져서 '나는 메이저리그로 갈 만큼 야구를 잘하지 못했어. 이것은 매우 간단한 일이야.'" 라고 이야기할 수도 있습니다."

스콧 엘라튼은 그의 첫 번째 야구 인생이 마지막에 다다랐을 때 에스컬레이터를 많이 탔다. 그리고 더블A까지 한 번 내려갔었다. "만약 부상을 당하지 않았으면 이것은 일어나지 않았을 일이라며 자신을 합리화시킬 수 있습니다." 그는 말했다. 주위를 둘러보면 부상을 당했던 사람들, 한 번 이상 어깨 수술을 받았던 투수들이 가득하다.

"아침에 일어났을 때 내가 25세이고 아주 건강한 어깨를 가지고 싶어 합니다. 그러나 그때 깨어나서 그런 일은 다시는 없을 것이라는 것을 깨달아야 합니다. 어느 아침 나는 깨어나서 이제 집에 갈 시간이라는 것을 깨달았습니다."

그것은… 한여름 덴버에서의 오후까지였다. 그의 아들과 함께 선수와 관중을 나누는 설치물 뒤에 서 있었던 그가 다시 한 번 도전해야겠다고 느꼈을 때다.

그리고 클리어워터에서의 늦은 3월의 아침, 엘라튼은 오랜 시간 서 있었다. 그리고 마이너리그 클럽하우스로 가는 짐을 챙겼다. 그때 그는 깊은 숨을 내쉬고 그의 로커를 찾았다. 아무도 그를 쳐다보지 않았다. 그는 단지 많은 선수 중 하나일 뿐이었다. 그는 아무도 그의 이름을 모르는 곳으로 돌아왔다.

2

포드세드닉과 몬토요

끝내기 홈런의 영웅과 4할 타자

스콧 엘라튼은 야구를 그만둔 지 3년 후 야구를 다시 시작하였다. 그래서 그의 이야기는 대부분의 야구 선수들과는 다르다. 그러나 감독의 사무실로 불려 가서 열심히 하면 다시 승격시켜 주겠다는 말을 듣고, 메이저리그 클럽하우스에서 마이너리그 클럽하우스까지 긴 여정을 걸어야 하는 것은 30개의 스프링캠프에서 매년 3월에 반복되는 장면이다.

어떤 사람들에게는 더 어려운 일인지도 모른다. 엘라튼과 같은 시기에 필리스의 스프링캠프에 있었던 스콧 포드세드닉이 찰리 마누엘의 사무실로 호출되었을 때, 그는 크게 충격을 받지는 않았다. 그러나 포드세드닉은 "내가 다시 이렇게 잘할지는 나도 모르겠다."라고 말할 정도로 스프링캠프에서 0.343의 타율을 기록하였다. 마누엘도 3월에 포드세드닉이 얼마나 잘했었는지 말해 주었듯이 그는 다시 트리플A로 가야 한다는 생각에 진저리가 났었다.

포드세드닉은 36세가 되었다. 그는 야구 선수들이 배트와 글러브를 처음 잡는 날부터 꿈꿔 오는 순간을 경험했었다. 차가운 10월의 시카고에서 월드시리즈 2차전 9회 말에 홈런을 쳤었다. 그리고 그로부터 7년이라

| 포드세드닉

는 시간이 흘렀다. 포드세드닉은 1루로 출루를 하여 2루에 도루를 하는 스타일의 리드오프(lead off) 타자였고, 홈런을 하나도 기록하지 못한 2005년 시즌 이전의 2시즌 동안 120개의 도루를 기록하였다. 그러나 2005년 월드시리즈 2차전에서 그는 2볼 1스트라이크 상황에서 그가 친 공이 우측 외야 관중석으로 날아가는 것을 보았다. 그리고 즉각적으로 그는 영화 〈더 내추럴〉의 주인공 로이 홉스가 되었다.

'walk-off homerun'이라 불리는 이 끝내기 홈런은 1988년 월드시리즈에서 커크 깁슨이 데니스 애커슬리로부터 만들어 낸 그 유명한 대타 홈런 이후에 없었다. 그 홈런을 맞은 애커슬리가 walk-off라고 표현을 했는데, 그 의미는 간단하게 말하면 투수가 할 수 있는 일이 마운드를 내려와 더그아웃으로 들어간 후 클럽하우스로 가는 것밖에 없다는 뜻이다.

월드시리즈에서 경기를 끝내는 홈런이 'walk-off'로 언급되는 것만으로는 그 홈런이 주는 드라마를 담아낼 수 없다. 경기장은 함성으로 터질 듯하고, 홈런을 친 영웅은 얼마 동안 경기를 해왔는지 관계없이 이전에는 경험해 보지 못했던 방식으로 홈플레이트에 모여든다.

"나는 힘 있게 공을 치려고 시도하지 않을 때 더 좋은 타격을 합니다."

포드세드닉은 따듯한 3월, 필리스의 시범경기가 열리기 전에 말했다. 그는 팀 훈련 이후에 한 시간 동안 개인 훈련을 하였다.

"타석에 들어섰을 때 홈런을 칠 생각은 없었어요. 나는 그냥 타격을 했었고 그 공은 날아가기 시작했죠. 내가 그 공이 담장을 넘어 날아가고 있다는 것을 깨달았을 때, 이게 꿈이 아니고 내가 깨어 있는 상태인지를 확인하기 위해 나를 때려봐야만 했습니다."

"그런 상태에서 내려온다는 것은 힘든 일이죠. 우리가 월드시리즈 4게임을 싹쓸이하고 나서 마치 우리가 스프링캠프 때로 돌아가 우승을 하는 것에 대해서 이야기했던 시절에서 한 시간 정도 지난 것처럼 보였습니다. 그렇게 이 모든 것들은 너무 순식간에 일어났습니다."

상위 레벨의 스포츠에서 모든 것은 빠르게 일어난다. 만약 선수가 부상을 입고 어떤 성과를 만들어 내지 못한다면 그가 영웅이었던 것은 아무 의미가 없다.

2005년 포드세드닉의 길은 그리 쉽지는 않았다. 그는 경력만큼이나 지겨운 부상과 싸웠으며, 2003년에 27세의 나이로 풀타임 메이저리거가 되기 이전까지 8년 동안 대부분의 시간을 마이너리그에서 보냈다.

"어쩌면 이것은 내 운명이 아닐 것이라는 생각을 하게 되는 경우가 많았습니다." 그는 이야기했다. "많은 시간 동안 메이저리그로의 승격은 마치 터널 끝에 보이는 불빛 같았습니다."

월드시리즈 끝내기 홈런 이후 포드세드닉은 2006년에 좋은 모습을 보여주었다. 그렇지만 그다음 해인 2007년 부상이라는 벌레가 그를 다시 물고 말았다. 그는 62게임에 출전하여 0.243의 타율을 기록했다. 29만 달러의 연봉을 받은 시즌 이후 화이트삭스는 그를 방출하였다.

많은 선수가 그렇듯이 그들의 30번째 생일 이전에 많은 좋은 순간과 나쁜 순간들이 함께 있다. 포드세드닉은 이리저리 떠도는 야구 선수가 되었다. 그는 2010년에 캔자스시티에서 좋은 활약을 보여주었다. 그러나 2011년, 부상은 다시 그를 마이너리그로 내려보냈다. 이것이 1년 뒤 그가 메이저리그에서 뛰기에 충분한 가치가 있다는 것을 증명하기 위해 마이너리그 계약을 맺고 필리스 캠프에 있는 이유였다.

포드세드닉은 최고 연봉이 10만 달러를 넘지 않고 버스로 이동하는 마이너리그에 비해 최저 연봉이 48만 2,000달러이고 전세 비행기가 있는 메이저리그에 가까워지는 듯했지만 그렇지 못했다.

포드세드닉은 그의 집이 있는 텍사스에 2명의 아이가 있다. 그는 필리스의 트리플A팀인 리하이밸리가 최신식의 시설을 갖춘 트리플A의 최고 구장 중의 하나인 것을 알고 있다. 그러나 그것만으로는 무언가 부족해 보였다. 나이가 36세이어서가 아니었다. 비록 월드시리즈에서 끝내기 홈런을 친 순간에서 7년이나 지났지만, 그 홈런을 치고 발밑의 땅이 흔들릴 만큼의 함성과 함께 그라운드를 돌고 있는 그 느낌을 아직 간직하고 있어서가 아니었다.

"나는 도저히 이 현실을 감당할 수 없었어요." 그가 이야기했다. "나는 메이저리그 팀인 필리스를 도울 수 있는 실력이 충분하다고 생각했었죠. 만약 내가 가족들과 멀리 떨어져 지내야 한다면 나는 메이저리그에 있고 싶었습니다. 그래야 가족과 떨어져 지내는 것이 가치 있는 일이 되니까요."

필리스는 그가 그의 아내인 리사와 두 아들이 있는 집으로 돌아갔는 것을 허락했다. 팀은 아직 그를 방출할 준비가 되어 있지 않았지만, 포드세드닉이 트리플A로 가거나 아니면 은퇴를 결정하는 것 사이에 고민을 하는 것을 이해했다.

그는 혹시나 필리스가 자신을 트레이드하거나 승격시키지는 않았을까 하는 기대심을 가지고 열흘간 전화기만을 쳐다보았다. 그러나 아무 일도 일어나지 않았다. 그는 이 모든 것을 리사에게 이야기했다. 둘은 모두 포드세드닉이 앞으로도 계속 야구를 잘할 수 있다면 그에게 또 다른 기회가 올 것이라는 것에 동의했다. 그리고 4월 8일, 그는 깊게 심호흡을 한 후 가방을 싸고 앨런타운으로 가는 비행기에 몸을 실었다.

그가 리하이밸리 클럽하우스에 걸어 들어왔을 때 자신이 축 처져있다는 것을 깨달았다. 그는 1994년 18세의 나이로 처음 마이너리그에 들어왔었다. 그리고 그는 다시 돌아왔다. 예전처럼 50개의 로커에 200명의 선수들이 모이는 장소가 아니라 아무리 넓고 편한 마이너리그 클럽하우스라고 해도 이곳은 여전히 마이너리그이다. 그는 주위를 둘러보고 15년 혹은 20년 전의 자신을 연상시키는 여러 선수를 보았다.

"내가 메이저리그로 갈 수 있을지 확실하지는 않지만 나 자신에게 불만을 가지지 말고 좋은 태도를 가지라고 이야기했습니다."

그는 미소 지었다. "때때로 삶에서 말이 실행하는 것보다 쉬운 법이지요."

많은 선수에게 6주간의 스프링캠프는 1년 중 최고의 시간이다. 플로리다와 애리조나의 클럽하우스는 특히 선수들이 4개월의 휴식기를 거치고 모여서 그동안의 회포를 풀고 우정을 다시 쌓는 시기인 처음 며칠 동안은 마치 여름에 떠나는 캠프같이 느껴진다.

장기 계약을 맺고 어느 정도 입지가 확고한 베테랑 선수들은 2월 중순부터 3월 말까지 천천히 자신의 컨디션을 끌어올린다. 투수들은 약간의 시간이 더 필요해서 야수들보다 일찍 모인다. 투수들의 공을 받아주기 위해서 포수들도 일찍 모인다. 그렇지만 그들 모두 태양 아래에서 휴식을 취하며 골프를 치러갈 수 있는 충분한 시간이 있다.

시범경기가 시작되기 전에 대부분의 스프링캠프의 일정은 오전에 끝난다. 시범경기가 시작되면 베테랑 선수들은 일주일에 2, 3일만 경기를 하고 5회 이후까지 그들이 계속 뛰는 일을 매우 드물다.

스콧 엘라튼, 스콧 포드세드닉, J.C. 보스칸, 브렛 톰코와 같이 마이너리그 계약을 맺은 베테랑 선수들은 매일매일이 긴장의 연속이다. 어느 팀이든지 코치가 클럽하우스에서 선수의 주변을 서성인다면 그 선수는 그 코치가 자신에게 와서 감독의 사무실로 부른 후 마이너리그로 내려가라는 말을 할까 봐 걱정한다. 아직 메이저리그에 진입한 적이 없는 젊은 선수들은 그들이 가지고 있는 재능을 감독 및 스태프들에게 보여줄 수 있는 기회가 생기는 스프링캠프가 즐겁다.

그리고 그곳에는 감독들이 있다. 대부분의 감독은 4월 시즌 개막에 자신의 팀에 어떤 선수가 필요한지 아는 상태에서 캠프에 온다. 부상으로 그 구상에 변화를 줘야할 때도 있고 캠프에서 최고의 활약을 보인 선수가 있으면 한 명이나 두 명 정도 또 다른 변화를 구상할 수도 있다. 감독들은 그들의 코치들을 2월에 배치한다. 그들이 구상하는 대로 항상 되는 것은 아니지만 매일매일 목적을 가지고 훈련을 진행시킨다.

마이너리그 감독들과 코치들보다 스프링캠프를 즐기는 사람은 없다는 말은 논쟁의 여지가 있다. 그들 중 많은 사람이 길게 혹은 짧게 메이저리그의 삶을 살아본 적이 있다. 몇몇은 한 번도 메이저리그에 올라가 보지 못한 채 메이저리그는 어떨 것이라는 꿈을 꾸는 사람들도 있다.

그들 모두 스프링캠프에 모인다. 특히, 트리플A 코칭스태프들은 선수들이 강등되어 마이너리그에서 뛰며 메이저리그에서 시즌을 시작할 수 없어 실망스러운 표정을 관리하는 시점인 스프링캠프가 끝날 때까지 메이저리그 코칭스태프와 함께 일을 한다.

"내가 일단 팀을 맡으면 맨 먼저 선수들에게 '나는 너희들이 이곳에 있는 것을 원하지 않는다는 것을 알고 있다.'라고 말합니다." 2012년에 탬파베이 레이스 산하 트리플A팀 더럼 불스에서 6시즌째 감독을 맡고 있는 찰리 몬토요가 말했다. "만약 선수들이 마이너리그에 있는 것에 불만을 가진다면 그 선수들은 아마도 모든 시즌을 나와 함께 보낼 것입니다. 그러나 그들이 그것을 뛰어넘어 열심히 노력한다면 메이저리그에 갈 수 있는 기회가 곧 열릴 것입니다. 내가 이렇게 말할 수 있는 이유는 그렇게 되는 경우를 자주 봐왔기 때문입니다."

몬토요는 46세이고 산 후안에서부터 자동차로 한 시간 정도 떨어져 있는 푸에르토리코의 플로리다 마을에서 자라났다. 어린 시절 그는 비록 메이저리그팀들로부터 제안을 받지는 못했지만 스카우트의 관심을 받을 만한 매우 타격이 좋은 내야수였다.

18세 때 캘리포니아의 데안자 대학에 야구 특기생으로 갈 수 있는 기회가 생겼고, 그는 대학에 진학을 했다. 그는 영어를 말할 줄 몰랐지만 그의 친구들과 동료 선수들과 이야기를 하고 텔레비전을 보면서 언어를 배워나갔다. "TBS에서 중계하는 애틀란타 브래이브스의 경기와 아내는 요술쟁이를 봤습니다." 그는 이야기했다. "나는 엘리자베스 몽고메리를 좋아했었거든요."

2년 뒤 그는 루이지아나 공학대학교로 편입하였다. 2년 뒤인 1987년 드래프트 6라운드에서 밀워키 브루어스에 드래프트 되었다. 그는 이후 10년간 대부분의 시간을 마이너리그에서 뛰었고 1993년 몬트리올 엑스포스에서 메이저리그에 올라갔다. 그는 9월에 5번의 타격 기회가 있었고 5타수 2안타를 쳤다.

그는 이런 말을 한다. "태드 윌리암스를 잊어라. 내가 바로 야구계의 마지막 4할 타자이다."

그가 1996년 은퇴할 때에 예전 동료였던 톰 폴리의 추천으로 1997년부터 마이너리그 코칭스태프로 레이스 산하 마이너리그 시스템에서 함께 일하게 되었다. 메이저리그팀은 그다음 해부터 리그에 참가하기로 되어 있어 경기를 할 수 없었고, 그들은 구단이 만들어지기 시작한 때부터 팀을 만들어 가기 시작했다. 그는 2007년 더럼으로 오기까지 레이스와 함께 해왔다. 그는 5개의 디비전 타이틀과 인터내셔널 리그 챔피언을 이루어 냈다. 2009년에는 마이너리그 전체에서 올해의 감독으로 뽑혔다.

"우리의 마이너리그 시스템을 통해서 젊고 좋은 선수가 메이저리그로 많이 올라갔습니다." 그는 말했다. "만약 내가 잘한 것이 있다면 그들이 메이저리그에 가기 위해 준비하는 것을 도와준 것이죠. 그리고 그 일을 하라고 팀에서 연봉을 받는 것입니다."

트리플A에 있는 모든 사람처럼 몬토요 역시 메이저리그 감독이 되는 것을 생각해 보았다. 그는 그 자신이 메이저리그로 올라가기 충분하다고 믿고 있었다. 그러나 그것은 그가 할 수 있는 일이 아니었고 다른 많은 동료처럼 몬토요에게 그런 일은 일어나지 않았다.

"트리플A에서 감독을 해본 모든 사람, 일을 해본 사람 모두가 '과연 나는 메이저리그로 갈 수 있을까?'라는 생각을 할 때가 있어요. 그것은 본능이죠. 이것은 돈에 대한 것이 아닙니다." 그는 말을 멈추고 웃으며 이야기했다. "만약에 자신이 그것을 깨닫고 있다고 하더라도, 자신이 메이저리그에 갈 만큼 충분히 잘하고 있다고 믿는 것은 자기 자신이 해왔던 것 중에 가장 잘했던 일과 경쟁하는 일입니다."

"선수들은 그들이 경기를 할 때 그것을 느끼고 감독들도 같습니다."

"그러나 내 삶의 관점에서 봤을 때 가장 중요한 것은 내가 직업을 가졌다는 것입니다. 나는 내 삶에서 첫 2년 계약을 했어요. 이것은 매우 행복한 일이었죠. 나는 퇴직연금을 내고 보험에 가입되었습니다. 그리고 가족을 돌볼 수 있습니다. 이것이 내가 어릴 때보다 야구를 사랑하지 않는다는 의미는 아닙니다." 그는 웃으면서 이야기하였다. "내가 은퇴를 할 때 경기에 더 뛰고 싶다는 것을 알았었지만 은퇴를 했습니다. 경기에 뛸 수 있었지만 은퇴할 기회를 잡았고, 그렇게 삶을 만들어가고 있어요. 그것이 내가 집중하는 것입니다."

몬토요는 레이스에서 일하면서 1년에 8만 달러의 연봉을 받으며 가족들을 보살피는 것에 집중할 수 있는 이유가 있다. 그가 찰스톤에서 뛸 때 그의 아내인 사만다를 만났고 그들은 2012년에 9세가 되는 타이슨과 시즌이 끝나는 10월에 5세가 되는 알렉산더, 이렇게 두 아들이 있다.

몬토요는 둘째가 태어날 때를 생생하게 기억하고 있다. 알렉산더 몬토요는 2007년 10월 17일에 태어났다. 의사는 아기가 엡스타인 선천성 심장질환을 가지고 태어날 것이라고 부모들에게 이야기했다. 그것은 매우 희귀한 병이고 질환은 자궁에서부터 시작되고 우심실에서 우심방으로 가는 혈액순환에 영향을 미친다고 한다.

"어떤 의미로 우리는 매우 운이 좋았습니다." 몬토요가 이야기했다.

"의사가 10년 전이었으면 아기를 위해서 할 수 있는 것이 아무것도 없었을 것이라고 했어요. 지금 이 병은 치료할 수 있는 병입니다."

치료할 수는 있지만 무서운 병이다. 알렉산더는 태어나서 1시간 안에 헬리콥터를 타고 피닉스에 있는 병원으로 옮겨졌다. 한 달 뒤 그는 심장을 개봉하는 수술을 하였고, 그가 4개월이 되었을 때 두 번째 수술을 하였다. 의사는 몬토요에게 아들이 완곡하게 말하자면, 어린이에게 매우 위험할 수 있는 이식 수술이 필요할 수도 있다고 이야기했다.

아들은 소아 질환의 전문가가 있는 UCLA병원에서 이 모든 것들을 견뎌내고 있었다. 몬토요는 2008 시즌을 병원이 있는 LA에서 그와 그의 가족들이 오프 시즌 동안 지내는 피닉스까지 통근하였고, 경기가 없는 날에는 자주 비행기를 타고 와서 아들과 몇 시간이라도 함께 보냈다.

알렉산더는 2년 뒤 4세가 되어가는 시점인 2013년 4월에 의사 역시 마지막이기를 바라던 3번째 수술을 받았다.

몬토요는 웃으며 부드럽게 말하였다. "내 모든 삶은 경쟁이었습니다. 나는 경기에서 뛰는 것을 사랑했으며 내가 기억하는 동안 경쟁하고 싶었어요. 나는 지는 것을 싫어하는 그런 사람이었죠. 그러나 알렉산더가 태어나고 좀 다른 느낌을 받았습니다." 그는 쓰고 있던 불스 모자를 벗어서 그 안을 보았다. "경기 중이거나 전후에 내가 좌절하거나 매우 화가 날 때에 나는 모자를 벗어서 그 안을 봅니다."

그는 계속 안을 보고 있었다. 그 안에는 타이슨과 알렉산더가 해맑게 웃고 있는 사진이 있었다. "이것을 보고 나는 게임에서 지는 것이 그렇게 중요한 것이 아니라는 것을 알게 되었어요. 물론 선택하라고 한다면 패배보다는 승리를 선택하겠지만 내가 예전에 생각했던 만큼 중요한 것이 아니라는 것입니다."

2012 시즌은 몬토요가 감독으로서 가장 힘들었던 시즌이었다. 그러나 6월이 다가오고 애리조나의 학교들이 방학을 시작하면서 그는 대부분 저녁에 더럼 불스 구장 스탠드에서 아내와 두 아들이 앉아서 경기를 관람하는 것을 볼 수 있었다.

그렇게 그는 그의 삶에서 진정으로 중요한 것을 알기 위해 모자 안을 들여다볼 필요가 없어졌다.

3

린제이, 스윈든, 그리고 롤로

시장, 여행자, 그리고 심판

스콧 포드세드닉이 앨런타운에 도착했을 때에 존 린제이는 그와 자리를 바꾸는 것에 흥분해 있었다. 린지는 포드세드닉과 같은 나이였다. 린제이는 고등학교를 졸업하고 포드세드닉이 드래프트 된 다음 해인 1995년에 콜로라도에 13라운드에 드래프트 되었다.

린제이의 꿈은 메이저리그팀에 드래프트 된 다른 선수들과 같았다. "2년 안에 메이저리그에 올라가겠다." 그는 웃으면서 이야기했다. "아버지가 나에게 와서 누구나 그런 생각을 한다고 이야기를 해줬던 것이 기억납니다. 하지만 나는 아버지에게 '다 알아요. 하지만 나는 그렇게 할 거예요.'라고 말했습니다."

그는 14년의 시간이 더 필요했다. 2010년 9월 8일, 그가 드래프트 되고 16년이 더 지난 이후에 린제이는 메이저리그에 갈 수 있었다. 그것을 통해서 그는 메이저리그 역사상 가장 긴 마이너리그 견습생이라는 기록을 남겼다.

"나는 그런 기록을 남기려고 하지 않았습니다." 그가 웃으면서 이야기했다. "그렇게 되었을 때 나는 완전히 포기 상태였습니다. 감독님이 나를 사무실로 불렀을 때는 시즌 종료 2일을 남겨 놓고 있어서 나는 짐을 싸서 다음 날 경기가 끝나고 바로 집으로 갈 준비를 해놓은 상태였습니다."

앨버커키 아이소토프스는 텍사스 라운드락에 있었다. 팀 왈라치 감독이 린제이를 불러서 다저스로 간다는 이야기를 할 때는 시즌이 끝날 때쯤이었다. 린제이는 아직도 왈라치 감독이 한 말을 기억한다. "존, 너에게 메이저리그로 올라간다는 말을 할 수 있어서 영광이네. 자네가 아주 오랜 시간 기다려 온 것을 알고 있네."

린제이는 왈라치의 말에 크게 감동을 받았다. 그가 처음 들었던 생각은 "오 하나님!"이 아니라 "아내에게 전화해야 돼."였다.

크리스타 린제이는 미시시피 해티즈버그에서 960km가 넘게 운전하여 다음 날 라운드락에서 그의 남편을 픽업하러 오고 있었다. 그녀는 이미 출발한 상태였다. "나는 아내를 돌려보내야만 했죠." 그가 말했다. "처음에 아내는 전화를 받지 않았어요. 결국에 전화를 받았고 그것은 매우 재미있는 통화가 되었습니다.

"여보, 480km를 아무것도 없이 운전해온 것에 대해서 정말 미안하게 생각하고 있어, 하지만 말야……."

린제이는 조용하고 사려가 깊은 사람이었고 신앙심이 깊고 다른 사람들의 기분을 고려하는 사람이었다. 그래서 그는 그날 왈라치의 사무실로 갈 때에 그의 동료들에게 아무 말도 하지 않았었다.

"난 단지 내가 소리를 지르고 환호하는 것이 보기에 좋지 않을 것이라고 생각했습니다. 나는 메이저리그로 가지만 나머지 모두는 다음 날 집으로 가잖아요." 그가 말했다. "메이저리그로 간다는 생각으로 내 얼굴에 어떤 미소가 있을 수 밖에 없었나 봅니다. 왜냐하면, 내 바로 옆 로커를 쓰는 이반 데 헤우스가 저를 보고 물었거든요."

"'무슨 일이야? 왜 감독이 너를 불렀어?' 나는 '별일 아니야.'라고 대답했죠. 그런데 갑자기 그가 소리를 지르기 시작했어요. '메이저리그로 올라가는구나, 맞지? 너의 얼굴에 그렇게 쓰여 있어!'"

린제이가 사실을 이야기했을 때, 클럽하우스는 J.C. 보스칸이 축하를 받았던 것처럼 열렬하게 축하해 주었다. 린지와 보스칸처럼 오랜 시간 메이저리그에 올라가지 못하는데도 팀에 머물 수 있는 이유는 적어도 그들이 젊은 선수들에게 멘토와 같은 역할을 해주기 때문이다. 만약에 그렇지 않다면 팀은 그들을 계속 보유하고 있을 이유가 없다. 그래서 그런 멘토 중 하나가 메이저리그로 승격할 때 모두들 이렇게 기뻐하는 것이다.

린제이는 공에 맞아 그의 손이 부러져 시즌을 접기 전까지 LA 다저스에서 12번의 타석에 들어섰다. 첫 타석에 배터박스에 들어설 때 그는 고개를 흔들었다. 그리고 마운드 위에 있는 휴스턴 애스트로스의 투수 웬디 로드리게스를 바라보았다.

"웬디와 나는 마이너리그에서 이미 수차례 만났었고 그때와 지금이 다를 건 아무것도 없다고 내 자신에게 이야기했습니다." 그는 이야기했다. "나는 지금 이 타석이 마이너리그에서 해왔던 타석과 아무것도 다를 것이 없다고 나 자신이 생각하게끔 만들려고 노력했습니다. 물론 그렇게 되지는 않았지만."

린제이는 그의 10번째 타석에서 애스트로스의 좌익수 카를로스 리 앞으로 가는 낮은 라인드라이브성 안타를 쳤다. 투수는 마이너리그에서 종종 만났었던 넬슨 피게로아였다. 린제이는 그날 밤 좌익수에 카를로스 리가 있었던 것에 감사했다. "좌익수가 더 빠른 선수였으면 그 공을 잡아버렸을 거에요." 그가 말했다. "카를로스는 그런 선수가 아니었어요. 그 안타는 제 모든 야구 인생 동안 기다려온 안타였습니다."

카를로스 리가 내야에 공을 던져주고 경기는 잠시 멈추었다. 애스트로스의 리드 존슨이 그 공을 받아서 린제이를 바라보았고, 그 공을 스탠드에 있는 관객들에게 던지려는 모션을 취했다.

"그때 나는 무척 놀랐죠." 린제이가 말했다. "그는 웃으면서 공을 우리 팀 더그아웃으로 굴렸어요. 그는 알고 있었던 것입니다."

선수들은 지금 그 공이 린제이가 메이저리그에 올라가기 1년 전에 태어난 그의 아들인 존 린제이 3세의 방에 있는 것을 알고 있다.

2011년 봄, 린제이는 마이너리그에 돌아왔다. 다저스의 부상 선수들은 그를 9월에 메이저리그로 가게 해주었었다. 그리고 휴식을 취한 외야수들은 그를 다시 앨버커키에 있는 트리플A로 보냈다. 시즌이 끝나갈 때에 아무도 그에게 마이너 계약마저도 제안하지 않았다. 그는 34세가 되었고 지금이 그가 현재 다니고 있는 대학교를 마치고 그의 삶을 바꿔야 할 때가 아닌가 하는 생각이 들었다. 그는 피닉스 대학교의 온라인 수업들을 듣고 있었다. 린제이에게 10대처럼 야구 선수의 생활이 보기 만큼 쉽지 않다고 이야기해 주었던 그의 아버지는 그가 아직 야구를 그만두기를 원하지 않을 것이라고 이야기해 주었다.

"넌 아무것도 남지 않았을 때까지 그만두면 안 된다." 존 린제이 시니어는 린제이에게 이야기했다. "내가 느끼기엔 너는 아직 보여줄 것이 남아 있어. 네가 한 번 멈춰 버리면 그것은 정말로 끝나 버려. 그러면 다시 시작할 수 없어. 네가 멈춰야만 하기 전까지는 멈추지 마라."

린제이는 아버지의 말이 옳다고 생각했다. 그는 혹독한 다이어트를 시작했고 자기가 지난 시간 동안 해왔던 것들을 천천히 생각하기 시작했다. 그는 채소, 닭고기와 같은 건강에 좋은 음식들만 먹었고 그렇게 시간이 빠르게 지났다. 그는 120kg였던 체중을 천천히 건강하게 18kg을 감량하여 돌같이 단단한 102kg이 되었다. 아직 마이너리그 계약으로 그를 스프링캠프에 초대한 메이저리그 팀은 없다.

이것은 그의 시간이 지나갔음을 보여주는 것 같았다.

그러나 그의 에이전트는 그가 멕시코의 라구나에서 야구를 할 수 있는 계약을 가지고 왔다. 멕시코리그는 트리플A만큼 보수가 좋지 않지만 거의 트리플A와 동등한 수준의 리그이다. 린제이는 그 기회를 잡기로 결정했다. 그는 라구나로 갔고, 운이 좋게도 2개 국어가 가능한 룸메이트와 아파트를 사용하게 되었다.

그곳은 분명히 다저스타디움이 아니었다. 심지어 앨버커키도 아니었다. 하지만 그곳에는 야구가 있었다.

크리스 스윈든은 2012년 스프링캠프에 참여하고 있다는 것에 행복했다. 1년 전, 그는 중간 계투 투수로 더블A에 있었다. 그는 25세였고 프레즈노 퍼시픽 대학교를 졸업하고 뉴욕 메츠에 22라운드에 드래프트 된 지 4년이 지났었다.

그가 계약을 체결하자마자 메츠는 그를 구단의 유망주들이 있는 브루클린 A리그 팀으로 보냈다. 뉴욕 메츠의 구단주인 프레드 윌픈은 브루클린 다저스를 열광적으로 응원하며 브루클린에서 자라 왔다. 그는 브루클린에 야구를 되살리기 위해 마이너리그 팀을 위한 구장을 브루클린에 지었다.

"그곳에서 공을 던지는 것은 전형적인 신인들의 경험이 아닙니다." 스윈든이 이야기했다. "선수들은 매일 밤 8,000~9,000명의 관중들 앞에서 경기를 합니다. 선수들은 그곳에 있는 모든 팬들이 팀이 어떻게 하고 있는지 그 팀의 선수가 어떻게 하고 있는지 집중하고 있는 것을 알고 있어요. 그런 것은 나에게는 재미있는 일이었죠. 나는 사람들이 많고 활기가 넘치고 이목이 집중되는 것을 좋아합니다."

2008년 여름 그는 방어율 2.01을 기록하며 매우 잘 던졌다. 그는 메츠의 시스템에서 한 단계씩 올라가기 시작했다. 2년 뒤 그는 더블A 빙햄튼에 진입했으며, 시즌이 반 정도 남은 상황에서 선발투수로 나서기 시작했다. 그러나 그는 선발투수로 그렇게 특출한 투구를 보여주지 못했다. 그리고 다음 시즌 그는 빙햄튼의 중간 계투로 다시 돌아가서 시즌을 시작했다.

"그것은 실망스러운 일이었습니다." 그가 말했다. "나의 모든 야구 인생은 언제나 앞으로 나아가는 것이었어요. 나는 그것이 제자리걸음같이 느껴지지도 않았습니다. 퇴보하는 것처럼 느껴졌습니다."

트리플A의 선발투수였던 부프 본저에게는 나쁜, 스윈든에게는 좋은 야구의 운이 개입했다. 본저는 시즌 첫 선발 등판에서 그의 팔꿈치를 다쳤다. 그래서 스윈든은 더블A 빙햄튼에서 트리플A 버펄로로 4월 17일에 임시 선발로 승격하게 되었다. 그는 팀의 2선발이 될 수 있을 만큼 잘 던졌었다. 그는 다음 경기에서도 잘 던졌다. 그래서 그는 본저가 토미 존 수술(팔꿈치 인대 접합 수술-역주)을 받게 된 이후 버펄로에서 선발 한 자리를 차지하였다. 스윈든의 두 번째 선발투수로의 성적은 처음 선발을 맡았을 때보다 좋아졌다. 2010년에 빙햄튼에서 그는 5.56의 방어율을 기록했었다. 지금 그는 작은 야구장과 넓은 스트라이크 존 때문에 방어율이 4점 밑이면 좋은 투수라는 평가를 받는 리그에서 3.87의 방어율을 기록했다.

스윈든은 2011년 시즌을 통해서 그의 투구가 더 단단해졌다는 것을 알고 있었다. 그리고 그는 2012년 메츠의 스프링캠프에 초대될 수도 있다고 생각하였다. 그가 시즌 마지막 선발 투구를 마친 시즌의 마지막 주에 그가 옷을 갈아입고 있을 때 투수 코치인 리키 본즈가 그의 로커에 와서 이야기했다. "감독이 너를 잠깐 만나고 싶어 해."

스윈든은 잠시 당황하였다. 감독이 아마 자신을 만나기 원하는 것은 시즌 마지막 경기에 구원투수로 나갈 수도 있다는 이야기를 하려고 부르는 것이 아닐까 하는 생각을 했다.

"그때 나는 정말 몰랐어요." 그가 말했다. "우리가 같이 팀의 사무실로 갈 때에 리키가 나에게 '앞으로 더 좋은 옷이 필요할 거야.'라고 이야기했습니다. 나는 자리에 앉았고 감독은 나에게 '크리스, 올해 너는 상당히 잘 해 주었어. 시즌을 더블A에서 중간 계투로 시작했지. 그리고 이제는 메이저리그 불펜으로 올 시즌을 마칠 거야.'라고 말했습니다."

"처음에는 내가 잘못 들은 것이라고 생각했죠. 하지만 감독들은 이런 이야기로 농담을 하는 사람들이 아니라는 것을 알고 있었기에, 난 그저 감독님을 한동안 바라보았습니다." 결국, 감독은 다시 이야기했다. "너는 뉴욕으로 가서 내일 선발투수로 나설 거야."

이 일이 있고 24시간 뒤 쌀쌀한 9월의 저녁, 스윈든은 시티필드의 마운드에서 플레이오프에 진출하기 위해 사투 중인 애틀란타 브레이브스와의 더블헤더 첫 경기에서 공을 던지고 있는 자신을 발견했다. "모든 것이 꿈 같았습니다." 스윈든이 이야기했다. "잠깐 동안 버펄로에서 시즌을 마치고 뉴욕의 마운드에서 치퍼 존스를 상대로 공을 던지고 있었어요. 이것은 정말 놀라운 일이었습니다."

테우펠 감독이 예견했듯이, 스윈든은 메이저리그에서 선발투수로서 시즌을 마감했다. 그는 4번의 선발 등판을 하였고 너무 좋지도, 너무 나쁘지도 않은 투구를 했다. 그는 4.71의 방어율에 0승 2패를 기록하였다. 이 성적은 그를 2012년 스프링캠프에 그의 자리를 만들기에 충분히 좋은 성적이었다.

그때 메츠의 선발 로테이션이 다시 건강해졌다. 요한 산타나와 마이크 펠프리가 부상에서 돌아왔고 스윈든에게 가장 좋은 기회는 불펜으로 가는 것이었다. 메츠에는 몇몇 베테랑 중간 계투 선수들이 캠프에 있어서 그것마저도 가능성은 작아 보였다. 스윈든은 그가 팀에 남을 수 있을 만큼 잘 던졌었다고 생각했었지만 팀은 결국 41세의 미구엘 바티스타와 같은 좀 더 풍부한 경험이 있는 선수들을 선택하였다. 시즌 개막 3일 전 스윈든은 다시 버펄로로 돌아가게 되었다.

“물론 실망스러운 일이지만 그리 놀라운 일은 아니었습니다.”

그는 말했다. “테리 콜린스 감독은 항상 던질 수 있는 상태로 준비를 해 놓으라는 평범한 이야기를 해주었습니다. 제가 적어도 메이저리그에 좀 더 가까워졌다는 것에 기분이 좋았죠. 그리고 시즌이 길다는 것을 저는 알고 있어요.”

그는 단지 얼마나 오랫동안 마이너리그에 머물러야 할지 예측할 수 없었다.

누가 가장 스프링캠프를 즐길 수 있을까? 그것은 아마도 미디어 매체일 것이다. 그들은 오전 훈련 이전과 이후에 선수들과 감독들을 만날 수 있고, 야간 경기가 거의 없는 시범경기 전후, 혹은 경기 도중에 선수들과 감독들을 만날 수 있다. 그들이 아니라면 아마 심판들일 수 있다. 특히 대체로 마이너리그에서 뛰는 심판들은 3월 한 달간 메이저리그의 삶을 살 수 있는 3월을 즐길 수도 있다.

마크 롤로는 심판으로서 11번째 시즌을 4번째 인터내셔널 리그를 시작했다. 전년도에 그는 승격 대상 리스트에 이름을 올렸고 메이저리그에서 6경기를 뛰었다.

승격 대상 리스트는 선수들과 마찬가지로 낮은 단계의 마이너리그에서 부터 한 단계씩 승격을 해온 롤로와 같은 18명의 트리플A 심판들로 채워져 있다. 시즌 중 메이저리그 심판이 부상을 당하거나, 아프거나, 휴가를 떠날 때 그 자리를 채우기 위해 승격이 이루어진다. 승격 대상 리스트는 비공식적으로 적어도 4개의 등급으로 나누어진다. 최상위 등급에 들어 있는 5명의 심판들은 시즌 중 한 달가량을 메이저리그에서 보낸다. 그 심판들은 메이저리그가 그들이 메이저리그 경기를 위해 준비가 되었다고 결정된 심판들이고 나이 든 메이저리그 심판들이 은퇴하면 메이저리그에 들어갈 수 있는 자리가 생기길 기다리는 심판들이다.

그다음 5명은 그들보다 한발 뒤처져 있다. 그들은 부상을 당했던지 건강이 좋지 않았든지 아니면 다른 이유들로 평가단의 눈에 메이저리그로 오르는 과정에 실패하였지만, 그전까지는 가까운 미래에 메이저리그에서 몇몇 자리에 그들의 자리가 있을 정도로 그들의 능력을 증명했었던 사람들이었다.

그다음 8명은 아직 의문을 주는 심판들이다. 그들은 테스트를 받는다. 5명은 몇몇 메이저리그 경기를 보장받고 마지막 3명은 부상, 질병, 출생 혹은 아주 드물지만 심판이 출장 정지를 받는 등의 예상치 못한 상황에만 메이저리그 경기를 할 수 있다.

마지막 8명들은 대부분 그들이 있는 위치에 계속 머문다. 왜냐하면, 그들은 상위 등급의 10명만큼 경험이 없기 때문이다. 롤로는 2011년에 6게임을 뛰었던 사실을 근거로 그가 마지막 그룹에 속해 있다는 것을 알았지만 그렇게 신경 쓰지는 않았다.

"승격 리스트에 오른 첫해는 기대한 대로였습니다." 그가 말했다. "3년차 때까지는 그렇게 신경을 쓰지 않습니다."

롤로는 승격 대상 리스트에 오른 지 2년째인 2012년에 좀 더 많은 메이저리그 경기에서 심판을 볼 수 있기를 기대했다. 그는 인터내셔널 리그의 사무국장 랜디 모블리가 그에게 여러 번 이야기했듯이 그의 팬이라는 것을 알고 있었다. 모블리는 그를 지지하였지만 메이저리그로 승격하는 것의 마지막 결정은 여전히 메이저리그 사무국 평가단의 몫이었다.

"대개 리스트에 3년 정도 있다가 메이저리그에 올라가거나 리스트에서 사라집니다." 롤로가 말했다. "만약 3년 동안 승격 대상 리스트에 있었다면 평가단은 아직 준비가 안 됐다고 생각하고 심판의 위치를 움직일 것입니다. 그것은 심판들을 위한 선택이 아니니까요. 선수들은 '나는 마이너리그의 삶을 살 수 있습니다.'라고 이야기할 수 있겠죠. 트리플A 선수들은 그의 직업을 유지하거나 그들이 계속 경기를 하기를 원하면 더블A에 갈 수도 있지만 심판들은 그럴 수 없어요. 만약에 평가단이 메이저리그에 갈 수 없다고 생각한다면 기회는 사라집니다."

롤로는 이미 그가 있는 위치에서 가능성이 없는 일을 하고 있다는 것을 알고 있다. 심판들 중 1퍼센트만이 심판 학교를 나와서 루키리그에 고용되고 메이저리그로 간다. 대략 3분의 1 정도가 트리플A까지 간다. 그리고 만약에 심판이 승격 대상 리스트에 오른다면 그 가능성은 기하급수적으로 올라간다.

롤로는 메이저리그의 문 앞까지 다다랐었다. 그는 지난 두 번의 가을에 애리조나 가을 리그에서 일하기로 계약을 했었다. 그 리그는 미래의 메이저리그 선수들로 채워져 있어서 롤로에게 미래의 메이저리그 선수들을 관찰할 수 있는 의미일 뿐만 아니라 보너스 수입과 경험을 쌓을 수 있는 곳이었다.

2012년 봄, 그는 그가 스프링캠프에서 메이저리그 경기에 참여할 것이라는 것을 알게 되었다. 그것은 매우 큰 발전이었으며 경제적으로도 큰 소득이었다. 선수들처럼 심판들도 메이저리그에 비해 마이너리그에서는 매우 적은 급여를 받는다. 메이저리그 심판들은 최저 연봉 9만 달러에 420달러의 일비를 지급받는다. 롤로와 같은 마이너리그 최고의 심판들은 월 3,200달러에 48달러의 일비를 지급받는다. 메이저리그 심판들은 그들의 숙박비를 그들의 일비에서 계산하고 야구장에서 그들을 돕는 클럽하우스 직원에게 팁으로 40달러 정도를 지급한다. 마이너리그 심판들은 10달러 정도만을 지급하지만 그 사이에는 커다란 차이가 있다.

3월에 메이저리그 경기당 175달러를 받으며 총 25경기의 심판을 보았고, 그의 할아버지의 고향인 사라소타의 북쪽 지역에 한 달간 머물면서 롤로의 2012년의 수입은 전년도에 비해 40% 정도 증가했다. 이것은 그가 다가오는 겨울에 그의 아내와 두 아들과 함께 살고 있는 오하이오의 뉴렉싱턴의 집으로 돌아가도 그렇게 열심히 일하지 않아도 된다는 것을 의미한다. 그는 몇몇 보조 교사 일과 눈을 치우는 일을 했었다. 스프링캠프에서의 보너스 수입은 휴식 기간 동안 그의 시간을 아낄 수 있고, 그리고 그 시간 동안 그는 그의 가족들과 더 많은 시간을 보낼 수 있다는 것을 의미했다.

"그것은 매우 중요한 일입니다." 그는 말했다. "왜냐하면, 시즌 중에는 가족들의 생활에 도움이 되는 삶을 살 수 없기 때문입니다."

심판들은 홈 경기를 가질 수 없다. 롤로에게 가장 가까웠던 경기는 그의 집에서 88km 떨어진 콜럼버스에서 했던 경기였다.

그렇지만 3월은 롤로가 11년 전 고등학교를 나오고 바로 심판학교에 입학한 이래로 가장 즐거운 시간 중의 하나였다. 태양은 따스했고 경기는 긴장감이 넘치지 않았고 시설은 편리했다. 그리고 이동 거리도 정규 시즌에 비해서 짧았었다.

그는 다시 메이저리그 경기에 나서는 것과 그럴만한 준비가 되어 있다는 것을 보여줄 것과 그의 경력에서 가장 중요한 전진을 기대하고 있었다.

"가장 힘든 걸음은 보통 처음 내딛는 걸음과 마지막 걸음입니다." 그는 웃으며 이야기했다. "나는 괜찮은 첫걸음을 내디뎠습니다. 그러나 우리 모두는 마지막 걸음이 힘들다는 것을 알고 있어요. 왜냐하면, 그 걸음은 내 의지로 되는 것이 아니기 때문이죠. 선수들은 성적 기록을 가지며 그 기록은 거짓말을 하지 않습니다. 심판은 그런 것들이 없어요. 우리는 우리의 일을 잘하기 위해 좋은 눈을 가져야만 합니다. 평가단들이 심판들로부터 보기 원하는 것을 정확하게 똑같이 우리가 보기를 바라야 합니다."

엘라튼, 포드세드닉 그리고 스윈든과 같이 시즌을 메이저리그에서 시작하기를 바라며, 스프링캠프를 보내는 선수들과는 다르게 롤로는 그가 남쪽에서 스프링캠프를 마치고 북쪽으로 다시 돌아가고 나면 트리플A로 돌아갈 것을 알고 있었다. 그는 그런 일들이 괜찮았다.

올해, 3월의 마지막 날에 그는 스프링캠프가 끝나듯이 30세가 된다.

그는 마지막 긴 걸음을 내딛을 준비가 되었고, 그렇게 믿고 있다.

4

삶의 단편

앨런타운, 포터컷, 노퍽에서의 힘든 상황

6월의 첫 토요일, 정확하게 6월 2일, 펜실베이니아 앨런타운의 포터컷 레드삭스는 리하이밸리 아이언피그스와 더블헤더 경기를 준비 중이었다. 지난 저녁에 비가 왔었고 마이너리그는 일정상 쉬는 날이 많지 않아서 경기는 다음 날 저녁 더블헤더로 편성되었다.

그날 오후, 첫 경기 몇 시간 전에 포터컷의 감독인 애니 베일러는 선수들이 옷을 갈아입는 클럽하우스와 얼마 떨어져 있지 않은 사무실에 앉아 있었다. 베일러에게 문제가 생겼다. 두 번째 경기 선발투수로 로스 올렌도프가 내정되어 있었는데, 그것은 불가능한 일이 되어 버렸다. 왜냐하면, 올렌도프는 더 이상 그의 팀 선수가 아니었기 때문이다.

많은 트리플A의 베테랑 선수들처럼 올렌도프도 지난 시즌 채결한 FA계약에 옵트아웃(opt-out) 조항이 있었다. 대부분 옵트아웃 조항을 가지고 있는 선수들은 과거 메이저리그에서 경기를 뛴 경험이 있고 만약 메이저리그로 돌아가는 것이 불가능하다고 느꼈을 경우, 그 자신을 한 시즌 동안 그 팀에서만 뛰는 것을 원하지 않은 선수들이다.

"이 제도는 그가 속한 구단에서 메이저리그로 돌아갈 기회가 없는 것처럼 보이면 그 선수에게 다른 팀으로 갈 수 있는 기회를 주는 것입니다." 베일러는 말했다. "때때로 이것은 선수가 어떤 특정한 제안을 받고 가는 것을 의미하기도 하고, 때때로 그들은 그냥 자신의 환경을 바꾸기 위해 그 조항을 사용하기도 합니다."

올렌도프는 특정한 제안을 받았다. 그의 옵트아웃 조항의 날짜는 6월 1일이었고 그의 에이전트는 1주일 전에 샌디에이고 파드리스로부터 한 통화의 전화를 받았다. 샌디에이고는 그의 옵트아웃 날짜에 계약을 하고 그를 메이저리그에 올릴 생각이었다. 자연스럽게 레드삭스는 그를 방출시키기 위해 그를 승격시켰고, 올렌도프는 그가 옵트아웃을 실행하고 서부로 갈 것이며, 더 중요한 일인 트리플A에서 벗어날 것임을 구단에 알렸다.

날짜상 레드삭스는 6월 4일 월요일까지 올렌도프를 방출시킬 필요는 없었다. 만약 레드삭스가 강하게 원하면, 올렌도프는 토요일에 앨런타운에서 선발 출장을 해야만 한다는 의미였다. 그러나 레드삭스의 유망주를 관리하는 벤 크로켓은 아침에 올렌도프를 불러서 팀이 그를 바로 방출시켜줄 것이라고 알려주었다. 그것은 두 가지 의미가 있었다. 하나는 그가 더 이상 이 팀의 미래의 한 부분이 아니라는 것이었고, 다른 의미는 다른 팀으로 갈 때 그가 공을 던질 준비가 된 상태로 갈 수 있게 해주려는 것이었다.

베일러는 크로켓과 통화를 마치고 좁은 클럽하우스에 올렌도프를 찾고 그 소식을 알려주기 위해 걸어 들어갔다. 그는 토니 페냐 주니어의 로커 앞에 멈춰서 오늘 밤에 갑작스럽게 선발투수로 등판할 수 있을 것이라는 사실을 알려주었다. 투수로 전향하기 전에 캔자스시티 로열스에서 주전 유격수로 메이저리그에서 뛰었던 페냐는 그 소식을 듣고 그렇게 놀라지 않았다.

"그는 지난 2년 동안 가장 다재다능한 투수였습니다." 베일러는 이야기했다. "언제든 내가 무엇을 해달라고 요청하면 그는 그것을 해왔습니다." 트리플A에서 선수들은 매일, 아니 때때로는 매시간 모든 것이 바뀐다는 것을 알고 있다. 모든 트리플A 클럽하우스에는 적어도 하나의 텔레비전이 있다. 그리고 대부분 메이저리그 패키지에 가입되어 있다. 그것은 각 팀이 속해 있는 메이저리그팀의 경기가 있을 때 그 경기는 클럽하우스 TV에 나온다는 의미이다.

그 순간에 홈팀 아이언피그스 클럽하우스의 홀에 있는 TV에서는 필리스의 경기가 방송되고 있었다. 베일러가 포토킷의 클럽하우스에 갔을 때 레드삭스의 경기가 스크린에 나오고 있었다.

대부분의 시간 동안 선수들은 경기를 힐끗힐끗 보며 시청하거나 그들이 경기에 뛸 준비가 될 때까지는 경기에 집중을 하지 않는다. 베일러는 레드삭스 경기에 항상 시선을 고정시킨다. 왜냐하면, 만약 레드삭스의 선수 하나가 다치거나 투수가 부진하거나 하면 그의 전화가 울리고 크로켓은 보스턴의 결원에 가장 적합한 선수가 누구인지를 물어올 것임을 알고 있었기 때문이다.

베일러가 페냐와 이야기를 마치고 올렌도프를 찾으러 가고 있었다. 그는 소란스러운 것을 발견하였다. "10명 정도의 선수들이 벌떡 일어서더니 TV 주변으로 모였어요." 그는 잠시 후 웃으며 이야기하였다. "이런 일이 왜 일어났는지 알아내는 것은 어려운 일이 아니었죠."

그 시간, 베일러는 그의 직감이 맞았다는 것을 확인하는데 긴 시간이 걸리지 않았다. 레드삭스의 유격수 마이크 아빌스가 땅볼을 잡기 전에 그 공이 갑작스럽게 튀어 오르면서 손목에 맞았다. 그는 통증을 느끼며 그의 손목을 바로 잡았고 트레이너 릭 제이미슨과 감독인 바비 발렌타인이 더그아웃에서 그의 상태를 살피기 위해 나왔다.

"만약 그가 내려오면 누군가는 올라갑니다." 베일러는 말했다. "만약 누군가 올라간다면 또 다른 선수들의 출전 시간과 라인업에서의 그들의 위치에 영향을 미치게 되지요. 나는 그런 모습들을 수백 번 보았습니다. 그것은 저들이 자리에 앉아 누군가가 다치기만을 기다리는 것이 아니지만, 아빌스가 나와서 손목을 잡고 있는 것을 본 순간 그들은 '내가 승격할 수 있을까?' 하는 생각을 합니다."

나중에 알려진 바로 아빌스는 어떤 뼈도 부러지지 않았고 부상을 면할 수 있었다. 모두는 그들의 일상으로 돌아왔다.

"아마 당신은 절대 알지 못할 겁니다." 베일러는 말했다. "그 부위가 부풀어 오르거나, 그 경기 후 그들은 그 선수에게서 무언가 이상한 점을 발견할 수도 있습니다. 그들은 모두 같은 것을 생각하고 있습니다."

"이런 상황에서 좋은 소식은 누군가를 불러서 '짐 챙겨라. 넌 메이저리그로 갈 거야.'라고 말하는 것입니다. 그러한 순간들은 단연코 이 직업의 최고의 부분입니다." 그는 웃었다. "물론 그 선수는 떠날 때 얼굴에 큰 웃음을 짓고 나가지만 승격이 안 된 5명의 선수와 마주 해야 합니다. 그것이 이 직업의 가장 어려운 부분입니다."

아니면 자신의 선수 시절 내내 승격만을 기다리며 트리플A에서 4년을 보낸 볼티모어의 감독 벅 쇼월터는 "메이저리그와 마이너리그의 레벨을 운영하는 것은 야구에서 가장 안 좋은 일입니다. 왜냐고요? 왜냐하면, 아무도 마이너리그에 있기를 원하지 않기 때문입니다."라고 말했다.

야구의 마이너리그는 스토리가 있는 긴 역사를 가지고 있다. 적어도 모

든 위대한 선수들은 그곳에서 잠시라도 경기를 했었기 때문이다.

여러 해 전, 야구는 무수히 많은 마이너리그와 마이너리그 팀을 가지고 있어서 그곳을 모두 거치는 것은 불가능해 보일 정도였다. 리그는 트리플 A에서 클래스D까지 나누어져 있었다. 대개 마이너리그팀은 그들과 연결되어 있는 메이저리그팀에서 완벽하게 독립되어 있었고 그들의 소속은 비형식적이었다.

마이너리그팀들은 현재도 여전히 독립적으로 속해 있지만 독립 리그라 불리는 곳에서 경기하는 몇 팀들을 제외하고는 그들은 모두 메이저리그 팀과 형식적으로 엮여 있다.

메이저리그팀들은 야구 활동을 관리한다. 그들은 각 팀에게 감독과 코치진들의 계약을 하고 선수들을 공급한다. 구단주는 그들의 경기장을 가지거나 혹은 빌리는 일, 티켓을 판매하고 마케팅을 하는 일, 할인 및 혜택, 허가, 주차 등 모든 야구 외적인 모든 부분을 관리한다.

지금 현재 6개 레벨의 마이너리그가 존재한다. 루키리그, 고등학교와 대학교에 선수들이 드래프트 되는 6월에 시작하는 숏시즌A, 로우A, 하이 A, 더블A, 그리고 트리플A 이렇게 6개의 리그가 있다.

트리플A의 선수들은 그들이 메이저리그에 "사고가 일어나야 돼."라고 이야기한다. 조금은 잔인한 소리 같지만 그 말은 사실이다.

애니 베일러의 말과 함께 존 린제이가 직접적으로 어느 저녁에 이야기 해 주었다. "이것은 자리에 앉아서 누군가가 부상을 당하는 것을 바라는 것이 아닙니다. 그렇지만 사람들이 부상을 당하는 것은 사실이죠. 전화기가 울리고 감독은 누군가를 사무실로 부릅니다. 선수들은 그저 그런 일들이 자신에게 일어나기를 기대하고 있어요. 선수들이 트리플A에 있을 때 그들은 메이저리그와 매우 가까이에 있을 수도 있지만, 수십만 마일 떨어져 있을 수도 있습니다."

트리플A에는 16개 팀이 있는 퍼시픽코스트 리그와 14개 팀이 있는 인터내셔널 리그, 이렇게 두 개의 리그가 있다. 비록 구단의 파생 상품들은 자주 바뀔지라도 각 팀들은 30개의 메이저리그 팀들 중 하나와 함께 일하게 되어 있다. 마이너리그 팀의 소유권은 늘 유지된다. 필드 위에 입는 유니폼만 바뀔 뿐이다.

가장 오래된 마이너리그는 1884년부터 존재해온 인터내셔널 리그이다. 한때 이 리그는 정말 인터내셔널 국제 리그였다. 그 리그에는 캐나다, 푸에르토리코의 팀들이 있었고, 1950년대에는 6년 동안 쿠바팀들이 참가했었다. 쿠바팀은 야구 팬인 피델 카스트로가 집권한 지 2년 뒤인 1960년에 리그에서 나왔다. 그 팀은 마지막을 가장 국제적인 도시인 뉴저지의 저지시티에서 맞았었다.

이제 인터내셔널 리그에 다른 나라의 팀들은 더 이상 없다. 2008년 필라델피아 산하 팀이었던 오타와 린스가 필라델피아에서 오타와보다 훨씬 더 가까운 펜실베이니아의 앨런타운으로 팀을 옮겨 리하이밸리 아이론피그스가 되면서 마지막 국제 팀은 사라지게 되었다.

인터내셔널 리그는 보통 I리그라 불리고 노스, 사우스, 웨스트, 이렇게 3개의 디비전으로 나누어진다. 노스 디비전은 포터컷, 로체스터, 시러큐스, 버펄로, 리하이밸리, 스크랜튼 윌크스배러 이렇게 6개 팀이 있다. 사우스와 웨스트는 각각 4팀씩 보유하고 있는데 노퍽, 더럼, 샬롯, 그위닛 이렇게 4팀이 사우스 디비전이고, 콜럼버스, 톨레도, 인디애나폴리스, 루이스빌 이렇게 4팀이 웨스트 디비전이다.

플레이오프 시스템은 간단하다. 각 디비전의 우승팀과 와일드카드 한 팀이 플레이오프에 진출한다. 이 4팀은 5전 3승의 준결승과 챔피언 시리즈를 가진다. 2012년에는 와일드카드를 획득한 포터컷이 챔피언팀에게 주는 거버너스컵을 거머쥐었다. 거버너스컵은 1933년에 I리그가 플레이오프 진출 팀을 4개 팀으로 확장한 최초의 리그가 되면서 처음 주어진 우승컵이다. 메이저리그는 1969년까지 그 형식을 따라가지 못했었다.

전통 거버너스컵 원본은 3,000달러의 가치가 있었고 뉴욕, 뉴저지와 메릴랜드의 주지사들과 퀘벡과 온타리오의 주지사들이 스폰서를 맡았는데 1988년에 명예의 전당에 기증되었다. 복제품인 새로운 거버너스컵은 2009년 스크랜튼 윌크스배러 경기에서 술에 취한 팬에 의해 부서진 뒤 수리되었다. 퍼시픽코스트 리그는 동일한 플레이오프 시스템을 사용한다.

월터 알스톤, 딕 윌리암스, 바비 콕스, 데이비 존슨, 행크 바우어, 조 알토벨리와 찰리 마누엘과 같이 월드시리즈에서 승리를 거둔 감독들같이 과거에 감독들은 거버너스컵을 들어 올렸다. 그러나 모든 I리그의 감독들은 챔피언십에서 승리하는 것에 대해서 같은 이야기를 한다. "매우 좋은 일이지만 승리를 위해 일하는 것은 아니다."

"매일 밤 이기기 위해 노력하지만 승패로 감독들의 평가를 하지 않는 것을 알고 있습니다." 2009년에 거버너스컵을 들어 올렸고, 2012년까지 5년 연속 팀을 플레이오프에 진출시킨 더럼의 감독 찰리 몬토요가 이야기했다. "내가 맡은 일은 선수들을 발전시켜서 그들이 메이저리그에서 뛸 수 있는 상태로 준비시키고 그들이 올바른 태도를 유지하고 언제든 메이저리그 팀에서 선수를 필요로 할 때 그들이 나설 수 있게 그들을 준비시키는 것입니다. 나의 팀 선수들이 갑자기 승격되는 것은 문제가 되지는 않아요. 몇몇 경기에서 내가 기대하는 모든 것은 9이닝을 채울 수 있는 충분한 투수들이 있게끔 하는 것이죠. 그렇게 된다면 나는 아마도 나의 역할을 다한 것일 겁니다."

2012년 7월의 밤, 자정이 넘은 시간에 몬토요의 전화가 울렸다. 이날 저녁에 불스는 로체스터를 상대로 7대 4의 승리를 거두었지만 몬토요는 집에 돌아와서 템파베이 레이스가 시애틀 매리너스와 14회까지 경기를 가졌다는 것을 알았다. 그는 유망주를 관리하는 채임 브룸의 목소리를 들었을 때 웃으며 말했다.

"왜 이렇게 늦게 전화했어요?" 그가 물었다.

브룸 역시 웃으면서 이야기했다. 둘은 이런 대화를 이전에도 한 적이 있었다. 14이닝 경기를 치룬 것은 레이스의 불펜 투수들이 모두 소모되었다는 것을 의미했다. 그들은 다음 날에 던질 수 있는 다른 투수가 필요했다. 세자르 라모스가 선택되었다. 그는 내일 아침에 템파로 가는 비행기에 탈 것이다. 그가 템파에 얼마나 오래 남아 있을지 말하기는 어렵지만, 지금 이 순간, 단지 며칠이더라도 레이스는 알라바마 몽고메리에 있는 그들의 더블A팀에서 아무도 승격시키지 않을 것이다.

"아, 하나 더." 브룸이 말했다. "내일 브랜든 고메즈가 등판하지 않게 해줘. 만약에 라모스가 바로 등판해 버리면 아마도 일요일에 그 친구가 필요할지 몰라."

몬토요는 한숨을 내쉬었다. 이것은 남은 주말 동안 그가 쓸 수 있는 투수는 2명밖에 없다는 것을 의미했다. 그것은 역시 내일 야구장에 가서 백업 포수이자 위급할 때 임시 투수가 되는 크렉 알베나즈에게 말을 해줘야 한다는 것을 의미했다.

"우리는 이미 몇 번 경기를 끝내기 위해 그를 등판시킨 적이 있습니다." 몬토요가 말했다. "야수들을 투수로 쓰는 것을 좋아하지 않더라도 선택의 여지가 없을 때가 있습니다." 그는 미소 지었다. "실제로 그는 이전 몇 번의 등판에서 꽤 잘 던졌어요. 그때 나는 투수 코치인 네일 앨런에게 그가 불펜에서 조금씩 훈련을 시키도록 했었고 다음 번에 그의 얼굴이 밝아졌습니다."

"운이 좋게도 그는 이런 일에 대해 아주 훌륭한 자세를 가지고 있었어요. 그래서 이런 일이 조금 쉬워졌습니다."

아이러니하게도 알베나즈와 고메즈는 매사추세츠의 폴 리버라는 곳에서 함께 자랐다. 알버나즈는 마치 효과적으로 말하기 위해 과장하는 듯한 뉴잉글랜드의 억양을 사용하였다. 그는 전형적인 포수의 체형이었다. 172cm의 키에 88kg의 체중이었고, 29세가 되었을 때 감독이 그에게 원하는 무엇이든지 행복하게 했었다.

"베이스라인 안에서 저는 무엇이든 할 수 있습니다." 그는 몬토요가 투수 등판을 준비하라고 이야기한 이후 오후에 말했다. "내가 등판하는 경우는 우리 팀이 매우 안 좋은 상황일 때일 겁니다. 그렇지만 감독님이 필요하다면 언제든 준비되어 있습니다."

야구인들은 종종 트리플A 클럽하우스에서 느낄 수 있는 씁쓸함에 대해 이야기한다. 많은 트리플A 선수는 메이저리그에서 경기를 하고 대부분이 그곳에 남을 것이라고 믿는다. 몇몇은 부상으로 마이너리그에 돌아온다. 어떤 무리는 짧은 시간 동안 머물다가 그들이 짧은 시간 안에 다시 메이저리그로 돌아올 것이라고 자신을 납득시킨다. 또 다른 무리는 아주 긴 메이저리그 경력을 가지게 되고 그들이 트리플A에 머물렀던 시절을 이례적인 일이라고 믿는다. 이런 이들은 그들이 실제 있어야 할 곳으로 다시 돌아온다.

"놀라운 것은 선수들이 메이저리그 선수의 태도로 얼마나 빨리 성장하느냐입니다." 34년간 메이저리그의 시카고, 오클랜드, 세인트루이스의 감독이었지만 선수 시절에는 대부분 마이너리그에서 보낸 토니 라루사 감독이 말했다. "내 말은 10년간 자신의 가방을 직접 들고, 길가의 모텔에서 숙박을 하고, 버스를 타고 이동하던 선수가 2주간 메이저리그에 왔다가 돌아가면 그의 가방을 직접 들려고 하지 않는다는 것입니다."

그는 미소 지었다. "대부분 그런 선수들은 메이저리그로 다시 돌아오지 못합니다. 그들이 마이너리그로 돌아온 이유가 그들이 좀 더 좋은 플레이를 할 필요가 있다고 이해하는 선수들은 메이저리그로 결국 다시 돌아옵니다."

알버나즈는 한 번도 메이저리그에 오른 적이 없었다. 그는 트리플A보다 더블A에서 더 많은 시간을 보냈다. 그는 많은 동료가 1년 혹은 아주 짧은 시간 동안 메이저리그에 가는 것을 보았지만, 자신도 간다는 가능성을 배제하지 않았다.

"만약에 절대 메이저리그에 가지 못한다 해도 메이저리그를 향해 이 정도 가까워진 것입니다." 그는 말했다. "나는 성공을 위해서 아직 몇 가지를 더 해내야만 하는 그런 선수입니다. 그리고 나는 그것을 이해합니다. 만약 찰리가 내가 투수로 나가길 원한다면 기꺼이 투수로 등판할 것입니다."

이제 밝혀졌듯이 트리플A에 있는 것을 행복해하는 사람이 있으니 벅 쇼월터의 말은 틀린 것이 됐다. 그러나 그들은 아주 극소수일 뿐이다.

크리스 디커슨은 알버나즈와 비교해서 트리플A에서 아주 전형적인 플레이를 하는 선수이다. 2012년 2월에 템파에 트레이닝캠프에 왔을 때 그는 4시즌 동안 메이저리그에서 부분적으로 경기에 나섰었다. 그는 6주간 30경기 조금 안 되게 대부분 양키스에서 있었고, 양키스가 벤치 멤버 경

험이 있는 선수를 좋아한다는 것을 알고 있었다. 이것이 그가 메이저리그에 갈 수 있는 기회를 가질 수 있을 거라고 생각하는 이유였다. 그는 2011년에 양키스에서 대부분 대수비로 60경기에 출전했었다. 그런 것은 그에게 아무 상관 없었다. 메이저리그는 메이저리그였기 때문이다.

디커슨은 스카우터들이 4A선수라고 부르는 전형적인 선수이다. 그는 아마도 트리플A에서 경기에 뛰기에는 좀 뛰어난 편이지만 메이저리그 정규 멤버가 되기에는 부족했다. 그가 대부분의 경기를 트리플A에서 보낸 마지막 해인 2008년에 97경기에 출전하여 0.287의 타율에 11홈런 53타점 26도루를 기록하였다. 그는 스피드도 있었고, 수비도 잘하였고, 가끔 홈런을 때리기도 하였다. 그는 단지 메이저리그 수준에서 좋은 타격을 하기에는 부족하였다.

여전히 디커슨은 양키스가 트레이닝캠프 초반에 그가 트리플A의 확정멤버가 될 것이라고 말하는 것에 대한 준비가 되어 있지 않았다. 구단이 선수를 마이너리그로 보내는 몇 가지 방법이 있다. 최상의 방법은 옵션멤버이다. 이것은 그 선수가 메이저리그로 다시 승격시키기 쉬운 40인 로스터 안에 포함되어 있다는 의미이다. 만약 선수가 마이너리그 확정 멤버가 되면 그것은 메이저리그 40인 로스터에 들지 못했다는 의미이다.

9월 1일 이전에 메이저리그로 올라오길 원한다면 선수는 팀에서 웨이버 공시가 되어야 한다는 것이고, 그것은 다른 팀이 그 선수를 데리고 갈 수 있다는 것을 의미했다.

"나는 좌절감에 빠졌어요." 디커슨이 이야기했다. "그것은 내가 메이저리그로 가는 길이 아주 막힌 것처럼 느껴지지는 않았지만 기회가 올 것이라고 생각했었죠. 나는 상처를 받았고 화가 났었습니다. 난 단지 내가 마이너리그 확정 멤버가 되기에는 더 좋은 선수라고 생각했습니다."

그는 시즌 전체를 마이너리그에서 보내는 것을 생각하며 고개를 절레절레 흔들었다.

"선수가 메이저리그 로스터에 진입해서 시즌을 마치고 겨울에 집으로 돌아갔을 때 이것은 의미하는 것이 있습니다."

그는 말했다. "마이너리그에서 시즌을 마치고 집으로 돌아가면 사람들은 어떤 확신에 차서 선수들을 바라보며 이렇게 말합니다. '그래서 당신은 메이저리그로 돌아갈 수 있을 거라고 생각합니까?' 누구나 할 수 있는 이런 말들이 가장 화나는 것입니다. 사람들은 내가 대학에서부터 재미로 야구를 했다고 생각하는 걸까요? 사람들은 이해를 못 해요. 트리플A의 야구 역시 수준이 높고 매우 잘합니다. 트리플A에서 뛰는 선수들은 정말 진심으로 좋은 선수들이죠."

그는 웃으며 고개를 흔들었다. "물론 마이너리그 선수 중 하나가 되기를 바라는 선수는 없습니다." 그는 말했다. "나 역시 마찬가지입니다."

5

존슨과 몬토요

기대를 조절하다

2012년 인터내셔널 리그에 일하는 사람들 중 누군가 칭찬을 받아야 한다면 그것은 바로 론 존슨일 것이다.

그는 그런 것을 마음에 두고 있지는 않았다.

노퍽 타이즈 클럽하우스에서 RJ로 알려진 존슨은 정규 이론이든 불문율이든 상관없이 오래된 야구 이론을 믿으며 오랜 시간 야구인으로 살아왔다. 그는 프레즈노 주립대학교를 졸업한 1978년 캔자스시티 로열스에 24라운드에 드래프트 된 후 대부분 시간을 마이너리그에서 보냈다.

그는 8시즌 동안 선수 생활을 하며 3번의 짧은 메이저리그 승격을 했었고 캔자스시티 로열스와 몬트리올 엑스포스에서 22경기에 출전하였다. 그는 46번의 타석에서 홈런 없이 0.261의 타율과 2타점을 기록했다.

"솔직히 말해서 나는 내가 메이저리그에 갔었다는 사실을 무척 자랑스러워합니다." 그는 미소 지으며 말했다. "내가 계약을 했을 때, 내가 선수로 활동을 했을 때, 그리고 내가 선수 생활을 그만두었을 때도 나는 거의 가능성이 없었습니다. 내 생각에 나는 항상 가능성이 없었던 거죠. 그래서 나는 내가 마이너리그에 다시 돌아오는 것이 그렇게 신경 쓰이지 않았어요. 그것이 내가 35년 동안 알고 있던 삶이었습니다."

"물론 메이저리그에 있는 것을 원하지 않는 사람이 있다면 그것은 거짓말을 하거나 미친 사람일 겁니다. 특히 한 번이라도 메이저리그에 가본 적이 있는 사람이라면 말이죠."

그는 그의 작은 사무실을 둘러보았다. "이게 진짜 삶이죠. 이런 삶에 대한 진짜는 없습니다."

존슨은 선수 생활을 은퇴하고 난 후 마이너리그에서 24년간 코치와 감독으로 일해 왔다. 2009년 가을 드디어 기다리던 전화가 왔다. 레드삭스가 5년 동안 포터컷에서 감독으로 일하던 그를 테리 프랑코나 감독의 1루 베이스 코치로 승진시켰다.

"꿈은 이루어집니다." 존슨은 말했다. "나 같은 경우는 시간이 좀 걸리기는 했지만 결국에는 이루게 되었습니다. 그리고 일주일이나 한 달이 지난 뒤에 다시 마이너리그로 가는 일은 없을 것입니다. 나는 메이저리그로 가게 된 것입니다."

만일 지금 이 순간에 야구 감독 중에서 가장 그 위치가 안전한 감독을 꼽는다면 그 사람은 프랑코나일 것이다. 54세의 나이에 존슨은 메이저리그에 가게 되었고 오랫동안 머물기를 바랐었다.

메이저리그에서의 시간이 그의 인생에서 가장 굴곡이 심한 시간이 될 줄은 알지 못했다. 그의 딸이 비극적인 사고를 당하는 등 개인적인 불행도 있었고, 2011년 시즌 마지막 달에 레드삭스가 무너지면서 플레이오프가 좌절되었고 프랑코나도 경질되었다.

"한 달 전에 8경기 차로 앞서고 있다가 플레이오프에 진출을 못한다면 사람들은 그들의 직업을 잃을 겁니다. 특히 그곳이 보스턴이라면 더하죠." 존슨은 말했다. "티토(프랑코나)가 떠나고, 나도 조만간 떠날 것이라는 것을 알았습니다."

레드삭스는 존슨에게 호의적이었다. 특히 그의 딸이 사고를 당한 이후에는 더욱 그랬다. 구단은 그가 가족과 보내야 할 시간이 필요하면 그에게 시간을 주었고, 비용적인 측면에서도 도움을 주었다. 야구계에 몸담는 모든 사람은 시즌 중에 가족들의 도움을 많이 받는다.

| 론 존슨

그러나 적어도 책임을 져야 한다는 마음을 가지고 있다면 그라운드 위에서의 승패는 그라운드 밖에서의 가족 문제보다 더 큰 문제였다. 승리한다면 위치가 오르는 것이고 패배한다면 조만간 해고당하는 것이다.

"나는 아마 코치직에서 물러나 휴식을 취할 것입니다." 존슨이 말했다. "나의 모든 삶은 늘 프로 생활의 여정에 있었고 이제 쉴 수도 있다는 소리는 나에게 꽤 좋았습니다."

한 달 뒤, 그는 보스턴에서 해고되었고, 볼티모어의 새 단장이 된 댄 듀켓은 존슨에게 전화를 했다. 두 사람은 듀켓이 보스턴의 단장으로 있을 때 함께 일을 했었다. 듀켓은 노퍽의 감독이 필요했다. 존슨은 관심이 있었을까?

존슨은 이 일에 대해 잠시 생각을 한 다음, 그의 아내와 논의를 했다. 그리고 빠르게 결정을 내렸다. "하겠습니다." 그는 듀켓에게 말했다. "내가 이 제안을 왜 수락했는지 확실하지는 않지만 하기로 했습니다."

실제적으로 그는 그가 왜 이 제안을 수락했는지 정확하게 알고 있었다. 그것은 야구였고, 그는 야구인이었기 때문이다.

"나는 매일 야구장에 가고 유니폼을 입고 그 때문에 돈을 받습니다."

그가 말했다. "내가 불평하는 것이 가능한 일입니까?"

그가 말했듯이 자정이 지나고 그의 앞에 있는 음식은 반 정도 비어 있었다. 그는 몇 시간이라도 잠을 자기 위해 집으로 향했다. 다음 날 또 다른 경기가 있었다. 존슨은 경기 시작 6시간 전에 유니폼을 입고 또 다른 날의 야구를 준비하기 위해 야구장에 있을 것이다.

야구보다 더 의식화된 운동은 없다. 매년 월드시리즈가 끝나고 난 후, "언제 불펜 투구를 시작하나요?"라는 질문은 비시즌 의식 중 하나에 대한 질문이다. 물론 대부분의 야구인들은 비시즌이라는 것을 인지하지 못한다. 그들은 겨울 기간을 뜨거운 스토브리그라 지칭한다. 스토브리그는 전통적으로 밖에서는 눈이 오고 사람들이 난로에 모여서 그들의 몸을 따듯하게 하면서 그들의 팀에서 만들 수 있는 트레이드에 대해서 이야기를 하던 것에서 비롯된 또 다른 야구 의식(儀式)의 별칭이다.

인정받은 메이저리그 선수들에게는 스프링캠프라는 의식이 종종 가족들을 위한 일이 되고는 한다. 플로리다나 애리조나로 장시간의 운전을 위한 짐을 싸고 아이들은 몇 주간 그들의 숙제를 하고 부모들은 그 아이들의 학교 친구들이 2월 말부터 봄방학이 있는 3월 동안 추운 날씨에 몸을 떨듯이 자신의 아이들은 태양 아래에서 시간을 보내면서 학교에 빠지는 동안 그들과 함께 공부할 교사를 고용한다.

이것은 선수 경력을 전부 혹은 대부분 마이너리그에서 보낸 선수들과 다른 점이다. 그들의 2월 의식은 가족들에게 6주간의 이별을 말하는 것을 포함하고 있다. 아마도 가족들은 봄방학인 1주일간 시간을 낼 수 있을지 모르지만, 그 기간 부모는 일을 할 수 없어 그 여행은 경제적이지 않다.

야구 구단에게 스프링캠프는 모두가 손을 모아 도와야 하는 일이다. 요즈음 구단들은 50~60명의 메이저리그 스프링캠프에 초대된 선수들과 200명 이상의 마이너리그의 유망주 등 계약을 맺고 있는 모두를 수용할 수 있는 거대하고 현대적인 구장을 가지고 있다.

메이저리그 스프링캠프에 초대된 선수들은 메이저리그 감독, 코치, 그리고 시즌이 시작되면 마이너리그에서 시즌을 시작할 트리플A 감독과 코치들과 시즌 내내 모든 마이너리그 레벨을 관리하고 선수들과 함께 훈련할 뿐만 아니라 그들의 발전 과정을 메이저리그 프론트 오피스에 보고할 다양한 인스트럭터들과 함께 훈련을 한다.

마이너리그에서 시즌을 시작할 것이라는 것을 아는 사람들에게 스프링캠프는 구원의 시간이다. 모든 것이 새롭고 날씨가 따뜻하기 때문만이 아니라, 그들은 6주간 메이저리그의 삶을 살 수 있기 때문이다.

"클럽하우스에서 더 넓은 공간과 더 훌륭한 음식을 먹을 수 있습니다." 맑은 2월의 일요일에 플로리다 포트 샬롯에 있는 템파베이 레이스의 클럽하우스에서 더럼의 감독인 찰리 몬토요가 말했다.

몬토요는 그들의 가족에게 절대 쉽지 않은 작별 의식을 치르고 이곳에 왔다. 그의 아들 알렉산더가 3번의 심장수술을 치르고 지금은 건강한 네 살이 되어서 이 작별 의식은 조금은 쉬워졌다. 그렇지만 이 의식은 이전보다 조금 걱정이 덜할 뿐이지 가족을 떠나는 것이 쉽지는 않았다.

"나의 아내와 두 아들이 그립습니다." 그는 말했다. "그러나 나 혼자만이 가족들과 떨어져 지내는 사람이 아니라는 것을 알고 있습니다. 이것은 살기 위해서 해야 할 일의 한 부분입니다."

몬토요는 확실히 마이너리그 역사상 가장 유명한 팀인 더럼 불스의 감독으로 6번째 시즌을 앞두고 있다. 불스는 1988년 론 쉘턴의 영화 〈불 더럼〉을 통해서 불멸의 팀이 되었고, 일반적인 야구 팬들도 마이너리그 하면 가장 먼저 떠오르는 팀이 되었다.

영화가 만들어지고 25년간 더럼에는 많은 변화가 있었다. 그중 한 가지는 더 이상 메이저리그에서 많이 떨어져 있는 클래스A 캘리포니아리그에서 경기를 하지 않는다는 것이다. 1998년 이래로 불스는 레이스의 최고의 유망주들을 키워내는 구단이고, 이것은 현재 레이스의 스타들은 어느 순간에서는 더럼을 거쳤다는 것을 의미한다.

불스는 더 이상 더럼 애틀래틱 파크에서 경기를 하지 않는다. 비록 그 구장이 지금도 존재하고 고등학교, 대학, 아메리칸리그 경기가 열리기도 하지만 그곳을 사용하지 않는다. 이전 구장에서 1마일 떨어진 곳에 위치한 더럼 불스 애틀래틱 파크가 그들의 새 구장이다. 더럼에서 대부분 사람들은 그곳을 디-밥(Dee-BAP)이라고 부른다. 이곳은 1995년에 개장된, 현대적인 시설과 붉은 벽돌로 이루어진 구장으로 1만 명을 수용할 수 있다. 유명한 코웃음을 치는 황소는 "황소를 맞추고 스테이크를 받으세요."라는 문구와 함께 블루 몬스터로 알려진 새 구장의 좌측 펜스 뒤 가장 높은 곳으로 옮겨졌다. 이것은 펜웨이 파크의 그린 몬스터를 흉내 낸 것이다. 21세기 식생활에 바치는 헌정에서 황소가 밟고 서 있는 풀 위에는 "풀을 맞추고 샐러드를 받으세요."라는 문구가 있다. 1년에 한두 명의 선수들이 황소를 맞추고 스테이크를 모은다. 그렇지만 아무도 샐러드를 가져간 것을 기억하는 사람은 없었다.

불스는 그들의 역사에서 두 개의 영구 결번이 있다. 하나는 명예의 전당에 헌액된 조 모건의 18번이다. 그는 1963년에 이 팀을 위해 뛰었고 휴스턴에서 스타 1루수로 활약했으며 신시내티에서 2번의 MVP에 선정되었다. 그리고 또 다른 번호는 크래쉬 데이비스의 8번이다.

사실 데이비스는 1940년대에 불스에서 뛰었고 필라델피아 애틀래틱스에서 3년간의 메이저리그 경험이 있다. 그것이 그가 영구 결번이 된 이유는 아니었다. 쉘튼과 케빈 코스트너가 그를 유명하게 만들었기 때문이었다.

몬토요는 영화 〈불 더럼〉을 보고서 그가 감독을 할 팀의 특별한 역사를 알게 되었다. 보통 그는 그의 방 두 칸짜리 아파트에서 야구장까지 운전을 하고 가서 1루 관중석 아래에 있는 자신의 작은 사무실로 가서 그가 그날 경기에 뛸 수 있는 선수들, 다음 날 경기에 뛸 수 없을지도 모르는 선수들을 고려하며 라인업을 짠다.

"나는 어릴 때부터 야구를 사랑해 왔고 지금도 야구를 사랑합니다." 그는 말했다. "그러나 지금 나는 두 아이를 키워야 하는 46세입니다. 야구는 내 직업입니다. 올해 나에게 가장 좋은 일은 2년 계약을 체결했다는 것이죠. 내가 대학을 졸업해서 드래프트 된 이후로 내 직업이 이렇게 오래 보장된 적이 없었어요. 그만큼 이것은 나에게 중요한 일입니다."

몬토요는 1996년 그가 선수 생활을 은퇴한 이후로 레이스의 유망주 육성 시스템에서 코치와 감독으로 일해왔다. 그는 어린 시절 푸에르토리코에서 충분한 재능을 지녔었고 그는 돈 오더맨이라는 사람으로부터 캘리포니아의 대학으로 진학할 수 있는 기회를 제공받았다.

"그는 푸에르토리코인이었고 미국에서 야구를 할 수 있을 만하다고 생각되는 어린 선수들을 발굴해서 그 선수들을 후원하였습니다." 몬토요가 이야기했다. "그것은 장학제도 비슷한 건데 많은 좋은 선수들이 그 사람

덕분에 미국으로 가게 되었죠."

| 몬토요

오더맨은 캘리포니아 쿠퍼티노에 있는 디엔자 대학교에서 몬토요가 경기를 뛸 수 있게 해주었다. 몬토요의 코치는 공항에서 그를 픽업해 와서 몇몇 디엔자의 선수들이 머무는 그 지역의 하숙집으로 데리고 갔다. 몬토요는 18세였고 영어를 할 줄 몰랐다. 그가 머무는 하숙집의 가족들은 스페인어를 할 줄 몰랐다. 디엔자에서 2년을 보내고 그는 루이지애나 공업대학교에 들어가게 되었다.

"나는 그곳에 갈 때 나의 세 번째 언어를 배워야 할 것처럼 느껴졌습니다." 그가 말했다.

"남부 사람들은 나에게 '나는 지금 갈 작정이야.(I'm fixing to go now)'라고 말하면 나는 '무엇을 고치러 간다고?'라고 물었어요."

그는 루이지애나 테크대학교에서 비즈니스를 전공하였다. 그렇지만 학점을 받을 정도는 아니었다. 밀워키 브루워스가 1987년에 6라운드에서 그를 드래프트 하였고 야구를 하는 것이 그의 목표였기 때문에 그는 몬타나 헬레나에 있는 루키 볼에서 뛰기 위해 학교에서 나왔다. 그곳에서부터 그는 마이너리그 시스템에서 성장해왔다. 벨로잇에서 스톡튼으로 그리고 엘 파소, 그리고 덴버로.

1993년 시즌 전, 브루워스는 그를 엑스포스에 트레이드시켰다. 브루워스에는 1992년 신인왕으로 선정된 팻 리스타치가 있었고 그의 포지션은 2루수였다. 이것은 몬토요가 메이저리그에 가기 위해서는 다른 팀으로 가는 것이 그에게 더 유리하다는 것을 의미했다.

아니나 다를까, 1993년 시즌 말미에 그의 차례가 왔다. 9월 7일 몬토요는 엑스포스의 트리플A팀이 있는 오타와에 있는 야구장에 도착했다. 오후 2시경 감독인 마이크 쿼아드의 사무실로 호출을 받았다.

"오늘 밤 경기에 뛰고 싶은가?" 쿼아드가 물었다.

몬토요는 그 질문에 놀라며 대답했다. "물론입니다."

"그럼, 넌 지금 바로 가야겠다. 몬트리올에서 7시 반에 경기가 시작하니깐."

이 말을 이해하는데 몬토요는 잠깐의 시간이 필요했다.

"정말인가요?" 그가 물었다.

쿼아드는 고개를 끄덕였다.

"당연히 나는 길을 잃었습니다." 그는 말했다.

"그 당시에는 내비게이션 같은 것이 없었어요. 지도와 방향을 물어보는 것이 전부였죠. 나는 도움을 구하기 위해 주유소에 갔습니다. 나는 영어와 스페인어를 할 수 있었는데, 그 사람들은 불어로 말을 하였어요. 메이저리그 야구장으로 가는 것은 힘든 일이었습니다."

몬토요는 결국 7시가 다 되어서 올림픽 스타디움에 도착했다. 그는 큰 경외감을 안고 콜로라도 로키스와의 경기에서 유니폼을 입고 벤치에 앉았다. 8회 경기는 동점이었다. 펠리프 알루 감독은 돌아서서 몬토요를 지목했다.

"야구 배트를 잡아." 그가 말했다. 야구 언어로 "너는 대타로 경기에 나갈 거야."라는 의미의 말이었다.

몬토요는 영어, 스페인어, 야구 언어 이렇게 3가지 언어에 능통했다. 그는 자신이 찾을 수 있는 첫 번째 배트를 쥐었다.

몬토요는 역전 주자가 2루에 나가 있는 2아웃 상황에 로키스의 중간 계투 투수인 개리 웨인과 마주했다. 그는 정확하게 중전 안타를 쳤고 결승 타점을 기록하게 되었다. "정말 멋진 일은 펠리프가 나를 급하게 준비시켰다는 것입니다. 그래서 내가 얼마나 긴장했는지 생각할 겨를이 없었습니다." 몬토요가 말했다. "만약에 내가 얼마나 긴장했는지 생각했다면 어깨 뒤로 배트를 돌릴 수도 없었을 것입니다."

몬토요는 남은 시즌 22일 동안을 몬트리올에서 보냈다. 그는 5타수 2안타를 기록했고 두 번째 안타는 2타점이었다. 그것은 그가 5타석에서 3타점을 기록했다는 것을 의미한다. 나중에 알려진 것처럼 이것은 그의 메이저리그 기록의 시작과 끝이었다.

그는 3시즌을 마이너리그에서 더 보냈다. 그는 1996년 더블A에서 플레잉 코치로 있었다. 그것은 다음 시즌에 그에게 선수로서는 어떠한 제안도 오지 않을 것이라는 것을 의미했다. "1996년에 내가 스프링캠프에 들어갈 것이라고 생각했었는데, 구단은 나를 더블A로 보냈습니다." 그는 말했다. "나는 해리슨버그에서의 많은 시즌 동안, 그리고 트리플A에 잠깐 올라가는 동안 블라디미르 게레로(메이저리그에서 449홈런을 기록한 선수) 다음 타순에 섰었습니다."

"그러나 엑스포스에는 올라갈 젊은 선수들이 많이 있었습니다. 그래서 나는 여기까지라는 것을 알았죠." 그는 말했다. "나는 야구계에 더 몸담고 싶었습니다. 그렇지만 문제는 어떻게 머무느냐였습니다."

그 해답은 레이스에 있었다. 몬토요가 엑스포스에 있었던 시절 그와 알고 지내던 톰 폴리는 레이스의 필드 코디네이터로 고용되었었다. 그리고

폴리는 1997년 시즌 동안 웨스트 버지니아 프린스턴에 있는 레이스 산하 클래스A팀의 감독을 찾고 있었다. 레이스는 1998년부터 아메리칸 리그에 참여할 수 있었지만 마이너리그팀은 1년 먼저 리그에 참여하였다. 몬토요는 이제 막 31세가 되었다. 그는 1993년에 몬트리올에서의 짧은 메이저리그 생활을 포함하여 10년간 선수로 뛰었다. 트리플A에서의 6시즌을 포함하여 마이너리그에서 그는 0.266의 타율을 기록하였다. 메이저리그에서만 봤을 때 그는 0.400의 타율을 기록하였다. 그가 자주 반복하여 말하는 마지막 4할 타자였었다.

"나는 상황을 바꿀만한 또 다른 기회가 오지 않을 것이라는 것을 알고 있었죠." 그가 말했다. "그래서 나는 톰에게 그곳에서 일하는 것이 매우 기쁠 것이라고 이야기했습니다."

그는 레이스 구단의 일원이 된 이래로 한 단계씩 마이너리그 시스템에서 성장하였다. 프린스턴에서 허드슨밸리(뉴욕 주의 북부)로 사우스 캐롤라이나의 찰스턴(그가 그의 아내 사만다를 만난 곳)으로, 캘리포니아의 베이커스필드로, 올란도로, 그리고 앨라배마 몽고메리로 결국 2007년에 더럼으로 오게 되었다. 그는 2006년에 몽고메리에서 비스킷츠를 감독한 지 3년 만에 더블A 타이틀을 거머쥐었다. 그리고 더럼에서 트리플A의 감독이 되었다. 그는 그곳에서 바로 성공을 하였다. 2007년 선수들과 레이스 구단 경영진의 격찬을 받으며 디비전 챔피언이 되었다.

그때 그는 2003년에 태어난 그의 아들 타이슨의 아버지였다. 그가 더럼에서 그의 첫 시즌을 마치고 얼마 지나지 않아 알렉산더가 심장 이상을 가지고 태어났고, 몬토요의 가족들에게 병원을 매우 익숙한 곳으로 만들어 버렸다. 알렉산더는 생후 1개월 때에 치료를 위해서 아니면 적어도 그 증상을 통제할 수 있게 하기 위해서 심장 수술을 받았다. 비록 그가 2012

년에 학교에 다니기에 충분히 건강해졌음에도 불구하고 알렉산더는 적어도 한 번의 심장 카타테 삽입과 결과에 따라서 더 많은 수술을 받을 가능성이 있다.

"알렉산더가 그런 일들을 계속 받아야 한다는 생각을 할 때마다 울고 싶어요." 몬토요는 차분하게 말했다. 불스 애슬레틱 파크에 있는 그의 책상 위에는 그의 가족들의 사진이 있다. 그중에는 알렉산더가 그의 첫 수술을 마친 직후에 찍은 사진들이 몇 장 있다. 그중 한 장 밑에 이러한 글귀가 있었다. "믿음으로 기도하는 자는 바꿀 수 있다."

몬토요는 야구 경기 중에는 절대 기도를 하지 않는다. 그는 더 중요한 것을 위해 기도한다.

2012년 시즌이 시작되고 몬토요가 더럼의 감독으로 있는 동안 팀은 포스트 시즌에 떨어진 적이 없었다. 그는 2009년에 트리플A 내셔널 챔피언십에서 우승하였고 그가 더럼에 온 5년 동안 플레이오프에 진출했었다. 레이스는 1998년에 처음 리그에 참여한 이래로 10년간 최약체 팀 중의 하나였다. 그러나 2008년에 매년 배당받아온 높은 드레프트 픽을 통해서 선발한 젊은 선수들이 아메리칸리그 동부 타이틀을 획득하고 월드시리즈에 진출하였다. 그들은 2010년과 2011년에 다시 플레이오프에 진출하였다. 이 모든 것은 67승 95패로 시즌을 마친 2005년 시즌 말부터 팀을 맡아온 조 매든 감독의 지휘 아래서 일어난 일이다.

팀은 그때 팔리게 되었고 새로운 경영진으로 바뀌게 되었다. 매든 감독의 밑에서 61승 101패, 66승 96패를 기록하며 두 번의 최악의 해를 더 보내고 나서 레이스는 약팀에서 벗어났다. 젊고 재능 있는 선수들이 트리플A에서 좋은 성적을 내고 있던 더럼을 통해 유망주 육성 시스템(farm system)을 거쳐서 올라왔다.

몬토요는 그가 항상 선수들이 좋은 태도와 기본기를 갖추고, 그리고 매든이 어떻게 경기를 플레이하기 원하는지 이해하는 상태에서 이 선수들이 메이저리그로 올라가기를 기대하였다. 결국, 선수들은 메이저리그에 올라갈 것이지만 그는 좋은 선수들을 보유하고 있음에 감사했다.

몬토요와 함께 뛰던 선수들이 그와 함께 한 이후에 그를 극찬하는 등 그의 성공은 구단이 감독을 구할 때마다 그의 이름이 거론되게끔 만들었다. 그렇지만 그는 여전히 현실주의자였다. 탬파에서 그보다 앞서 있는 감독은 다른 곳으로 그렇게 빨리 가지는 않을 것임을 알고 있다. 매든은 이제 58세이고 최고의 감독 중 하나로 거론되고 있다.

그것은 다른 구단에서 감독을 찾으며 "저기 트리플A에 있는 메이저리그 경력이 없는 감독이 아마 정답일 수 있을 거야."라고 생각해야 한다는 것을 의미한다. 몬토요는 그가 메이저리그로 갈 수 있는 최선의 방법은 론 존슨처럼 코치로 가야 한다는 것을 알고 있다. 대부분의 트리플A 감독들이 메이저리그 3루에서 주루 코치를 준비하는 것도 그런 이유 중 하나이다. 그렇지만 몬토요에게는 아무리 생각해 봐도, 특히 스프링캠프가 끝나고 더럼으로 그의 발걸음을 향하면서 생각을 할 때도 트리플A에서 말하는 '점프(승격)'가 주어지지 않았다.

"내가 선수 시절에 자신들이 왜 메이저리그에 가지 못하는지에 대해 집착하는 선수들이 있었습니다." 그는 말했다. "그들은 둘러앉아서 왜 다른 선수들이 자신들을 대신해서 메이저리그에 갔는지, 아니면 그들이 메이저리그에 올라가기 위해 무슨 일이 일어나야 되는지에 대해서 염려하며 이야기하였습니다."

"감독이 됐을 때도 마찬가지예요. 앉아서 '나에게 기회는 언제 오는 것일까?', '나에게 기회는 완전히 사라져 버린 것일까?' 하고 염려하는 것은 좋지 않습니다. 사람들이 어떤 것에 그리 큰 기대를 하지 않을 때 기회가 오곤 하지요. 몇몇 사람들은 절대 그것을 갖지 못하기도 합니다."

"지금 내가 알고 있는 것은 나는 직업을 가지고 있고, 그 직업을 좋아한다는 것입니다. 연봉도 괜찮다고 생각하고 매일 일하러 가는 것도 좋습니다. 나는 시즌 중에 순위표를 보지도 않습니다. 나 자신을 믿고 우리가 이기거나 졌을 때 우리의 지역 언론들이 항상 우리 팀의 위치를 알려주는 것을 알고 있어요. 예전에 우리가 디비전 우승이 가까워질 때, 라디오 아나운서는 '디비전 우승까지 5게임 남았습니다. 4게임, 3게임.' 이렇게 이야기하면서 나에게 어떤 일이 일어나고 있는지 알려주었죠. 그러나 나는 내가 찾아야 할 나의 길에서 벗어나 본 적이 없습니다."

"메이저리그로 가는 것은 종종 사람들이 그들이 하고 있던 일을 잘하고 있으면 적합한 시간에 적합한 장소에서 많이 이루어집니다. 경기를 하는 것과 마찬가지예요. 나는 항상 선수들에게 그들이 이곳에 머물고 매일 그들이 할 수 있는 모든 것을 쏟아내는 것에 실망하지 않는다면 그들에게 기회는 올 것이라고 이야기합니다. 그리고 그것은 나에게 하는 말이기도 하고 나 역시 똑같은 것을 기대합니다."

"지금 내 삶에서 하나의 목표가 있습니다. 바로 가족들을 잘 보살피는 것입니다. 이 일은 알렉산더가 태어나고 나서 그리 쉬운 일이 아니게 되었죠. 내가 그 일을 할 수 있을 때까지 나는 행복할 것입니다."

2012년에 인터내셔널 리그 감독을 하던 14명 중에 2명이 메이저리그 감

독의 경험이 있다. 스크랜튼 윌크스배러 양키스에서 7시즌째 감독을 하고 있는 데이브 밀리는 2003년 말부터 2005년 중반까지 신시내티 레즈의 감독으로 있으면서 125승 164패를 기록하고 경질되었다. 시카고 화이트삭스 산하 샬롯 나이츠에서 감독으로 첫 시즌을 보낸 조엘 스키너는 2002년에 클리브랜드 감독으로 있으면서 35승 41패를 기록하였다. 그 성적은 시즌이 끝나고 그를 감독 후보로 올리기에는 충분한 성적이었으나 다시 그가 감독이 되기에는 부족한 성적이었다.

모든 감독이 그들이 메이저리그에 있던 시절이 오기를, 혹은 다시 오기를 바라고 있다.

14명 중 7명은 메이저리그에서 뛰었던 경험이 있다. 몬토요가 22일간 0.400의 타율을 기록한 것부터 명예의 전당에 헌액된 리하이밸리의 감독 라인 샌버그까지 다양하다. 만약 이 무리의 사람 중에서 누군가 메이저리그 감독이 된다고 생각한다면 그것은 샌버그일 것이다.

"무엇보다도 그 친구는 정말 괜찮습니다." 포터컷의 애니 베일러가 말했다. "그리고 두 번째로는 이름값의 문제입니다."

샌버그라는 이름이 가지고 있는 힘은 대단하다. 그는 대부분 시카고 컵스에서 뛰었던 16년간의 메이저리그 경력과 10번의 올스타 게임 출전, 내셔널리그 최고의 수비수에게 주는 골든글러브를 2루수 부분에서 9번 수상하였고, 각 포지션 최고의 타자에게 주는 실버슬러거에 7번 선정되었으며, 1984년에는 내셔널리그 MVP로 선정되었던 경력도 있다. 이 모든 것 중 가장 중요한 것은 2005년에 명예의 전당에 헌액되었던 것이다.

샌버그는 이미 미래의 감독으로 거론되고 있고 2012년 시즌 전에는 토니 라루사 감독 다음으로 세인트루이스 감독으로 면접을 보기도 했다. 그는 리하이밸리에서 그의 두 번째 시즌을 맞이하고 있고 대부분의 트리플

A에 있는 사람들은 그가 마이너리그에 그리 오래 머물지 않을 것이라고 예상하고 있다. 당연하게, 2012년 말에 그는 필라델피아의 벤치 코치로 가게 되었다. 샌버그는 2013년 시즌이 시작하기 전, 69세가 되는 찰리 마누엘의 후임 필리스 감독으로 대기하고 있는 것으로 보였다. 그 기다림은 그가 생각했건 것보다 짧았다. 마누엘은 2013년 8월에 경질되었고 샌버그가 그 자리에 이름을 올리게 되었다.

"나는 샌버그가 마이너리그에서 그가 거쳐야 할 일들을 했던 것에 진심으로 경의를 표합니다." 베일러가 이야기했다. "그와 같은 경력을 가진 많은 사람이 마이너리그는 그들보다 아래에 있는 수준이라고 생각해요. 그들은 메이저리그에서 코치직을 가지거나 혹은 다른 제의의 전화가 오기만을 기다리죠. 라인은 가장 밑바닥부터 시작하기를 마다하지 않고 그의 길을 갔습니다. 나는 길게 봤을 때 이런 부분들이 그가 메이저리그 감독이 되었을 때 더 좋은 감독이 될 것이라고 생각해요. 그는 매우 빠르게 그렇게 될 것입니다."

샌버그는 컵스에서 클래스A, 더블A, 그리고 트리플A의 팀을 감독했었다. 그러나 그는 루 피넬라가 은퇴한 2010년에는 마이크 퀘이드에게 밀렸고, 2011년 시즌이 끝날 때 새 단장인 테오 엡스타인이 데일 스웨임을 감독으로 고용하면서 또다시 밀리게 되었다. 몇몇은 엡스타인이 샌버그를 고용하지 않은 것은 엡스타인이 컵스의 상징인 샌버그에게 전력이 약한 컵스를 이끌어달라고 요청하는 것을 원하지 않았을 것이라고 생각했다.

스웨임의 지도하에 컵스는 2012년 101패를 기록하는 약체의 모습이었다. 다른 사람들은 엡스타인이 그에게 속할 수 있는 감독을 원했고 샌버그는 그 누구에게도 속하게끔 보이지 않는 인물이었기 때문이라고 생각했다.

지금 샌버그는 메이저리그 감독이다. 그의 선수들은 토니 라루사가 말했던 '메이저리그의 태도'를 구장에서 보이지 않는다. 왜냐하면, 그것은 샌버그가 생각한 것과 다를 것이기 때문이다.

그의 선수들은 앨런타운에서 오후에 경기 전 스트레칭을 한다. 누군가 샌버그에게 스트레칭에 늦은 선수들을 어떻게 관리하느냐고 물었다. 샌버그는 질문을 한 사람이 그에게 어떻게 하면 달에 갈 수 있는지를 물어보는 사람인 양 그 사람을 바라보았다.

"그런 일은 절대 없을 겁니다." 그는 조용하지만 뼈가 있는 말을 했다.

"그것은 선수들이 더 잘 알 것입니다."

명확하게 샌버그는 그의 화려한 경력을 신경 쓰지 않는다고 이야기했다. 감독을 한다는 것은 어느 수준의 리그에서든 더 신중한 일이다. 2012년 코카콜라 파크의 3루 쪽 아이론피그스의 더그아웃의 복도 끝에 이러한 문구가 있었다. "오늘 야수처럼 경기해라."

이것이 트리플A에 있는 선수들이 염원하는 모든 것일 것이다.

6

삶의 단편

강등 그리고 승격

2011년 시즌이 끝날 때 워싱턴 내셔널스의 투수 존 래난은 매우 들떠 있었다. 그리고 그는 동시에 조금 불안해했었다.

"나는 우리 팀에서 어려운 시간을 많이 보내온 것처럼 느꼈습니다." 그가 말했다. "우리가 무언가 좋은 일이 생길만한 그 마지막 위치 정도에 있었다고 생각했어요. 우리 팀이 오프 시즌에 여러 일들을 할 것이라는 것을 알고 있었죠. 그렇지만 그 일들이 얼마나 큰일일지는 이해하지 못했습니다."

내셔널스의 시즌이 끝나기 하루 전에 래난은 27세가 되었다. 그는 특별하게 내세울 수 있는 성적은 아니지만, 그의 커리어하이인 10승 13패를 기록하였고 33번의 선발 등판에 3.70의 평균 자책점을 기록하였다. 그는 왼손투수였고, 내구성이 있는 투수였다. 그는 2010년 슬럼프로 더블A에 내려갔었고 워싱턴의 개막 로스터에 진입하는데 2년이라는 시간이 걸렸었다.

"마이너리그 강등은 나에게 약간의 충격이었습니다." 그는 말했다.

"그렇지만 나는 잘 던지지 못했고, 투구 기술들을 더 연마해야 했고, 나 자신을 바로잡을 필요가 있었죠. 나는 구단이 무엇을 하려는지를 알고 있었고, 그래서 강등이 저를 그렇게 힘들게 하지는 않았습니다. 물론 마이너리그에 가는 것을 좋아하지는 않았지만 그곳으로 가야 하는 이유를 이해하고 있었습니다."

래난은 2005년에 시에나대학을 나와 내셔널스에 의해 드래프트 된 후 빠르게 메이저리그로 올라왔다. 왜냐하면, 내셔널스는 많은 투수를 보유하고 있지 않아 젊은 투수들이 메이저리그에서 어떤 투구를 하는지 보기 위해 많은 선수를 메이저리그로 보냈기 때문이다. 래난은 2007년 여름 메이저리그로 올라갔을 때 22세였다. 그는 포토막에 있는 내셔널스 산하 클래스A팀에서 시즌을 시작했지만 매우 빠르게 더블A와 트리플A를 통과하고 있었다. 그가 트리플A에서 6번의 선발 등판에 평균 자책점 1.66을 기록하고 있을 때 그는 메이저리그에 있는 자신을 발견하였다.

"그 해에 이 모든 일들이 매우 빠르게 일어났습니다." 그는 말했다. "그러나 나에게 이것은 '그래, 일어날 일들이 일어난 거야.'라고 느꼈습니다. 나는 많은 자신감을 가지고 있었어요. 그해가 시작될 때 내가 7월에 메이저리그에 갈 것이라고 생각한 것은 아니었지만, 나는 조만간 메이저리그에 갈 것이라고 믿고 있었죠."

더 믿기 힘든 것은 그가 메이저리그에서 3선발을 맡은 것이었다. 그는 두 번째 선발 등판에서 첫 승을 따냈고, 8월 6일 샌프란시스코와의 경기에 선발로 나설 차례가 왔다. 공교롭게도 베리 본즈는 행크 아론이 가지고 있는 통산 홈런 755개와 동률을 이루고 있었다. 래난은 만약 본즈가 아론을 제치기 위해서 스테로이드를 했다고 해도 별로 신경을 쓰지 않았었다. 그가 신경 쓰는 한 가지는 756번째 홈런을 내줘서 그가 메이저리그 역사에 남는 것을 원하지 않는다는 것이었다.

그날 본즈는 4번 타석에 들어섰다. 한 번, 래난은 본즈에게 볼넷을 주었다. 나머지 3번은 그를 3루 파울플라이, 병살타, 7회에는 2스트라이크 3볼 풀카운트 상황에서 그를 삼진으로 잡았다.

"그 마지막 타석은 아직도 나에게 생생하게 남아 있습니다." 그는 웃으면서 말했다. "사람들은 가득 들어차 있었고 나는 마이너리그에서 올라온 지 몇 주밖에 안 됐었죠. 모든 관중이 일어나 있었고 게임은 1대 1 상황이었습니다. 내가 그를 마주했을 때, 이 모든 것이 꿈이었더라면 마운드에서 뛰쳐 내려왔을 거예요. 내 말은 통산 홈런 기록을 깨려고 하는 베리 본즈를 삼진으로 잡았다는 겁니다. 믿기시나요?"

래난은 2010년의 짧은 해리슨버그의 생활을 제외하고는 내셔널스의 선발 로테이션을 4년간 지켰다. 그는 2011년 첫 연봉 조정 자격을 가지게 되었다. 그것은 그의 연봉이 2010년 45만 8,000달러에서 2011년 275만 달러로 크게 오른다는 것을 의미했다. 2012년 다시 한 번 연봉 조정 자격을 가지게 되었다. 전년도에 연봉 조정 없이 내셔널스가 제안한 조건에 합의했었다. 팀이 500만 달러를 제안하였을 때, 래난과 그의 에이전트는 570만 달러를 요청했다. 팀이 그것을 거부하면 래난의 경우에는 중재자가 두 연봉 중 하나를 선택하게 된다. 중재에는 타협점이 없다.

실질적으로 중재까지 가게 되는 협상은 매우 드물다. 왜냐하면, 구단과 선수 양측 모두 중재자의 손에 그들을 맡기는 것을 원하지 않기 때문이다. 대게 구단과 선수들은 그 사이 지점을 찾기 마련이다. 그리고 중재까지 가지 않는 또 하나의 이유는 양측 모두 기분이 상할 수 있기 때문이다.

"구단은 중재자에게 선수가 요구한 금액이 왜 너무 많은 것인지를 설명해야 합니다." 래난이 말했다. "이 말은 구단이 하는 여러 가지 말들 중에 선수가 듣고 싶어 하지 않은 말들을 들어야만 한다는 것입니다. 나는 이것이 개인적인 감정이 들어간 일이라고 생각하지는 않아요. 그러나 몇몇

| 존 래난

사람은 그 일을 하고 그리고 구단과의 관계에 금이 가게 되죠."

래난은 내셔널스가 오프 시즌에 오클랜드로부터 또 다른 왼손 투수 지오 곤잘래스를 트레이드로 데리고 온 것에 기뻐했다. 이 일로 내셔널스는 떠오르는 슈퍼스타 스티븐 스트라스버그와 조던 짐머맨과 또 다른 젊은 재능인 곤잘래스와 래난, 그리고 또 하나의 젊은 좌투수 로스 디트와일러로 선발 로테이션을 꾸릴 수 있는 것처럼 보였다.

"지오가 우리 팀에 합류했을 때, 나는 매우 흥분하였죠."

그는 말했다. "우리가 매우 탄탄한 로테이션을 가질 것이라고 생각했어요. 아주 젊지만 우수한 로테이션." 사실, 27세의 래난이 5명의 선발 중에 가장 나이 많은 선수였다.

그리고 2월 2일, 모든 것이 바뀌었다.

첫째로, 래난은 내셔널스가 재능은 있지만 기복이 심한 우완 투수 애드

윈 잭슨과 1,100만 달러에 프리에이전트 계약을 체결했다고 들었다. 그리고 그날 이후 그는 중재에서 패하였다고 들었다.

"구단이 잭슨과 계약을 맺었을 때 나는 팀에서 보낼 시간이 끝났음을 느꼈습니다." 그는 말했다. "나는 데이비 존슨 감독이 디트와일러를 매우 좋아한다는 것을 알고 있었고, 구단은 잭슨과 계약하는 그런 돈을 쓰지 말아야 한다는 것을 알고 있었습니다. 그리고 계산을 해봤을 때 나에게 문제가 생길 것임을 깨달았죠. 그렇기는 하지만 내가 스프링캠프에 가서 투구를 잘하면 나머지는 다 따라올 것이라고 나 자신에게 이야기했어요. 나는 내가 아직 좋은 투수라고 생각했습니다."

이번 스프링캠프는 래난이 지내왔던 스프링캠프와는 완전하게 달랐다. 지난 두 번 동안 그는 개막전 선발로 알려져 있었다. 스프링캠프 로테이션은 그가 시즌이 시작할 때에 맞춰서 준비할 수 있게끔 짜여 있었다. 1년 전만 해도 내셔널스가 베테랑 이반 에르난데스를 데리고 왔었어도 그가 개막전 선발을 맡았었다. 래난의 의구심은 그가 적어도 2번째나 3번째 경기에 나설 것이라고 생각했다.

지금 그는 그가 어디서 시즌을 시작할지, 언제 경기에 나갈 것인지 확실하지 않다.

종종 그는 중간 계투로 시범경기에 등판했으며, 스트라스버그, 짐머맨, 곤잘래스, 잭슨의 4명의 확실한 선발투수 다음으로 선발 등판하기도 했다. 그는 좋은 투구를 하였고 캠프가 끝나기 10일 전, 존슨은 그에게 팀의 5선발이 될 것이라고 이야기해 주었다. 그는 안도하면서 그의 아내를 불렀고 워싱턴 안에 있는 아파트를 구하기로 계획을 세웠다. 그들은 예전에는 시즌 동안 집을 빌렸었다. 래난은 북쪽에 있는 워싱턴으로 갈 것이라고 들을 때까지 집을 찾는 것을 기다렸다.

그들은 내셔널스 구단과 10분 거리에 있는 워싱턴 시내에 있는 포지보톰 지역에 집을 구해서 워싱턴 D.C.에서 시범경기가 펼쳐지기 전에 그곳을 계약했다. 많은 팀은 개막 경기 전에 그들의 경기장을 개방하여 시범적으로 경기를 한 게임 진행한다. 4월 3일 내셔널스가 보스턴 레드삭스와 경기를 하는 맑고 쌀쌀한 오후였다.

"나는 더그아웃에 앉아 긴장을 풀고 있었고 유격수 이안 데스몬드가 3회에 들어갈 때에 그에게 선글라스가 필요할 것이라고 말했어요." 래난은 말했다. "복도를 지나 선글라스를 가지고 오고 있었는데 데이비 존슨 감독이 나를 따라 클럽하우스에 온 것을 알았죠."

"그는 나에게 '잠깐만 내 사무실로 들려.'라고 말했는데 그가 나를 왜 부르는지 확실하지가 않았습니다. 그러자 그는 '트레이드 되었다는 것은아니니 걱정하지 마.'라고 이야기했어요. 나는 무슨 일인지 알 수 없었습니다."

"나는 그의 사무실로 갔습니다. 그는 그가 얼마나 힘겨운 결정을 했는지, 로스가 얼마나 좋은 투구를 했는지 이야기를 시작했어요. 몇 분 뒤 그가 나를 강등시킬 것이라는 것이 내 머리를 스쳤습니다. 순간 망연자실했습니다. 그가 이야기를 마쳤을 때 나는 그를 보면서 이야기했습니다. '저를 정말 마이너리그로 보내는 겁니까? 정말요? 마이너리그로 강등시키는 겁니까?' 나는 믿을 수가 없었죠. 잠시 동안 확실히 분통이 터졌습니다. 화가 났습니다. 결국에 나는 클럽하우스에 돌아가 단장인 마이크 리조를 만나게 해줄 것을 요청했습니다."

"나는 정말 화가 났었습니다. 내가 프로답지 못한 행동을 한 적도 그런 말을 한 적도 없었다고 생각했지만, 정말 화가 났습니다. 그것은 나의 모든 통제력을 상실하게 했어요. 1분 전에 나는 이안에게 선글라스를 가져다주었고, 1분 뒤에는 시러큐스로 가는 짐을 싸고 있었습니다."

레난의 강등은 이번 스프링캠프에서 가장 충격적인 일 중의 하나였다. 대부분의 선수는 감독의 사무실로 호출을 받는 것의 의미를 알고 있다. "감독이 스프링캠프 기간 중에 선수와 이야기하고 싶다면 그것은 얼마나 잘 던지고 있는지 칭찬을 하려는 것이 절대 아닙니다." 데뷔 후 7년 동안 트리플A와 메이저리그를 왔다갔다했던 피터 오르가 이야기했다. "최고의 경우는 나의 등판 횟수가 줄어들 수 있다는 것이고, 최악의 경우는 하위 리그로 떨어지는 것입니다."

오르가 처음 스프링캠프에 초대되었던 것은 2005년 그가 브래이브스에 있을 때다. 시즌을 앞두고 치퍼 존스는 어느 날 클럽하우스에서 그에게 만약 그가 마이너리그로 강등이 되더라도 너무 실망하지 말라고 이야기해 주었다.

"그것은 '네가 내려가는 것은 다시 올라올 것이기 때문이다.'라는 말 같았습니다." 오르는 웃으면서 회상했다. "선수들이 좋은 스프링캠프를 보내고 강등이 되는 것에 대해서 그렇게 기분이 나쁘지 않게 만들어 주는 것이 치퍼의 리더십이었습니다."

며칠 뒤, 올란도에 있는 브래이브스의 스프링캠프에서 오르는 바비 콕스 감독의 사무실로 호출이 되는 선수들을 보게 되었다. 그의 가슴이 뛰기 시작했고, 그는 누군가가 그의 로커에 와서 "감독이 너를 보자고 한다."라는 듣기 두려운 말을 할 것을 기다리고 있었다.

"아무 일도 일어나지 않았지요." 오르는 말했다. "작 마이너(브래이브스의 투수)가 코칭스테프들 한테 마이너리그로 갈 것이라는 이야기를 듣고 나왔고, 나는 메이저리그로 갈 것이라고 말했습니다. 그는 그의 에이전트가 내야수인 닉 그린을 템파로 트레이드할 것이므로 내가 메이저리그로 갈 것이라고 이야기했습니다. 나는 그 이야기를 믿을 수 없었죠."

"그리고 우리는 캠프를 끝내고 애틀란타에 갔습니다. 나는 여전히 메이저리그에 남을 것이라는 소리를 듣지 못했고 불확실했어요. 혹시 내가 메이저리그에 남게 될 수도 있으니 이동할 때 필요한 슈트를 가지고 왔었습니다. 시범경기가 끝나는 날 바비 감독이 나에게 말을 걸었습니다. '피터, 요즘 어때?' 나는 아마 '좋아요 감독님, 감사합니다.'라는 말을 했을 거예요."

"감독이 나를 조금 지나쳐 가다가 멈췄어요. 그리고 돌아서서 나에게 말했습니다. '피터, 너 메이저리그에 남는 거 알고 있지?' 나는 감독이 나에게 이야기하지 않고 있다가 갑자기 떠오른 것이라고 생각했습니다. 그래서 나는 '내가요?'라고 말했죠."

"그는 '그래 잘했어.'라고 내가 그동안 메이저리그에 있었던 것처럼 그렇게 아무렇지 않게 이야기하고 계속 걸어갔습니다."

어떤 사람은 복도를 나와 선글라스를 가져다주다가 시러큐스로 가게 되었고, 다른 사람은 복도에서 그의 감독을 지나치다가 그가 메이저리그에 가게 된다는 것을 알게 되었다.

"그게 바로 비즈니스죠." 오르는 말했다. "우리 모두는 어떤 날에는 좋은 일들이 일어나고 다른 날에는 그렇게 좋지만은 않다는 것을 알고 있습니다."

2012년 감독의 사무실로 호출을 받았을 때, 그 호출이 달갑지는 않더라

| 브라이스 하퍼

도 그리 놀라지 않은 한 사람이 있다. 그는 바로 브라이스 하퍼이다.

하퍼는 최근 야구계 최고의 재능이다. 워싱턴 내셔널스는 2010년 드래프트에서 그가 18세도 되지 않았음에 불구하고 전체 1번으로 그를 선택했다. 그는 2011년 시즌을 클래스A 해거스 타운과 더블A 해리슨버그에서 지냈다. 그리고 적어도 실력 면에서는 그가 메이저리그에 가까워졌다는 것은 분명했었다. 문제는 그의 성숙함이었다. 하퍼는 대학 시절에 심판이 스트라이크를 선언하자 공이 플레이트를 지나지 않았다고 주장하면서 심판에게 항의하듯이 플레이트 라인을 그리다가 퇴장을 당했다. 오래된 영화의 인디언처럼 과도하게 눈에 마스카라를 해서 그로 인해 실책을 하기도 했고, 해거스 타운에서 그가 홈런을 치고 베이스를 돌 때 투수에게 키스를 날려 많은 주목을 받았었다.

그는 자만심에 차 있었다. 더 정확하게 이야기하면 지나칠 정도로 자신감이 넘쳤고, 전체 1순위의 신인으로서 사람들의 시선을 한몸에 받았다. 그런 그의 행보들이 내셔널스를 항상 행복하게 만든 것은 아니었다.

재미있는 것은 하퍼는 다른 것들은 몰라도 과도한 자신감과는 떨어질 수 없었다는 것이었다. 그는 조용하고 자기 비하적인 성격이고, 그가 포함된 사건들에 대해서 굉장히 현실적이었다. 그런 일들은 그냥 일어나는 것들이었다. 그는 몰몬교도였다. 몰몬교도들은 술을 마시지 않고 비속어를 사용하지 않는다. 그러나 그는 그의 신앙에 대해서 이런저런 이야기를 하는 그런 선수는 아니었다. 신앙은 단지 그의 삶의 한 부분이었다.

그가 2012년 내셔널스의 메이저리그 스프링캠프에 초대되었을 때, 그는 자신이 0.500의 타율을 기록한다고 해도 메이저리그에 남을 것이라고 생각하지 않았다. 하나의 이유는 그는 고작 19세였고 내셔널스는 그를 급하게 준비시키고 싶지 않아 했다. 그리고 또 다른 이유로는 바로 사업적인 이유가 있었다. 만약 내셔널스가 하퍼를 시즌 중반까지 마이너리그에서 뛰게 하면 그는 2015년 시즌이 끝날 때까지 연봉 조정 자격을 갖지 못하기 때문이다. 만약 하퍼가 일찍 올라온다면 연봉 조정 자격이 1년 앞당겨진다. 내셔널스는 투수 최고의 재능이었던 스티븐 스트라스버그에게도 2010년에 똑같은 절차를 진행했었다. 그를 트리플A 시러큐스에 6월 중순까지 머물게 하고 그의 첫 연봉 조정 자격을 1년 뒤로 미루었었다.

스트라스버그와 하퍼의 차이점은 스트라스버그는 대학에서 3년을 보냈고 2010년 21세로 스프링캠프가 끝났을 때 그는 이미 메이저리그에서 공을 던질 준비가 끝났었다는 것이었다. 하퍼는 그가 시즌 중반에는 메이저리그로 올라갈 것이라고 다들 생각했지만, 3월의 하퍼는 아직 미완성이었다.

데이비 존슨 감독은 그가 메이저리그에서 뛸 준비가 되었다고 믿었다.

마이크 리조 단장은 하퍼를 좀 더 천천히 준비시키기를 원했었다. 이것은 어쩌면 당연한 일이었다. 감독들은 1년의 성적으로 평가를 받고 감독이라면 재능 있는 선수를 당장이라도 경기에 뛰게 하고 싶기 때문이다. 단장은 더 긴 시간 동안 팀을 보고 더 긴 시야를 가져야 하기 때문에 좀 더 참을성을 가질 수 있다.

"내 생각에 1년 전보다 스프링캠프에서 더 조용했었던 것 같습니다." 하퍼가 말했다. "사람들이 나를 마이너리그로 보내는 것을 불가능하게끔 만들고 싶었지만 마이너리그에 가도 괜찮았습니다. 데이비는 구단 수뇌부들이 내가 마이너리그에서 중견수로 몇 경기 뛰는 것을 원한다고 이야기했어요. 왜냐하면, 내가 메이저리그로 갈 때 그들은 내가 외야수로 뛰기를 원하기 때문이었죠. 나의 대답은 '감독님이 나에게 원하는 것이 있다면 그렇게 하겠습니다.'였습니다."

"만약 내가 마이너리그에 250타석을 소화해야 한다면 그렇게 할 것입니다. 만약에 25타석이라도 상관없습니다."

내셔널스는 단지 하퍼를 시러큐스로 보낸 것이 아니었다. 그곳에서 그가 부족한 것들이 좋은 방향으로 바꾸기를 바랐었다. 트리플A 클럽하우스는 많은 30대의 베테랑 선수들로 가득했다. 많은 선수가 매달 1만 2,000 달러를 받으면서 그곳에 죽어라 매달려 있다. 구단은 1,790만 달러의 계약을 맺은 19세의 선수를 그곳에 방치하지 않는다. 시러큐스의 토니 비슬리 감독은 제이슨 마이클즈, 마크 티헨이라는 두 베테랑 선수와 계약을 했다. 두 선수 모두 메이저리그 경험이 있고 하퍼에게 멘토가 되어줄 만한 선수들이었다. 그 계약의 의미는 하퍼를 잘 돌봐달라는 것이었다.

"이것은 어린아이에게 필요한 보살핌이 아니에요. 그리고 하퍼는 그런 부류의 어린아이도 아닙니다." 비슬리가 이야기했다. "그러나 그는 여전히 배워야 합니다. 마이클스와 티헨은 일들을 어떻게 처리해야 하는지 올바른 방법을 알고 있고 하퍼에게 좋은 영향을 줄 수 있습니다."

그렇다고 하퍼가 시러큐스에서 열심히 노력을 하지 않는다는 의미가 아니었다. 워싱턴 포스트지는 '하퍼 관찰'이라는 기사를 통해 그가 경기에 어떻게 임하는지, 타석에서 어떤지, 그가 트리플A 수준에서 편안해 보이지 않는다는 등의 기사를 냈다. 하퍼와 그를 둘러싼 여러 이슈들이 있던 그때에 트리플A로 내려가 시러큐스에 도착한 존 래난은 마치 하퍼에게 무엇이 잘못되어 있는지를 정확하게 알고 있는 듯이 느꼈다.

"그는 더 큰 무대를 위해 태어났어요." 래난은 말했다.

"그것이 그의 본질입니다. 하퍼는 4월에도 섭씨 4도의 시러큐스나 눈 내리는 버펄로에서 20명의 관중 앞에서 경기를 잘할 수 없습니다. 나는 하퍼가 어떤 느낌인지 이해할 수 있어요. 왜냐하면, 나도 그런 느낌을 받았었기 때문이죠. 메이저리그 구장에 오를 때, 그 많은 관중과 분위기, 그리고 함성을 느껴본 적이 있을 겁니다. 시즌 초반에, 특히 북쪽 지역에서는 관중석에서 관중들의 재채기 소리도 들을 수 있을 것처럼 느껴집니다. 브라이스가 아직 메이저리그에 가본 적이 없다는 것을 알고 있지만, 그것은 그가 태어나면서 가진 숙명입니다. 그는 트리플A에 있을 선수가 아니에요. 그는 여기에 있기에는 너무 많은 스타성을 가지고 있습니다."

리조는 시러큐스로 와서 하퍼의 진행 상황을 살펴보았고, 하퍼의 기록들이 그리 훌륭하지는 않았지만 그가 확인한 것들에 만족했다. 그리고 내셔널스 최고의 타자들인 라이언 짐머맨과 마이클 무어가 부상자 명단에 올랐을 때, 리조는 하퍼를 올리는 것이 최고의 옵션이라고 판단했다.

4월 27일, 나라 곳곳의 애거트에 매우 간단한 말이 실렸다. "워싱턴 내셔널스 외야수 브라이스 하퍼를 승격시키다."

대부분 선수가 그들의 첫 메이저리그 승격을 통보받았을 때 감정적이 되고 메이저리그로 간다는 사실을 알게 되었을 때 들었던 모든 단어들을 기억하게 된다. 하퍼는 그것을 마치 아침 식사를 주문했던 것처럼 묘사하였다.

"토니가 나를 불러서 말했어요. '지금 팀이 캘리포니아에 있으니깐 넌 한 시간 안에 비행기를 타야 돼.'" 하퍼는 회상하였다. 그는 미소 지었다. "그는 '넌 아마 다시 여기로 오게 될 거야.'라고 말했습니다. 나는 그가 무슨 말을 하는지 이해하고 있었어요. 내가 메이저리그에 가는 것은 다친 선수들이 있기 때문이었죠. 하지만 이것은 하나의 도전이었습니다. 나는 올라가서 내가 그곳에 있어야만 하는 것을 증명해야 한다는 것을 알고 있었습니다."

시러큐스에 있는 누구도 하퍼가 가까운 혹은 먼 미래에 마이너리그로 돌아올 것이라고 기대하지 않는다. 그는 오로지 메이저리그를 향해 승격만을 해왔다. 단지 언제 승격을 하는지의 질문만이 있었을 뿐이었다.

"만약 그가 마이너리그에서 경기를 다시 한다면, 그것은 아마 부상 재활 때문일 겁니다." 부상 이후 래난이 말했다. "그는 올라가는 것 외에는 아무것도 하지 않습니다."

하퍼의 트리플A 경력은 21경기였다. 그는 통계지의 1장도 넘기지 못할 만큼 적은 경력과 0.243의 타율, 그리고 하나의 홈런과 3타점을 기록하였다. 그 누구도 그의 성적을 신경 쓰지 않았다. 하퍼의 재능에 대해서는 그 누구도 의심하지 않았었다. 래난의 예상은 정확했다. 하퍼는 다시 돌아오지 않았다. 워싱턴에서 그는 139경기 동안 22홈런과 59타점과 0.270의 타율을 기록하며 10대가 세울 수 있는 모든 기록을 세워나갔다. 때때로 그는 훌륭한 외야수였고, 18개의 도루를 기록하며 그의 스피드를 보여주었다. 때로는 자신의 스피드를 너무 과신하여 한 베이스를 더 가려고 하다가 오버런을 하는 등 그의 미성숙함도 보여주었다. 11월에 그는 내셔널리그 올해의 신인으로 선정되었다.

비록 그가 앤젤스의 마이크 트라웃(하퍼보다 15개월 더 먼저 태어난)이라는 다른 신인에게 가려졌어도 그는 그에게 주어진 과도한 기대에 부응하고 있었다. 그리고 그는 그가 데이비 존슨이 그에게 시러큐스에서 "몇 경기만 뛰어라."라고 말했었던 3월의 아침에 "마이너리그에 가서 내가 할 수 있는 한 최대한 빨리 거기서 나올 것이다. 사람들이 내가 메이저리그에 있기를 원하게 만들겠어."라고 다짐했던 그의 목표를 이루어냈다.

7

스윈든과 포드세드닉

롤러코스터 위의 삶

4월 26일 버펄로 바이슨스는 다음 날 밤에 시작되는 로체스터 레드 윙스와의 시리즈를 위해 앨런타운에서 버펄로로 향하는 버스에 있었다.

그것은 흔치 않았던 낮 시간의 버스 이동이었다. 바이슨스는 시리즈가 끝나기 전 리하이밸리를 12대 1로 이기고 26일은 시즌 중 8번에 1번 있는 휴식날이어서 그들은 버스로 이동하기 전에 앨런타운에서 밤을 보냈다.

버스는 식사를 위해 맥도날드에서 멈췄다. 전년도 시즌 마지막에 메츠에서 4경기에 선발로 나섰다가 2012년 시즌을 버펄로로 내려가서 시작하게 된 25세의 투수 크리스 스윈든은 주문을 기다리는 줄에 서 있었다. 버펄로에서 스윈든은 매우 좋은 출발을 하고 있었다. 그는 4번의 선발 등판에서 2승 2패밖에 올리지 못했지만, 그의 평균 자책점은 2.05였다. 그는 지난 경기에서 1대 0의 승리를 이끌었고 이어지는 로체스터와의 시리즈 첫 경기에 선발로 내정되어 있었다.

윌리 백맨이 스윈든의 어깨를 톡톡 치면서 상황은 변했다. "뉴욕에서 전화가 왔네." 그가 이야기했다. "자네는 메이저리그로 갈 거야. 팀은 네가 내일 콜로라도에서 등판하기를 원하고 있어. 너는 우리가 버펄로에 도착하자마자 바로 공항에 가야 해."

스윈든은 전날 밤에 마이크 펠프리가 이전 선발 등판에서 어깨 통증을 호소하며 강판을 했다는 문자를 받았다. 그리고 만약 그가 다음 선발 등판을 할 수 없을 경우 자신이 펠프리의 대체 선발 후보에 오르지 않을까 생각했었다.

"이것은 마치 누군가 다치기를 바라는 것이 아닙니다." 그는 말했다.

"하지만 누군가는 다치고 그렇게 됐을 때, 그것은 다른 사람에게는 기회가 된다는 것을 의미하죠. 1년 전에 버펄로에서 부프 본저가 부상을 당했을 때 그랬었고 지금은 내 차례입니다."

스윈든은 스프링캠프가 끝날 때 그가 마이너리그로 가는 것에 실망을 했었지만 화가 나지는 않았었다. "내가 되돌아 봤을 때, 내가 할 수 있었던 것들과 했었던 것들이 그렇게 크게 달랐다고 할 수 없었습니다." 그는 말했다. "내 생각에 나는 꽤 잘 던졌어요. 하지만 내가 가지고 있는 메이저리그에서의 20일의 경험은 미구엘 바티스타의 20년 메이저리그 경력에 근접하지 못했습니다."(스윈든의 말은 과장이 아니었다. 바티스타는 1992년 피츠버그에서 첫 등판을 했고, 메츠는 그의 12번째 팀이었다.)

"버펄로에서 가장 도움이 되는 것은 날씨입니다. 이곳 날씨는 정말 춥고, 바람이 강해서 무서울 정도예요. 그래서 투수에게 완벽한 것입니다. 타자가 섭씨 4도의 날씨에서 마지막으로 원하는 것은 직구에 파울을 만들어 내는 것뿐이죠. 그것이 투수들이 4월에, 특히 북쪽에서 가장 좋은 활약을 펼치는 이유입니다."

물론 콜로라도에서 투구를 한다는 것은 메이저리그에 그의 이름을 새기기 위한 이상적인 방법은 확실하게 아니다. 버펄로에서 투구를 하다가 덴버로 가서 투구를 준비한다는 것은 그리 쉬운 것이 아니다. 덴버의 높은 고도의 약한 공기 저항력에서 경기를 해야 한다는 문제가 있다. 비록 로키스가 쿠어스필드에 적정한 습도를 유지할 수 있는 장비를 설치해서 공이 그리 멀리 나가지 않게 만들어 득점을 줄였음에도 불구하고 쿠어스필드는 여전히 타자 친화적인 구장이다. 그러나 스윈든은 그런 것들을 신경 쓰지 않았다. 그는 그저 어느 구장이든 상관없이 메이저리그에서 뛰고 싶었다.

그는 다음 날 저녁에 등판을 했다. 그는 그리 나쁘지 않은 투구를 했다. 사실 그는 그날 밤 18대 9로 진 경기에 등판한 투수들 중 가장 좋은 활약을 했다. 그렇다고 그의 투구가 좋았던 것은 아니었다. 4이닝 이상을 던지며 5실점을 했고, 5회에는 송구 실책을 하였고, 이 실책은 쓰리런 홈런으로 이어지며 스스로 무너졌다.

“야구에서 가장 쉬운 공 던지기가 뭘까요?” 그는 머리를 저으며 말했다.

“투수가 1루수에게 공을 던지는 것입니다. 이것은 또한 야구에서 가장 어려운 공 던지기입니다. 왜냐하면, 모두가 그것이 가장 쉽다고 알기 때문이죠. 나는 그날 밤 나 자신을 불안하게 만들었습니다. 모두들 나에게 나도 너무나 잘 알고 있는 사실인 쿠어스필드에서는 공을 낮게 던져야만 한다고 끊임없이 이야기했어요. 하지만 나는 너무 그것에 집중했습니다. 나는 높은 공을 던집니다. 그리고 땅볼을 많이 만드는 투수가 아니에요. 이러한 사실은 나에게 경기 시작 전 정신적인 장애물이 되었습니다.”

그날 밤 다른 투수들의 상태를 보고 비록 콜로라도만큼은 아니지만 메츠는 5일 뒤 또 다른 타자 친화적인 구장을 가진 휴스턴과의 경기에서 스윈든을 선발 등판시키기로 했다.

결과는 같았다. 4이닝을 투구해서 5실점을 했다. 그의 평균 자책점이

| 크리스 스윈든

11.25가 되었다는 소리이다. 다른 것이 있다면 패전 투수가 됐다는 것이다. 그리고 다시 버펄로로 향하게 되었다.

"그렇게 충격적이지는 않았습니다." 그는 말했다. "매우 실망스러운 일이었지만, 나는 구단을 비난할 수 없었어요. 스프링캠프 말미에 마이너리그로 강등되었을 때 내가 할 수 있는 해결 방법을 시도했습니다. 그것은 바로 마이너리그에서 최고의 투수가 돼서 누군가 승격을 시켜야 할 때 그 첫 번째 선수가 되는 것이었죠."

그가 다시 메이저리그로 올라가는 데는 14일밖에 걸리지 않았다. 아이러니한 것은 미구엘 바티스타가 부상으로 토론토로 향하는 비행기에 몸을 실었다는 것이다. 그는 5월 20일 밤에 불펜에 합류했고 토론토에서 피츠버그까지 팀과 함께 했었다. 그리고 피츠버그에서 테리 콜린스 감독은 그에게 버펄로로 다시 돌아갈 것이라고 이야기했다. 팀은 불펜 투수보다는 대타 요원이 필요하다고 판단하여 비니 로티노를 승격시키기로 했다.

스윈든은 짐을 챙겨서 공항으로 가는 것 말고는 할 수 있는 게 없었다. 지금 그는 좋은 타자가 되지 않고서는 마이너리그행을 되돌릴 수 없었다.

선수들이 마이너리그로 내려가거나 혹은 메이저리그로 올라올 때 구단이 그들의 교통수단을 관리해준다. 메츠의 이동을 관리하는 브라이언 스몰스는 스윈든에게 직항 비행기를 탈 수 없고 뉴욕에 있는 JFK 공항을 경유하여 버펄로로 가야 한다고 이야기했다. 스윈든은 피곤함과 약간의 침울함을 느끼며 괜찮다고 하며 공항으로 향했다. 그는 JFK 공항에 도착해서 버펄로로 향하는 비행기 출발 시각이 2시간 지연되었다는 사실을 들었다. 그는 비행기편이 결국 취소되었다는 사실을 들을 때까지 앉아서 기다려야만 했다.

그는 스몰스에게 전화를 걸었고, 스몰스에게 "짐을 찾아요. 우리가 자동차를 보낼게요."라고 하는 말을 들었다.

그는 그때 버펄로에서 자동차로 8시간 떨어진 곳에 있었다. 그것은 그가 피츠버그에서 오는 것보다 2배나 더 걸리는 것이었다. "비니는 버펄로에서 피츠버그까지 자동차로 이동했습니다." 스윈든은 이야기했다. "그들은 출발해서 도착하는 데까지 4시간밖에 걸리지 않았어요."

스윈든이 그의 짐을 다시 찾고 자동차를 구하는 데 한 시간이 걸렸다. 결국 JFK 공항을 나오는데 밤 9시가 되었다. 폭우까지는 아니었지만 스윈든의 기분을 더 우울하게 만들어줄 만큼의 비가 내리는 밤이었다. 스윈든은 뒷좌석에 앉아서 잠을 청하였다. 그는 운전기사가 깨울 때까지 잠에 빠져 있었다.

"와이퍼 하나가 고장 났어요." 운전기사가 말했다. "새것으로 갈아 끼워야 돼요. 이 상태로는 버펄로까지 운전을 할 수 없습니다."

스윈든은 밖을 바라보았다. 운전기사가 고속도로에서 나와 브롱스에 와있다는 것을 알았다. 그는 양키스타디움에서 나오는 불빛을 볼 수 있었다. 양키스는 안개가 많이 껴서 야구하기에 좋지 않은 저녁에 3만 2,093명의 관중 앞에서 캔자스시티 로열스에게 뒤져 있었다.

운전기사는 45분을 찾아 헤맨 끝에 새 와이퍼를 구하고 교체할 수 있는 주유소를 찾았다. 그 주유소는 그들이 뉴욕을 빠져나온 11시에 이미 문을 닫았고 그들은 서쪽 방향의 뉴욕 주 고속도로 위에 있었다. 그때 비는 더욱 거세어져만 갔다. 스윈든은 다시 자리를 고쳐 앉고 잠을 청하였다.

아무 일도 일어나지 않았다.

"타이어 바람이 빠졌어요." 운전기사가 이야기했다.

"오늘 너무 운수가 사나운데요."

자동차는 고속도로의 갓길에 정차했다. 운전기사는 나이 든 사람이었고, 스윈든은 운전기사를 위해 우산과 손전등을 들고 몇 분간 서 있었다. 스윈든은 그 늙은 운전기사가 타이어 교체를 완료하는 것을 기다리다가는 버펄로에 독립기념일(7월 4일)이 되어서야 도착할 수 있을 것만 같았다.

"손전등 좀 들어주세요." 스윈든은 자신이 직접 타이어를 교체하였다. 결국, 다시 자동차에 오를 수 있었고 스윈든은 바이슨스의 트레이너 조 고시아에게 다음 날 몇 시까지 야구장에 가야 하는지 물어보기 위해 문자를 보냈다.

"그때 나는 어떤 일이 벌어질지 알게 되었습니다." 스윈든은 웃으며 말했다. "경기는 1시에 시작되고 네가 선발 투수야." 고시아가 답장을 보내왔다.

여전히 버펄로까지는 몇 시간이 남아 있었지만 그때는 이미 새벽 2시였다. 운전기사와 승객은 자동차를 고치는 데 너무 많은 힘을 들였고, 결국 빙햄튼 외곽의 고속도로 주변에 있는 모텔에서 쉬기로 결정했다. 스윈든은 운전기사에게 누군가 아침 6시에 이동할 수 있게 다른 누군가를 불러달라고 요청하고서, 몇 시간 동안 잠을 잘 수 있었다. 그는 결국 피츠버그를 떠난 지 18시간 만인 아침 9시 반에 그의 아파트에 도착하였다.

"나는 그렇게 나쁘지 않은 투구를 했습니다." 스윈든은 웃으면서 이야기했다. "5이닝 동안 2실점을 했죠. 나는 단지 내가 공항이나 자동차 안이 아니라 경기장에 서 있다는 것에 감사했습니다."

그는 일주일 뒤 필라델피아로 가기 위해 다시 공항으로 향했다. 메츠가 그를 다시 메이저리그로 부른 것이다. 스윈든은 5월 30일에 10대 6으로 지고 있는 상황에 구원투수로 등판하여 3분의 2이닝 동안 2실점을 하였다. 그는 그렇게 다시 버펄로로 돌아갈 것을 알고 있었다. 그렇게 되면 스프링캠프가 끝난 이래로 스윈든이 4번째 트리플A로 가는 것이었다.

그러나 그런 일은 일어나지 않았다. 6월 2일 메츠는 그를 40인 로스터에서 제외하였다.(부상이 아니면 트레이드를 위해서 행해진다.) 이것은 스윈든을 10일 안에 웨이버 공시하거나 방출하겠다는 의미였다.

"나는 매우 큰 충격에 빠졌죠." 스윈든은 말했다. "내가 더 이상 메츠의 일원이 아니라는 것을 믿을 수가 없었어요. 이 구단은 내가 몸을 담았었던 유일한 구단이었거든요. 나는 메이저리그에서 나와서 어느 날 혹시 다음 직업을 가져야 하는지 걱정했습니다."

"매우 실망스러운 일이었고 이로 인해 저는 완벽하게 긴장감을 놓아 버렸어요. 내가 생각할 수 있는 것은 '그래 다음에는 어떤 일이야?' 이것 밖에 없었습니다."

그 답은 피츠버그에서부터 버펄로까지의 18시간 걸렸던 이동이 마치 하와이에서 1주일간의 휴가처럼 느껴지게 만들어 줄 수 있을 것이다.

크리스 스윈든에게 5월과 6월은 롤러코스터와 같은 한 달이었지만, 그는 적어도 스프링캠프가 끝나고 마이너리그로 가는 대부분 선수들보다 더 행복한 4월을 보냈다고 말할 수 있을 것이다.

트리플A의 시즌 초반은 기쁜 소식들로 가득 차 있지 않았다. 몇 안 되는 선수들이 트리플A에 있는 것을 좋아했다. 더블A에서 승격을 한 선수들, 메이저리그 시즌이 시작되고 첫 주의 휴식일이 끝나고 팀의 5선발로 메이저리그로 갈 것을 아는 몇몇 투수들(메이저리그는 시즌 초반 대부분 4인 선발 로테이션을 꾸릴 만한 일정을 가지고 있기 때문에 팀은 5선발 대신 타자나 불펜 투수 1명을 더 보유하고 시작한다.), 그리고 브라이스 하퍼와 마이크 트라웃과 같이 4월이 끝나기 전이나 혹은 부상자가 생기면 (그렇지 않더라도) 언제든지 메이저리그로 갈 수 있는 선수들도 있다.

대부분 선수들에게 삶은 무척이나 두려운 것이다.

아마도 월드시리즈의 영웅이었던 36세의 스콧 포드세드닉보다 4월이 두려운 선수는 없을 것이다. 그는 자신에게 약속한 만큼 성적을 내지 못했다. 그것은 트리플A로 돌아가는 것에 대해서 이야기를 할 수 없을 정도였다. 야구의 오랜 속설 중에 코치들이 하는 이야기가 있다. "힘을 빼라." 만약 선수가 배트를 너무 꽉 쥐면 스윙이 너무 딱딱해지고 공을 너무 세게 던지려고 한다면 분명히 실수가 나온다는 말이다.

포드세드닉은 그것을 알고 있었다. 그가 기억하고 있는 한, 야구 선수로서의 그의 강점은 자신이 할 수 있는 것과 할 수 없는 것을 잘 알고 있다는 것이다. 그는 단 한 번도 홈런 타자가 되려 하지 않았고 당겨치기를 하지 않았었다. 그는 어떤 방식으로든지 출루를 하려 했고 좋은 수비를 하려 했고, 영리한 야구 선수가 되는 것을 최우선으로 삼았다. 쉽지는 않았지만 그는 언제나 자신의 스피드가 자신를 메이저리그로 이끌 것을 이해하고 있었다.

그는 서부 텍사스 웨이코에서 24km 떨어진 2,500명이 사는 마을에서 자라난 전형적인 만능 운동선수였다. 그의 아버지 듀엔은 웨이코에 있는 잔디 공장에서 일을 했고, 어머니 에이미는 병원의 등록 일을 하고 있었다. 그들의 두 남매인 스콧과 그보다 3세 어린 샤나는 어린 시절부터 운동선수로 뛰었고 고등학교에서는 육상에서 특출한 재능을 보였다.

스콧은 야구도 무척 잘했다. 대부분의 재능 있는 선수들이 그러하듯이 그 역시 투수와 타자를 번갈아 가며 했었고 대부분 유격수나 외야수로 경기에 뛰었다. 그가 고등학교 2학년 시절, 그의 아버지는 캔자스시티 로열스가 웨이코에서 트라이아웃 캠프를 열 것이라는 것을 알게 되었고 스콧에게 함께 웨이코로 가서 더 높은 수준에 있는 선수들과 견줄 수 있는지 확인해 볼 것을 제안했다.

"그곳으로 가는 동안 내가 투수로 등록을 할 건지 아니면 야수로 등록을 할 건지 계속 토론했었습니다." 포드세드닉은 회상하였다.

"우리는 결국 나의 스피드를 뽐내기 위해서는 야수로 등록을 하는 것이 좋을 것이라고 결정하였습니다."

그는 미소 지었다. "나는 마치 사슴처럼 빨리 달릴 수 있었습니다."

실제로 그는 캠프 중 60야드 달리기에서 가장 빠른 시간을 기록하였고 텍사스 레인저스는 1994년 아마추어 드래프트에서 그들의 3번째 라운드에서 그를 선택하였다. 그때 그는 또 한 번의 선택의 갈림길에 섰다. 텍사스와 계약을 하거나 그가 진학하기를 꿈꿔왔던 텍사스대학교에 장학금을 받고 진학하는 결정을 해야 했다. 결국, 그는 메이저리그로 빨리 갈 수 있는 방법으로 프로에 빨리 들어가는 것을 선택하였다. 만약 야구가 이상하게만 흘러가지 않는다면 그가 받을 수 있는 더 많은 돈으로 충분히 대학을 갈 수 있을 것이라고 생각했다.

"나는 대학에 가지 않은 3~4년 동안 혹시 내가 잃는 것이 있지는 않을까 궁금해했었습니다." 그는 말했다. "나는 굉장히 재미있을 것이라고 생각했었습니다. 당신이 만약 18세이고 프로팀과 계약을 했을 때 당신은 아마 당신이 어떤 상황에 처할지 생각할 수 없을 것입니다. 당신은 하위 마이너리그가 어떤지 상상조차 할 수 없을 것입니다. 그 이후 8년 반 동안 전혀 재미있지 않았습니다. 실제로 그 8년 반 동안은 무척 힘들었습니다."

다른 무엇보다도 8년 반 동안 포드세드닉은 장기간 건강하지 못했다. 3번의 무릎 부상, 손목 부상, 탈장 수술과 다양한 햄스트링 부상들은 그를 운동장에 머물지 못하게 만들었다.

"내 몸을 잘 관리해야 하는 것에 대해서 몰랐습니다." 그는 말했다. "그리고 나는 몸을 잘 관리해야만 하는 선수였지 홈런 타자가 아니었지요. 매번 나의 스피드를 측정했고 만약 조금이라도 나빠지면 무리하였고 그것은 나에게 악영향을 미쳤습니다. 어떻게 하면 적절하게 탈진을 막을 수 있는지 몰랐죠. 걸프 코스트 리그에서는 매일 1시에 경기를 하고 기온은 섭씨 38도 정도예요. 그때 충분한 수분을 섭취하지 않아서 내가 경련을 일으킬지도 몰랐습니다."

"이런 일들은 한동안 내가 성공적인 야구 선수가 되기 위해서 어떤 노력을 해야만 하는지 찾아내게 했어요. 단지 홈 플레이트에 도달하고 베이스에 진루하는 것보다 더 많은 일들이 있었습니다."

마이너리그에서, 특히 하위 마이너리그에서는 팀 트레이너는 5~6개의 직업을 가지고 있다. 그들은 선수단의 이동을 관리하고, 클럽하우스를 관리하고, 가끔 선수들을 훈련시키고 길들이는 보이스카웃 단장과 같은 역할을 한다. 그들은 의료진이 넘치는 메이저리그의 클럽하우스에서처럼 선수들이, 예를 들면 탈진을 막는 방법같이 어떤 일들을 더 하고 있는지 기민하게 알아낼 수가 없었다.

포드세드닉은 2000년 시즌이 끝나고 시애틀 매리너스와 마이너리그 프리에이전트 계약을 체결하기 전까지 6년 동안 레인저스의 유망주 시스템에서 승격과 강등을 오고 갔다. 그 당시 그는 24세였고 아직 메이저리그에 1분도 가본 적이 없었다. 그는 2001년 7월에 마침내 기회를 얻었다. 그의 부상이 사라지자 시애틀은 그를 승격시켰다. 그는 만루 상황에서 첫 타석에 들어섰고 3루타를 쳤다. 몇 주 뒤 그는 그 일이 아무것도 아닌 듯, 다시 마이너리그로 돌아갔다. 그는 다음 해에 아주 짧은 시간 동안 다시 메이저리그로 올라왔었지만 시즌 종료 후 그는 매리너스에 의해 웨이버 공시가 되었다. 2003년 시즌이 시작되기 전, 그는 27세였고 19경기에서 26번 타석에 들어선 것이 그의 메이저리그 경력의 전부였다.

그때 그는 그가 필요하던 휴식을 취하였다. 밀워키 브루워스는 그를 데려오기 위해 2만 달러의 돈을 쓰는 것이 가치가 있는 일이라고 판단하였다. 포드세드닉은 백업 외야수로 메이저리그에 올라갔지만 시즌 초반 좋은 활약을 보여줘서 네드 요스트 감독이 5월 초에 그를 주전 멤버로 기용하기 시작했다. 드디어 그는 건강한 상태에서 꽃을 피우기 시작했다. 그는 0.314의 타율, 43개의 도루, 100득점을 기록하였고, 돈트렐 윌리스에 이어 올해의 신인 투표에서 2위를 차지하였다. 1년 뒤, 그는 70개의 도루로 내셔널리그 도루 1위를 차지하였지만 그의 타율은 0.244로 떨어졌다.

“초반에 몇 개의 홈런을 쳤는데 그것이 이전에 나를 성공적인 시즌으로 이끌었다는 것을 잊었습니다." 그는 말했다. "나는 여전히 누상에 있을 때 효과적이었지만 전년도와 비교하면 출루를 많이 하지 못했어요. 나의 야구 인생 중 가장 많은 12개의 홈런을 기록했는데, 그것은 나의 야구가 아니었습니다."

브루워스는 오프 시즌 동안 그를 화이트삭스에 트레이드했다. 그는 2005년 그의 야구를 다시 찾았다. 0.290의 타율을 기록했고 올스타 경기에 출전했다. 열정적인 오지 기엔 감독이 이끄는 화이트삭스는 모든 부분에서 잘 돌아가는 꿈과 같은 시즌을 보내고 있었다. 월드시리즈 우승을 한 지 88년이 지났었고 이것은 전년도 악명 높은 밤비노의 저주를 깬 레드삭스보다 긴 시간이었다. 그들은 휴스턴 에스트로스와 월드시리즈에서 맞붙었는데, 44년 동안 시리즈에서 이긴 적이 없었다.

화이트삭스는 홈에서 첫 경기를 이기고, 2경기는 9회 말 6대 6 동점 상황이었다. 9회 말 1사, 포드세드닉은 에스트로즈의 마무리 투수 브래드 릿지와 대결하게 되었다.

"말할 필요도 없이, 나는 홈런 칠 생각을 하지 않았죠." 그는 말했다. 그의 미소는 마치 그때의 일이 기억나는 듯이 얼굴을 빛나게 만들었다. "나는 출루 하고 싶었어요. 만약 할 수 있다면 공을 맞춰서 2루로 가서 스코어링 포지션에 있고 싶었죠. 그러나 단타를 쳐도 2루로 도루하면 되기 때문에 그것도 괜찮았습니다."

2볼 1스트라이크 상황, 포드세드닉의 스피드의 위험성을 알고 있기 때문에 사사구를 피하고 싶었던 릿지는 벨트 높이의 직구를 던졌다. 포드세드닉은 그 공을 쳤다. 공은 계속 날아갔다. 우측 담장 너머로 공이 떠올랐고 관중석으로 들어갔다. 마치 대혼란이 야구장을 가득 매우는 듯했다.

"내가 기억하고 있는 것은 동료 선수들이 나를 홈 플레이트에서 기다리는 것과 내가 '이게 정말이야? 이게 정말 사실이야?'라고 생각했던 것뿐이었습니다. 어린아이처럼 월드시리즈에서 결승 홈런을 치는 것을 얼마나 많이 꿈꿔 왔습니까? 그것은 홈런을 많이 치는 선수들에게도 일어나기 쉽지 않은 일이에요. 그런데 나 같은 선수에게 일어난 것입니다." 포드세드닉은 월드시리즈 역사상 끝내기 홈런을 친 14명의 선수 중 하나가 되었다.

그 홈런은 애스트로즈의 정신력을 무너뜨렸다. 화이트삭스는 게임 스코어 4대 0으로 시리즈를 싹쓸이하였다.

"월드시리즈 우승이 확정되는 마지막 아웃을 잡고 그 아수라장에서 내가 외야에서 내야로 뛰어오는 비디오가 있습니다." 그는 말했다. "내 얼굴에서 아주 순수한 기쁨을 볼 수 있었어요. 마치 어린아이로 되돌아간 것처럼 보였습니다. 그 기분은 정말 환상적이었죠."

그때 부상이 다시 나타나기 시작했다. 2006년과 2007년 포드세드닉은 연봉 조정 자격을 갖춘 선수로서 200만 달러 이상의 연봉을 받을 수 있었지만, 화이트삭스는 그가 62경기에만 출전한 2007년 시즌 이후 그를 방출하였다. 구단은 경기에 뛰는 것에 문제가 있는 31세의 외야수에게 다시 연봉 조정 협상을 하지 않기로 했다. 월드시리즈 끝내기 홈런은 그렇게 먼 기억이 되었다.

그렇게 그의 여정은 시작되었다. 그는 콜로라도에서 1년을 보내며 파트타임 계약을 하였고, 2009년에 로키스와 재계약을 하고 스프링캠프에서 방출을 당했다. 그는 33세에 무직이 되었다. 그는 집으로 돌아갔고 그에게 전화가 오기를 기다렸다. 그리고 전화가 왔다. 화이트삭스는 그가 돌

아오기를 원했다.

"소파에 앉아서 내가 개막일에 맞춰 나의 최고 시즌이었던 2005년의 상태로 돌아갈 수 있을지 고민했습니다." 그는 말했다. "2005년 시즌은 만약 내가 건강한 상태를 유지할 수 있다면 아직 누군가에 필요한 존재가 될 것이라는 것을 증명해주었죠."

그는 132경기에 출전하여 0.304의 타율을 기록하였다. 그는 시즌이 끝나고 프리에이전트가 되었고 로열스와 계약을 하였다. 로열스는 시즌 중반 그를 다저스에 트레이드시켰다. 그는 로스앤젤레스에 도착하고 얼마 안 돼서 발에 부상을 입었다. 그리고 시즌이 끝나고 방출을 당했다. 그리고 2011년 블루 제이스와 계약을 맺었다. 그들은 그를 라스베이거스에 있는 트리플A팀으로 보냈고 5월에 그를 방출했다. 11일 뒤, 그는 필리스와 계약을 했고 그가 과거에 문제가 있었던 왼발 족저근막염이 재발할 때까지 리하이밸리에 있었다. 그는 34경기만을 소화한 후 그의 시즌을 마쳤다.

이런 모든 것들은 2012년이 시작되면서 그를 결단하게끔 만들었다. 그는 결혼을 하였고 그와 그의 아내 리사, 그리고 세 살과 한 살인 두 아들이 있었다. 필리스는 그에게 마이너리그 계약을 제의했고 메이저리그에 갈 수 있는 기회인 메이저리그 스프링캠프에 그를 초대하였다.

"나는 3월이면 36세였습니다." 그는 말했다. "내 아이들을 떠나서 지내는 것을 원하지 않았지만 역시 내 야구 인생이 부상으로 끝나는 것도 원하지 않았어요. 여전히 메이저리그에서 생산적인 선수라고 생각했죠. 내가 할 수 있는 최선을 다하기로 결심했고 스프링캠프를 기약했습니다."

스프링캠프에서 포드세드닉은 31경기에 출전하여서 0.309의 타율을 기록했다. 그는 메이저리그에 갈 수 있을 것이라고 생각했다. 그러나 야구에서 모든 일들이 원하는 대로만 되지는 않았다. 결국, 3월 말에 그는 찰리 마누엘의 사무실에서 "넌 여전히 메이저리그에서 뛰기에 충분히 좋은 선수지만……."이라는 말을 듣는 자신을 발견하였다.

"후안 피에르와 내가 마지막 외야수 자리를 놓고 경쟁하고 있었어요." 그는 말했다. "현실은 현실이었습니다. 후안은 3월 30일에 옵트아웃(opt-out) 조항을 가지고 있었어요. 그건 팀이 그를 마이너리그로 보내면 그는 당장 팀을 떠날 수 있고 다른 팀과 계약을 할 수 있다는 의미였습니다. 나 역시 옵트아웃 조항이 있지만 그 날짜는 6월 1일이었어요. 즉 팀은 누가 부상을 당할 경우를 대비하여 나를 두 달 동안 마이너리그에서 보내게 할 수 있다는 것입니다."

그는 리하이밸리에 남거나 집으로 돌아가거나 선택을 해야 했다. 포드세드닉의 첫 생각은 그가 그렇게 했듯이 집으로 돌아가는 것이었다. 그리고 10일 뒤 그의 아내 리사가 아직 그를 데려갈 수 있는 29개의 다른 팀이 있고, 최악의 상황에 6월 1일에 옵트아웃 권리를 행사할 수 있으니 그에게 돌아가는 것이 어떻겠냐고 말했다.

"코카콜라 필드의 홈 클럽하우스가 좋아진 만큼 그곳으로 다시 돌아간 것은 문화적 충격이었습니다." 포드세드닉은 말했다. "나는 1년 전에 이곳에 있었지만 잠시 있었기 때문에 그 느낌은 달랐어요. 나는 이곳으로 오기 위해 스프링캠프에서 뛴 것이 아니었습니다."

"모든 것이 나를 힘들게 하였습니다. 우리는 메이저리그에서 필요없는 존재였죠. 선수가 메이저리그에 한 번 갔다 오면 마이너리그 경기에 출전하기 위해 아침에 일어나는 것이 무척 힘들어요. 우리는 사람입니다. 나는 단지 좋은 곳에 있지 않을 뿐입니다. 운이 좋게도, 라인 샌버그는 그것을 이해를 해주었어요. 그는 나에게 씁쓸하게 트리플A로 되돌아가는 그런 선수 중 하나가 되지 말라고 이야기해 주었습니다. 나 역시 그런 선수 중의 하나가 되고 싶지 않았어요. 하지만 마음을 다잡는 것은 쉽지 않았습니다."

5월 초, 포드세드닉은 0.197의 타율을 기록하고 있었다. 그는 은퇴를 해야 하는 시점이 다가오는 것이 아닌가 생각했었다. 그가 자진해서 은퇴하든 그것이 아니든 그런 은퇴에 대한 압박은 경기력에도 영향을 미쳤다. 그때, 5월 11일, 샌버그는 포드세드닉을 자신의 사무실로 불렀다. "너는 보스턴으로 트레이드 됐어." 샌버그가 말했다. "보스턴은 적어도 지금은 네가 포터컷에 있기를 원하고 있어."

포드세드닉은 레드삭스의 몇 명의 외야수들이 부상을 당했다는 것을 알고 있었다. 갑자기 마이너리그라는 터널의 끝에 빛이 보인 것이다. "난 이것이 기회라고 생각했죠." 그는 말했다. "만약에 보스턴이 나를 뛰게 할 생각이 없다면 그들은 나를 선택하지 않았을 겁니다."

11일 뒤, 포터컷에서의 생활 이후, 포드세드닉은 보스턴이 어떤 생각을 가지고 있는지 알게 되었다. 포터컷의 감독 어니 베일러는 그를 사무실로 불러서 볼티모어에 있는 레드삭스에 합류할 것을 말했다. 며칠 뒤, 포드세드닉은 레드삭스에 합류하였고 보스턴의 1번 타자 다니엘 나바는 부상으로 마이너리그에 내려가게 되었다. 포드세드닉은 다음 날 오후에 야구장으로 가서 라인업을 체크하였다. 1번 타자 중견수에 있는 자신의 이름을 발견하였다.

다시 한 번 그는 돌아왔다.

8

삶의 단편

월리 백맨 : 두 번째 기회

4월의 인터내셔널 리그에서 가장 힘든 장소는 버펄로이다. 시러큐스, 로체스터 그리고 포터컷도 아주 좋은 날씨는 아니지만 버펄로만큼은 아니다. 그래서 2012년에 메츠 산하 트리플A팀 버펄로 바이슨스는 팬들에게 한 경기에 오면 또 다른 경기의 티켓을 주는 투 포 원(two for one) 정책을 쓰기도 했다.

버펄로에서 개막전에 눈이 내리는 것은 그리 이상한 일이 아니다. 2012년, 버펄로가 스크랜튼 윌크스배러 양키스와 경기를 할 때 기온은 섭씨 6도 정도였다. 이 당시 양키스는 오직 진실한 사랑만이 영원히 바다를 항해하는 그의 저주에서 그를 자유롭게 할 수 있는 플라잉 더치맨(유령선의 일종)이었고, 마치 바그너의 오페라에 나오는 주인공같이 홈경기장이 없었다. 좀 더 간단하게 말하면, 양키스 트리플A팀은 스크랜튼에 야구장을 개조하고 있어서 2013년에나 홈경기장을 가질 수 있었다. 이런 사실들은 2012년에 팀에 아무런 도움이 되지 못했다. 그들의 홈경기로 편성된 경기의 반은 로체스터에서 열렸고, 나머지 반은 상대 팀의 경기장에서 말 공격을 하는 것으로 대체되었다.

양키스의 단장인 브라이언 캐쉬맨은 팀을 뉴왁에서 시즌을 치르게 하고 싶었다. 독립 리그 팀인 뉴왁 베어스는 지은 지 13년이 된 6,200석의 경기장을 사용하였고, 이것은 양키스의 필요로 하는 것들을 충족시키는 조건이었다. 그리고 장소 역시 양키스타디움과 몇 마일밖에 떨어져 있지 않아 선수들이 승격되거나 강등될 때 장점이 있었다.

그러나 문제가 있었다. 그것은 메츠의 홈구장인 시티 필드와의 거리가 120km보다 짧다는 것이다. 메츠는 그들 구장의 영역에 대한 권리가 있었고 양키스가 그 구장을 사용하는 것을 거절하였다. 뉴왁에서 열리는 스크랜튼 윌크스배러와 메츠의 경기에 가는 메츠 팬들의 숫자는 아마도 양측에서 함께 측정될 수 있었다. 그러나 메츠는 그 당시 관중 수에 대해 심각한 문제가 있었고 자금적으로도 심각한 문제에 처해 있었다. 그래서 그것들을 반대하였다.

"나는 화나지 않았습니다." 캐쉬맨은 스프링캠프 기간 동안 주장하였다. 그때 그는 웃었다.

"하지만 복수를 하는 것은 더러운 일이 될 수 있습니다."

캐쉬맨의 트리플A 선수들은 복수를 할 어느 기회도 잡지 못했다. 플라잉 더치맨의 전설처럼, 2012년 동안 그들은 인터내셔널 리그를 배회하였다.

날씨에 영향을 받지 않는, 혹은 눈이 오지 않는다는 사실만으로도 힘을 받아서인지 코카콜라 필드의 25번째 개막전을 축하하기 위해 1만 495명의 사람들이 모여들었다. 1988년에 개장한 이 야구장은 1만 8,025석을 가진 마이너리그에 지어진 가장 큰 야구장 중 하나이다. 20년 후에 지어진 앨런타운에 있는 코카콜라 파크와 혼동하면 안 된다. 인터내셔널 리그의 14개 구장 중 7개의 구장은 네이밍 스폰서를 받는다. 모든 수준의 스포츠

| 코카콜라 필드

프렌차이즈 사업에서 네이밍 스폰서는 수익의 아주 큰 부분을 담당하고 있다. 몇몇의 인터내셔널 리그의 팀들은 구장의 전통 때문에 그 이름을 유지하고 있다. 나머지 팀들은 제안을 받지 못해서 원래 야구장의 이름을 사용하고 있다.

바이슨스는 12대 3의 승리로 그들의 홈 개막전을 열었다. 이것은 웰리 백맨이 감독으로서 홈 데뷔전을 치룬 경기이기도 했다. 백맨은 2004년 11월 정확하게 5일간 메이저리그 애리조나 다이아몬드백스의 감독으로 있다가 유니폼도 입어 보기 전에 해고된 후 11년간 7개의 마이너리그팀의 감독을 했었다.

"나는 산의 정상까지 등반을 했었지만 다시 바닥으로 내려왔고 이제 다시 오르기 위해 노력하는 중입니다." 오후에 책상 위에 담배가 있는 그의 사무실에 앉아서 말했다. 한동안 모든 리그의 감독들이 담배를 피우는 것처럼 보였다. 담배를 피우기 위해 더그아웃 옆에 있는 복도에서 1년을 보내는 디트로이트의 짐 레이놀드와 백맨과 같은 감독들은 역시 예외는 아니었다.

백맨은 메츠 구단으로 돌아온 지 3년이 되었다. 그는 제프 윌픈에 의해 팀이 무너지는 상황에서 돌아왔는데 그가 성공한 마이너리그 감독이라는 것도 이유였지만, 그가 과거 뉴욕 메츠의 영광의 시대와 관련이 있기 때문이었다.

백맨은 1986년에 0.320의 타율을 기록하는 폭발력 있는 2루수였고, 오른손 투수들을 상대하는 최고의 타자였다. 그는 현재 메츠에서 메이저리그 코치로 있는 팀 테펠과 함께 성공적인 플래툰 시스템을 이루었다. 백맨은 1977년에 아마추어 드래프트에서 메츠의 1번으로 드래프트 된 후 14년간 메이저리그에서 활약하였다.

그는 2002년 화이트삭스의 더블A팀 버밍험 베론스의 감독을 시작으로 바로 성공적인 시즌을 치러냈다. 2004년 시즌이 끝나고 다이아몬드백스 구단 산하 팀의 감독 이후, 다이아몬드백스의 감독으로 이름을 올렸다. 이 일은 완벽하게 이해가 되는 것이었다. 영리하고 터프한 열정적인 선수들은 종종 좋은 감독이 된다. 백맨은 오리올스의 명예의 전당에 헌액된 감독인 얼 웨버를 생각나게 했다. 다른 점이 있다면 선수 생활의 경력은 백맨이 월등하게 좋았다는 것이다.

그러나 백맨은 그가 메이저리그에서 얼마나 잘할 수 있는지 증명할 수 있는 기회를 가지지 못했다. 그가 다이아몬드백스의 감독으로 소개된 날, 뉴욕타임스는 다이아몬드백스가 그와 계약하기 전에 알지 못했던 백맨의 법적인 문제와 경제적인 문제들을 상기시키는 기사를 냈다.

그는 파산 신고를 했었고 두 번 체포된 적이 있었다. 한 번은 음주운전이었고, 다른 한 번은 그의 아내와 또 다른 여성이 포함되어 집에서 언쟁을 벌였던 적이 있었다. 그는 하루 동안 감옥에 있었고 1년의 집행유예 기간을 가졌다. 처음에 다이아몬드백스는 그에 대한 고용에 가만히 있는 듯했다. 하지만 5일 뒤, 다이아몬드백스는 백맨을 해고한다고 발표하였다. 구단이 백맨의 과거를 체크하지 못한 점을 인정하였고, 백맨 역시 구단에 자신의 과거에 대해서 입을 다물었다고 이야기했다.

백맨은 며칠 만에 산의 정상에서 바닥으로 내려왔다.

"나는 과거에 실수를 한 적이 있었고, 그것을 통해 많은 것을 배웠습니다."

애리조나에서의 일이 있은 지 8년이 지난 지금 그는 말했다.

"그렇게 떨어지는 일은 지옥과 같았죠. 아주 비싼 대가를 치렀지만 나는 항상 그곳으로 돌아갈 만큼 충분한 능력이 있고, 노력한다고 믿었습니다."

그는 3시즌 동안 독립 리그까지 떨어져 사우스 코스트 리그의 사우스 조지아를 1년 동안 감독하였고, 노선 리그의 졸리엣 잭햄머스의 감독으로 1년 반 있었다. 그는 두 번째 시즌 중 잭햄머스에서 해고당했을 때 돈 한 푼 없이 파산당했다. 더 이상 바닥이 없을 만큼 험난한 바닥을 쳤다.

"난 그다음에 무엇을 해야 할지 전혀 알 수가 없었습니다." 그는 말했다. "마음 한편으로는 그냥 오레곤에 있는 집으로 돌아가 가족들과 함께 있고 싶다고 생각했어요. 가족들은 유일하게 애리조나에서의 일이 있을 때 내 옆을 지켜주었습니다."

그는 웃으면서 머리를 내저으며 말했다. "나는 타임스퀘어의 가운데 서서 양쪽에서 오는 많은 사람에게 치이면서 서 있었습니다. 부모님, 아내, 아이들을 제외하고는 누구도 내 주위에 없었어요. 그것은 그렇게 좋은 느낌은 아니었습니다."

2009년 가을, 백맨은 뉴욕으로 가기로 했다. 1986년 메츠의 많은 멤버는 아직도 메츠에서 그들의 역할을 다하고 있었다. 드와이트 구든, 키스 에르난데즈, 데릴 스트로베리와 개리 칼은 스타였던 반면에 백맨은 그들만큼 애틋하게 기억되진 않았다.

공항으로 가는 길에 백맨은 변덕스럽게 제프 윌픈에게 전화를 걸기로 했다. 제프 윌픈은 성공한 그의 아버지 프레드 윌픈에 이어 메츠의 모든 일을 관리하는 사람이었다. 백맨이 그가 뉴욕에 가는 길이라고 이야기했을 때, 윌픈은 "당신이 이곳에 있는 동안 만나서 이야기해 보면 어때요?"라고 말했다.

1986년에 메츠가 월드시리즈에서 우승할 때, 제프 윌픈은 대학을 졸업하고 그의 아버지의 일을 도왔고 백맨에 대해 좋은 기억을 가지고 있었다. 그리고 현재 메츠가 힘든 상황에서 우승 당시의 기억을 되돌려줄 만한 사람을 구단으로 데리고 오는 것은 좋은 생각 같았다.

백맨은 짧은 리그인 클래스A의 메츠 산하 팀인 브루클린 싸이클론스에서 감독직 제안을 허락하였다. 엄밀히 말하면 그 감독직은 구단의 제일 말단에 해당하는 것이었지만, 싸이클론스는 윌픈에게 매우 중요했다. 바로 프레드 윌픈이 다저스에 가지고 있는 감정적인 연계를 가지고 있기 때문이다.

"싸이클론스의 감독이 되는 것은 다른 일반적인 루키 리그와 로우A 리그 팀을 감독하는 것과 다릅니다." 백맨은 말했다. "모든 메츠의 젊은 유망주들이 그곳으로 옵니다. 그래서 항상 그들을 주시해야 하는 한 가지 이유가 있고, 더 중요한 것은 이 팀은 윌픈의 자식과도 같은 존재라는 것입니다. 그리고 그 팀이 뉴욕에 자리 잡은 이상, 구단은 발전과 승리 등 많은 것들을 원하죠."

싸이클론스는 백맨의 지도하에 51승 24패를 기록했다. 메츠는 그가 제리 마뉴엘이 2010년 시즌을 끝으로 해고당한 이후 메이저리그팀을 감독할 수 있는 최종 후보로 올려놓기에 충분한 인상을 받았다. 테리 콜린스가 메이저리그 감독이 되었고 백맨은 더블A 버밍험으로 승격하였다. 1년 뒤, 그의 플래툰 파트너인 테펠이 버펄로 감독에서 메츠의 코치로 승격되었을 때, 백맨은 다시 메이저리그에 한 걸음 남겨둔 트리플A팀의 감독으로 승격하였다.

"산 정상을 향한 나의 두 번째 등반입니다." 그는 웃으면서 말하였다.

"나는 메이저리그에서 감독을 하는 다른 사람만큼 능력이 있다고 생각하지만, 이곳에서 내가 하는 일들을 좋아합니다."

그는 담배를 끄고 일어섰다. 52세인 그는 선수 시절에 비해 살도 많이 찌고 피부도 검어졌다. 그의 머리카락 역시 많이 없어졌지만 그의 눈빛은 여전히 변하지 않았다.

버펄로의 날씨를 조롱하는 여러 농담이 있다. 백맨은 이곳의 추위를 신경 쓰지 않는다. 그는 2004년 그가 바닥을 치던 그 시절로부터 오랜 여정을 해왔다.

"이것이 야구입니다." 그는 말했다. "그리고 그것이 내가 하는 것이고 내가 사랑하는 일입니다."

그는 배트를 집어 들고 문을 나섰다. 바로 타격 연습 시간이 되었기 때문이다.

9

삶의 단편

모든 길은 노퍽으로 향한다

예전에는 한 시즌의 야구 리그 일정을 만드는 것이 수백 번, 아니 수천 번 수정되어 구겨서 버려진 종이들이 말해주듯 무수히 많은 시간 동안 공을 들인 아주 긴 과정이었다.

지금은 컴퓨터가 일정을 만드는 것을 훨씬 쉽게 만들어 주었다.

인터내셔널 리그를 제외하고 말이다. 인터내셔널 리그의 일정은 한 사람의 수작업에 의해 완성되는데, 그 사람은 1969년부터 리그 일정을 만들어 왔다.

데이비드 로센필드는 1963년부터 노퍽의 야구팀을 운영해왔다. 그는 비록 2011년 조 그레고리에게 일상적인 단장의 업무를 넘기기는 했지만 팀이 시카고 화이트삭스 산하일 때, 그리고 캘리포니아 리그에서 필라델피아 필리스 산하일 때에도, 팀을 운영했었다. 그리고 뉴욕 메츠 산하 트리플A팀이 되었을 때도, 볼티모어 오리올스 산하 트리플A팀인 지금까지 팀을 운영해왔다.

그레고리가 단장이 되었을 때, 그는 32세였다. 이것은 매일 자신의 사무실로 출근하는 부사장 로센필드의 나이인 82세와 정확히 50세 차이나는 것이었다. 그레고리와 감독 론 존슨은 대부분의 의사결정에 있어서 로센필드의 결정에 따른다. 그리고 1993년 타이즈의 홈경기장이 된 하버 파크의 모든 곳에는 끊임없이 로센필드의 존재가 있었다.

로센필드는 역시 타이즈가 리그에 참여한 45년 전부터 그래왔듯이 전체 리그의 일정을 만든다. 매 시즌 그는 14팀의 144경기를 각 팀들이 경기장으로 제시간 안에 이동할 수 있는지, 전체 시즌 중 8일의 휴식 일을 이용하여 어떻게 편성할 것인지를 완성해야 한다.

"내가 해온 시간만큼 이 일을 해보면 이것은 그렇게 어려운 일이 아니에요." 로센필드는 그의 어수선한 사무실에서 앉아서 2013년 리그 일정을 편성하면서 말했다. "나는 첫해에 이 일을 해보고 이 일에 빠지게 되었습니다."

"캘리포니아 리그 미팅에서 일정을 발표하기 위해 우리를 불렀습니다. 우리는 64년도 시즌으로 돌입하고 있는 상황이었어요. 나는 일정을 보고서, 리그 사무실이 있는 윈스턴-살렘에서 32번의 홈경기가 잡혀 있는 것을 주시했습니다. 우리는 고작 7번밖에 없었습니다. 나는 회의실 뒤쪽에 앉아 있었는데 리그 협회장인 빌 제섭은 일정을 이대로 확정 지을 것 같았습니다. 그는 갑자기 내 앞에서 멈춰 서더니 '이봐 새로 온 청년, 너는 이 일정보다 더 좋은 일정을 네가 만들 수 있을 거라고 생각하는 거야?'라고 물어봐서 나는 눈에 띄게 고개를 끄덕였습니다."

"나는 그를 보고 이야기했죠. '원숭이도 이것보다 더 잘 만들 수 있을 겁니다.' 그는 나를 잠시 바라보더니 나를 가리키며 말했습니다. '2주의 시간을 주겠네.' 나는 곧바로 일정을 짜기 시작했고, 2주 안에 그에게 새로운 스케줄을 보여줬어요. 그리고 구단들은 만장일치로 내가 만든 일정을 사용하기로 투표했습니다. 그 일 이후, 나는 매년 일정을 짜게 되었어요. 사실 우리 팀이 인터내셔널 리그로 옮길 때에 나는 몇 년간 인터내셔널 리그 일정에 캘리포니아 리그 일정을 더해서 일정을 만들었습니다."

로센필드는 유명 인사들의 이름을 파는 그런 부류의 사람이 아니었고, 그런 것들은 그의 방식도 아니었다. 그러나 그는 수년 동안 많은 사람들에게 알려졌고 그에게는 몇몇 유명 인사의 이름이 거론되는 것 없이는 이야기할 수 없는 그런 종류의 이야기들이 있었다. 그의 어머니는 성공한 여배우 테레즈 리온이었고 자연스럽게 그는 타고난 이야기꾼이었다.

그녀는 브로드웨이에서 그루초 막스의 《타임 포 엘리자베스》라는 연극에 출연하였다. 그리고 1947년에는 영화 《뮤직맨》과 찰리 채플린의 《무슈 베르두》에 출연하였다.

"찰리 채플린과 그루초 막스는 지금 매우 유명하죠." 로센필드는 무더운 여름 오후에 웃으면서 이야기했다. "어머니는 49세 이전에 연기를 해 본 적이 없었어요. 나의 아버지는 피기 위글리의 창립자 중 한 분이셨고, 어머니는 연기에 도전하는 것이 재미있을 것이라고 판단했습니다. 나는 그녀의 81세 된 막내입니다."

로센필드가 말할 때, 조 그레고리가 들어왔다. 문제가 생긴 것이다. 모든 마이너리그 구단이 그러하듯이 타이즈 역시 팬들이 야구장에 더 오게 하려고 여러 프로모션을 진행한다. 2012년에는 평균 6,400명의 관중이 왔었고, 그런 프로모션들은 조금이라도 도움이 되었다.

그날 저녁의 프로모션은 카우보이 원숭이 로데오 쇼였다.

문제는 심각했다.

그 쇼는 카우보이 복장을 한 사람과 네 마리의 카푸친 몽키와 그 원숭이들을 태울 보더콜리 개 네 마리로 구성되었다. 원숭이와 개들은 네 마리의 소를 잡아서 외야 잔디를 가로질러 반대 방향의 중앙 펜스에 있는 우리에 넣으면 되는 것이었다.

다시 말하지만, 심각했다. 문제는 그 쇼 자체에 있는 것이 아니었다. 이 쇼는 위험하지 않은 쇼였고 동물들은 사람들이 무엇을 기대하고 있는지 알고 있었다. 문제는 무더위였다. 노퍽의 6월 말은 기온이 섭씨 38도에 가깝게 올라가고, 습도로 인해 모두가 땀을 흘리게 된다.

그 쇼는 지방 투어를 순회했고, 마이너리그 경기에 초청될 정도로 누가 봐도 훈련되고 유명한 쇼였다. 이 마이너리그 구장은 조금 달랐다. 왜냐하면 동물을 인도적으로 사랑하는 사람들의 모임인 PETA의 국제 본부로부터 몇 마일 떨어진 곳에 있었기 때문이다.

PETA에서 나온 사람들은 동물들이 이렇게 높은 기온의 날씨에서 관중들을 위해 쇼를 한다는 생각을 좋아하지 않았다. 그들은 경기 시작 전에 야구장 밖에서 항의하기 위해 운집했다. 이것은 비록 팬들이 표를 가지고 있다고 하더라도 경기장 안에 들어가는 것이 왠지 나쁜 일을 하는 것만 같이 느낄 수 있어서 타이즈가 그날 저녁 그들의 팬들을 환영하기 위해 원했던 방법이 아니었다.

그레고리는 경찰들과 시위대가 어디에서 피켓을 들고 있을지 자문을 받고 왔다고 보고했고, 경찰들은 시위대에게 넓은 저지선의 공간을 주길 원하는 것이 분명하다고 했다. 마지막으로 그 누구도 체포되는 것을 보기 원하지 않는다는 것이었다. 그리고 하나의 좋은 소식이 있었다. 그것은 더운 날씨는 시위대에게도 역시 너무 더운 날씨였다. 시위대들도 그렇게 오래 머물 수 없을 것이라는 것이었다.

그리고 또 다른 아주 작지 않은 문제는 경기 시작 3시간 전에 타이즈 선수들이 경기장에 올 수 있는 시간이 충분하지 않다는 것이었다. 타이즈는 전날 밤 콜럼버스에서 경기를 치르고 아침 6시 30분에 집으로 오는 비행기가 잡혀 있었다. 저녁 7시 15분에 시러큐스 치프스와 경기를 가지기 때문에 상식적으로 아주 넉넉한 시간이었다.

문제는 그들이 타야 할 비행기가 '기술적 결함'으로 취소가 되면서 시작되었다. 이 일과 동시에 금요일 저녁에 아주 극심한 태풍이 동부 해안 지역을 강타하면서 대부분의 비행 일정이 크게 미뤄지는 상황이 전 지역에 나타났다. 많은 비행기가 이미 이륙을 못 하는 상태에서 25명의 선수들, 감독, 코치 3명, 방송 진행자, 트레이너를 포함한 31명의 사람들을 노퍽으로 가게 할 수 있는 방법을 찾는다는 것은 쉽지 않았다.

재빠르게 방법을 찾은 끝에 타이즈는 6개의 다른 비행편을 다시 부킹했다. 3개는 노퍽으로 가는 것이었고, 다른 3개는 리치몬드에 가는 것이었다. 리치몬드의 공항은 하버 파크와 140km 떨어져 있다. 이 거리면 정상적인 환경이면 90분 이상 걸리지 않는 이동 거리이다. 하지만 여름의 토요일 밤, 태풍으로 황폐해진 워싱턴 D.C. 지역 사람들이 무력하게 집에서 잠시 해변으로 향하기 때문에 일반적으로 걸리는 시간보다 더 많은 시간이 걸릴 것이다.

선수들은 오후가 지나서야 클럽하우스에 왔다. 론 존슨 감독은 그의 사무실과 선수들의 로커 사이에 있는 복도에 서서 머리를 내저었다. "오늘 우리 팀 선수들이 경기에 나설 수 있으면 좋겠습니다." 그는 농담조로 농담이 아닌 진담을 말했다. 6개의 그룹 중 마지막 그룹은 만약 어떤 다른 변수가 생기지 않더라도 6시 30분까지 경기장에 도착하기 힘들었다.

"이것이 트리플A입니다." 존슨이 말했다. "이런 일들은 이곳에서 늘 일어나지요. 나는 항상 나를 포함한 모두에게 이야기합니다. "만약 이런 것이 싫다면 더 열심히 노력해라!"

존슨의 일은 그의 비행기가 노퍽에 도착하고 나서 오래 지나지 않아 조금 더 어려워졌다. 야구장으로 가는 길에 볼티모어에서 문자가 왔다. 오리올스의 선발투수였던 다나 이브랜드와 그에 이어 등판한 중간 계투 투수인 토미 헌터가 그날 오후 클리브랜드 인디언스에 의해 난타를 당했다. 각각 5실점씩 하였다. 이브랜드는 3과 3분의 2이닝 동안 5실점을 하였고, 헌터는 더 나쁘게 3분의 1이닝 동안 5실점을 하였다.

"곤잘레스가 최대한 빨리 필요하네." 존슨에게 온 문자 내용이었다.

미구엘 곤잘레스는 그날 저녁 노퍽의 선발투수로 내정되어 있었다. 곤잘레스는 존슨이 도착하고 몇 분 뒤에 클럽하우스에 도착하여 경기를 준비하기 위해 옷을 갈아입고 있었다. 존슨은 그 앞에 멈췄다. 그에게 축하를 해주거나 행운을 빌어줄 시간이 없었다.

"넌 공항으로 돌아가야 돼." 존슨은 그에게 말했다. "볼티모어에서 네가 올라오길 원하고 있어."

곤잘레스는 28세였고 이번 봄에 오리올스와 계약하기 전까지 마이너리그 주위를 맴돌았었다. 원래 계획은 그를 더블A에서 뛰게 할 생각이었지만, 그는 노퍽으로 올라오기에 충분한 실력을 빠르게 보여주며 4월 말에 승격하였고, 6월에 볼티모어에 가게 되었다.

이 승격은 과부하가 걸린 불펜에 숨통을 트이기 위해 행해졌다. 그리고 곤잘레스가 도착했을 때 오리올스의 단장인 댄 듀켓은 그의 다양한 구종과 침착함에 기쁨의 함성을 질렀다.

오리올스의 선발진은 이미 무너질 대로 무너져 있었다. 그들의 선발 로테이션은 개막전부터 문제를 일으켰었다. 벅 쇼월터 감독과 상의한 후 듀켓은 곤잘레스를 노퍽으로 보내 투구 수를 늘리게 하는 것을 선택하였다. 그가 선발 로테이션을 소화할만한 충분한 팔의 힘을 만들고 볼티모어가 원할 때 언제든지 선발투수로 올라올 수 있게끔 하려는 것이었다.

지금 한 달이 되지도 않은 시점에서 볼티모어는 선발투수로서 곤잘레스가 필요했다. 그는 이브랜드의 자리에 5일 뒤에 들어갈 것이다. 그러나 그는 볼티모어에 당장 가야 했다. 왜냐하면, 다음 날 인디언스와의 낮 경기 이후 구단은 서부 해안으로 비행이 예정되어 있기 때문이다. 그리고 경영진은 곤잘레스가 비행기를 타기를 원했다. 그래야 그가 선발투수로서 준비를 할 수 있기 때문이었다.

곤잘레스가 공항으로 가는 동안 존슨은 중간 계투 투수인 오스카 비야레알을 찾아 오늘 저녁에 선발로 등판할 것이라고 이야기했다. "그에게 만약 4이닝까지만 막아준다면 나는 무척 좋을 것이라고 이야기했습니다." 존슨은 말했다. "이런 일이 있으면 모두 손을 모아 도와야 합니다."

존슨은 경기 시작 몇 시간 전에 그의 선발투수가 갑자기 사라지는 것에 대해서 문제가 아니라고 생각했다. 그가 1루 코치로 보스턴에 2년간 있었지만, 마이너리그는 30년 이상 그가 선수와 감독으로 있었던 그의 고향이나 다름없었기 때문이다. 이런 일들은 그에게 전혀 새로운 일들이 아니었다.

"벅 쇼월터 감독이 전화를 해서, 'RJ, 통화할 시간 있어?'라고 말할 때, 나는 어떤 일들이 일어날지 알고 있습니다." 그는 웃으면서 이야기했다.

"그는 누군가의 승격이 필요한 것이죠. 그리고 그 상황에서 누가 가장 좋은 선택인지를 알고 싶어 해요. 나의 일은 그런 자리에 가장 알맞은 선수를 올리는 것입니다. 만약 내가 그런 일을 못한다면 감독에게 그리고 구단에 무슨 도움이 되겠습니까?"

로센필드가 존슨이 어떻게 준비를 하고 있는지 보기 위해, 그리고 야구단의 행방을 체크하기 위해 오후에 현관으로 내려갔다. 로센필드가 존슨의 맞은편에 앉자 존슨은 로센필드처럼 웃었다.

"사장님, 오래 걸릴 것 같은데요." 존슨이 말했다.

"이 상태면 우리는 경기를 마치기 위해 투구를 할 수 있는 야수가 한 명 이상 필요할 것 같습니다."

로센필드와 그레고리는 경기 시작 시간을 늦추는 것에 대해 시러큐스 측과 이야기를 하였고 그들은 그 제안을 받아들였다. 경기 시작 시각이 8시로 늦춰졌다. 비록 그가 선발투수를 가지지는 못했지만 이 일은 존슨을 도울 수 있었다.

"이래서 버스로 이동하는 것이 더 나은 이유야." 로센필드가 말했다.

"맞습니다." 존슨이 말했다. "특히 아주 편한 버스라면 나는 8시간이나 9시간 버스를 타는 것이 오전 4시에 일어나서 제시간에 이륙할지 모르거나 아예 이륙 자체를 못할 수도 있는 비행기를 타는 것보다 좋습니다."

"나는 내년 리그 일정을 지금 바로 만들고 있어." 로센필드가 이야기했다. "버스로 중부 지역과 북부 지역을 이동하는 것을 원해?"

"당연하죠." 존슨은 말했다. "더 많은 버스 이동이 더 나아요. 특히 오늘 같은 상황이라면 비행 광고는 재미없습니다. 적어도 버스를 타면 우리가 몇 시에 도착할지는 정확하게 알 수 있기 때문이죠."

이동 수단은 메이저리그와 마이너리그의 가장 큰 차이점 중에 하나이다. 메이저리그 팀은 전세기를 타고 이동하고 선수들은 자신의 짐을 이전 경기가 있었던 도시의 클럽하우스 종업원에게 넘긴다. 그리고 그들이 호텔로 갈 때까지 그 짐을 다시 볼 일이 없다. 대부분 호텔은 포시즌이나 리츠칼튼을 이용한다. 트리플A에서는 모두가 그들의 짐을 직접 옮기고 대부분 호텔에는 벨보이가 없거나 룸서비스가 없다.

"그런 것들 때문에 트리플A에서 지내는 것이 안 좋은 것처럼 여겨지는 것은 아닙니다." 돈트렐 윌리스가 존슨의 사무실 반대편 복도에 앉아서 이야기했다. 그는 애틀란타에 경유하는 비행기를 타서 노픽에 오후에 도착할 수 있었던 운 좋은 타이거즈 선수 중 하나였다. "메이저리그 선수들이 사는 방식은 현실에서 일어나지 않는 것입니다. 현실의 사람들은 그렇게 살지 않습니다. 그러나 메이저리그 선수들은 그렇게 합니다."

윌리스는 메이저리그 선수였을 뿐 아니라 스타였었다. 그는 2003년에 내셔널리그 올해의 신인상을 받았고, 그가 플로리다에서 14승을 거두었을 때 팀은 월드시리즈에서 우승을 했다. 2년 뒤, 그는 여전히 23세였고 윌리스는 22승을 거두고 크리스 카펜터에 이어 내셔널리그 사이영상 투표에서 2위를 기록하였다.

그는 천재적인 재능의 소유자였다. 그는 키 큰 왼손잡이 투수였고 그의 투구 폼에서 나오는 공은 선수들이 공을 쫓아오지 못하게 만들었었다. 그는 역시 투수 중에서도 좋은 타자였고 타격을 잘해서 그는 항상 9번 타순에만 배치되는 것은 아니었다.

"나는 내가 잘했었다고 생각하지만 2005년만큼 좋았던 적은 없었다고 생각합니다." 그는 말했다. "나는 그해에 많은 득점 지원을 받았어요. (사실 그의 평균 자책점은 2.63이었고, 그의 성공은 득점 지원 때문만은 아니었다.) 그리고 좋은 팀의 일원이었죠. 플로리다에 있었던 시절을 되돌아 봤을 때 내가 그곳에서 많은 기회를 가졌던 것이 얼마나 큰 행운이었는지 깨달았습니다."

만약 윌리스가 22승을 거둔 시즌 이후로 그의 야구 성적이 이전과 다르게 전혀 다른 방향으로 간 것에 대해서 억울해했다면 그는 노퍽의 클럽하우스의 중앙에 앉아 있는 모습을 보여주지 못했을 것이다. 그는 쉽게 말했다. 플로리다에서 나온 이후 맞이했던 5시즌 동안의 사투에 대해서 행복하게 이야기하였다.

그가 비록 2006년과 2007년에 납득이 갈 정도로 잘하기는 했지만 그의 승수와 평균 자책점은 2005년에 근접하지는 못했었다. 2008년 시즌 전에, 마린스는 연봉 총액을 낮추기 위해 그를 미겔 카브레라와 함께 디트로이트로 보내는 블록버스터급 트레이드를 단행했다. 마린스는 카브레라와 윌리스를 6명의 낮은 연봉 유망주들로 바꾸었다. (윌리스는 그 전년도에 645만 달러를 받았었다.) 그가 2007년에 10승 15패를 기록했지만 타이거즈는 그가 앞으로 더 잘 던질 수 있을 것이라고 믿었다. 그는 아직 25세였고, 그는 이미 메이저리그에서 68승을 거두고 있었다. 타이거즈는 윌리스와 3년간 2,900만 달러의 계약을 채결했다.

그러나 그 계약은 거의 실적이 없었다.

윌리스는 2년 반 동안 타이거즈에서 투구를 했다. 그 시간 동안 그는 2승을 거두었고, 그것은 타이거즈에서 1승당 1,450만 달러를 지불했다는 것을 의미했다. 그는 부상과 싸웠고 방탕함과 싸웠다. 그리고 불면증에 시달리며 그를 두 번이나 부상자 명단에 오르게 했다. 윌리스는 하룻밤 사이에 스타에서 미스터리로 전락했다.

타이거즈는 마침내 2010년 6월에 그를 포기하고 애리조나 다이아몬드백스로 트레이드했다. 애리조나에서 방출되기 전에 그는 6주를 보냈었다. 그리고 자이언츠와 계약을 하고 시즌 종료 후 타이거즈와의 계약이 만료되고, 신시내티 레즈와 계약하였다. 그는 2011년 루이스 빌에서 시즌을 시작하였고 7월에 메이저리그로 올라갈 수 있을 만큼 호투하였다.

"솔직하게 말씀드려서 제가 야구를 하는 동안 최고의 순간들이 있었습니다." 그는 말했다.

"나는 월드시리즈 챔피언의 일부였고 한 시즌에 20승 이상을 거두었습니다. 나는 많은 연봉을 받았지요. 이 모든 것들이 내가 신시내티에 올라간 것보다 더 의미가 있는지 확실하지 않습니다."

"그것에 대해서 생각해봤는데 그 이유는 아주 간단했습니다. 그 이유는 그것이 아주 어려웠기 때문입니다. 아주 오랜 시간 동안 나는 야구가 쉬웠습니다. 나는 21세에 메이저리그에 진출했습니다. 그리고 올해의 신인상을 받았습니다." 그는 미소 지었다. "젠장, 나는 심지어 타격도 잘했어요."

"그리고 이것은 매우 어려워졌습니다. 나는 홈플레이트 너머로 공을 던지지 못했습니다. 더 이상 사람들의 관심을 모으지 못했어요. 나는 건강하게 몸을 유지 못했고 더 이상 메이저리그에 머물지 못했습니다. 내가 메이저리그에서 공을 던질 수 있다고 생각하는 어느 지점까지 나를 되돌리기 위해 노력해야만 했습니다. 클럽하우스의 모두가 나를 둘러싸고 축하해 주었을 때, 나는 울고 말았죠. 그것이 저에게는 더 큰 의미였습니다."

"내가 신시내티에 갔을 때, 조이 보토는 나의 로커로 와준 첫 인물이었습니다. 그는 "이렇게 돌아오니 너무 환상적인 기분이 들지 않아?"라고 말했어요. 나는 그저 웃었죠. 그러자 그는 "아니야, 나는 지금 진지해. 어떻게 이렇게 할 수 있었던 거야? 나는 네가 해왔던 힘든 노력들을 상상할 수조차 없어."라고 말했습니다."

남은 2011년 후반기 시즌 동안 윌리스는 레즈에서 특별한 활약을 하지 못했다. 그는 1승 6패에 5.00의 평균 자책점을 기록하였다. 그러나 그는 13번의 선발 경기를 하는 동안 충분히 계속 공을 던질 수 있었다. 그리하여 투수진의 깊이를 끊임없이 넓히기 원하는 필리스와 2012년 시즌 전에 계약을 맺을 수 있었다. 그가 2012년 스프링캠프에서 메이저리그에 잔류하지 못했을 때 윌리스는 스콧 포드세드닉이 겪었던 똑같은 딜레마에 직면했다. 마이너리그로 가서 다시 메이저리그에 도전할 것인가, 은퇴를 할 것인가의 기로에 섰다. 그의 딸들은 5세, 3세, 그리고 1세였다. 집은 그에게 오라고 손짓을 하고 있었다. 필리스는 그를 방출하였고 그는 그가 유니폼을 벗는 마지막 시간일 것이라고 생각했었다.

"나는 집에 있는 것이 즐거웠어요." 그는 말했다. "그러나 나는 다른 사람들과 같았습니다. 그 욕구는 그냥 사라지지 않았습니다. 나는 내가 기억을 가지고 있는 동안만큼 운동을 했었고 항상 잘해 왔어요. '나는 집으로 가서 가족들과 시간을 보내야 해.'라는 소리가 아주 좋게 들리는 만큼 그것은 쉬운 일이 아니었습니다."

그것이 오리올스가 그에게 전화를 해 혹시 그가 노퍽에 가기를 원하는지 물었을 때 그는 그렇다고 대답을 한 이유였다. 그는 볼티모어가 선발투수가 필요하다는 것을 알았고, 그는 꽤 빠르게 메이저리그로 갈 수 있는 기회를 잡을 수 있다고 생각했다.

그러나 일이 그렇게 잘 진행되지는 않았었다. 계약을 시작할 때에 오리올스는 그와 중간 계투로 계약을 하는 것을 염두에 두고 있었다. 윌리스는 그가 선발로 나서야 한다고 생각했다. 윌리스는 중간 계투로 한 번 등판하였고 부상을 당해 한동안 집에 가 있었다. 그리고 그의 역할에 대해서 다시 협상을 한 후 노퍽으로 돌아왔다. 그는 마침내 선발투수가 되었다. 하지만 그는 2와 3분의 2이닝 동안 4실점을 하면서 일이 잘 풀리지 않았다. 6월 말에 누구도 그의 위치에 대해서 확실하게 말할 수 없었다. 존슨은 그에게 오늘 밤에 중간 계투로 나설 것이라고 이야기했다.

"아무것이나 상관없습니다." 그는 말했다. "나는 지금 어떻게 되든지 내가 맡은 이닝을 책임져야만 합니다."

그는 앉아 있던 자리에서 의자를 뒤로 뺐다. 그는 자기 삶의 대부분 동안 그래 왔듯이 야구공을 쥐고 있었다.

"나는 여전히 매일 야구장에 오는 것을 좋아합니다." 그는 말했다. "클럽하우스의 동료애를 좋아하고, 예전에 사람들 틈에 앉아서 전쟁 영웅담을 늘어놓듯이 나의 이야기를 하는 그런 종류의 사람이었고 그것이 그리 오래가지 않는 것을 지금은 이해합니다. 내가 메이저리그의 정점에 있었다고 말할 수 있고 그것은 참 기분 좋은 일이었습니다. 그러나 내가 그 시절로 돌아갈 수 없고 메이저리그에 올라가지 못한다는 것을 믿지 못하는 날이 왔을 때 나는 은퇴를 할 것입니다. 그것이 쉽지 않다는 것을 알고 있습니다. 하지만 내가 해야만 하는 일입니다."

그날 밤, 경기 전에 외야에서 하는 롱 토스가 끝나고 윌리스는 타이즈의 첫 번째 중간 계투 선수로 내정되었다. 그는 경기에 투입되지 않았다.

"나는 그가 다시 투구를 잘할 수 있는 기회를 가질 수 있을 것이라고 생각한다고 그에게 이야기해 주길 원합니다." 로센필드는 윌리스가 몸을 푸는 것을 보면서 이야기했다. "그러나 나는 더 이상 그렇게 할 수 없다고 생각합니다. 왜 그런지 그 이유를 말할 수는 없지만 분명히 그렇습니다."

이틀 뒤, 윌리스는 로센필드가 맞다고 판단했다. 그는 은퇴를 하였다.

욕구가 있든지 없든지 이제는 다시 집으로 가야 할 시간이었다.

10

네이트 맥클라우스

돌아온 아이

타이즈는 카우보이 원숭이 로데오 쇼가 있던 저녁에 승리를 거두었다. 이동에 문제가 있었고 선발투수가 부족하였지만, 그들은 3대 1로 시러큐스를 앞서 나갔고 5대 3으로 승리하였다. 5명의 투수들이 8과 3분의 2이닝을 던졌다. 노퍽에 거대한 뇌우가 몰려왔기 때문에 9회의 마지막 아웃카운트는 필요하지 않았다. 심판들은 마지막 아웃카운트를 위해 최대한 선수들을 그라운드에 머물게 했었지만 그런 일은 일어나지 않았다. 그들은 경기를 끝내기 전에 30분 동안 혹시 비가 잦아들지 않을지 보며 기다렸다.

네이트 맥클라우스는 그날 저녁 3개의 안타와 2타점을 올리면서 타이즈의 수훈 선수가 됐다. 그날로 그의 타율은 0.205로 올랐다. 이것이 그렇게 대단하게 들리지 않을 정도로 한 달 전에 그가 있었던 곳에서부터의 긴 여정이었다.

말 그대로, 맥클라우스는 테네시의 녹스빌에 있었다. 직업적으로 그는 무직이었고, 트리플A에서 그 자신을 발견한 추락한 스타의 한 예시였다.

“나는 전화가 올 것이라고 믿었죠.” 그는 말했다. “그러나 그 전화가 오기 전까지 확신할 수 없었습니다.”

오랜 시간 동안 맥클라우스는 항상 승격만을 해왔었다. 미시간의 머스키곤에서 자라나 고등학교 2학년 시절부터 대학교와 프로팀의 관심을 받기 시작하였다. 그는 공을 맞히는 능력이 있었고, 고교 시절 180경기에서 179개의 도루를 기록할 만큼 스피드도 있었다. 그리고 그는 외야수로서 확실하게 빠른 움직임을 가지고 있었다. 오랜 시간 뉴욕 메츠에서 방송인으로 활동한 랄프 카이너는 그가 필라델피아 필리스의 중견수로 뛰며 8번의 골든 글러브를 수상한 개리 매덕스를 연상시킨다고 말했던 것을 사람들은 기억하고 있다. 카이너는 "지구의 3분의 2는 물로 덮여 있고 나머지 3분의 1은 개리 매덕스에 의해 덮여 있다."라고 표현하였다.

맥클라우스는 미시간대학에서 야구 하기를 원했고, 2000년 봄에 미시간대학교 울버린스가 되었다. 그것이 그가 봄에 아마추어 드래프트에서 25라운드에 피츠버그 파이어리츠에 뽑히기 전까지 다른 팀에서 그를 선택하지 않은 이유였다. 야구계의 모든 사람이 맥클라우스는 대학교를 갈 것이라고 알고 있었다. 파이어리츠는 늦은 순번의 지명권을 사용하지 않을 생각이었다. 결국, 그들은 그가 대학을 가더라도 잃을 것이 없다고 생각하여 그를 지명하였다.

그해 여름, 맥클라우스는 여러 곳에서 경기를 하였고 매번 파이어리츠에서 파견한 스카우트를 포함한 모든 스카우트들은 감탄의 탄성을 지어냈었다. 맥클라우스가 한 번 더 주목을 받은 후에 파이어리츠는 맥클라우스가 대학을 나오는 것에 대해 이야기를 꺼낼 수 있을 만큼의 큰돈을 제안하는 것이 가치 있는 일이라고 판단하였다.

"나는 등록까지 몇 주의 시간이 남아 있었습니다." 맥클라우스는 말했다. "내가 프로에 계약하는 것은 내가 원하는 것이 아니라는 것에 어떠한 의문도 없었습니다. 그때 파이어리츠가 제안을 들고 왔고 저는 그 제안을 들었습니다."

제안은 40만 달러의 계약금과 함께 만약 그가 어느 때이든 원하는 때에 대학을 간다면 학비를 보조해 주는 조건이었다. 맥클라우스는 이것을 그의 부모님에게 이야기했다. "좋은 소식은 부모님은 나의 결정을 존중해 주었다는 것입니다." 그는 말했다. "나의 최종 목표는 메이저리그에 가는 것이었습니다. 어떤 결정이 더 빠른 것인지 알 수 없었어요. 그러나 그것이 어떻게 되든지 내 앞에 큰돈이 있었습니다. 이것이 올바른 것이라고 생각했습니다."

맥클라우스는 5년 동안 마이너리그에서 차근차근 성장해 왔고, 2005년 23세의 나이로 메이저리그에 올라갔다. 2007년 그는 파이어리츠의 주전 중견수였고, 1년 뒤 팀의 유일한 올스타 게임 출전 선수가 되었다. 그리고 골든 글러브도 수상하였다.

"어떤 면에서는 모든 것이 좋았습니다." 그는 말했다. "나는 좋은 활약을 했었고 내가 항상 원하는 것을 할 수 있었습니다. 그러나 피츠버그에서 매일 지는 것은 힘든 일이었습니다. 심지어 팀이 경쟁에서 완전히 밀려 있을 때에도 매일 경기에 나가서 그 역할을 다하자고 스스로에게 말하고자 노력해야만 했습니다. 그러나 8월은 항상 힘들었어요. 우리는 이미 경쟁에서 멀어진 상태였고, 날씨는 더웠습니다. 야구장은 반 정도 차는 것이 최고의 상태였습니다. 그런 부분들 때문에 흥이 나지 않았습니다."

변화는 파이어리츠가 맥클라우스는 다가올 시즌에 자신의 연봉을 크게 늘릴 것이라는 것을 알게 된 2009년에 일어났다. 유망주 3명을 받으며 맥클라우스를 애틀란타 브레이브스에 트레이드시켰다. 이런 것들이 파이어리츠가 오랜 시간 성적이 나쁜 이유였다. 라인업의 좋은 선수들이 큰 계약을 앞두면 그 선수는 트레이드 되었다.

그러나 맥클라우스가 애틀란타로 간 이후에 지금까지도 완벽하게 이해할 수 없는 일들이 일어났다. 그는 여전히 훌륭한 외야수였다. 하지만 그의 타격 성적은 완전하게 떨어져 버렸다. 피츠버그에서 그의 올스타 시즌 동안 그는 0.276의 타율과 26개의 홈런, 94타점을 기록하였고 23개의 도루를 기록하였다. 2009년, 그는 20개의 홈런과 70타점을 기록하며 홈런 숫자에서는 여전히 괜찮았지만 그의 타율은 2푼이나 떨어졌다.

1년 뒤, 그는 제이슨 헤이워드와 외야에서 충돌을 하며 뇌진탕 증세를 보였다. 충돌 이후에 그는 경기 출전 횟수가 줄어들고 힘겨운 시간을 보냈음에도 불구하고 그 충돌이 성적 하락의 이유라고 주장하지 않았다.

"사실 문제는, 내가 무엇이 문제인지 알지 못한다는 것이었습니다." 그는 말했다. "나는 충돌 이전에도 타격에 힘겨워했어요. 이 문제의 원인이 어딘가에 있다는 것을 알고 있었지만, 그것을 어떻게 찾아서 해결할 수 없다는 것이 나를 좌절하게 만들었습니다.

이런 것이 야구였습니다. 특히 타격에서는 더욱 그랬죠. 열심히 노력하여서 겨우 약간의 수정을 할 수 있었어요. 그런데 그것이 통하지 않으면 또 다른 수정 작업을 해야 했습니다. 그다음에 6번의 다른 수정 작업을 거친 것을 알았고, 그 스윙이 한창 잘할 때의 스윙과 같은 점이 없다면 공을 정상적으로 칠 수 없었습니다."

"만약 부상과 같은 것을 지적하며 그것 때문이라고 말하는 것은 쉬운 일입니다. 왜냐하면, 정답을 알고 있기 때문이죠. 그렇지만 그 문제가 하나의 원인이 아닐 때 부상이 끝나고 나서 다시 잘하지 못하면 더 많은 시간을 그 문제에 대해 고민하는 데 쓸 것입니다."

브레이브스는 맥클라우스가 부담에서 벗어나도록 8월 몇 주간 그윈넷으로 보냈고 그의 스윙에 대한 문제점을 찾을 기회를 주었다. 그는 9월에 돌아왔고 얼마 동안 맹활약을 했다. 그리고 서서히 여름의 그의 모습으로 돌아왔다. 바비 콕스 감독이 그를 10월에 포스트시즌 로스터에 포함시켰을 때, 맥클라우스는 그가 25명 중 한 명으로 자신의 이름이 올라와 있는 것에 놀랐다.

"피츠버그에서의 모든 시간들 이후에, 포스트시즌에 유니폼을 입는다는 것은 멋진 일이었습니다." 그는 말했다.

"나는 솔직히 내가 해온 경기력으로 포스트시즌 로스터에 들어갈 것이라고 생각하지 못했습니다. 그저 내가 해온 것보다 좀 더 강렬한 활약을 하길 바라고 있었습니다."

콕스는 맥클라우스의 수비 때문에 그를 로스터에 늘 포함시켰었다. 그리고 대수비로 3경기에 출전하게 했다. 그는 2번의 타석에서 하나의 안타를 쳤지만 브레이브스는 디비전 시리즈에서 자이언츠에게 4경기 만에 패배하고 말았다.

2011년에 그의 경기력은 부상에 의해 영향을 받았다. 그는 3번 부상자 명단에 오르며 0.228의 타율을 기록하였다. 브레이브스는 시즌이 끝나고 그를 방출하였고, 파이어리츠는 그에게 피츠버그에 돌아올 수 있는 기회를 제안하였다. 그때 파이어리츠는 올스타 중견수인 앤드류 맥커친을 보유하고 있었지만 맥클라우스는 야구 선수로서 가장 성공적이었던 장소로 돌아가 그 자신을 위해 플레이할 시간이라고 생각했다.

"이치에 맞는 일이었습니다." 그는 말했다. "나는 그 구단을 알았고, 내가 있었던 시절보다 더 좋아져 보였습니다. 출전 시간을 보장받기 위해 스프링캠프에서 좋은 활약을 해야만 한다는 것을 알았지만, 그런 것들은 괜찮았었습니다."

그는 스프링캠프에서 백업 외야수로서 메이저리그에 갈 수 있을 만큼 괜찮은 모습을 보여주었다. 그렇지만 그의 방망이는 버펄로의 봄보다 더 얼어 있었다. 그는 한 경기를 뛰고 그다음 경기에 출전하지 않는 것에 익숙하지 않았다. 그리고 그는 배팅 감각을 찾을 수 없었다. "만약 내가 스프링캠프에서 한 번이라도 배팅 리듬이 맞는다면, 나는 시즌이 시작되기 전에 그것을 잊어버렸습니다. 나는 불평하지 않았어요. 내가 구단과 계약을 할 때 나에게 주어진 시간을 알고 있었거든요. 그때 내가 공을 쳤을 때 그 공은 마치 누군가에게 바로 가는 것처럼 보였습니다." 그는 웃었다. "물론 이런 것들은 잘 안 풀릴 때 모든 선수들이 하는 말입니다."

그것은 사실이었다. 템파베이 레이스의 포수 크리스 히메네즈는 2012년 시즌 대부분을 템파와 더럼 사이에서 정착했었다. 더럼으로 내려갔던 7월 이후, 그는 더그아웃에 앉아서 이야기했다. "나는 메이저리그에서 정말 힘들게 0.190을 쳤었다고 이야기하고 싶습니다. 하지만 정직한 얼굴로 그렇게 이야기할 수 없습니다."

기록표에 빗맞은 안타와 잘 맞은 라인드라이브 안타는 똑같이 보이고, 잘 맞은 라인드라이브 아웃은 내야 플라이와 같다. 결국에 숫자는 거짓말을 하지 않는다. 5월 말, 맥클라우스는 0.140의 타율을 기록하였고 그것이 정말 힘들게 만들어 낸 0.140인가는 문제가 아니었다. "사실 힘들게 만들어 낸 0.140은 없습니다." 그는 웃으며 말했다.

파이어리츠 감독 클린트 허들이 메모리얼 데이 이전에 그를 사무실로 불렀을 때, 이것은 웃을 일이 아니게 되었다. 맥클라우스는 어떤 일이 다가올지 알고 있었다. 허들은 두 가지 옵션을 제시했다. 그는 인디애나폴리스에 있는 트리플A팀으로 갈 수 있었고 그곳에서 정규 멤버로 뛰면서 그의 타격 문제를 해결하도록 노력하는 것이었다. 솔직하게, 허들은 그가 마이너리그에서 얼마나 많이 타석에 들어설 수 있는지 약속할 수 없었다. 왜냐하면, 파이어리츠는 배팅 기회가 필요한 유망주들이 있었기 때문이다. 두 번째 옵션은 그를 방출하고 더 나은 조건을 만들 수 있는 장소를 그가 찾을 수 있도록 하는 것이었다.

맥클라우스는 허들에게 하룻밤의 고민할 시간을 가질 수 있는지 물었다. 그가 이것에 대해서 생각할 때 답은 쉬웠다. 그는 타석에 들어설 기회가 더 많은 곳으로 가는 것이 필요했다. 그는 그곳이 어디인지 확신할 수 없었다. 그러나 그 순간 그것이 문제라면 파이어리츠나 인디애나폴리스에서는 할 수 없었다.

다음 날, 그는 허들을 보기 위해 돌아왔고 자신을 방출해줄 것을 요청했다. 허들은 그리 놀라지 않았다. 선수들은 경기에 나서기를 원한다는 것을 알고 있기 때문이다. 맥클라우스도 모두와 같은 그런 선수였다. 허들은 그가 잘해 나가길 바랐고 그는 그의 로커를 비웠다.

"그다음 주는 고문이었습니다." 맥클라우스는 이야기했다. "만약 다른 곳으로 갈 수 있는 기회를 가지면 어떻게 할지 고민이었습니다. 나는 30세였고 생각은 이미 마음에 자리 잡고 있었습니다."

한 사람의 안 좋은 부상은 다른 누군가에게는 좋은 부상이었다. 이 경우에는 맥클라우스에게 좋은 부상이 되었다. 닉 마카키스의 오른 손목이 부러졌다. 이 일은 맥클라우스를 필요로 하는 기회가 온 것이었다. 오리올스가 6월 초에 마카키스를 부상자 명단에 올리고 빌 홀을 오리올스의 벤치 멤버로 승격시키면서 그들은 노퍽과 계약할 누군가가 필요했다.

맥클라우스의 에이전트 마이크 니코테라는 노퍽에서 맥클라우스의 자리에 대한 제안을 받았다. 집에서 10일을 보낸 후, 맥클라우스는 노퍽으로 갔다. 좋은 소식은 그가 그곳으로 갔을 때 론 존슨 감독은 그를 정규 라인업에 넣었다는 것이다. 나쁜 소식은 그의 방망이는 여전히 달궈지지 않았다는 것이다. 그는 3안타 2타점을 기록한 카우보이 원숭이 로데오 나이트에서의 경기력이 시작이기를 바랐다.

"재밌는 경기였습니다." 그는 뒤늦게 말했다. "오후 4시 55분에 우리는 필라델피아로 향하는 길에 앉아 있었고, 나는 우리가 노퍽에 가서 경기를 할 수 있을 거라고 생각하지 못했어요. 그런데 우리는 이곳에 도착하였고, 나는 3개의 안타를 쳤습니다. 그리고 우리는 이겼어요. 아마도 이것은 어떤 징조일 수 있습니다. 아마도 내가 어디론가 갈 수 있는 징조일 수 있습니다." 뇌우가 몰아치고 자정 한 시간 전에 멈춘 경기에서 론 존슨이 알았던 모든 것은 그가 전혀 기대하지 않았었던 팀의 승리였다.

"지금 내가 원하는 모든 것은 집으로 돌아가서 잠을 자는 것뿐입니다." 그는 말했다. "만약 심판이 경기를 중단시키지 않았더라면, 나는 그곳으로 가서 그들을 위해 경기를 멈췄을 겁니다."

길고 무덥고 비가 몰아치는 노퍽의 밤이었다. 시위대와는 어떤 사고도 일어나지 않았다. 쇼에 동원된 동물들은 외야에서 그들이 무사히 행사를 마친 것을 즐거워했다.

11

엘라튼

여전히 한 발짝 떨어져 있는

트리플A 리그의 시즌 리듬은 메이저리그의 시즌 리듬과는 많이 다르다. 메이저리그에서는 안정성이 성공의 열쇠이다. 부상이나 경기력 저하로 인한 로스터 변화가 적은 팀들이 대부분의 시즌 동안 더 나은 성적을 내는 팀이 된다.

많은 선수가 장기 계약을 할 때에 트레이드 거부권을 포함한다. 이 권리로 선수들은 자신들이 어느 곳에서 운동을 하는지 확실하게 알게 되고 클럽하우스를 옮기지 않아도 된다는 안정감을 느낄 수 있다. 수년 동안 사람들이 뉴욕 양키스의 클럽하우스에 들어가면 조만간 그곳에 데릭 지터, 호세 포사다, 마리아노 리베라와 앤디 페티트가 올 것이라는 것을 알 수 있었다. 그들은 그곳에서 안정감을 가지고 보이는 것들에 대해서 평온하게 이야기를 할 것이다.

트리플A에서는 평온이라고는 찾아볼 수 없다. 트리플A 클럽하우스에서 편안함을 느끼는 사람은 없다. 트리플A 클럽하우스 안의 공기는 다르게 느껴지는데 그것은 매일 다른 사람이 내뱉는 공기로 가득 차 있기 때문이다. 선수들은 날마다 트리플A의 클럽하우스를 오고 간다. 어떤 선수는 메이저리그에 올라가고, 다른 선수는 트레이드를 당하고, 또 다른 선수는 더블A로 내려가고, 방출되기도 한다.

"트리플A에서 누군가와 정말 친해지기 힘든 이유가 2가지 있습니다."

2012 시즌을 리하이밸리에서 시작하는 투수 팻 미치가 말했다. "첫 번째로 이 리그에 있다는 것이 편한 일이 아니라는 것이고, 두 번째로 월요일에 함께 저녁을 먹은 친구가 화요일에 쉽게 떠나 버린다는 겁니다."

거기에는 또 다른 이유가 있었다. 트리플A에서는 동료가 곧 경쟁 상대이기 때문이다. 선발투수가 등판하여 좋은 투구를 보여주면 그것은 팀에게는 좋은 일이지만 다른 선발투수에게는 그렇게 좋은 일만은 아닐 것이다. 왜냐하면, 좋은 투구를 보여준 선수가 구단이 매기는 서열에서 다른 선발투수를 밟고 올라가 앞서 나갈 수 있기 때문이다.

"듣기에 그렇게 좋은 소리는 아닙니다만, 사실입니다." 스콧 엘라튼은 말했다. "선수들은 자신의 동료들에 맞서지는 않습니다. 그렇지만 트리플A에서의 실상은 동료들은 경쟁 상대라는 것입니다. 모두들 자신이 속해 있는 메이저리그 구단이 어떻게 돌아가는지 주시하고 있습니다. 사실 메이저리그의 30개 팀을 모두 주시하고 있지요. 그것은 어떤 선수가 부상을 당하거나 부진에 빠졌을 때, 그중 한 팀이 나를 스카우트할 수도 있기 때문입니다."

"클럽하우스에서 나와 같은 공간을 쓰고 내가 알고 좋아하는 선수가 메이저리그로 올라가면 나는 행복할까요? 아니면 그런 선수가 메이저리그의 다른 팀으로 트레이드 된다면요? 물론 기분은 좋을 겁니다. 하지만 그게 나였으면 하고 바라지 않을까요? 물론 그렇게 바랄 것입니다."

엘라튼은 찰리 마누엘이 리하이밸리로 가서 그에게 주문한 것들을 정확하게 해냈다. 그는 긍정적인 자세를 유지했고 시즌이 시작되고 좋은 투구를 보여주었다. 대부분의 많은 인터내셔널 리그 타자들은 이전에 그를 상대해본 적이 없었다. 2미터가 넘는 큰 키에서 모든 다리와 팔을 사용하는 그의 딜리버리에서 나오는 공은 그를 처음 상대하는 타자들에게 쉽지 않은 상대였다.

그는 시즌을 4승 무패로 시작하였고, 첫 7번의 등판에서 2.39의 평균 자책점을 기록하였다. 그는 5월 11일 루이스빌 배츠를 상대로 6이닝 1안타 무실점을 기록하며 팀의 4대 1의 승리를 이끌었다. 그날 패전 투수는 브렛 톰코였다. 브렛 톰코는 7이닝 3실점으로 호투하였지만 0승 4패에 평균 자책점도 3.55로 떨어졌다.

필리스의 투수 코치진은 전체 시즌을 운영하면서 부상 때문에 투수진에 많은 변화를 준다. 클리프 리가 4월에 부상자 명단에 올랐다. 엘라튼은 그때 자신이 메이저리그로 올라갈 것이라고 생각했었다. 엘라튼을 대신해서 필리스는 2007년에 1번으로 드래프트했었던 왼손 투수라는 이점이 있는 조 세이버리를 승격시켰다. 리가 회복되었을 때 세이버리는 리하이밸리로 돌아왔다. 5월 16일에 필리스의 5선발인 밴스 월리가 부상자 명단에 올랐다. 다시 세이버리가 메이저리그로 올라갔다. 세이버리는 27세로 엘라튼보다 젊었고 필리스는 그에게 많은 투자를 했었다. 5월 말에 로이 할러데이가 부상자 명단에 올랐을 때 필리스는 투수진은 그대로 유지하기로 결정하였고 할러데이의 빈자리에 포수를 승격시켰다.

이 모든 과정에서 엘라튼은 불평하지 않았다.

"구단은 나에게 이곳에서 공을 던질 수 있는 기회를 주었습니다." 그는 말했다. "저는 메이저리그에 가기를 원하고 우리 모두 그것을 원합니다. 하지만 내가 메이저리그에 못 간다고 해도 이곳에서 투구하는 것을 즐기고 있어요. 이번 시즌의 가장 만족스러운 부분은 내가 건강한 상태를 유지하고 있다는 것이죠. 제가 치러왔던 그 어떤 시즌보다 아주 길게 유지하고 있습니다."

엘라튼은 사실 바로 메이저리그에 진입할 만큼 재능을 가지고 있는 그런 선수였다. 그는 콜로라도의 동남부에 있는 작은 마을 라마에서 자랐다. 그리고 그의 고등학교에서 운동선수로서도 최고의 스타였다. 그는 미식축구, 농구, 그리고 야구 이렇게 모든 분야에서 두각을 나타냈었다. 부모님은 모두 학교 선생님이었고 그는 1994년 졸업식에서 고별사를 낭독했었다.

졸업반에 있을 때 그는 그가 제일 잘할 수 있는 운동으로 야구를 선택했고, 스탠퍼드대학교에 야구 장학생으로 가기로 했다. 그때 6월에 아마추어 드래프트가 다가왔다. 비록 엘라튼은 사람들에게 자신이 대학으로 갈 것이라고 이야기했음에도 불구하고 휴스턴은 그들의 첫 번째, 그리고 전체 25번째 지명으로 엘라튼을 선택했다.

드래프트 이후에 엘라튼은 조사를 하였다. 1라운드에 뽑힌 투수들 중에 대학에 진학해서 그들이 받았던 드래프트 순위를 높인 선수들이 없다는 것을 알게 됐다. 애스트로스는 75만 달러의 계약금에 미래에 대학을 진학할 때 등록금인 10만 달러를 더한 금액을 제시했다. 엘라튼은 그 제안을 받아들였고 버스에 올라타 마이너리그의 뒷길로 들어섰다.

그는 스테로이드가 지배한 약물의 시대에 마이너리그에 들어갔다. PED는 스타 선수들뿐만 아니라 더 좋은 효과를 낼 수 있다면 마이너리그 선수들도 그 약을 사용하였다. 이것은 메이저리그에서 뛰는 것과 마이너리그에서 뛰는 것의 차이를 만들어 냈다.

그때에는 1991년부터 커미셔너 페이 빈센트가 스테로이드를 금지하였음에도 불구하고 약물 테스트가 없었다. 그것은 마치 고속도로에 제한 속도를 정해 놓고 순찰을 해야 할 경찰을 고용하지 않은 것과 같은 일이었다.

엘라튼은 그의 주위에 확실하게 스테로이드를 복용하는 선수들을 봤었다. 그는 그들의 몸이 지난 시즌과 비교했을 때 확연하게 변화하는 것을 보았고, 그에게도 그것은 상당히 큰 유혹이었다.

"대부분의 선수가 비시즌 기간에 약을 사용했어요." 그는 말했다. "그들은 집에 가서 약을 마시고, '내가 운동을 하는 것의 성과가 빨리 나타나면 그 운동의 결과로 메이저리그에 갈 수 있어.' 이렇게 생각합니다. 이런 일들은 모두가 쉬쉬하는 일이죠. 이런 일들은 클럽하우스에 앉아서 사람들과 나누는 그런 이야깃거리가 아닙니다. 누구도 '저 선수가 약을 사용한 것 같지 않아?'라는 질문을 하지 않아요. 그냥 알고 있을 뿐이죠. 나는 그런 문제 때문에 선수들을 싫어하거나 하지 않았습니다. 그것은 단지 야구 선수라는 직업을 유지하고 그들의 경력을 늘려가고 싶은 노력 중의 하나라고 생각했어요. 나는 그 누구도 시기하지 않았습니다."

"지금은 약물 테스트를 하고 있기 때문에 예전과는 많이 다릅니다." 그는 말했다. "이제는 약물을 복용하는데 많은 위험이 따릅니다. 물론 아직 그 위험을 감수하더라도 약물을 하는 것이 더 나을 수도 있다고 생각하는 선수들도 있지만, 이제는 내가 마이너리그에 처음 갔을 때나 메이저리그에 올라간 초반 몇 해처럼 약물을 복용하는 모습을 볼 수 없습니다."

"저는 시골 지방에서 살았습니다. 내가 사는 동네에서 비시즌 동안 피트니스센터에 가서 그 약물을 복용하거나 어디서 구할 수 있는지 아는 많은 보디빌더를 볼 수 없었어요. 제 생각에는 많은 선수가 그런 식으로 접하게 됩니다. 그렇지만 저는 정말 약물을 하는 것에 대해서 한 번도 생각해 본 적이 없습니다."

그것도 그럴 것이, 적어도 엘라튼의 입단 초기에 그는 그런 보조적인 힘이 필요 없었다. 그의 능력은 충분했었다.

1998년 그는 메이저리그에 올라갔다. 1년 뒤 그는 첫 어깨 수술을 받았다. 2000년에 재활 후 실전 감각을 익히기 위해 마이너리그에서 시즌을 시작했고, 그는 애스트로가 72승 90패를 당하는 동안 17승 7패의 성적을 기록했다.

그러나 다음 시즌에 그의 어깨에 다시 통증이 생겼다. 그리고 그는 그 통증을 안고서 공을 던지려 했다. 애스트로스는 그를 콜로라도에 트레이드 보냈다. 그의 어깨는 계속 부상을 당했고, 그는 그 부상을 안고서 공을 던지려고 했었다. 시즌이 끝났을 때 그의 평균 자책점은 7.06이 되었고 그는 어깨를 복원하는 수술을 받을 필요가 있었다. 그는 결국 2002년 시즌 전체를 날려 버렸다.

"지금 모든 것을 되돌아 봤을 때, 시간이라는 관점에서, 나에게 일어난 많은 일이 내가 성숙하지 못해서 일어난 일들이라는 것을 알고 있어요." 그는 말했다. "처음 수술을 받을 때까지 내가 성숙했다고 생각하지 않습니다."

"나는 메이저리그의 삶을 살았습니다. 그리고 그것을 즐겼죠. 나는 젊었고 돈도 있었고 이 모든 것을 즐겼습니다."

"나는 몇 가지 나쁜 선택을 했었습니다. 제 어깨에 통증이 생기기 시작했을 때 이렇게 심각하게 안 좋아질 것이라고 생각하지 않았어요. 심지어 처음 어깨 수술을 받고 나서도 그렇게 생각했습니다. 제가 아주 어렸을 때부터 공을 던지고 나면 어깨에 통증이 있었습니다. 그리고 지금이 그때보다 조금 더 아픈 것이라고 생각했죠. 나는 메이저리그 타자들을 상대로 공을 던지는데 조금 더 큰 통증은 예상했었기 때문입니다."

"나는 그 통증과 싸워야 했습니다. 그리고 제가 수술을 받을 때, 항상 너무 빠르게 복귀하려고 했었어요. 내가 공을 던질 준비가 되어 있다는 것이 제 마음을 안정시켜 주었습니다. 그렇지만 준비가 되어 있지 않았어요. 나는 복귀했지만 난타를 당했습니다. 제 몸을 완벽한 상태로 만들지 못했고, 그로 인해 나의 투구는 최악이었죠."

로키스는 그의 평균 자책점이 9.80까지 치솟은 이후에 2004년 시즌 중반 그를 방출했다. 인디언스가 그를 데리고 왔다. 그는 2000년 시즌 이래로 가장 건강한 상태로 최고의 해를 보냈다. 2005년 시즌에 그는 확실히 나아진 모습을 보여주며 11승 9패, 4.61의 평균 자책점을 기록하였다. 그러나 2006년 로열스와 계약을 하고 나서 그의 어깨는 다시 문제를 일으켰고 2007년 시즌 중반에 다시 방출을 당했다. 인디언스는 2008년에 그에게 또 다른 기회를 잠시 주었다. 그것은 그가 방출을 당하고 나서 이제는 모든 것을 그만두고 집으로 돌아가야겠다고 선택한 7월 이후에 일어났다.

"나에게는 두 명의 아이가 있어요." 그는 말했다. "모든 것이 안 좋았죠. 투구는 형편없었고 그렇다고 다시 마이너리그로 돌아가는 것도 원하지 않았습니다. 나에게는 돈이 있었어요.(2005년 인디언스에서의 좋은 활약으로 그는 2년간 800만 달러의 계약을 로열스와 맺었었다.) 2010년에 화이트삭스가 잠시 나에게 기회를 주려 했었지만 나의 투구는 끔찍한 정도였고 그래서 그때 은퇴를 결심하게 되었습니다."

그가 2008년에 클리브랜드에서 나오기 전에도 그는 술을 끊어야 한다는 것을 알고 있었다. 그의 부상과 좌절감이 자리 잡듯이 그는 술을 더 마시기 시작했다.

"제가 살아오면서 모든 것들을 조금씩은 다 해본 것 같아요." 그는 말했다. "누군가 지정을 하면 그것을 해봅니다. 그러나 주로 술을 마셨어요. 매일 아니면 온종일 술을 먹거나 그러진 않았습니다. 그러나 한번 먹기 시작하면 너무 많이 먹었죠. 그리고 술을 마시면 아주 빠르게 추해졌었습니다."

"제가 제정신으로 돌아와 보니, 많은 사람은 힘들고 바쁘게 살고 있었습니다. 그것을 바로 느낄 수 있었어요. 그런 느낌들은 술이 나를 완전히 잠식하기 전에 내가 알고 있는 꼭 해야 하는 일들을 지적해주었습니다. 제가 나쁜 남편과 아버지는 아니라고 생각해요. 하지만 제가 생각했던 일들을 하지 않으면 나의 마지막이 좋지 않을 거라는 것을 알고 있었습니다. 몸 상태가 그리 좋지 못했고, 제 자신에 대해서도 느낌이 아주 좋지 않았죠. 지금이 어떤 도움을 받을 시점이라고 생각했고, 그렇게 했습니다."

그는 30일 프로그램에 갔었지만, 그 프로그램에서 돌아왔어도 그는 여전히 술을 마셨다. 자신이 술을 먹지 않은 상태도, 야구도 컨트롤할 수 있다고 생각할 수 없었다. 그리고 야구에 대한 좌절감들까지 모든 것들이 그의 삶에 들어와 버렸다. 그는 화이트삭스가 그에게 잠시 동안 복귀하는 것에 대해서 이야기할 때 술에 취해 있지 않았다. "그때 음주는 문제가 아니었죠." 그는 웃으면서 말했다. "저의 투구가 문제였습니다."

그는 2010년 8주 동안 샬럿에서 8.24의 평균 자책점을 기록했다. 그의 어깨는 2년 전 인디언스를 나오기 전보다 더 상태가 안 좋았다. 그리고 그는 그가 다시 수술을 받아야 한다는 것을 알고 있었다. 그는 제이크와 운전을 하여 덴버에 가서 필리스에 있는 그의 오랜 친구들을 만났던 8월의 그날 이전까지 라마로 돌아가 있었던 것이 행복했었다.

엘라튼은 지금 앨런타운에서 아내 로리와 두 아들과 함께 여름을 지내기에 충분히 큰 아파트를 빌렸다. 비록 그들은 리하이밸리에 있었지만 장시간의 이동은 그에게 힘들었다.

"처음 6일 동안은 괜찮았어요." 그는 말했다. "7일이 되는 날부터 짜증을 내기 시작했습니다. 가족들에게서 떨어져야만 하는 내가 좋아하지 않는 삶의 어느 부분에 서 있었습니다."

8세가 된 제이크는 그의 아버지가 야구 선수라는 것을 알아챘고, 그리고 야구 선수들을 알게 됐다. 제이크는 엘라튼이 마지막 풀타임 메이저리그 선수였을 때 4세였다. 그리고 그의 좀 더 생생한 아버지에 대한 기억은 그들이 선수와 관중의 경계선 뒤에 서서 진짜 선수들의 타격 연습을 보던 8월의 오후에 덴버에서 아버지와 함께한 야구장 데이트였다.

"제이크에게 내가 유니폼을 입은 것을 보여주고 싶었고, 공을 던지고 싶었고, 가끔은 사람들의 관심도 받기를 원했죠. 나는 이 모든 것을 가치 있게 만들고 싶었어요." 엘라튼은 말했다. "아주 적어도 제이크가 나를 야구 선수로 기억할 것이라는 것은 알고 있습니다. 그것은 제이크가 어릴 적 야구를 하는 나에 대한 매우 불확실하거나 흐릿한 기억이 아니라는 것입니다. 제이크는 지금 야구 경기를 이해합니다. 그리고 야구를 좋아해요. 제이크는 나와 함께 야구장에 올 수 있다는 것이 매우 멋진 일이라고 생각합니다."

"제이크에게 메이저리그 경기장에서 메이저리그 유니폼을 입은 모습을 보여주고 싶어요. 하지만 솔직히 이곳에 있는 것도 좋습니다. 왜냐하면, 마이너리그는 메이저리그에 비해서 격식을 많이 따지지 않고, 제이크 역시 더 가까이에서 선수들과 있을 수 있기 때문입니다."

그는 미소 지었다. "물론 메이저리그에 올라갈 수 있는 시간이 온다면, 메이저리그의 그런 문제들은 마음에 두지 않을 것입니다."

5월에서 6월로 넘어가면서 엘라튼은 시즌 초반과 플로리다에서 보여줬던 마술과 같은 활약들이 줄어가기 시작했다. 몇 번의 등판에서 좋지 않은 투구를 하였고, 그로 인해 그의 평균 자책점은 조금 올랐다. 7월에도 여전히 그는 4.00 이하의 평균 자책점을 기록하고 있었다. 이것은 트리플 A에서 보편적으로 좋은 수치였다. 그러나 그는 그의 투구가 그가 해왔던 투구보다 좋지 않다는 것을 알고 있었다.

"나는 마운드에서 정신적인 실수를 만들고 있습니다." 그는 어느 날 밤에 이야기했다. "나는 대부분 내가 필요할 때 좋은 공을 던지지 못하고 있고, 시즌 초반에 했듯이 많은 이닝을 책임지지 못하고 있어요. 실망스러운 일입니다. 언젠가는 이런 슬럼프에서 빠져나오겠지만, 그 시간이 빨리 오길 희망합니다."

"마지막으로 확인해 봤는데, 나는 예전처럼 돌아갈 수 없습니다."

12

삶의 단편

줄무늬 유니폼의 여정

4월 5일 스크랜튼 윌크스배러 양키스가 그들의 시즌 첫 경기에 앞서 모였을 때 감독인 데이브 마일리는 선수들에게 새로운 해에 대하여 144번의 원정 경기를 핑계로 삼을 생각을 할 수도 있지만 자신에게는 통하지 않을 것이라 말했다.

"우리는 이런 것을 기대하고 계약한 것이 아니다." 그는 팀에게 말했다. "하지만 우리는 여기까지 왔고, 우리는 그냥 주저앉을 수도 있고, 사람들에게 우리가 도전하고 있다는 것을 보여주고 관심을 그쪽으로 환기시킬 수도 있다. 그것은 너희들에게 달렸다."

이러한 말들에 귀를 기울인 사람들이 있었는지 없었는지는 몰라도, 팀은 시작부터 탄탄한 경기를 펼쳤다.

"그것이 우리를 독특한 방식으로 단결하도록 했다고 생각합니다." 마일리는 팀이 리하이밸리와 포터킷과의 북부 지역 결승전을 치르게 되었을 때 말했다. "역경은 그런 것을 가능하게 합니다. 우리 모두는 둘 중 하나를 선택해야 했습니다. 주어진 상황을 그대로 받아들이고 성공하도록 노력하거나 징징거리다 실패하거나. 나는 뉴욕에 있는 누구도 '에구, 저

사람들 너무 힘들거야. 우린 저 사람들이 잘 못해도 응원해야지.'라는 식으로 말할 거라 생각하지 않습니다. 그리고 선수들도 그것을 알고 있었습니다."

"매년 봄 우리가 북쪽으로 가기 전에 항상 선수들을 모아놓고 말합니다. '잘들어, 여기 있는 사람들 중 더 큰 무대, 메이저리그에서 뛰고 싶지 않은 사람은 없을 거야. 하지만 우리가 있는 곳은 마이너리그야. 적어도 지금 이 순간엔.' 올 봄에는 선수들에게 내가 더 적게 말하거나 생각할수록 우리 모두에게 더 나을 것이라고 생각한다는 뜻을 전하기 위해 내 연설을 조금 바꿨어요. 나는 그것에 대해 한 번만 언급했고 그 후로는 거론하지 않았죠. 운이 좋게도 그럴 필요가 없었습니다."

그는 미소를 띠었다. "물론 그것은 당신이 미리 준비한다고 해서 될 수 있는 종류의 일은 아니에요. 그냥 일어나는 대로 받아들여야 합니다."

개막일 이틀 전에 마일리는 50세가 되었다. 아마 그는 인터내셔널 리그의 어떤 감독들보다 삶을 있는 그대로 받아들여야 한다는 것을 배웠다. 좋은 일이나, 안 좋은 일이나, 비극일지라도.

탬파에서 자랐고, 1980년에는 레즈(Reds)의 2번 픽이였던 그는 고등학교를 갓 졸업했을 때 아주 유망한 선수 후보였다. 어렸을 때 탬파에서 훈련받았고 레즈가 가장 좋아하는 팀인 그는 마이애미대학에 장학금을 받고 갈 수 있었지만, 그 선택을 뒤로하고 레즈와 계약을 맺었다.

고등학교 졸업 후 2년간 그는 무릎이 파열되어 더 이상 이전과 같은 능력을 발휘할 수 없었다. 7년간 마이너리그팀을 전전하였지만 메이저로 입성할 수 없었다. 1988년 레즈에서 그에게 그린스보로 호넷츠의 감독 자리를 제안하였을 때, 선수로서보다는 감독으로서 메이저리그 입성이 더 가능성이 높다고 생각하고 그 제안을 받아들였다.

그의 판단은 옳았다. 1993년이 되었을 때 그는 레즈의 벤치 코치였고, 마이너로 돌아가기 전까지 장래의 메이저리그 감독으로 성장하는 듯했다. 그는 루이스빌에서 4년간 감독을 맡으며 2001년 주지사 컵(Governor's cup)에서 우승하였다. 2년 후 그 시즌의 후반기 때 레즈가 총감독인 짐 보덴과 감독 밥 분의 해고 결정을 내렸을 때, 그는 루이스빌에서 레즈의 감독으로 승진하였다.

레즈의 감독이 되었을 때 마일리는 아직 41세였고 최고의 선수 대부분을 트레이드로 전출시킨 상태의 젊은 선수들로 구성된 팀을 물려받았다. 문제는 팀 재건에 참여하는 동안 감독은 그것이 아직 과정일지라도 이미 사람들에게 평가를 받는다는 것이었다. 2005년의 중간쯤 되었을 때 적은 연봉에 베테랑 선수도 거의 없는 상태에서 125승 164패의 기록으로 마일리는 해고되었다.

"원래 그런 게 야구입니다." 그는 어느 오후 앨런타운의 작은 원정 감독실에 앉아서 대수롭지 않다는 듯 어깨를 살짝 들썩이며 말했다. 그의 한 손에는 야구방망이가 들려 있었다. 그를 방문하는 사람은 바닥에 앉았다. 마일리는 언론에 언제나 친절했고 말하기를 거부하지는 않았으나, 그렇다고 해서 언론을 썩 좋아하는 것도 아니었다.

그 이유 중 하나는 25년간 함께한 단체인 레즈에서 해고된 것은, 그의 삶에서 일어난 일 중 최악의 일에 비하면 견딜 만한 것이었다. 그는 2006년 양키스에 고용되어 콜럼버스에서 그들의 트리플A팀의 감독을 맡았고, 일 년 후 스크랜튼 윌크스배리로 옮겼다.

2008년 5월, 양키스가 홈경기를 하고 있을 때 마일리는 한 통의 전화를 받았다. 마일리도 28년 전에 졸업한 탬파에 있는 고등학교에서 갓 졸업한 그의 17세된 아들 코디가 교통사고로 사망했다는 것이었다. 현재까지도 마일리는 코디에 대해 이야기하는 것을 힘들어하고, 그는 (충격으로 인해) 솔직히 그때의 일이 자세히 기억이 나질 않는다고 한다.

"그 일은 약간 희미해요." 그는 조용히 말했다.

그에게는 커트니라는 딸도 있고, 12년 동안 두 번째 결혼을 행복하게 유지해 오고 있다. 야구는 그에게 도피처이다.

"다시 한 번 메이저리그에서 감독을 할 생각은 없냐는 질문을 항상 받습니다." 그는 말했다. "물론 그러고 싶기도 하지만, 지금 내가 하고 있는 일이 좋아요. 매일 유니폼을 입으면서 월급을 받는 것이 행복합니다. 젊은 선수들과 일하며 그들이 도약하는 것을 돕는 것이 좋구요. 선수를 불러서 그가 메이저로 올라간다는 소식을 전하는 것처럼 내게 행복한 일이 없습니다. 그런 순간들이 일의 묘미죠."

"특히 올해요. 왜냐하면, 이번에 메이저로 올라가는 선수는 정말 그럴 만한 자격이 있기 때문입니다."

더그 버니어가 데이브 마일리의 선수로 뛰는 것을 즐거워했던 만큼이나 그는 그가 2012 시즌 중에 그런 호출을 받게 될 것으로 생각지 못했다. 버니어가 프로야구 선수로 열 번째 풀 시즌에 탬파에서 트레이닝 중에 그 소식을 들었을 때 그는 31세였다. 그는 50라운드의 아마추어 드래프트 중에 뽑힐 수 있을 거라는 생각으로 2002년 오럴 로버츠대학을 졸업했다.

"그때까지 내가 인생에서 내린 결정들은 모두 야구를 위한 것이었습니다." 그는 말했다. "내가 더 어렸을 때 내가 미식축구나 농구를 하기엔 너무 키가 작다는 것을(약 175센티미터) 깨달았어요. 하지만 야구는 할 수 있었죠. 저는 투수를 잘했는데 고등학교 때 올스타 캠프에 갔을 때 주위를 둘러보니 내가 그곳에서 가장 키가 작은 투수였습니다. 키가 작고 오른손잡이라고 투수로 성공할 수 없거나 그런 건 아니지만 시속 140km로 공을 던지면 성공하기 어렵죠. 제가 그랬거든요. 그래서 저는 내야에 집중했습니다.

그는 오럴 로버츠에 진학을 결정하기 전에 그가 자란 샌 루이 오비스포에 있는 2년제 대학교에 진학하여 2년간 다녔다. 오럴 로버츠는 캘리포니아에서 자란 신앙심이 아주 깊은 것이 아닌 아이의 선택치고 특이한 선택이었다.

"그때까진 그런 곳이 있는지도 몰랐어요." 그는 말했다. "나는 그때 텍사스나 마이애미 같은 강팀들의 관심을 조금 받고 있었고 '와 기분 좋은데.'라고 생각했어요. 하지만 현실적으로 봤을 때 나는 그런 곳에서 뛸 것이 아니였죠. 오럴 로버츠 대학은 시설이 아주 좋았고, 당시 나는 캘리포니아를 벗어난다는 것이 좋았습니다."

"나는 거기 들어가기 전까지 그곳이 얼마나 다른 곳인지 잘 모르고 있었습니다." 그는 웃으며 말했다. "그곳에 처음으로 가서 캠퍼스 중앙에 있는 거대한 금빛의 손 모양의 조형물을 보았을 때 조금 식겁했어요. 그렇지만 야구에 관해서는 그 학교가 좋았고, 감독님과 선수들이 좋았습니다. 게다가 거기선 장학금도 받을 수 있었어요."

그가 수업에 처음 출석했을 때 그는 자신이 그 학교에 대하여 충분히 알지 못하고 있었다는 것을 깨달았다. 예를 들자면, 그가 대학생의 전형적 차림인 반바지에 티셔츠를 캐주얼하게 입고 첫 수업에 들어갔을 때, 그는 오럴 로버츠 학생은 수업에 반드시 넥타이를 매고 참석해야 한다는 설명을 들었다.

"나는 월마트에 가서 부착형 넥타이를 하나 사서 그곳에 다니는 2년간 매일 착용했습니다." 그는 말했다.

그는 좋은 경기를 펼쳤고 특히 졸업반 때 NCAA(미대학체육협회)의 지역 경기에서 선전하였기 때문에 그가 프로팀에 의해 드래프트 될 것이라고 생각했다. "뭐 스카우트들이 그들의 팀이 나를 뽑을 거라고 얘기하거나 그런 건 아니에요. 그런 일은 나에게 일어나지 않았습니다." 그는 말했다. "하지만 많은 스카우트들이 내가 경기를 잘하는 것을 봐왔어요. 비록 그들이 다른 선수들의 경기를 보러왔던 것이긴 하지만. 나는 그냥 막연히 나에게 기회가 올 것이라 생각했습니다."

그의 생각은 빗나갔다. 그는 이틀 동안 인터넷에서 선수들이 드래프트 되는 것을 지켜보았으나 다른 선수들의 이름들이 오르내리는 것만 보고 또 보았을 뿐 그의 이름은 어디에도 없었다. 아무도 그를 뽑지 않은 채 드래프트가 끝난 후, 그는 의자에 앉아 생각했다. "이제 난 어쩌지?" 일단 그는 고향으로 돌아갔다. 그리고 다른 옵션들에 대해 생각해 보기 시작했다. "솔직히 야구 말고는 내가 할 수 있는 것이 아무것도 없었어요." 그는 웃으며 말했다. "나는 그때까지 야구에 내 모든 것을 올인해 왔었어요. 학위(체육교육)는 있었지만, 내가 그걸로 뭘 할 수 있을지 아무 생각도 안 들었습니다."

"그것은 내게 굉장히 충격적이였죠. 나는 다섯 살 때부터 야구를 해왔어요. 야구가 내가 하는 일이었습니다. 그때, 아주 갑자기 모든 게 끝난 것처럼 느껴졌어요. 그런데 마음속 더 깊이에서는 나는 아직은 끝난 게 아니라는 생각도 있었어요. 가끔 내가 몇 년간이나 선수 생활을 하며 여전히 마이너리그에서 뛰는 것으로 낙담하게 될 때가 있는데, 그럴 때면 나는 당시 집에서 보냈던 시간들을 떠올리고 내가 아직도 경기에서 뛰고 있고, 야구를 하는 걸로 돈을 번다는 것이 얼마나 운이 좋은 것인지 상기하곤 합니다."

그가 대학 졸업 후 집으로 돌아가 3일째 되던 날 전화가 울렸다. "3일이 거의 석 달처럼 느껴졌었죠." 그는 말했다. 콜로라도 로키스가 그와 선발되지 않은 프리에이전트(undrafted free agent)로 계약을 맺는 것에 관심을 보여왔다. 한 달에 850달러에 보너스도 없는 조건이었다. "계약하죠." 버니어는 말했다.

선발이 아닌 프리에이전트의 삶은 특히 낮은 레벨의 마이너리그에서는 쉬운 것이 아니었다. 초반에 선발된 선수들은 그들의 팀에서 '프로스펙츠(prospects)'라는 이름으로 불리었다. 그들은 팀에 들어오자마자 기대를 받고 있어서 마치 '유망주'라고 적힌 사인을 입고 다니는 것 같았다.

"나 같은 선수가 경기에서 뛸 기회를 갖기 위해선 두 가지 일이 일어나야 합니다." 버니어는 말했다. "하나는 내가 유망주보다 훨씬 더 잘해서 팀에서 나를 써야만 하게 하는 겁니다. 그것은 쉬운 일이 아니에요. 왜냐면 팀에선 유망주에게 투자한 돈이 있기 때문에 팀은 그들이 투자한 선수에게서 무언가를 이끌어내고 싶을 것이기 때문이죠."

"더 가능성이 높은 것은 부상입니다. 누군가 다치면 나 같은 선수에게 기회가 옵니다. 아니면 어쩌면 누군가가 올라가게 되어 팀에서 그의 자리를 채울 기회를 주는 경우도 있어요."

버니어는 마이너리그 초반 시기를 주로 기회를 기다리는데 보냈다. "나는 내 루키 리그 팀(패스코, 워싱턴 주)에서 운이 좋았습니다. 왜냐하면, 그들은 제프 베이커라는 선수를 드래프트 했지만 그 선수가 계약을 하지 않았어요. 그것은 팀 내야에 3개의 자리에 유망주들을 배치했는데 3루가 비게 된 거죠. 덕분에 내가 가끔 경기에 나갈 수 있었고 꽤나 잘했습니다."

"모든 야구 조직은 토템 기둥이고 나 같은 선수들은 그것의 맨 밑이라는 것을 끊임없이 인식하게 됩니다. 제일 먼저 내쳐질 수 있지만, 첫 번째 기회를 뽑히는 일은 거의 없습니다."

정말로 처음 9년간은 어떤 레벨에서 경기를 하든, 버니어는 개막일 선두로 서 본 적이 없었다. 그는 항상 대기석에서 기다리는 사람이었다. 그렇지만 그는 절대 그러한 상황들 때문에 스스로를 괴롭게 하지 않았다. 그는 계속해서 정진했고 천천히 토템 기둥의 위로 올라가고 있었다. 2007년에 콜로라도 스프링의 트리플A에 갔을 때까지 에이전트를 고용할 생각도 하지 못했다.

"내가 대학생이나 고등학생처럼 생각했던 것 같아요." 그는 미소를 띠며 말했다. "내가 처음 계약할 때는 협상을 할 게 없었어요. 뭐 한 달에 850달러 대신 900달러라도 요구할 것도 아니고. 내가 콜로라도 스프링스에 갔을 때 메이저에서도 뛴 적 있는 두 명의 팀 동료들이 내 에이전트가 누구인지 물었습니다. 나는 에이전트가 없다고 말했어요. 그들은 '더그, 넌 더 이상 대학에 있는 게 아니야. 너 에이전트 있어야 해.'라고 말했죠. 그래서 팀 동료인 클린트의 에이전트와 계약을 하게 되었습니다."

그는 2007년 콜로라도 스프링스의 팀에 들어가게 되어서 정말 기뻤다. 감독인 톰 러넬스가 만일 필요 시에 1루를 맡을 수 있는지 그에게 물어봤을 때 그는 태어나서 한 번도 1루를 맡아본 적이 없음에도 불구하고 "물론이죠."라고 대답했다. 러넬스는 더블A에서도 버니어의 감독을 맡았었는데, 그는 그의 팀을 위해서라면 무엇이든 하려는 의지 덕분에 감독이 제일 아끼는 선수 중 하나가 되었다.

"그는 나에게 항상 말했어요. '구단에서 너의 어떤 가능성을 보고 뽑았는지는 모르겠지만 어쨌든 여기 왔으니 가서 최선을 다하게.' 2005년 그가 날 처음으로 라인업에 넣었을 때 내가 안타를 4개 쳤어요. 아마도 그가

| 버니어

그걸 기억한 것 같아요."

버니어는 콜로라도 스프링스에서 그의 두 번째 시즌이었을 때 그의 연봉은 급상승하여 당시 메이저리그 40인 명단에 올라 있지 않은 선수가 받을 수 있는 최고 금액인 한 달에 2,100달러를 받았다.

"봐요, 내 연봉이 3배나 뛰었잖아요." 그는 웃으며 말했다. "나는 그게 꽤 괜찮다고 생각했어요."

어느 날 아침 팀이 투손(Tucson)에 있을 때, 러넬스가 클럽하우스에 와서 버니어에게 그의 사무실로 오라고 했다.

버니어는 그동안 좋은 경기를 펼쳤지만, 자신의 이력과 이제 27세이고 여전히 소모용 선수라는 점이 그를 약간 불안하게 만들었다. 그의 마음을 읽었는지 러넬스는 말했다. "별거 아니야. 그냥 자네와 방어 조정에 대한 이야기하고 싶을 뿐이네."

버니어는 러넬스를 따라 그의 사무실로 갔는데 팀의 코치도 사무실에 있는 것에 놀랐다. 그들이 그냥 수비에 대하여 이야기할 거라면 다른 내야수들도 와야 하지 않겠는가?

버니어가 자리에 앉을 때 러넬스는 갑자기 환하게 웃었다. 그리고 그는 드디어 그 말을 하였다. "자네가 올라가게 되었네." 버니어는 깜짝 놀랐다. 그는 로키스의 선발 유격수인 트로이 툴로위츠키가 부상자 명단에 있고 돌아오려면 아직도 며칠이 남았다는 것을 알고 있었다. 그러나 그는 포수인 요르빗 토릴바가 다저스의 맷 켐프와 싸움을 해서 징계를 받았다는 것은 미처 알지 못했었다. 따라서 팀은 며칠간 여분의 타자가 필요했고 그들의 선택은 버니어였다.

"톰 감독에게 그 말을 들었을 때 솔직히 정말 어쩔 줄을 몰랐습니다." 버니어는 말했다.

"그가 나에게 '이만 갈 준비해야지.'라고 말할 때까지 그가 한 말을 실감하지 못하고 있었어요. 클럽하우스에 있는 모두가 나를 축하해준 게 기억에 남아요. 난 그게 그냥 단지 며칠만 가는 것뿐인 것을 알고 있었지만 그게 중요하진 않았습니다."

"덴버에 도착해서 클럽하우스에 들어갔을 때 내가 처음 본 사람은(거의 명예의 전당에 오를 만한) 토드 헬튼이었습니다. 그가 와서 나에게 팔을 두르고, '더기, 반가워!'라고 말했어요. 그게 나에게 어떤 의미인지 그가 이해하고 있어서 기뻤죠."

도착한 첫날밤에 그를 수비 대체로 기용한 (당시)감독이었던 클린트 허들도 마찬가지였다. 그리고 이틀 후 툴로위츠키가 조만간 부상을 회복할 것을 알았지만, 버니어를 선발로 기용했다.

"모든 것이 꿈만 같았습니다." 그는 말했다. "나는 그 순간 모든 것을 만끽하려 했어요. 그게 오래가지 않을 것이라는 것을 알았으니까요. 툴로는 이미 클럽하우스에서 타자 연습을 하고 있었고 거의 준비가 되어 있었습니다. 나는 기죽지 않았어요. 적어도 내 생각에는요. 그건 그냥 야구장이었을 뿐이에요. 하지만 다른 모든 것은 달랐어요. 클럽하우스의 크기, 스타디움의 크기, 그리고 소음. 가끔 마이너에서 경기를 할 때는 경기 중에 조명의 웅웅거리는 소리가 들릴 정도입니다. 메이저에서는 아니죠."

버니어는 첫 게임에서 4타수 무안타를 기록했다. 그가 안타에 가장 가깝게 친 볼은 좌익으로 날라가 클리블랜드의 유격수 죠니 퍼랠타가 처리했다. 그는 2루에서는 흠잡을 데 없는 경기를 펼쳤다. 경기를 마쳤을 때 허들은 그에게 툴로위츠키가 내일 출전할 것이고, 그는 콜로라도 스프링스로 돌아가면 된다고 말했다. 그리고 그는 그렇게 했다. 딱 하나의 후회와 함께.

"내가 그때 안타를 하나만 쳤으면 했는데." 그는 말했다. "그러나 그냥 거기에서 그 유니폼을 입고 그 필드에서 뛰기만 했죠. 나는 스스로에게 많은 가능성을 뚫고 아무에게도 드래프트 되지 않았던 시절을 거쳐 메이저리그 경기에 참가하기까지 먼 길을 왔다는 것을 상기했습니다."

그날 경기장을 나서면서 버니어는 다음 날 징계가 끝나는 토릴바와 마주쳤다. "나는 그를 껴안았죠." 버니어가 말했다.

"그가 뭐 날 위해 싸움을 벌여서 징계를 먹어서 내가 메이저에서 뛸 수 있게 된 건 아니지만, 결과적으로는 그 일 덕에 제가 메이저에서 경기를 해볼 수 있었으니까요."

로키스 유니폼을 입고 필드에 섰던 것이 버니어에게 최고의 순간이었다면, 두 번째로 좋았던 순간은 그가 페이첵을 받았을 때였다. 마이너리거가 메이저리그의 호출을 받으면 대가는 메이저리그의 최소 연봉을 180일로 나누어 경기에 참가한 날 수만큼 계산해서 일당으로 받는다. 2008년 메이저리그 최소 연봉은 43만 2,000달러(2012년에는 48만 2,000달러)였다. 따라서 버니어는 하루에 2,400달러를 받는 것이었다. 그것은 당시 그의 월급보다도 많은 액수였다. 그는 메이저리그에서 3일간 뛰었으므로 그가 받는 금액은 모두 7,200달러였다.

"그것은 내가 처음으로 받는 숫자에 쉼표가 찍혀 있는 수표였어요." 그는 씩 웃으며 말했다. "내가 돈이 많았으면 난 그걸 (현금화하지 않고)액자로 만들어서 걸어 놨을 거예요."

그해 6월이 기억에 남는 만큼 버니어에게 9월은 잊고 싶은 달이었다. 그 시즌의 마지막 날에 라스베이거스에서 경기를 하다 투수가 던진 공에 얼굴을 맞았다. 그는 눈 바로 아래를 11바늘 꿰맸고, 많이 아팠지만 그는 괜찮다고 생각했다. 하지만 그것을 그렇게 간단하지 않았다.

그는 6년간의 마이너리그 프리 에이전트 끝에 2008년 로키스를 떠나서 트리플A팀의 인필드 뎁스(infield depth)를 찾던 양키스와 계약을 맺었다. 양키스는 그를 메이저리그 캠프로 부를 만큼 마음에 들어 했다. 곧바로 마이너리그 캠프로 보내지지 않은 것은 처음이었다.

"그런 클럽하우스에서 데렉 지터, 앤디 페티트, 마리아노 리베라, 그리고 에이 로드(알렉스 로드리게즈) 같은 사람들을 보는 것은 기죽는 일이었죠." 그는 말했다. "나는 처음 거기 도착했을 때 무척 위축되었습니다. 하지만 어느 순간 나는 내야 수비 중 거기 서서 지터(Jetet)와 포지셔닝에 대하여 이야기를 하고 있었죠. 그는 내가 그와 같은 야구 선수라는 듯이 행동했습니다, 엄밀히는 그도 나도 야구 선수인 게 사실이죠. 현실은 전혀 그렇지 않더라도 말이에요.(현실에서는 전혀 다른 대우를 받을지라도)"

버니어는 그가 스크랜튼 윌크스배러에 정착할 거라 예상했고, 그렇게 되었다. 그러나 얼굴을 맞았던 일은 그의 마음속에 남아 있었다. 그리고 경기할 때 자신이 투수가 타자 쪽으로 공을 던질 때 피할 수 있을지 걱정을 하고, 겁을 내고 있는 것을 깨달았다. 게다가 그동안 퍼시픽코스트 리그(PCL)에서 뛰었던 그는 인터내셔널 리그의 투수법에 익숙해져야 했다.

"그건 달랐어요." 버니어는 말했다. "PCL에서는 고도가 높은 곳에서 경기할 때가 아주 많아요. 그래서 결과적으로 투수가 던지는 공에 브레이킹이 자주 걸리게 되는 거죠. 인터내셔널 리그에서는 강속구를 훨씬 더 많이 보게 됩니다. 2009년에는 그게 잘 적응이 안 됐어요."

버니어는 타율이 높은 타자가 아니었다. 콜로라도 스프링스에서 타율이 0.310였던 2007년을 제외하면. 그런데 2009년 그의 타율은 0.181로 곤두박질쳤다. 양키스가 2010년 그와 재계약을 하지 않은 것은 놀라울 일이 아니었다. 그것은 파이러츠가 그에게 계약을 제안하였고 트리플A팀로 돌아갈 기회를 기다리며 뛸 기회를 주기 전인 1월이었다. 그는 인디애나폴리스에서 충분히 잘 뛰었고 양키스는 그를 2011년 다시 데리고 갔다.

"그는 데리고 있으면 팀에 좋은 역할을 하는 선수였습니다." 양키스의 총감독 브라이언 캐쉬맨은 말했다. "그는 어린 선수들에게 좋은 영향을 끼쳤고, 열심히 했어요. 어떤 레벨에서든 경기를 방어적으로 잘 펼쳤기 때문에 그를 기용하는 사람은 그가 필요로 하는 임무를 잘 수행하리라는 것에 대한 자신이 있었습니다."

버니어는 2011년 알찬 시즌을 보냈고 기쁜 마음으로 양키스와 2012년에 재계약을 하였다. 그의 월급은 1만 2,000달러로 치솟았고, 그것은 오프시즌 동안 첫아이를 보게 된 그와 그의 아내 사라에게 큰 도움이 되었다. 버니어는 트레이닝 캠프에 현실적인 마음으로 갔지만 항상 그랬듯이 희망은 놓지 않았다.

"나도 알아요. 부상을 당하면 봄에 타율이 0.800이 나와도 팀에 들어갈 수 없죠." 그는 말했다. "내가 할 수 있는 것은 내가 운동할 수 있다는 것을 보여주고 그들에게 나를 각인시킬 수 있는 기회를 갖길 바라는 것뿐입니다."

놀랍게도 그는 정말 팀에 자신을 각인시킬 수 있는 기회를 얻게 되었다. 지터는 2011년 하반기 종아리 부상에 시달렸고 양키스는 그를 재촉할 이유가 없기 때문에 훈련 일정을 늦추고 있었다. 평소 지터의 유격수 자리를 대신할 에두아르도 누네스는 그 전에 손가락을 다쳤다. 순식간에 (74번 유니폼을 입게 된) 베니어는 뉴욕 양키스의 유격수로 시작을 할 좋은 시기를 만났다.

"자네는 사람들에게 자네가 잘한다는 것을 보여줬네." 기라디는 말했다. "우리 모두는 자네가 기회가 있을 때 어떻게 경기를 펼쳤는지 관심 있게 보았어. 지금처럼 쭉 그대로 하게."

그러한 말들은 버니어가 시즌을 시작할 때부터 들었던 말 중에 가장 기분 좋은 말이었다. 그가 야구를 시작한 이래 처음으로 마이너리그 개막일 선발 라인업에 올랐다는 사실은 그를 더욱 기쁘게 했다. 수트케이스를 싸 들고 와 호텔에서 지내야 하는 생활도 그는 개의치 않았다.

그가 힘들었던 것은 5월 초 사근이 뒤틀리는 느낌이 드는 것이었다. 배 근육의 염좌였다. 그는 라인업에 며칠간 남아 있으며 참고 운동을 하려고 했으나 결국 트레이너에게 그의 근육통에 대하여 이야기하였다.

"내가 조심하면 괜찮을 거라 생각했어요." 그는 말했다. 그리고 그는 미소를 띠었다. "물론 야구를 하면서 동시에 조심하는 건 가능하지 않죠."

"나는 서른한 살이에요." 그는 덧붙였다. "내 운동 인생에서 지금 이 시점에서 다치거나 할 여유가 없어요. 저는 운동을 해야 합니다."

경기를 해야 하는 것과 경기를 할 수 있는 것은 다른 성질의 문제다. 이번 시즌은 그가 다시 경기에 나갈 수 있게 되기 전에 거의 절반이 지났다.

13

삶의 단편

인디애나폴리스의 감독이란

매 야구 시즌에서 3가지의 기념일(메모리얼 데이, 독립기념일, 그리고 노동절)은 가장 중요한 경계가 된다.

메모리얼 데이 때까지는 스포츠팀의 순위를 보는 것은 무의미하다는 이야기들을 자주 한다. 왜냐하면, 용두사미 같은 팀들도 있는 반면, 초반에는 무지 못하는 것처럼 보였는데 날이 풀리면서 몸도 풀리는 팀들도 있기 때문이다.

메모리얼 데이쯤 되면 메이저리그팀들은 그들의 스케줄에서 3분의 1정도의 경기를 치룬 상태이고, 144경기를 펼치는 메이저리그팀들보다 18경기가 적은 마이너리그는 3분의 1보다 조금 더 많은 경기를 마친 상태가 된다. 독립기념일은 메이저리그의 경우 딱 중간 지점에 온 것이고, 마이너리그의 경우 3분의 2 정도의 경기를 치룬 상태이다. 그리고 노동절이면 메이저리그들을 막판 스퍼트를 내기 시작하고, 마이너리그팀들은 그들의 정규 시즌을 마친 상태이다.

진정한 차이는 18경기라는 경기 수의 차이가 아니라, 마이너리그의 트리플A팀들의 순위에는 그다지 신경을 쓰는 사람들이 없다는 사실이다.

"매일 밤 경기 후에 내야 가운데에서 사람들과 악수를 할 생각을 하고 경기에 나갑니다." 리하이밸리의 감독 라인 샌드버그는 말했다. "그렇지만 이기고 지는 것에 의해 엄격히 평가받는 메이저리그에선 다르죠."

물론 지역 방송과 팬들은 그런 식으로 보지 않는다. 그들은 그들의 팀이 이기는 것을 보고 싶어 한다. 연속적인 승리는 박수갈채를 받고, 슬럼프는 추궁을 받는다. 트리플A 야구장에는 과거의 챔피언을 했던 팀들의 사진이 있다. 수긍이 가는 일이다. 만일 이기고 지는 것이 의미가 없다면 왜 점수를 매기겠는가?

2012년 메모리얼 데이 때에는 포투켓이 북부 인터내셔널 리그에서 32승 20패의 기록으로 선두를 차지하고 있었고, 버펄로가 바짝 그 뒤를 추격했으며, 종잡을 수 없는 스트랜튼 윌크스배리와 4위였지만 포투켓에 비해 세 경기 반 뒤처져 있는 리하이밸리가 뒤를 이었다. 남부는 31승 20패로 선두인 그위닛이 샬롯에 비하여 두 경기 반 앞서 있었다. 서부는 인디애나폴리스가 콜럼버스보다 다섯 경기 앞선 29승 21패로 가장 큰 격차로 선두였다. 인디언스(인디애나폴리스)는 서부에서 우승 기록이 있는 유일한 팀이었다.

그들의 감독 또한 리그에서 언젠가 메이저리그의 감독을 맡고 싶어 하는 열망이 없는 유일한 감독이었다. 그 이유는 간단했다. "내 나이에 그런 일은 일어날 수 없어요." 딘 트레이노어는 말했다. "64세나 되고, 메이저리그 경험도 없는 사람을 감독으로 쓸 팀은 없으니까요."

그는 미소를 지었다. "저는 개의치 않습니다. 운이 좋은 거죠. 저는 제가 현재 하고 있는 일을 사랑합니다."

트레이노어는 일리노이스 주에서 감독을 하고 있는, 혹은 어쩌면 야구계에서, 그 누구보다 다른 길을 걸어왔다. 그는 샌 루이스 오비스포에 있는 캘폴리 대학에서 투수를 했고, 1971년 수학 학사 학위를 받고 졸업한 후에 레즈와 계약을 맺었다. "내 아버지는 자식 중 한 명이 수학을 전공하길 바라셨는데, 내가 막내였죠. 그래서 제가 수학을 전공했어요. 원래 제가 전공하고 싶었던 것은 프리 로(로스쿨 준비를 위한 전공)였어요."

트레이노어는 더블A까지 올라가서 이스턴 리그의 퀘백에서 투수를 했다. 회전건판 수술을 받고, 그가 언젠가 메이저리그로 갈 수 있으리라는 희망을 모두 접기 전까지.

"나는 회복이 잘 안 됐어요. 애초에 믿음직스럽지 못한 유망주였죠." 그는 말했다. "야구에 대한 꿈이 더 이상 불가능하게 됐을 때 방황하는 그런 많은 사람 중 하나이고 싶지 않았어요. 나에겐 다른 흥미를 느끼는 일들이 있었고, 미련을 버려야겠다고 결심했습니다."

그래서 그는 정말 그렇게 했다. 고향으로 돌아가 샌 루이스 오비스포의 경찰이 되었다. 그는 곧 형사가 되었고 마약 부서에서 잠복 근무 일을 자주 하게 되었다. 그는 자기 일을 즐겼지만 동시에 엄청난 스트레스도 받았다.

"잠복 근무이기 때문에 혼자 일할 때가 아주 많아요." 그는 말했다. "언제 무슨 일이 벌어질지 모르기 때문에 온갖 종류의 아드레날린이 항상 뿜어져 나오죠. 내가 하는 일을 좋아했어요. 경찰서의 동지애가 좋았습니다. 그때 같이 일했던 사람들 중 몇몇은 아직까지도 나의 가장 가까운 친구들입니다. 하지만 나는 일이 내 수명을 갉아먹는 것처럼 느껴졌습니다. 정말 너무 지쳤어요."

그는 1988년 겨울 그의 오랜 친구인 마이크 크루코의 전화를 받았을 때까지 13년간 경찰 생활을 했다. 그 두 사람은 캘 폴리에서 1년간 함께 뛴 동료였고, 그들의 아들들은 함께 야구를 하는 사이였다. 크루코는 메이저리그에서 124경기를 이긴 기록이 있는 선수로, 자이언츠의 투수였는데, 팀에서 클래스A팀인 프레즈노의 감독을 맡을 사람을 찾는다는 것을 알게 되었다. 트레이노어가 경찰의 잠복 근무에 지쳐 있지 않을까 하는 생각에 크루코는 트레이노어에게 전화를 걸어 그에게 감독을 채용 중이라는 사실을 알려줬다.

"크룩의 연락을 받았을 때, 순간 나는 때가 온 것일지도 모른다는 생각이 들었어요." 그는 말했다. "나는 야구에 대한 사랑을 멈춘 적이 없거든요. 난 정말 분명히 경찰 일에 너무나도 지쳐 있었어요. 한 번 시도해볼 가치가 있다고 생각했습니다."

그로부터 24년 후, 그는 여전히 마이너리그에서 일하고 있다. 그는 프레즈노는 한 시즌밖에 맡지 않았지만, 2010년 인디애나폴리스에 있는 파이러츠의 투수 코치로 고용되기 전까지 파드레스, 엑스포스, 다저스, 그리고 말린스의 마이너리그 레벨 팀들을 맡았었다. 그는 마이너리그에서 할 수 있는 모든 것을 했었다. 그는 투수 코치, 순회 코치, 그리고 감독 일을 해왔다. 프랭크 크렘블라스가 2011년 시즌 전에 파이러츠의 마이너리그 코디네이터가 되었을 때 트레이노어가 그를 대신할 인디애나폴리스의 감독으로 지명되었다.

"솔직히 말하면 나는 과거를 돌아보지 않고 왔습니다." 그는 말했다. "야구장에 매일 오는 것을 사랑해요. 나에게 이곳은 성스러운 장소입니다. 나는 정말 그렇게 느껴요. 매일 그곳이 홈구장이든 원정 야구장이든, 야구장에 걸어 들어와 내가 하는 일에 만족을 느낍니다. 자기의 직업에 대해서 이런 기분을 느낄 수 있는 사람이 몇이나 되겠어요? 나는 모두가 그렇듯 지는 것을 좋아하지 않습니다. 그러나 야구가 좋은 것은 돌아가서 다음 날 다시 뛸 수 있다는 겁니다. 나는 이곳에 있는 것을 어떤 것과도 바꾸고 싶지 않습니다."

인디언스가 그들의 홈경기를 치루는 인디애나폴리스 다운타운에 있는 빅토리필드는 인디애나폴리스 콜츠의 홈인 루카스 오일 스타디움에서 도보로 멀지 않고, 조금만 더 걸으면 인디애나 페이서스가 뛰는 뱅커스 라이프 필드하우스가 있다.

인디애나폴리스는 1887년부터 마이너리그 야구팀을 가지고 있었고, 인디언스는 트리플A 레벨에서 처음 출범된 1902년부터 뛰어 왔다. 처음엔 올드 아메리칸 어소시에이션, 그 다음엔 퍼시픽코스트 리그, 그리고 지금은 인터내셔널 리그에 속해 있다.

빅토리필드는 1996년에 개장하였는데 1만 2,000석 남짓한 좌석이 있고, 담장 밖의 잔디 구역에는 또 추가로 1만 2,000명가량을 수용할 수 있다. 반짝거리는 새로 지은 JW 메리어트 호텔이 좌측 담장 너머로 우뚝 서 있고, 도시의 다운타운 스카이라인이 야구장 나머지의 배경을 이룬다.

인디언스는 8개의 다른 메이저리그팀들과 트리플A 연계를 이루어 왔다. 그들을 거쳐간 선수들로는 그로버 클리블랜드 알렉산더, 모데카이 '쓰리 핑거스' 브라운, 루크 애플링, 하몬 킬리브루, 펠리페 알루, 래리 워커, 베이브 콘셉시온, 그리고 그 외의 메이저리그에서 두각을 나타낸 수많은 선수가 있다. 밥 웩커도 역시 인디애나폴리스에서 뛰었었는데 그가 스스로 고착화한 이미지와 일치하게 1960년 시즌에 타율이 여기서 (그리고 루이스빌에서도) 0.147이었다.

인디언스는 2005년부터 피츠버그 파이러츠의 트리플A 2군이 되었다. 이는 인디애나폴리스를 거치는 많은 선수가 피츠버그에서 잠시 머무르며 그들의 가능성을 보여준 후 다른 팀들로 간다는 뜻이었다.

2011년 시즌에서 18경기 연속 패배(메이저리그의 최장 기록이 됨) 후 파이러츠는 마침내 조금 활기를 띄었다. 7월에는 잠시 내셔널리그 중구 지역에서 선두를 차지하기도 했었지만, 점차 부진해져서 72승 90패라는 기록으로 안 좋은 마무리를 했다. 파이러츠는 구단에 있는 모든 사람을 위해 등에 'Finish'라고 적힌 티셔츠를 2012년용으로 제작했었다. 인디언스 선수들은 매일 오후 준비 운동을 하면서 파이러츠 구단의 장비를 많이 사용했는데, 시즌 내내 'Finish'라는 단어가 적힌 티셔츠를 입었다.

메이저리그 클럽처럼 그들은 여름에 아주 좋은 경기를 펼쳐 날씨가 아주 더워질 무렵엔 인터내셔널 리그 서부 지구(IL West)에서 큰 격차로 1위가 되어 있었다. 그들의 최고의 선수는 말할 것도 없이 젊은 좌익수인 스탈링 마르테였다. 23세인 마르테는 스타와 같은 외모였다. 그는 공을 잘 쳤다. 공을 강하게 쳤으며, 매우 훌륭한 외야수였다.

"만일 공에 가까이 갈 수만 있으면 그는 그 공을 잡습니다." 트레이노어는 말했다. "그리고 대부분의 경우 그는 공에 가까이 갈 수 있죠."

그는 마르테가 위로 올라오라는 연락을 받으리라는 것에 의심을 품지 않았다. 그것은 단지 시간문제였을 뿐이다. 7월 말쯤 그는 0.286의 타율에 12개의 홈런을 치고, 타점 63, 2루타 21개, 3루타 13개, 그리고 21개의 도루를 했다. 간단히 말하자면 그는 파이러츠가 관심을 가질 만한 모든 것을 하고 있었던 것이다.

인디언스는 7월 25일 포투켓 레드삭스가 오전 11시 5분 경기를 위해 원정 왔을 때 1위를 순항 중이었다. 트리플A팀들은 종종 아침에 시작하는 경기를 하는데 두 가지 이유 중 하나에 해당할 때이다. 다음 날 다른 도시에서 또 다른 경기를 위해 장거리 이동을 앞두고 있을 때이거나, 학생들이 야구장으로 견학을 올 때이거나. 일찍 시작하는 것은 아이들이 와서 경기를 보고 학교로 제시간에 돌아가 하교할 수 있는 것을 의미했다.

이번 경우는 학교 학생들의 견학 때문에 오전에 경기를 시작하는 경우였다.

야구 선수들은, 사실은 야구와 어떤 식으로든 관계된 거의 모든 사람은 아침형 인간이 아니다. 이것은 오전 11시 경기 시간의 온도가 약 섭씨 30도이고, 해가 정오로 가면서 점점 더 더워질 것임이 명백할 때 특히 더 그러했다.

경기 시간 때문인지, 더위 때문인지, 레드삭스의 투수 넬슨 피궈로아 때문인지, 인디언스는 매 야구 시즌의 피하지 못할 부분인 그저 그런 날을 보내고 있었다. 그들은 전체 경기 내내 부진했고, 금세 뒤처져 4대 2로 지고 있었다.

경기 동안 트레이노어는 피츠버그에서 연락을 받았다. 마르테가 올라간다는 연락이었다. 그는 경기를 마치자마자 바로 떠나서 다음 날 휴스턴에 있는 팀에 합류해야 했다. 트레이노어는 시즌 동안 매우 가까워졌던 마르테가 그리울 것이긴 해도, 전혀 놀라지는 않았다. 마르테는 도미니카공화국에서 자랐고, 10세쯤에 양친을 모두 잃고 할머니에 의해 자랐다. 트레이노어는 겨울에 여러 번 도미니카공화국에서 감독을 했던 적이 있어서 스페인어에 익숙했던 터라, 마르테의 감독을 맡은 첫날부터 그가 특별하다는 것을 감지했다. 마르테는 트레이노어를 그의 '미국 아버지'라고 불렀다.

마르테는 그 무더위에 시달리는 수요일, 인디언스의 2개의 득점 중 하나인 2루타를 쳤지만, 다른 모든 사람처럼 경기에 집중을 잘 못 하고 있는 것 같았다. 그가 6회에서 병살을 당했을 때(그에겐 드문 일이었다.) 트레이노어는 그가 전력을 다하지 않고 있음을 감지했다.

경기를 마친 후 선수들은 모두 터덜터덜 걸어 들어왔고 트레이노어는 아이디어를 냈다. 팀이 클럽하우스에 들어오자마자, 그는 모두에게 샤워를 하러 가거나 식사를 하기 전에 잠시 기다리라고 했다. 이야기를 할 시간이었다. 즉흥적인 팀 미팅.

모두들 한숨을 쉬었다. 그들은 어떤 일이 일어날지 알고 있었다. 그렇다. 오전 경기이긴 했다. 그렇다. 더운 날이긴 했다. 하지만 포투켓 레드삭스도 같은 더위를 견디며 같은 시간에 경기를 하지 않았는가. 그들이 아직 많은 격차로 1위를 하고 있다고는 하지만, 콜럼버스가 최근 잘하고 있었고 지금은 아무것도 당연하게 여길 때는 아니었다.

트레이노어는 그것을 다 파악했고, 요새와 같이 긴장감 있는 시기를 이해한다고 말했다. 7월 31일은 트레이딩의 데드라인인 날이 다가오고 있었고, 트리플A에 속한 모두에게 트레이딩은 이동을 뜻하기 때문에 초조한 상태였다. 어떤 선수는 다른 단체로, 어떤 선수는 메이저리그로.

그리고 그대로 있으면서 다른 사람들이 올라가는 것을 지켜보기만 하는 선수들 또한 있었다. 그는 그 방 안에 있는 모두가 희망과 두려움에 가득 차 있는 것을 이해했다. 드디어 그는 마르테를 보았다.

"마르테, 6회 병살당할 때 자네 전속력을 다해 1루로 갔던 거 맞나?"

그는 물었다. 마르테는 고개를 흔들며 대답했다. "아니요, 감독님, 전속력을 다하지 않았어요."

트레이노어는 고개를 끄덕이며 말했다. "그런 것은 용납이 안 되는 거 알고 있지 않나." 그는 말했다. "1루까지 조깅을 하듯 뛰는 일은 있어서는 안 돼." 그는 효과를 극대화하기 위해 잠시 말을 멈추었다가 이어 말했다. "그래서 말인데, 내일은 자네가 선발로 뛰지 않을 거야."

클럽하우스는 완전히 침묵했다. 선수들은 확실히 충격을 받았다. 그들은 모두 마르테가 99.9퍼센트 열심히 한다는 것을 알았다. 그것은 가혹한 처사였다.

"나는 약 30초간 기다렸어요." 트레이노어는 말했다. "주위에 모두를 둘러보고 말했죠. '마르테, 내일 라인업에 넣지 않는 이유는 자네가 휴스턴에 가기 때문이네. 자네는 거기서 파이러츠의 라인업에 오를 거야.'"

이번엔 모두가 그 소식을 충분히 이해할 때까지 침묵이 한 1초 정도만 지속되었다. 그리고 클럽하우스는 폭발했다. 모두는 자기들이 얼마나 진이 빠졌었는지도 잊고 있었다. 포옹과 축하가 끝나고 마르테는 트레이노어에게 왔다.

"고마워요, 아버지." 그는 말했다. "피츠버그의 모두를 런 아웃 시켜." 트레이노어는 말했다. "그리고 돌아오지 마."

마르테는 다음 날 저녁 휴스턴 왼손잡이 댈러스 카이클과 맞붙기 위해 출발했다. 그는 그에게 던져진 첫 메이저리그 공을 미닛 메이드 파크의 레프트 센터 필드의 담장 밖으로 넘기는 홈런을 쳤다. 그는 1922년 월터 뮐러 이후로 메이저리그 데뷔 첫 공을 홈런으로 만든 첫 번째 파이러츠 선수가 되었다. 트레이노어는 마르테가 그의 두 가지 지시를 따르리라 확신했다. 그는 모든 공을 런 아웃 시킬 것이다. 그리고 그는 마이너로 돌아오지 않을 것이다.

팀 전체 앞에서 마르테가 메이저리그로 간다고 말한 지 닷새 뒤, 트레이노어는 아주 색다른 경험을 했다. 트레이드 데드라인 날이었는데 트레이노어가 야구장에 갔을 때 그의 선수들 중 하나가 트레이드 되었다는 소식

에 전혀 놀라지 않았다. 파이러츠는 정정당당하게 59승 44패라는 기록으로 결승전(페넌트 레이스)에 나가게 되었다. 그들은 내셔널리그 센트럴에서 신시내티 레즈를 3경기로 추격하고 있었지만, 와일드카드로는 애틀랜타 브레이브스와 공동 선두였다. 그들이 시즌의 마지막 두 달 동안 스스로를 강화하기 위해 한두 건의 딜을 고려하고 있는 것은 놀라운 일이 아니었다.

그들은 산체스가 그들의 라인업에 힘을 얹을 수 있을 거라는 생각에 1루수 가비 산세스를 얻기 위해 마이애미 말린스와 거래를 했다. 가격은 드래프트 픽이었고, 이 트레이드에 관한 모든 글에서 빠짐없이 언급된 것은, '마이너리그 외야수, 고키스 에르난데스'였다.

에르난데스는 24세였고, 10대 때 18세의 나이로 디트로이트 타이거스에 가기로 계약을 한 또 다른 남아메리카 베네수엘라 출신의 선수였다. 그는 애틀랜타 브레이브스로 트레이드 되었고, 2009년엔 피츠버그의 네이트 맥루스와 맞바꿔져서 피츠버그로 트레이드 되었다. 그는 2011년 인디애나폴리스에 도착해서 알찬 한 해를 보내고 5월에 잠시 파이러츠에게 불려 올라가서 주로 수비용 백업 선수 역할을 했다. 그는 25번의 게임에서 24타석만을 가졌지만, 인디애나폴리스로 돌아기가 전까지 안타를 2개나 쳤다.

타구 연습을 하기에 앞서 선수들이 스트레칭을 하러 나가기 몇 분 전, 트레이노어는 에르난데스가 마이애미 말린스로 트레이드 된다는 연락을 받았다. 문제는 말린스는 파이러츠에게 에르난데스를 어디로 보내는 것인지를 말하지 않았다는 것이다. 그가 보내지는 곳은 마이애미일 수도 있고, 트리플A 뉴올리언즈일 수도 있고, 어쩌면 더블A 잭슨빌일 수도 있는 것이었다. 플로리다 남쪽은 아주 혼란스러워서 누구에게 무슨 일이 일어날지 아무도 확신하지 못하는 듯했다. '마이너리그 외야수'라면 더욱 그러했다.

트레이노어는 전화를 끊고 난 후, 유니폼을 입고 스트레치를 할 준비를 하고 있는 에르난데스에게 갔다. 에르난데스는 더 이상 피츠버그 구단의 일원이 아니었기 때문에 그는 이제는 전 팀 멤버가 된 선수들과 나가서 연습을 할 수 없었다. 트레이노어는 그에게 손을 흔들어 오피스로 불렀다. 그날이 무슨 날인지 알았던 에르난데스는 뭔가 일이 생겼다는 것을 알 수 있었다. 그렇지만 그는 그게 무슨 일인지 모를 뿐이었다.

"나는 그게 뭐 트레이드 관련된 용건일 거라고 생각했어요." 그는 나중에 말했다. "긴장이 됐습니다. 왜냐면 어디로 갈지 모르기 때문이었죠."

에르난데스의 신경은 단지 그의 야구와 관련된 미래에만 집중되어 있지는 않았다. 그와 그의 아내는 두 살 먹은 딸이 있었고, 9월 초에 그들의 둘째가 태어날 예정이었다. 지금 이 시점에 짐을 싸고, 살 곳을 찾아 어디론가 떠나야 하는 것은 거의 불가능했다.

"고키스, 자네는 마이애미 말린스와 트레이드 되었네." 트레이노어는 말을 빙빙 돌릴 필요가 없다고 생각하며 말했다. "지금으로선 나도 그들이 자네를 어디로 보내는지 알 수 없네. 총감독이 자네의 휴대전화 번호를 알고 있고, 확정이 되는 대로 바로 연락을 주겠다고 약속했네."

에르난데스는 약간 놀랐지만 그것은 트레이드 때문이 아니었다. 그는 이미 이전에도 두 번이나 트레이드 된 적이 있었다. 그것은 그가 어디로 갈지 연락이 올 때까지 그냥 기다려야 한다는 말 때문이었다.

"그 순간 좀 혼란스러웠어요." 그는 말했다. "딘(트레이노어)도 역시 마찬가지로 혼란스러워 보였죠."

트레이노어는 혼란스럽다기보다 화가 났다. 자신의 선수에게 트레이드 된다고 혹은 어쩌면 강등되는 것일지도 모르는 것도 이유였지만, 선수에게 그가 어딘지 모르는 곳으로 트레이드 된다는 말을 해야 한다는 것이 또 다른 이유였다. "이런 일이 있었던 적은 없어요." 그는 말했다.

에르난데스는 클럽하우스로 돌아와서 그의 전 동료들에게 있었던 일을 이야기했다. 트레이노어가 그를 불렀을 때, 대부분은 그가 트레이드 될 거라고 추측했었다. 그들이 그에게 어디로 가는지 물었을 때 그는 그들에게 자기가 트레이노어에게 들은 혼란스런 대답을 똑같이 해야 했다.

아무도 이 일에 대해 어떻게 할 수 없었다. 작별 인사를 빠르게 했다. 모두는 클럽하우스를 나서 운동장으로 갔고 그는 홀로 텅 빈 클럽하우스에 남았다. 그는 집으로 전화해 아내에게 지금 일어나고 있는 일에 대하여 이야기했다. 그는 곧 비행기를 타야 했다. 아직 그가 어디로 가는 비행기를 타야 하는 것인지 모를 뿐이지만.

"아내는 매우 침착했어요." 그는 말했다. "나보다 더 침착했죠."

그는 유니폼을 벗고 샤워를 한 후 그의 로커로 돌아갔는데 그의 휴대전화가 울리는 것을 보았다. 그것은 말린스의 총감독 마이클 힐이었다.

"코키스." 그는 말했다. "연락이 늦어져서 미안하네. 여기가 좀 부산해서 그렇게 되었네. 말린스에 오게 된 것을 환영하네."

에르난데스는 그에게 괜찮다고 말하고 기다렸다. "자네가 갈 팀은 애틀랜타네." 힐은 말했다. "우리는 자네가 비행기에 올라 가능한 한 빨리 팀에 합류할 수 있었으면 하네."

에르난데스는 심장박동 수가 빨라지는 것을 느꼈다. 그는 뉴올리언즈나 잭슨빌이나 다른 곳이 아니라, 바로 메이저리그로 가는 것이었다.

"만일 내가 지금 가족을 떠나야 하는 것이라면, 메이저로 돌아가기 위해 그러고 싶었죠." 그는 힐과의 통화를 마치고 말했다. "한 시간 전에는 내가 어디로 가야 할지도 몰랐어요. 지금은 내가 메이저리거가 되었다는 것을 알게 되었습니다."

그는 트레이노어에게 문자 메시지를 보냈고, 트레이노어는 다른 선수들에게 이 기쁜 소식을 전했다. 에르난데스가 공항으로 떠났을 때 타구 연습을 마친 트레이노어는 그의 사무실에 앉아서 미소를 지었다.

"뭐, 두 명의 내 가장 훌륭한 선수들을 5일 만에 잃었네요." 그는 말했다. 그는 미소를 지으며 잠시 침묵했다. "이보다 기쁠 순 없어요."

14

스윈든과 린제이

그리운 집

마르티나 에르난데스 같은 선수들이 트리플A에서 메이저리그로 급도약을 한 반면, 크리스 스윈든은 버펄로로 돌아오게 되어 행복할 뿐이었다.

스윈든은 37일간의 격동의 마이너리그 기준에 비해서도 더 격동의 시기를 보냈다. 토론토에서의 하루 체류 후에 피츠버그에서 뉴욕 JFK 공항으로, 브롱스의 주유소로, 그리고 뉴욕 주 쓰루웨이의 길가로, 빙햄턴의 모텔로, 그리고 마침내 코카콜라 필드의 마운드까지 18시간 동안의 대장정을 거쳐 최근 5주 동안 메츠의 세 번째 호출을 받기 전까지 스윈든은 트리플A로 돌아가 일주일을 보냈다. 3일 후에 그는 메이저리그에서 실직자가 되었다. 메츠가 그를 방출 대기 조치를 함으로써 놀라게 했던 것이다. 10일 이내에 다른 구단에서 그를 뽑지 않으면 그는 방출되는 것이다.

그는 집으로 돌아가 짐을 싸고 전화가 울리는 것을 기다리기 위해 라과디아 공항 보안검색대를 통과하고 버펄로행 비행기에 오르려던 참이었다. 그가 공항에서 있는데 전화가 울렸다. 그의 에이전트 브라이언 찰스였다.

"지금 어디야?" 그는 물었다.

"방금 라과디아 보안검색대를 통과했어." 스윈든은 대답했다. "버펄로로 가려고."

"아니, 가지마." 찰스가 말했다. "너 지금 바로 라스베이거스로 가야 해. 블루제이즈가 널 뽑았어. 거기서는 네가 최대한 빨리 오길 원해."

스윈든은 트리플A 도시에 가기 위해 또 다른 대장정을 하는 것이 달갑지 않았지만 이렇게 빨리 어느 팀에서든 그를 뽑은 것에 안도했다. 그는 라스베이거스로 가는 비행기표를 구했고, 그 다음 날 그는 라스베이거스 유니폼을 입고 마운드에 섰다. 그러나 그것은 오래가지 않았다.

그는 그날 투구를 그다지 썩 잘하지 못했다. 사실 그는 정말 못 던졌다. 3회 때 자책점이 7점이었으니 말이다. 여하튼 장거리를 왔지만 결과는 좋지 않았다. 정착을 할 때가 올 것이었다. 팀은 그의 고향인 비세일리아와 45분 거리인 프레즈노로 향했고 최소한 거기서 그는 많은 가족과 친구들 앞에서 투구를 할 기회가 생길 것이다.

"나는 그때까지도 여전히 메츠에서 방출된 충격에서 벗어나지 못하고 있었어요. 내 야구 인생 내내 메츠에서 뛰었는데 어느 순간 나는 라스베이거스에 서 있었죠." 그는 말했다. "그러나 적어도 고향에 가서 모두에게 내가 투구하는 모습을 보여줄 수 있다는 사실에 행복했어요. 한 150명 정도의 지인들이 경기를 보러 오기로 되어 있었죠. 내가 이 두 번째 경기에선 훨씬 더 잘할 수 있을 거란 확신이 있었어요."

그는 그러나 그의 확신을 확인할 기회를 얻지 못했다. 그를 영입한 지 4일 만에 블루제이즈는 그를 방출 대기 조치한 것이다. 스윈든이 프레즈노에서 투구를 하지 못하게 되었다는 것은 안 좋은 소식이었지만, 좋은 소식은 그의 실직자 기간이 몇 시간에 지나지 않았다는 것이었다.

"축하해." 찰스가 전화로 말했다. "너 이제 클리블랜드 인디언스로 가게 됐어."

사실 더 정확하게는, 콜럼버스 클립퍼였다. 스윈든은 다시 비행기에 올라 나라를 횡단해 콜럼버스에 있는 마이크 사보그 감독에게 갔다. 알고 보니 클립퍼스의 명단에 있던 선수들 중에 그와 이전에 함께 뛰었던 사람들이 있었던 것이다.

"나는 내 야구 인생 내내 동부와 인터내셔널 리그에서만 뛰었습니다." 그는 말했다. "그래서 동부로 돌아오니 좀 더 마음이 편한 게 있었어요. 서부에 그리 오래 있었던 것은 아니지만 말이죠."

그는 콜럼버스에서는 라스베이거스보다 훨씬 더 오랜 기간 머물렀다. 23일간이나.

그는 클립퍼스로 3번 선발로 나섰고 라스베이거스에서처럼 그렇게 엄청 못하진 않았지만, 메츠가 그를 방출하기 전 방어율이 2.70이었던 버펄로에 있었을 때만큼의 실력이 발휘된 것도 아니었다. 6월 29일, 3번째 선발 출전 경기 후에 클립퍼스는 그를 방출 대기 조치했다.

이제 스윈든에게는 그 모든 것이 의례같이 되어 버렸다. 그는 어디로 갈 생각도 않고 그냥 앉아서 전화가 오기를 기다렸다. 그리고 전화는 울렸다. 이번엔 스크랜튼 윌크스배리가 있는 로체스터로 가게 되었다. 그는 양키스의 일원이 되었다. 브롱스에서 경기하는 메이저리그의 양키스가 아니지만, 2012년 인터내셔널 리그를 방랑하는 양키스였다.

그는 다시 짐을 쌌고, 양키스는 홈조차 없었기 때문에 이번에는 어느 도시에서 머무르는지도 알지 못했다. 3일 후 그는 스크랜튼 윌크스배리의 투구로 나서서 4회 후에 교체되었다. 5주 동안 그는 5개의 팀(버펄로, 메츠, 라스베이거스, 콜럼버스, 그리고 스크랜튼 윌크스배리)과 4개의 다른 구단에서 일곱 번 투구를 했다.

그의 출전은 무지막지함과 무난함까지 폭넓었다, 최대한 좋게 봐서. 양키스로 시작한 지 24시간 만에 그는 또 방출 대기가 되었다. 이로써 30일 동안 그를 포기한 구단이 4개가 되었다.

그는 약간 어지러웠고 정말 많이 자신감을 잃었다. 그럴만했다.

"그 모든 일들은 기운이 쭉 빠지는 일이었죠." 그는 말했다. "처음부터 매번 방출 대기가 되었다는 것을 알게 되고, 그냥 앉아서 그 다음에 어떻게 해야 할지 고민하는 거예요. 비행기에 올라 집에 가야 할까? 호텔방에 앉아 어디선가 나를 영입하기로 했다는 소식을 기다려야 하는 건가?"

"저는 그런 일들을 많이 겪었어요. 내 에이전트가 항상 '꼼짝 말고 있어봐, 어디선가 연락 올 거야.'라고 말하곤 했기 때문이었어요. 다행스럽게도 그는 옳았죠. 하지만 매번 방출 대기가 될 때면 모두가 나만 빼고 흘러가는 것 같았어요. 나는 빈 푸드코트나 레스토랑에서 혼자 식사를 하는 일이 많았죠. 그런 기간이 길지는 않았지만 나에게는 그게 정말 길게 느껴졌어요."

"그리고 어디선가 나를 영입했다는 얘기를 들으면, 짐을 싸고 공항으로 가 나의 새로운 팀이 현재 있는 곳으로 가려면 어떻게 가야 하는지 생각했죠. 그리고 나가서 공을 던지고, 나의 새로운 직장 상사에게 좋은 인상을 남기고 싶으니 너무 과한 노력을 하고, 또 바로 안 좋은 상황이 되는 거죠. 그리고 그렇게 되면 나는 이런 생각을 하게 됩니다. '아, 또 망했네.' 그리고 일이 눈덩이처럼 진행되는 거죠. 그러고 나서 이 생각을 하고 있게 되요. '나 또 방출 대기 되는 거야?'"

"매번 방출 대기 될 때면 정말 기분이 더럽습니다. 팀이 그냥 한 번 보고, '우리가 원하는 사람이 아니다.'라고 할 때면 더욱 그렇죠. 한편으로는 이런 생각도 해요. 어딘가에는 나를 원하고 나에게 기회를 주어 볼 가치가 있다고 생각하는 팀이 있다는 것이 다행이라고요. 그러나 이런 시기의 부정적인 생각은 긍정적인 생각을 다 압도해 버려요. 전혀 즐겁지가 않죠."

양키스가 그를 방출 대기 조치한 다음 날, 스윈든은 또 호텔방에 앉아서 혼자 식사를 하며 생각에 잠겼다. 그때 그는 오래전(실질적으론 그렇게 오래전은 아니더라도 기분은 오래전이라고 느껴졌다.) 메츠 시절부터 인연을 맺어온 오랜 친구인 바비 파넬로부터 문자 메시지를 받았다. 마넬이 메츠의 불펜에 앉아 있다가 놀랍게도 스윈든의 최근 방출에 대한 이야기와 그가 메츠로, 정확히는 버펄로로, 돌아오게 될지도 모른다는 이야기를 들었다는 것이다.

"너가 메츠로 곧 돌아오게 될지도 모른대." 그의 문자 메시지가 말했다. 스윈든은 희망으로 숨이 가빠졌다. 그로부터 이틀 후 그의 전화가 울렸다.

이번에는 브라이언 찰스가 아니었다. 이번엔 메츠의 팜 디렉터(farm director : 마이너리그 선수들의 기량 발전을 체크하고 졸업 시기를 결정한다.) 존 리코였다. "우리는 자네가 돌아오길 바라네." 그가 말했다. "지금 바로 버펄로로 올 수 있겠나?"

그때 스윈든은 이미 버펄로에 있었다. 그는 양키스가 그를 방출한 후 로체스터에서 그의 집과 두고 온 물품들이 있는 버펄로로 운전해 갔었던 것이다. 그는 살던 (월세)집을 바이슨스의 외야수인 맷 덴 데커에게 재임대했지만, 두 명이 지내기엔 충분한 크기였다.

"내가 다시 바이슨스가 된다는 연락을 받았을 때 정말 하늘을 날 것 같이 기뻤죠." 그는 웃으며 말했다. "내가 익숙하고 내가 아는 사람들이 있는 곳으로 돌아가는 것이었습니다. 정말 세상에서 제일 이상하고 긴 여정을 한 것만 같았습니다."

그는 7월 5일 그가 버펄로 클럽하우스에 들어갔을 때 그의 새로운 동료이자 이전 동료들이 그에게 지난 5주 동안 항공사 마일리지를 얼마만큼 쌓았는지 계속 물어오며 짓궂게 놀리는 것도 개의치 않았다.

그것은 그가 필라델피아에서 메츠의 투구를 한 지 37일 만이었고, 그의 방출부터는 34일 만이었다. 그는 메츠가 봄 훈련 후에 그를 내려보낸 후로 '거래 중' 상태를 14번 맞았던 것이다.

아마도 야구 역사상 누구도 크리스 스윈든이 그가 버펄로로 돌아간다는 것을 알게 되었을 때보다 행복한 적은 없었을 것이다. 그는 돌아왔다.

존 린지의 봄은 스윈든의 봄처럼 정신없지는 않았다. 그 이유는 그의 전화는 그가 멕시코와 계약을 한 후로 전혀 울리지 않았기 때문이다.

멕시칸리그가 일반적으로 트리플A와 같은 레벨로 여겨짐에도 불구하고, 린지는 투구하기가 그렇게까지 난이도 있다고 느끼지는 않았었다. 적어도 매 경기마다 적어도 한 명의 메이저리그 경험이 있는 투수와 맞닥뜨리는 트리플A와는 달랐다. 그 리그는 투수들 중 소수만이 메이저리그 경험이 있었다.

"그곳에서 뛰는 것은 편했습니다." 그는 말했다. "오프 시즌 동안 내가 한 일을 바로 말할 수 있어요. 나는 살을 빼고 몸을 만들었죠. 그게 도움이 됐어요. 결국, 내 아버지 말씀이 맞았어요. 내 몸은 좀 개선할 여지가 있다는 거예요."

린지는 몇 년간 꾸준히 라구나의 타자로 활동했다. 6월 중순경에 그의 타율은 0.341이었고, 21개의 홈런을 쳤으며, 64득점을 하였다.

그는 메이저리그팀으로 스카우트를 하는 사람들이 매일 밤 야구장에 온다는 것을 알고 있었고, 그래서 그가 어쩌면 스카우트될지도 모른다는 희망을 가졌다.

6월 21일 드디어 그 일이 일어났다.

타이거스가 그와 계약을 하고 그를 톨레도로 보내고 싶다는 것이었다. 머드헨스는 고전하고 있는 팀이었고 좀 힘이 있는 여분의 타자를 필요로 했다. 사실 타이거스는 봄에 많은 전문가들이 월드시리즈로 갈 것이라고 꼽은 이후로, 그 스테이지에서 더 나아가는데 어려움을 겪고 있었다. 만일 그가 잘하고 있는 상태에서 디트로이트는 계속해서 본루에서 어려움을 겪는다면 어떤 일이 일어날지 누가 알겠는가? 어쩌면 그는 2010년에 그랬던 것처럼 안타를 하나 칠 기회를 얻을지도 모른다.

"내 머릿속에 있는 것은 내가 메이저리그 킴과 한 시간 거리에 있는 야구장으로 갈 수도 있다는 것뿐이었습니다." 린지는 말했다. "내게 그것이 안 좋은 일일 리가 없었어요."

타이거스와 계약을 하고 24시간이 지나지 않아 그는 톨레도에 도착했다. 그는 자신이 인터내셔널 리그에서 적응하는 데 문제가 있지 않을까도 생각했다. 그는 최근 몇 년간 투수가 고도 때문에 강속구보다 브레이크 걸린 투구를 하는 경향이 있는 퍼시픽코스트 리그 팀에서만 뛰었기 때문이다. 그렇지만 그것은 문제가 되지 않았다.

"나는 어차피 강속구 타자예요." 린지는 말했다. "투수들이 내게 강속구를 많이 던지는 곳에 오게 된 것이 아주 기뻤습니다."

감독인 필 네빈은 그를 라인업에 바로 넣었고, 자주 그를 4번 타자로 기용했다. 린지는 시작부터 톨레도 클럽하우스에 익숙해졌다. "아주 많은 곳에서 뛰어본 경험이 가진 장점 중 하나는 새로운 곳에 금방 적응한다는 것이죠." 그는 말했다. "게다가 마이너리그에서는 팀에 항상 많은 물갈이가 있기 때문에 매일 새로운 사람들이 와요. 그래서 사람들과 꽤 빠르게 친해지는 법을 배우죠. 그렇지 않으면 즐거운 생활을 하기 힘들거든요."

스윈든이 버펄로로 돌아가서 기쁜 것처럼 린지는 머드 헨에 합류하게 되어 무척 기뻤다. 그는 35세였고, 여전히 높은 수준의 프로야구 실력을 보이고 있다.

"참 재밌는 건, 내가 맨 처음 계약을 할 때 누군가가 나에게 내가 이렇게 오랫동안 야구를 하게 될 거라고 말했더라면 나는 말도 안 된다고 했을 거예요." 그는 말했다. "그리고 만일 누군가가 나에게 내가 이렇게 오랫동안 야구를 하는데 그것도 거의 대부분을 마이너리그에서만 하게 될 거라고 했더라면, 나는 웃으면서 당신이 무슨 소리를 하고 있는지 당신도 모르는 소리를 하고 있다고 했을 거예요."

"야구에는 이런 면이 있어요. 아무도 어떻게 될지 모른다는 거예요. 우리 중 누구도 시작할 때 어떻게 될지 모르고 떠나야 하는 날이 왔을 때 얼마나 힘든지 아무도 모르죠. 우리 모두가 아는 것은 그것이 언젠가 일어난다는 것이지만 우리는 그것을 미루고 싶죠. 최대한 멀리로요."

린지는 그에게도 은퇴할 날이 올 거라는 것을 알고 있다. 그러나 그는 그가 I-75번 도로를 한 시간 타고 디트로이트로 갈 기회가 한 번 더 생길 때까지 가능한 한 최대한 그날이 멀리 미루어지기를 희망한다.

15

삶의 단편

제이미 파는 자랑스러울 것이다

만일 더럼 불스가 마이너리그의 가장 유명한 야구팀이라면, 톨레도 머드헨스는 두 번째로 유명한 야구팀일 것이다.

유명세의 일부는 팀의 이름에 있다. 최근 몇 년간 마이너리그팀들은 그들의 이름을 짓는데 이전보다 훨씬 더 창의적이 되었다. 요즘은 사바나 샌드 냇츠, 리치몬드 플라잉 스쿼럴스, 찰스턴 리버도그스, 그리고 오거스타 그린재킷츠 등의 팀 이름들이 있다.

톨레도는 머드헨스를 그러한 팀들 혹은 팀 이름들이 존재하기 훨씬 전에 작명되었다. 사실 그 이름은 팀이 마쉬 헨 또는 머드 헨으로도 알려져 있는 미국 물닭이 서식하는 습지대 옆에 있는 베이 뷰 파크라는 곳에서 경기를 했던 1896년으로 거슬러 올라간다. 톨레도의 사람들은 팀을 스왐프 앤젤스나 머드헨스라고 불렀고, 그렇게 머드헨스라는 이름으로 엮이게 된 것이 1902년 아메리칸 어소세이션에 다시 가입하면서 팀의 공식적인 이름이 된 것이다.

그것보다 더 전에, 톨레도 블루 스타킹스는 1988년에 아메리칸 어소세이션으로 '승격'되었다. 현재의 아메리칸 리그가 있기 전인 당시에는, 아메리칸 어소세이션이 메이저리그였고, 마이너리그 팀들은 때에 따라 가입을 권유받기도 했다. 블루 스타킹스에는 모세스 플릿우드 워커와 그의 동생 웰데이 워커라는 두 명의 흑인 선수가 팀에 있었다.

역사의 기록에 따르면, 명예의 전당에 오른 캡 앤슨이라는 당시 시카고 화이트스타킹스의 선수가 운영진에게 자신은 워커 형제들과 경쟁하기 위해 운동장에 서지 않을 것이라고 했다. 곧 그 형제들은 톨레도에서 방출되었고, 그 후로 메이저리그에서 야구를 한 흑인은 재키 로빈슨이었다. 그로부터 63년 후의 일이다.

머드헨스는 지난 110년의 대부분을 톨레도를 기반으로 있었다. 그들은 1927년, 케이시 스텐질이 감독이었을 때 더블A 챔피언십 우승을 했었다. 두 번의 짧은 기간 동안 다른 이름으로 경기를 한 적도 있고, 밀워키 브레이브스가 그들의 트리플A 2군팀을 톨레도에서 위치타로 옮긴 후인 1956년부터 1964년까지 톨레도에 팀이 아예 없었던 적도 있었다. 1965년, 양키스가 리치몬드 버지니안스를 톨레도로 옮겨서 그들을 머드헨스로 개명했고, 그때부터 톨레도는 다시 트리플A 야구팀을 갖게 되었다. 지난 26시즌 동안 머드헨스는 타이거의 트리플A팀이었다. 그도 그럴 것이 2002년부터 그들의 홈구장이었던 핍스 서드 필드가 코메리카 파크(타이거스의 홈)의 남쪽으로 90km밖에 떨어져 있지 않았던 것이다.

이제는 머드헨스라는 독특한 이름을 그들은 포용했다. 그들의 마스코트의 이름은 머디와 머돈나이고, 그들의 소식지 이름은 머디 타임즈이며, 온라인 소식지는 머드-이-타임즈(Mud-E-Times)이다. 키즈 클럽은 당신이 이미 예상했듯 머디스 버디스 키즈 클럽(머디의 친구들 어린이 클럽)이다.

머드헨스가 인기 있는 두 번째 이유는 바로 제이미 파, 이 사람 때문이다. 이 배우는 톨레도에서 자랐고, 매쉬(MASH, 한국전을 배경으로 한 예전 미국 인기 TV 시리즈)에 출연하게 되었을 때 그의 캐릭터였던 오하이오 톨레도의 맥스 클링거는 종종 톨레도 머드헨스의 야구모자를 썼었다. 파는 톨레도와 머드헨스를 그가 그 TV 시리즈에 나온 9년 동안 자주 언급했었다. 지금까지 파는 톨레도 출신의 가장 널리 알려진 유명인이다. 1982년부터 그의 이름은 톨레도에서 열리는 LPGA 골프 토너먼트에 올랐고, 핍스 서드필드의 가장 인기 있는 버블헤드의 밤 행사는 (놀라울 것도 없이)제이미 파 버블헤드의 밤이다.

"2012년에 한 것이 그들이 한 두 번째 행사였어요." 파는 어느 오후 그가 라스트 로맨스라는 연극을 하고 있는 온타리오에 있는 해밀턴에서 렌트한 아파트에서 말했다. "그들은 2013년에 세 번째 행사를 준비하고 있어요. 나는 (총감독)조 나폴리에게 내가 턱시도를 입으면 좋겠다고 했어요. 전혀 클링거스럽지 않죠."(클링거는 매쉬에서 크로스드레서 캐릭터를 가지고 있었기 때문에 그런 말을 하는 듯.)

파는 여전히 적어도 1년에 한 번은 톨레도로 돌아가 머드헨스 경기에 간다. 그는 머드헨스와 디트로이트 타이거스의 팬인 채로 1955년까지 머드헨스의 홈이었던 스와인 필드에 다니며 성장기를 보냈다.

"나도 그때 사람들이 노트 홀 갱이라고 부르던 것 중에 하나였어요." 그는 웃으며 말했다. "50센트를 주면 펜스의 구멍으로 경기를 관람할 수 있었죠. 당시에 경기를 보러 가는 것을 정말 좋아했습니다. 나는 톨레도 블레이드와 톨레도 타임즈의 신문 배달을 했었죠. 내가 배달을 하는 동네를 담당하던 사람이 우리가 일정 수의 정기구독을 따오면 우리를 데리고 브리그스 스타디움에 가서 타이거스 경기를 보여줬어요. 나는 그것도 정말 좋아했죠. 나는 당시에 정말 열렬한 야구 팬이었습니다. 지금도 열렬한 야구 팬이구요."

파의 본명은 자밀 파라이다. 제이미가 10대였을 때 그의 아버지는 파라스 미트(Farah's Meat)라는 자신의 가게를 운영하는 고기 자르는 사람이었다. 그 가게는 여전히 남아 있는데, 파에 의하며 그리 상태가 좋지는 않다고 한다. "톨레도의 다른 많은 곳들과 같아요." 그는 말했다. "경제의 타격을 크게 받았죠."

파는 이제 79세다. 매쉬의 마지막 에피소드에서부터 30년이 지났다.

아이콘적인 역할을 맡은 많은 배우가 그러하듯 그는 그것이 짐이 될 수 있다고 생각하지만, 그럼에도 불구하고 그는 그가 클링거를 연기하게 된 것이 행운이었다고 말한다.

"그것은 영화로 상영되었을 때는 큰 관심을 받지 못했어요." 그는 말했다. "나는 그런 면에서 운이 좋았죠. 하지만 TV와 영화는 다릅니다. 만일 내가, 예를 들자면, 살인자로 캐스팅되고 싶다고 한다면, 실상은 많은 디렉터가 심지어 지금까지도 '여자옷 입는 캐릭터로 유명한 사람을 어떻게 살인자로 캐스팅할 수 있겠어요?'라고 말할 겁니다."

"앨런은 나에게 지금까지도 말하죠. 그가 매쉬 이후에 올랐던 모든 무대에서 관객 중 누군가는 변함없이 '잘한다 호키!' 하고 외친다구요. 그런(널리 알려지게 된) 역할을 맡게 된 것은 축복이지만, 그것이 저주같이 느껴질 때도 있어요. 나는 클링거를 사랑합니다. 나는 누군가가 나를 부르며 '그래, 여기 다음 좋은 역할이 있어.'라고 말하는 것만으로도 그 사람을 좋아할 수 있을 것 같습니다."

클링거가 처음 만들어졌을 때 매쉬의 코디렉터인 클리블랜드 출신의 진 레이놀즈가 그를 톨레도에서 온 케릭터로 설정하자고 제안했다. 레이놀즈와 매쉬를 같이 만든 래리 갤바트는 클링거의 이름을 그의 오랜 친구에게서 따왔다. 어린 시절 아모스 제이콥스라는 이름으로 톨레도에서 성장한 위대한 코미디언 대니 토마스를 기리기 위해 그를 레바논 출신으로 설정했다. 1955년 처음 할리우드로 왔던 파는 레드 스켈튼 쇼에서 바나나 중 두 번째 바나나 역을 맡고 있었는데, 그 역할의 대본을 읽고 거의 바로 그 역할을 따냈다.

"내가 사실 레바논계 미국인이라는 것과 내가 군대에 있을 때 한국에서 두 번 근무한 적이 있었던 것이 도움이 되었던 것 같습니다." 그는 말했다. "아니면 어쩌면 그냥 운명이었을지도요."

매쉬의 작가 중 한 명이었던 켄 레바인 역시 야구 중계를 조금 해봤던 적이 있었다. 그는 타디드워터 다이즈에서 일했었던 적이 있었고 머드헨스에 대해서도 잘 알았다. 그는 클링거의 대본에 머드헨스에 관한 것을 쓰기 시작했다. 당시 머드헨스의 총감독이던 존 쿡이 파에게 머드헨스 모자를 보내자, 그는 그것을 주기적으로 쓰고 나오기 시작했다.

"진은 그들이 전 세계에서 머드헨스 물품을 구하는 사람들의 연락을 받는다고 내게 말했습니다." 파는 웃으며 말했다. "많은 사람은 그게 진짜 팀 이름인지도 몰랐어요. 그들이 그것이 실제로 존재하는 팀이라는 것을 알게 되자, 그들은 모자며 티셔츠며 커피잔 등 모든 것을 구하고 싶어했죠. 조 나폴리는 그들이 여전히 그런 물품을 구하는 사람들의 전화를 받는다고 내게 말하더군요."

한편, 파는 핍스 서드 필드에서 언제나 환영받는다. "나는 머디와 머돈나가 좋아요." 그는 웃으며 말했다. "톨레도 말고 어디서 크로스 드레싱으로 유명한 사람이 야구 경기에서 시구를 할 수 있겠어요?"

정말 어디 그런 곳이 있을까?

16

삶의 단편

톨레도에서의 주말

핍스 서드 필드는 다른 많은 새 트리플A 구장과 같다. 톨레도 다운타운의 한가운데 자리 잡고 있고, 인디애나폴리스의 빅토리 필드처럼 그 지역의 스카이라인이 외야 펜스 뒤로 펼쳐진다.

머드헨스가 톨레도의 일부가 된 지 무척 오래되었기 때문에 결혼식, 교회 행사, 그리고 졸업 파티 등 특별한 행사들이 야구장 안에서 치러진다.

2012년 7월의 어느 토요일, 어느 오후에 여러 머드헨스 선수들이 루이스빌 뱃츠와의 경기에 앞서 추가 타구 연습을 하기 위해 야구장에 일찍 도착했고, 결혼 파티를 한 무리가 투수 마운드에 서서 사진을 찍고 있는 것을 보았다.

"항상 일어나는 일이죠. 그의 사무실 책상에 다리를 올려놓은 감독 필 네빈은 말했다. "좀 지나면 익숙해져요."

네빈은 신랑의 친구들 중 그날 밤 그의 팀에서 투구할 만한 인물이 있을지 봐 볼까 하는 생각도 순간 들었다. 그 말인즉슨, 머드헨스가 힘든 여름을 보내고 있다는 것이다. 그들은 주초에 콜럼버스의 파이브 게임 시리즈에서 바닥을 쳤었다.

"그들이 경기가 잘되고 우리가 잘 안 될 때, 특히 투구가 잘 안 될 때 경기를 치룬 거죠." 네빈은 말했다. "할 수 있는 것이라곤 거기서 빨리 헤어나오기를 바라는 것밖에 없습니다. 그렇지 않으면 8월에 정말 끔찍해지거든요."

마이너리그 감독들은 8월이라는 달을 몹시 두려워한다. 8월 1일은 트리플A의 모두에게 힘든 날이다. 왜냐하면, 트레이드 데드라인이 지나기 때문이다. 아무도 트레이드 되지 않는다. 팀이 선수를 트레이드하자는 제안을 받아들이지 않는다. 선수는 마이너리그에 있고, 만일 선수가 유망주가 아니라면, 그 선수는 9월 1일 메이저리그의 호출을 한 번도 받지 못하고 9월 초에 시즌이 끝날 가능성이 크다.

"8월 1일은 모두의 기분을 가라앉게 하는 날이죠." 네빈은 말했다. "시즌 내내 선수들은 스스로에게 현재 어디에 있든지 자기식으로 최선을 다해 메이저리그로 가거나 누군가 자신들을 발견하고 트레이드를 한다고 스스로에게 상기시켜요. 그게 여기 있는 선수들이 항상 '나는 한 팀을 위해 뛰는 것이 아니라 서른 개의 팀을 위해 뛰는 거다.'라는 소릴 하는 거죠. 8월1일은 돌아오고, 그들은 자신들이 현재 있는 곳에 그냥 있게 되는 것을 알죠. 그들도 계산할 줄 압니다. 선수들은 어떤 두세 명이 구단의 유망주로 고려되는지 알아요. 그것은 다른 스물두세 명의 선수들은 9월에 있을 한 번, 두 번, 혹은 많아야 세 번 정도의 메이저에서 부르는 콜업을 위해 뛰게 되는 거죠. 그것이 현실이고, 김빠지는 일입니다."

머드헨스는 8월이 돌아오면 겨루는 일이 없을 것이다. 그들은 콜럼버스에서 있던 파이브 게임 시리즈의 두 번째 경기에서 간신히 이기긴 했지만, 나머지 세 게임에서 40득점을 포기했다. 네빈은 그 경기들에서 12명의 각기 다른 투수들을 썼지만 새로운 선수를 써볼 때마다 갈수록 더 망했다. 머드헨스는 42승 66패이라는 기록으로 토요일 아침 절룩거리며 홈으로 돌아왔다. 유일한 좋은 소식은 그들이 포 게임 시리즈에서의 시작이 리그에서 그들보다 못한 기록을 가진 유일한 팀인 루이스빌 뱃츠와의 경기라는 것이었다.

"야구, 특히 일이 이렇게 흘러갈 때는 정말 뭣 같아요." 네빈은 말했다. "정말 그냥 마음을 갈가리 찢습니다." 그는 미소를 띠었다. "물론 내가 삶에서 겪은 모든 것(대학에 가고, 아내를 만나고, 내 능력 내에서 생계를 꾸려가고)은 야구 때문이죠. 그래서 불평을 하긴 좀 어렵습니다."

네빈은 야구의 역사를 만들어가는 데 간접적인 역할을 해왔다. 1992년 그는 3년간 0.364의 타율을 기록하고 캘리포니아 주립 플러튼 대학의 올해의 선수가 되었다. 그는 21세였고, 메이저리그 진출 준비가 거의 된 것으로 여겨졌기 때문에, 그해 봄 많은 대부분의 드래프트보드에서 매우 상위를 차지하고 있었다. 1순위 지명권은 휴스턴 애스트로스에게 있었다. 그들의 담당 스카우트였던 할 뉴하우저는 그들에게 반드시 데릭 지터라는 미시건의 고교 내야수를 선발해야 한다고 구단에게 말했다. 애스트로스는 그게 옳은 선택일지 확신이 들지 않았다. 우선 지터와 그의 가족들이 그가 미시간 대학으로 진학할 것이라고 이야기하고 있었기 때문이다. 또 다른 이유는 애스트로스는 1년 전 그들의 1번 픽 존 버크(그들이 1라운드 6번 픽으로 영입했던)가 50만 달러의 보너스를 거절하고 대학에 간다고 해서 놓친 적이 있기 때문이었다. 애스트로스의 생각으로 지터는 적어도 그 몸값이 그 두 배는 될 것이고, 그걸로도 충분하지 않을 수 있다고 생각했다.

그래서 그들은 지터를 제치고 네빈을 택했다. 4개의 다른 팀도 지터를 제쳤으나 양키스가 그를 6번 픽으로 영입했다. 전해오는 이야기에 따르면, 드래프트 전 양키스의 회의에서 지터가 미시간 대학교로 갈지도 모른다는 우려가 나오자, 그를 스카우트하자고 했던 딕 그로치는 이렇게 답했다. "지터가 갈 유일한 곳은 대학이 아니라 쿠퍼스타운(명예의 전당)입니다."

지터는 양키스와 70만 달러 보너스라는 조건으로 계약을 맺었고, 그다음에 어떻게 되었는지는 모두가 알 것이다. 지터보다 먼저 뽑힌 다른 선수들은 네빈과 마찬가지로 크게 알려진 선수들이 되지 못했다.

그들은 네빈, 폴 슈이, 비 제이 월레스, 제프리 해몬즈, 그리도 체드 모톨라이다. 이 상황은 1984년 포틀랜드 트레일 블레이저스가 수비가 더 필요하지 않다는 이유로 마이클 조던 대신 샘 보위를 뽑은 것과 비슷하다. 휴스턴 애스트로스가 지터를 드래프트에서 제쳤을 때, 뉴하우저는 너무 화가 나서 일을 그만둬 버렸다.

네빈은 지터 전에 드래프트 된 다섯 명 중에선 가장 성공적인 선수가 되었다. 그렇지만 쉬웠던 것은 아니다. 1992년 미국 올림픽팀에서 뛴 다음 그는 트리플A팀으로 보내져서 그곳에서 선수 생활을 시작해야 했다. "난 내가 거기에 잠시 동안만 있을 줄 알았습니다." 그는 말했다. "내가 순항할 것이라 생각했어요. 내가 메이저리그까지 올라가서 머무르기까지가 그렇게 난관일 줄은 정말 몰랐습니다. 나는 금세 시큰둥해졌고, 또 아마 꽤나 분했던 것 같아요. 그 모든 경험이 끝날 때까지요."

네빈은 메이저리그에서 애스트로스 선수로 총 18게임을 뛰었다. 그리고 1995년 그는 1994~1995년 선수들 파업 때 구단주가 데리고 온 노조에 속하지 않은 대체 선수들과 운동하기를 거부하며 시즌 전에 언쟁을 벌인 후 트레이드 되었다. 다른 많은 어린 연령층의 마이너리그 선수들처럼 네빈은 대체 선수들과 엮이고 싶지 않았고, 그것이 그와 애스트로스 사이에 안 좋은 감정을 갖는 계기가 되었다.

그들은 네빈을 1995년 시즌 중간에 디트로이트 타이거스와 트레이드하였고, 타이거스는 그를 포수로 전환했다. 2년 후 트리플A와 메이저리그를 오락가락한 후 그는 비슷한 수준의 팀이었던 애너하임으로 보내졌다. 그는 1999년 시즌 전 그가 샌디에이고로 트레이드 된 직후였고, 감독이었던 브루스 보치는 그를 다시 3루수로 옮겼고 거기서부터 네빈은 드디어 기량을 발휘했다.

"내가 선수 시절에 깨달은 것은 사람들은 자신의 잠재력을 각기 다른 시기에 발견한다는 것입니다." 그는 말했다. "모든 사람이 그걸 22세나 12세 때 발견하는 게 아니에요. 나에게 타자로서 일어났던 최고의 일은 내가 포수가 되었다는 것입니다. 왜냐하면, 나는 공을 잡기 위해 공을 치는 것에 대해 연구를 많이 해야 했으니까요."

"나는 기회가 있을 때마다 내 선수들에게 성장할 수 있는 방법은 많고, 바로 눈에 보이지 않을 수도 있다고 말합니다. 나도 그랬으니까요. 내가 그 시기를 찾은 때는 내가 거의 30세가 다되었을 때였습니다. 문제는, 많은 경우에 선수가 24세 또는 25세인데 팀에서 선수를 포기합니다. 나는 운이 좋았던 게, 내가 옛날에 드래프트에서 1번 픽이었기 때문에 사람들은 나에게 한 번보다는 더 많은 기회를 주었던 것이죠."

그는 1999년 샌디에이고에서 24홈런 85득점을 기록했다. 1년 후에는 31홈런 107득점, 그리고 그다음 시즌에 그가 올스타였을 때는 41홈런 126득점까지 치솟았다. 그것은 정말 큰 금액의 계약을 성사하는 계기가 되었다. 네빈은 지난 5년간의 선수 생활 동안 거의 2,500만 달러를 받았다. 거기까지 가기 오래 걸리긴 했지만 그는 결국 마지막에 그 뭣 같은 상황을 이겨냈다. 이것이 그가 사랑하는 야구다.

"그냥 하는 말이 아니라, 그것이 내가 야구에서 얻은 무언가를 돌려주고 싶은 이유입니다." 그는 말했다. "언젠가는 메이저리그 감독을 하고 싶어요. 그렇지만 지금 하는 일에 정말 큰 만족감을 느낄 수 있습니다. 가장 좋은 순간은 언제나 선수를 처음으로 메이저리그로 올려보내는 때이죠. 내가 (그의 투수 중 한 명인)체드 웨버에게 메이저리그로 올라간다는 소식을 전했을 때 그는 내 사무실에 앉아서 눈물을 흘렸어요."

"최악의 상황은 선수를 방출시킬 때이죠. 왜냐면 그것은 그의 꿈을 죽이는 일이니까요. 만일 내 생각에 그들이 계속 운동을 해도 될 만큼 괜찮다면, 나는 그들에게 그렇게 이야기를 하죠. 만일 그렇지 않다면 그때도 역시 그렇지 않다고 말을 합니다. 가끔은 누군가에게 할 수 있는 가장 좋은 일은 '이제 할 만큼 했다.'라고 그에게 말을 해주는 것입니다. 선수들은 그 말을 듣고 싶어 하지 않을 수도 있지만, 가끔은 그게 정말 그들이 들어야 하는 말일 때도 있습니다."

"내가 독립 리그의 야구 감독을 한 첫해(2009년)에 나에게 프랭크 로니그로라는 선수가 있었어요. 그는 소방학교에 가는 것에 대한 이야기를 했었죠. 어느 날 그를 불러서 말했어요. '자네는 소방학교에 가야만 하네.' 어쩌다 그다음 주에 소방학교가 개강하는 것을 알게 되었죠. 어쩌면 그 친구가 얘기했던 걸지도 몰라요. 나는 그에게 이제 시간이 되었다고 말하고 그를 방출시켰어요."

"그는 화를 냈습니다. 분통을 터트렸죠. 2년 후 나는 그에게 소식을 들었어요. 그는 '처음에는 감독님이 미웠는데요. 지금 와서 보니 감독님이 저를 위해 옳은 일을 해주신 거였습니다.'라고 말했습니다."

네빈은 2007년 은퇴했고 브로드 캐스팅을 한동안 했었지만 유니폼을 입던 것이 그리웠다. 그래서 그는 2009년 오렌지카운티의 독립 리그 야구팀의 감독을 맡았다. 1년 후에는 타이거스가 그를 이리에 있는 그들의 더블A 클럽의 감독으로 고용했고, 그다음 그는 승진해서 2011년 톨레도로 왔다. 네빈이 처음 부임했던 시즌에 머드헨스는 67승 77패였고, 그의 두 번째 시즌에는 고전하였지만 네빈은 여전히 레일랜드가 디트로이트의 감독직에서 은퇴를 하면 그 뒤를 이을 유력한 후보로 고려되었다. 그러니 지금 순간엔 네빈에게 그것이 가장 중요한 일이 아니었다. 톨레도에서 7월 경기에 루이스볼 뱃츠의 기록을 한자릿수로 묶어둘 투수를 찾는 것이 훨씬 중요했다.

"오늘 경기는 괜찮을 거예요." 그는 주장했다. "우리 팀 투수가 아웃을 잘 시키거든요."

그 선수는 애덤 윌크였고, 네빈의 말은 맞았다. 7회에서 윌크는 뱃츠를 전멸시켰다. 1만 1,500명으로 야구장에 꽉 찬 관중들 앞에서 머드헨스는 4-0으로 이기고 있는 아름다운 밤이었다. 팀이 고전하고 있더라도 톨레도는 그들의 야구팀을 사랑했다.

그날 저녁의 하이라이트는 활동이 뜸하던 멕시코에서 톨레도로 와서 그 생활을 즐기고 있는 존 린지가 좌익 담장 너머로 긴 홈런을 날려 무득점이던 톨레도를 2대 0으로 앞서게 했을 때였다.

공은 야구장을 벗어나 펜스 바로 뒤로 있는 먼로 스트리트에 떨어졌다. 차를 타고 지나던 남자가 담장을 가뿐히 넘어 바닥에 떨어지는 것을 본 것이 명백했다. 왜냐하면, 그가 그것을 보고 차를 멈추고 달려나가서 굴러가는 공을 주워서 차를 몰고 갔기 때문이다.

그것은 야구 역사상 전혀 기대하지 못했던 기념품 중 하나일 것이다.

슬프게도 머드헨스의 지친 불펜은 윌크의 선전에도 불구하고 이기고 있던 상태를 유지하지 못했다. 뱃츠는 헨스가 이기려고 버텼음에도 불구하고 마지막 2회에서 8득점을 하였다. 최종 점수는 8대 4였다.

다음 날, 팀은 6시에 경기 스케줄이 있었다. 대부분의 마이너리그 팀은 7~8월에는 무더위를 피하기 위해 일요일에 하는 경기를 저녁으로 옮겼다. 이날 오후는 낮에 시작을 했어도 상관이 없었을 것이다. 왜냐하면, 저녁에도 온도가 섭씨 약 27도였기 때문이다.

톨레도 클럽하우스에 먼저 도착한 두 명은 전날 먼로 스트리트까지 홈런을 날렸던 린지와 타구 코치 리온 더럼이었다. 그 둘은 아주 다른 사람이었고, 야구 인생 또한 달랐다.

더럼은 1976년 세인트루이스 카디널스의 1번 픽이었고, 그의 25번째 생일 전까지 메이저리그에서 뛰었다. 그는 10년간 메이저리그에서 뛰었다. 대부분은 시카고컵스의 선수로서였다. 그는 1,067게임에 출전했었고, 타구를 한 횟수는 3,587번이었다. 기록은 147홈런, 530득점이었다. 그의 별명은 황소였는데 그 이유는 덩치가 크고 힘이 세고 직선적인 성격을 가졌기 때문이었다.

그는 어디서나 볼 수 있는 사람들과 마찬가지로 타자들을 대할 때 허튼 짓을 하지 않는 사람이었다. 사무실 밖에서 투수 코치 에이 제이 세거와 그의 생각을 공유했다. 그곳엔 화이트보드가 있었다. 거기다 더럼은 모두가 볼 수 있게 그의 타구 이론을 적었다.

"브레이크 걸린 공만 치려고 보면 성공할 수 없다. 강속구를 칠 생각을 해야 생계를 유지할 수 있다. 강속구를 기다려라."

린지는 프로야구 선수로 활동한 18년 동안 많은 강속구를 쳤었다. 그는 1995년 13라운드 때 드래프트 되었고, 2003년까지는 클래스A 위의 레벨로는 가본 적이 없다. 다 합해서 그는 14개의 도시에서 1,787번의 마이너리그 경기를 했고 6,347타구를 했다. 그의 기록은 268홈런에 1,195득점이었다. 그중 메이저리그에서의 기록은 없지만, 다 인상적인 숫자다.

그의 메이저리그 인생은 2010년 9월 다저스에서 보낸 한 달이 전부이다.

그의 아버지가 그가 처음 계약할 때 했던, 메이저리그로 가는 것은 보기보다 훨씬 어려울 것임을 알게 될 것이라는 우려가 무척 정확했음에도 불구하고, 그 모든 노력과 좌절을 겪으면서도, 린지는 야구와 삶 둘 다에서 낙관적인 자세를 유지해왔다.

린지는 더블A까지 가는 데만도 7시즌이 걸렸다. 그는 부상 문제가 있었지만, 그가 건강할 때에도 본루에서 가끔 어려움을 겪었다. 1999년 그의 타율이 0.208로 저조했을 때, 그리고 픽오프플레이를 하다 다친 어깨 수술을 받으라고 강요당할 때, 그는 대학에 가는 것을 알아볼 시기가 아닌 것인가 생각하였다.

"어느 날 그런 고민들에 대하여 삼촌에게 이야기하고 있었는데, 삼촌이 '너 시력검사를 마지막으로 한 게 언제냐?'라고 물었어요." 린지는 말했다. "저는 시력검사를 해봤었는데 두 눈 모두 2.0이었어요. 하지만 삼촌은 그게 그렇게 간단한 일이 아닐 수도 있다고 하면서 나를 미시시피에 있는 삼촌이 아는 전문가에게 보냈습니다. 물론 내 눈은 둘 다 2.0이었어요. 하지만 나에겐 난시가 있었고 이것이 내가 타석에서 몇 분의 일 초 늦은 반응을 하는 원인이었던 것이죠. 의사는 그것을 교정할 수 있는 렌즈를 주었고, 나는 사물을 더 빠르게 인지할 수 있었죠."

그럼에도 불구하고 그의 성장은 더디었다. 그는 하이에이 샌베르나르디노(high-A San Bernardino)에서 전년도 타율 0.297, 22홈런, 93타점을 기록하여 2003년 마침내 더블A에 진출하게 되었다. 그는 시애틀의 2군팀인 더블A 샌안토니오에서 알찬 2년을 보내고 2005년 시즌 전에 카디날스와 프리에이전트로 계약을 맺었다. 그러나 카디날스는 스프링 트레이닝 때 그를 방출시켰고 28세인 린지는 무직자가 되었다.

그때까지 린지는 그의 아버지가 야구는 커다란 연못이라고 했던 말이 틀렸다고 생각하고 있었다. "야구는 큰 바다입니다." 그는 말했다.

그는 독립 리그로 전환하여, 캐나디안 아메리칸 어소시에이션의 뉴저지 자칼스와 계약을 맺었다. 그는 그곳에서 말린스와 계약할 만큼 좋은 경기를 펼쳤고, 남은 시즌 동안 그를 다시 하이에이로 돌아갈 수 있게 되었다. 다음 해 봄, 그는 다시 계약 없이 뉴저지로 돌아왔다.

자칼스에서 보낸 시간은 그의 선수 생명을 연장시켰고 그에게는 '시장(mayor)'이라는 별명도 생겼다.

자칼스의 라디오 실황 중계를 하는 사람은 조 애머로소였는데, 연배가 있는 사람이라 1966년부터 1973년까지 존 린지(John Lindsay)가 뉴욕시의 시장이었던 시절을 기억했던 것이다. 린지 시장은 압도적인 지지율로 1969년 재선출되었는데, 그 이유는 시민들이 메츠가 월드시리즈 우승의 기적에 대한 좋은 기분을 가지고 있었기 때문인 것도 컸다. 린지 시장은 공화당 예비 선거에서 패한 후 메츠에 필사적으로 공을 들였다. 3당 후보로 재선에 출마한 그는 메츠가 챔피언십을 거머쥔 지 3주 후에 재당선되었다.

린지(Lindsey)와 린지(Lindsay) 시장은 성의 철자가 달랐지만 애머로소는 그를 '시장'이라고 부르기 시작했다. 그 별명은 그를 계속 따라다닐 뿐만 아니라 린지 시장에 대해 들어본 적도 없는 동료들까지도 오늘날까지 사용한다.

같은 직책을 차지했던 아니던, 린지는 2006년 타율 0.311을 기록하며 만족스런 한 해를 보냈지만, 그 시즌의 막바지에 그는 은퇴를 결심하고 대학에 가기로 하였다. 메이저리그 야구는 선수들에게 은퇴 후 대학 교육을 지원하는 프로그램이 있었는데, 이 지원을 받으려면 메이저리그나 마이너리그에서 마지막 월급을 받은 지 2년 안에 진학을 해야 했다. 그러나 독립 리그에서는 그런 혜택이 없었기 때문에 린지는 그가 말린스와의 계약했던 때로부터 2년이 되는 2007년 가을까지 입학을 해야 했다.

"또 다른 시즌을 독립 리그 야구에 얽매여 있고 싶지 않았어요. 왜냐하면, 시즌을 마치면 메이저리그 대학 학비 혜택을 위한 데드라인에 맞춰 입학할 수 없었기 때문이죠." 그는 말했다. "나는 30세였고, 독립 리그에서 뛰고 있었죠. 이만 (접을)때가 왔다고 생각했어요."

그가 펄 리버 커뮤니티 칼리지에 들어갔을 때 놀랍게도 로스앤젤레스 다저스로부터 연락을 받았다. 그가 로키스에 있을 때 마이너리그 강사였던 로렌조 번디와 다저스 마이너리그 타구 강사였던 마이스 이슬러가 린지를 마이너리그와 계약하도록 추천했던 것이다. 두 사람 다 린지를 클럽하우스에서 어린 선수들에게 좋은 영향을 끼치는 알찬 마이너리그 타자로 생각했던 것이다.

린지는 그때까지도 아직 부양해야 하는 자녀가 없었다. 그는 번디와 이슬러가 자신에게 한 번 더 기회를 줘볼 만하다고 생각했다면, 자신에게조차 보지 못한 무언가가 있을 것이라고 판단했다. 게다가 그가 2007년에 마이너리그팀과 계약을 맺으면 일이 잘 안 되더라도 그는 시즌 마지막에 (혹은 새로운 2년간의 기회의 시작에) 여전히 교육 혜택을 받을 수 있었다.

그리하여 그는 2007년 봄 다저스의 영입 제의를 수락했다. 그는 캠프에서 더블A로 배정되었지만 좋은 기량을 발휘해 금세 번디가 감독을 맡고 있는 라스베이거스에서 호출을 받을 수 있었다. 처음 프로로 계약한 지

12년 만에 그는 마침내 트리플A에 입성한 것이다. 그는 그때 그 어느 때보다도 많이 성장하고 강해지고 똑똑해진 타자였다. 라스베이거스에서 시즌의 절반 남짓 지났을 때 그는 타율 0.333, 19홈런, 그리고 88타점을 기록했다. 1년 후, 한 시즌에 그는 타율 0.316, 26홈런, 그리고 100타점을 기록했다. 이것은 그의 선수 인생의 어느 시점보다 좋은 기록이었다.

그는 말린스와 다시 계약을 해서 다음 1년을 뉴올리언스에서 보냈지만, 다음 해 다저스로 돌아왔다. 현재 앨버커키에 있는 트리플A팀에서 그는 지금까지 했던 중 가장 훌륭한 시즌을 보내고 있다. 타율 0.353, 25홈런, 97타점. 그럼에도 불구하고 그가 메이저리그에서 호출을 받을 기미는 보이지를 않았다. 시즌이 끝나기 전날 라운드락에 있는 팀 월락의 사무실로부터 호출을 받기 전까지.

그 순간은 그위닛에 있는 제이씨 보스칸과는 달랐다. 왜냐하면, 클럽하우스의 누구도 그런 일이 있으리라 전혀 예측하지 못했기 때문이다. 그렇지만 영화 《루키》(마이너에서 부상으로 꿈을 접고 고교 선생님이 된 사람이 우여곡절 끝에 메이저리그에 서는 스토리의 영화)의 모든 요소와 겹쳤다. 역사상 메이저리그에서 호출을 받기까지 마이너리그에서 린지만큼 오랜 시간을 보낸 사람은 누구도 없었다. 이에 즉각적이고 거침없는 축하가 이어졌다.

"만일 당신이 린지를 조금이라도 안다면 왜 동료들이 그렇게 반응했는지 알 거예요." 필 네빈이 말했다. "린지는 정말 좋아하지 않을래야 좋아하지 않을 수 없는 사람이거든요." 린지의 메이저리그 활동은 투수가 던진 공에 오른손을 다치고 '카를로스 리'가 득점을 하게 하고 얼마 지나지 않아 막을 내렸다. 다음 해 그는 앨버커키로 돌아왔으나 2011년 시즌 말 실직하게 되었다. 또다시 은퇴를 하고 싶은 마음이 들었다. 그리고 또다시 아버지의 말을 되새기기로 했다. 그는 오프 시즌 동안 최근 몇 년 내

가장 열심히 운동하였다. 멕시코에서 시즌의 반을 보냈을 때쯤 그는 약 13kg을 감량하였고, 6월에는 톨레도와 계약을 맺게 되었다. "내가 뭐 하나 말해줄게요." 네빈이 말했다. "이 친구는 아직도 타구 할 수 있어요."

35세의 린지는 아직도 그가 완전히 다 소진되지는 않았다고 생각한다. "기회는 언제든지 생길 수 있어요." 그는 마이너리그 만트라(주문)를 반복하듯 말했다. "한 번 기회가 왔었지만 나는 그게 또 일어날 수도 있다고 생각해요."

끝까지 믿음을 가지는 것이 트리플A에 있는 모두를 (야구로)되돌아오게 한다. 매일, 매해.

린지의 홈런과 후반부에 붕괴한 불펜의 다음 날은 서부 지구에서 놀랍도록 평온한 여름의 일요일이었다. 습도가 낮아서 야구장이 전혀 불쾌하게 느껴지지 않았던 이유가 컸다.

톨레도 머드헨스가 루이스빌 뱃츠를 맞이하기 두 시간 전, 머드헨스의 더그아웃 위에 그레그 노만의 상어 로고가 그려진 흰색 밀짚모자를 쓰고 노란 셔츠에 파란 반바지에 조리를 신은 중년의 남자가 서 있었다. 그는 장황하게 그의 경험담을 말하고 있었고, 300여 명의 사람들이 햇볕 아래 앉아 경청했다.

"나는 1983년 11월 6일 다시 태어났어요." 프랜트 타나나는 말했다. "그날이 나의 삶과 영혼을 예수님께 바친 날이거든요."

타나나가 기독교인과 투수로 다시 태어났을 때 그의 나이는 30세였다. 그가 메이저리그에 입성했을 때 그는 캘리포니아 에인젤스의 스무 살 난 화염방사기(불꽃투수)였고, 25세 때까지 84승을 거뒀었다. 당시에는 투구

수 제한(pitch counts)이나, 이닝 수 제한(inning counts) 혹은 젊은 선수의 160이닝 때 셧다운을 시켜 팔을 보호하는 제도 같은 것이 없었다. 선수는 그냥 나가서 팔이 빠질 때까지 던졌던 것이다. 따라서 많은 경우에 시속 150km 이상으로 투구하기만 하면 그다지 걱정하지 않았다.

메이저리그에서의 첫 번째 풀시즌이었던 1974년, 타나나는 268이닝도 넘게 투구를 했다. 그는 그해 7월 스물한 살이 되었다. 일년 후에는 257이닝이었고, 그다음 해 그의 기록이 19승 10패였을 때 그는 288이닝을 뛰었다. 요즘에는 젊은 선수들이 두 시즌 동안 288이닝을 나서는 것도 꽤 위험하다고 여겨지고 있다.

1979년 타나나는 투구를 하는 어깨를 다쳤고 시즌의 절반을 쉬었다.

그는 더 이상 이전처럼 세게 던질 수 없었고 투구하는 법을 처음부터 모두 다시 배워야 했다. 힘으로 타자들을 아웃시키는 대신, 그는 섬세함으로 아웃시켜야 했다. 시속 140km 후반대에도 거의 못 미치는 속구로 투구하게 된 그는 텍사스와 1993년까지 그가 야구를 할 수 있었던 그의 고향인 디트로이트에서 두 번째 야구 인생을 보내다 240승으로 은퇴하였다.

"그는 1970년대에 150km로 던졌고, 1990년대에는 130km로 던졌다." 그의 야구 인생을 묘사하는 말로 가장 자주 쓰이던 문구였다. 그것은 매우 진실에 가까웠다. 그는 투수 생활을 아주 오래했기 때문에 헨리 아론과 베리 본즈 두 명 모두에게 홈런을 맞은 아주 드문 두 명의 투수 중 한 명(나머지 한 명은 릭 로이셀)으로 꼽혔다.

현재 59세인 타나나는 고향인 미시간을 돌아와 살고 있었고 프로 운동선수 구제 모임(Pro Athletes Outreach group)에 참여하고 있다. 그것은 그가 일요일에 몇 번 정도 펩스 서드 같은 야구장에서 그의 경험담을 말해 주는 것이다. 타나나가 말하는 동안 앉아 있는 팬들 사이에는 상당수의 머드헨스 선수들도 유니폼을 입은 채 끼어 있었다. 타나나는 한때 메이저리그를 주름잡던 타자처럼 보이지 않았음에도, 그들은 모두 타나나가 누군지 알았다.

타나나가 말하는 동안 좌익 쪽에선 뱃츠의 선수들이 그들의 일요일 경기 전에 일상적인 운동을 하며 몸을 풀었다. 야구에서 일요일은 결코 휴식을 의미하지 않지만, 배팅 연습이 없어서 선수들이 평소보다 야구장에 늦게 와도 되는 날도 종종 있었다. 타나나 뒤의 전광판에는 12일 후에 있을 제이미 파의 버블헤드의 밤을 비롯한 여러 향후 프로모션이 반복적으로 깜박였다. 마이너리그에선 이게 일상적인 일이다.

타나나가 45분간의 이야기를 마무리할 때, 또 다른 예전 투수가 작은 무리의 사람들 관심을 끌고 있었다. 거기서는 데니 맥레인이 그의 자서전 《내가 말했잖아요. 나는 완벽하지 않다고(I Told You I Wasn't Perfect)》에 사인을 하고 있었다.

그것은 아마 역사에서 가장 절제된 제목 중 하나일 것이다. 맥레인은 1968년 디트로이트 타이거스에서 31승 6패에 방어율 1.96을 기록한 야구 역사상 마지막 30승 선수였다. 다음 해에는 24승을 거두었다. 그러나 그 이후에는 그의 삶은 거의 파탄이 났다.

1970년 그는 야구협회 회장 보위 쿤으로부터 두 번 징계를 받았다. 한 번은 그가 출판 관련 사업과 연계하고 있다는 것이 발각이 되어서이고, 두 번째는 타이거스팀 전용기에서 총을 소지하였기 때문이다. 그해 말에 도박으로 모든 돈을 탕진한 그는 파산 신고를 했다. 그는 워싱턴 세네터스로 트레이드 되었다. 워싱턴의 야구를 파멸시킨 거래였다. 그는 10승 22패를 기록하는 가운데 시즌 내내 워싱턴의 감독인 테드 윌리엄스와 다

투느라 허비했다. 또한, 시즌 중간에 오른쪽 팔을 다쳤고 그로 인해 세네터스는 워싱턴을 떠나 텍사스 레인저스로 거듭났다.

그는 워싱턴에서 오틀랜드, 또 다시 애틀랜타를 전전했으며, 1972년 9월 28세라는 나이로 메이저리그에서 투수로서 마지막이 되었다. 야구 후 그의 인생은 경찰 체포와 마약 문제, 그리고 횡령, 우편 사기, 공모 등의 이유로 6년간 수감된 것을 포함한 몇 번의 감옥행 등으로 얼룩졌다. 그의 몸무게는 150kg으로 급증했고, 이제는 그렇게까지 뚱뚱해 보이지는 않지만 여전히 그의 몸무게는 약 135kg을 육박한다. 1968년도 그의 야구 카드에는 185cm, 84kg이라고 적혀 있다.

이제 68세가 된 그는 디트로이트에서 여러 방송 출연 등과 그의 책 판매로 수입을 올리고 있다. 펍스 서드 필드는 맥레인에게 제법 일반적인 방문 장소였다. 그는 한동안 그의 책에 사인을 했고 지역 케이블 TV인 머드헨스 티비의 프로그램에 출연했다.

타나나가 경험담을 말하고 맥레인이 사인을 하고 팬들은 파의 더블헤드의 밤에 대한 계획을 세우고 있는 동안 팀은 현재 톨레도 소방서의 밤 행사를 준비하고 있다.

마이너리그에선 이런 것이 일상적인 일이다.

머드헨스의 피알(PR) 스태프가 게임 시간의 온도를 공지하기 위해 자리를 잡으며 야구 경기의 일상에 빠지고 있을 때 그들의 무전기가 치직거렸다. 그것은 구장 내 활동을 담당하는 마케팅 보조였다.

"도대체" 그녀는 물었다. "이 소방차와 마스코트들로 뭘 어떻게 해야 하지?"

17

브렛 톰코

끈질긴 야구 인생

브렛 톰코는 유명을 달리한 소방관들, 마스코트들, 그리고 구조대원들에 대한 게임 전 묵념이 진행되는 동안 나머지 뱃츠 선수들과 운동장에 있었다. 그에게 이것은 야구장에서 늘 있는 일이었다. 39세인 그는 지금까지 별의별 것을 다 봐왔다.

그는 프로야구 선수로 18번째 시즌을 보내고 있었고, 25개의 도시에서 투구를 했었다. 그중 10곳은 메이저리그였고, 15곳은 마이너리그였다. 이것은 애리조나의 가을 리그(Arizona Fall League)에서의 두 번의 활동은 포함하지 않은 것이다. 그는 다음 날 루이스빌에서 투구하기로 되어 있었고, 그것이 그의 마지막 선발이 될지도 모른다는 것을 알고 있었다. 3.43이라는 상당히 좋은 방어율에도 불구하고 그의 기록은 무승 6패였다. 그는 뱃츠를 산하로 두고 있는 신시내티 레즈는 자신을 방출시키는 것을 고려하고 있을 수도 있다는 것을 알고 있었다. 그는 그가 투구하는 방식이 그러한 처우를 받게 한다고 생각하지 않았지만, 야구에서 심상치 않은 일들이 일어나고 있다는 것 또한 알고 있었다.

“나는 이 모든 게 끝났다고 생각했던 적이 너무 많았기 때문에 더 이상 걱정하지 않아요." 더그아웃에 앉아서 메이저리그에서 100승을 했던 선수로서 트리플A에서는 볼 수 없는 밝은 미소를 띠며 그는 말했다. "나는 주저앉아 분하게 생각할 단계는 이미 한참 지났어요. 아마도 내가 생각했던 것보다 훨씬 길게 선수 생활을 할 수 있었기 때문일 겁니다."

그는 미소를 지었다. "작년에 내가 라운드락에서 투수를 할 때 우리는 오마하로 원정을 갔어요. 나는 제프 수판을 상대로 투구를 할 예정이었죠. 지금 생각해 보니, 우리 둘 다 야구를 정말 오래했고, 많은 시간을 메이저리그에서 보냈었네요. 경기 전날 우리는 이야기를 나눴는데 그가 나에게 말했죠, 'BT(브렛 톰코), 나는 아마 다시 메이저리그로 다시 돌아가지 못할 거고, 자네도 아마 메이저리그로 다시 돌아가지 못할 거야. 지금 우리는 바로 여기 오마하에 있고, 내일 우리는 일곱 번째 월드시리즈 경기를 하는 거야. 이게 현 상태를 바라볼 수 있는 유일한 길이지. 그게 아니라면 우리가 왜 여기 있겠어?'"

"그것에 나는 뭔가 한 방 맞은 것 같은 기분이었습니다. 그 친구 말이 맞아요. 우리는 둘 다 오마하에 있고 싶었기 때문에 있었던 것이죠."

수판은 메이저리그에서 140경기를 이겼고, 월드시리즈의 우승팀이던 카디널스의 투수로 뛰던 2006년에는 내셔널리그 챔피언십에서 MVP로 뽑혔었다. 그리고 오마하에서 이야기를 나눈 후 그들은 둘 다 메이저리그로 돌아갔다.(톰코는 2011년 시즌 후반에, 수판은 2012년에) 그는 야구를 사랑하지만, 그가 반드시 야구 선수가 되리라 생각하지는 않았었다. 오하이오의 유클리드에서 자란 그는 사실 고등학교 때 그가 제일 잘한다고 생각했던 스포츠는 농구였다. 그러나 어느 날 밤 테스 위틀락이라는 사람을 만나고서 그 생각이 바꼈다.

"그 게임 전에 나는 55점을 득점했었죠." 톰코는 말했다. "상대 선수들은 그 친구를 나에게 붙이면서 '재 막아!'라고 말했죠. 그는 완벽하게 나를 막았어요. 경기 후반 휴식 시간 때 그가 공을 가지고 있었고 나는 그를 막기 위해 돌아갔는데 나를 가볍게 넘어서 덩크슛을 하더군요. 그 순간 나는 '야구를 시작해야 할 것 같다.'고 진지하게 생각했습니다."

그의 아버지 제리는 가족 내에서 스포츠 팬이었다. 사실 클리블랜드의 NBA팀, 캐벌리어스의 이름은 제리 톰코 덕에 생긴 것이다. 1970년, 클리블랜드가 신설 팀을 승인했을 때, 클리블랜드 플래인 딜러(클리블랜드 지역 신문)는 팀 이름을 공모했다. 1만 1,000여 개의 응모된 이름들 중 독자들이 최종 5개를 두고 투표했다. 그렇게 캐벌리어스가 뽑혔다.

"아버지는 싸인된 농구공과 1년치 시즌 티켓을 부상으로 받았어요." 톰코는 말했다. "그걸로 끝이었죠. 그 시즌에 그들은 15경기를 이겼고 67경기를 졌어요."

그의 어머니는 예술을 더 좋아했다. 사실 그녀는 브렛이 10대 때 미술 수업을 듣도록 했고 그는 거기에 빠졌다. 지금까지도 그는 경기를 위해 여행할 때도 그림 그리는 도구들을 가지고 다니고, 호텔방에서 잠들기 전에 항상 그림을 그린다.

"스트레소 해소에 정말 좋아요." 그는 말했다.

그는 재능도 있어서 지금까지 24점의 그림이 팔리기도 했다. 그림은 그가 집에 더 자주 있을 때(야구를 그만둔 후에) 더 많은 시간을 할애하고 싶은 취미이다.

"만일 메이저리그에 있어 봤다면 자신의 위치에 대해 스스로를 속일 필요가 없죠." 그는 말했다. "경기 후 먹는 잼은 트리플A 클럽하우스나 메이저리그나 같은 음식일 거예요. 그렇지만 그 맛이 다르게 느껴지죠. 메이저리그에서는 리츠 칼튼이나 포시즌 같은 호텔에 투숙하지만, 여기서는……." 그는 잠시 말을 멈췄다가 핍스 서드 필드의 좌익 담장 밖으로 보이는 파크인(Park Inn)을 가리켰다. "파크인에 투숙하지만 그건 괜찮아요. 방을 다른 선수랑 같이 쓰지만 그것도 괜찮습니다."

"그렇지만 현실이 확 와 닿는 순간들이 있어요. 이번 시즌 초반에 우리는 내가 전에 들어본 적이 없는 투수와 맞서야 했는데, 우리는 그를 건드릴 수 없었죠. 윌리 해리스(또 다른 베테랑 메이저리거)가 나에게 더그아웃에서 말했어요. '저 친구 끔찍해. 정말 끔찍해.' 나는 말했죠. '야 저사람 트리플A 투수야. 만일 그가 그렇게까지 끔찍하면 그는 여기 없을걸.'"

그의 야구 인생 대부분 톰코는 '이닝이터(innings eater)'라고 불리는 투수 중 하나였다. 그는 누군가를 장악하기도 압도하지도 않았다. 266번의 메이저리그 선발에서 그는 13번의 풀 경기 출전, 두 번의 완봉을 거뒀는데 2009년 그중 두 번째 완봉 때 경기 중에 어깨에 큰 부상을 입었다. 그 일로 인해 그가 오랫동안 여러 다른 팀을 전전하게 되는 원인이 되었다.

"돌아보면 그다지 웃을 만한 일이 아닌 것이, 내가 부상을 입었을 때 여느 때보다도 투구가 잘되었던 거예요." 그는 말했다. "단지 그날뿐 아니라, 내가 그해 여름 오클랜드(그가 6경기밖에 선발이 안 된)에 있었을 때도 마찬가지였죠. 그날 기분이 아주 이상했어요. 어느 때보다도 공을 잘 던지고 있었고, 크리스 데이비스에게 3-2 강속구를 던졌을 때 내 어깨 이두박근의 무언가가 터지는 느낌이 났어요. 그때 이런 생각을 했던 게 기억나요. '제발 별거 아니길.'"

"또다시 강속구를 던지려고 했는데, 그 공이 플레이트의 중간 정도까지 날아갔던 것 같아요. 나는 포수인 커트 스즈키를 불러서 말했어요. '그냥 커브볼만 주문해.' 어쩌다 보니 3명의 타자를 아웃시켰어요. 10번 연속 커브볼을 던졌습니다. 모두가 마운드에 축하하러 나왔을 때 오직 내 머릿

속에 있던 생각은 '이제 끝인가? 나는 끝난 건가?'였습니다."

애슬레틱스는 톰코의 야구 인생 100번째 승리를 축하하고 있었다. 대기록이었다. 그러나 톰코는 그냥 앉아서 자신의 성취를 즐길 기분이 아니었다. 그는 호텔로 돌아와서 경기 중계를 위해 와 있는 에스피엔(ESPN)의 노마 가르시아파라와 술을 한잔했다.

"술잔을 손에 들고 있었는데 갑자기 그게 너무 무겁게 느껴졌습니다." 그는 말했다. "나는 술잔을 내려놓아야 했죠."

"얼음찜질을 하고 쉬고 나면 괜찮아지길 바라며 잠자리에 들었어요. 하지만 고통에 비명을 지르며 새벽 5시경 잠에서 깼어요. 침대에 앉아 팔을 가슴에 밀착시키고 트레이너를 부르기 전까지 최대한 오래 버텼어요. 트레이너가 왔을 때쯤 나는 고통에 울고 있었어요."

그는 어깨 이두박근에 파열이 온 것이었다. 텍사스의 의사는 그가 집으로 날아가 (그의 부상으로부터 4일 후인) 9월 18일 그의 쌍둥이 아들이 태어나는 것을 볼 수 있도록 그에게 진통제를 주었다. 그는 말했다. "아이들이 태어났을 때 나는 팔을 움직일 수 없었어요."

그는 그 후 곧 수술을 했고 재활을 거쳐 다시 야구를 할지 결정을 해야 했다. "조금은 야구를 그만둘 때가 왔다는 생각도 있었어요."

그는 말했다. "나는 그때 막 아버지가 되었죠. 꽤 많은 돈을 벌었구요. 그러나 내가 은퇴하기로 마음을 정하려고 할 때마다 그날 텍사스에서 있었던 일이 떠올랐고 행복하지 않았죠. 절망적이었어요. 이 부상과 고통 때문에 먹구름이 끼었어요."

"내 아내와 그것에 대하여 이야기를 나눴는데 아내가 말했어요. '당신이 정말 그만둘 때가 왔다는 생각이 들 때까지 끝까지 해 봐요.'"

그는 아직 거기까지 가지 않았다. 매번 그만둘까 하는 생각이 들 때면 그는 몇 년 전에 읽었던 것을 떠올린다. "당신은 야구 선수로서 보내는 시간보다 훨씬 더 많은 세월을 전前 야구 선수로서 보낸다."

다음 해 스톡튼에서 엄청나게 저조한 방어율 7.52에도 불구하고, 2010년 초 애슬레틱스는 그를 트리플A 새크라멘토로 올려보내서 조금 더 나은 투구를 하기도 했지만, 2010시즌 말 재계약을 맺을 정도로 잘하지는 못했다.

"새크라멘토에서 내 방어율은 스톡튼에서보다 월등하게 나아지지는 않았지만, 솔직히 그게 보이는 것과 다르다고 생각해요." 그는 말했다. "처음 내가 거기서 투구를 했을 때 아무도 아웃시키지 못했어요. 나는 맹비난을 받았죠. 그러나 그 후에 나는 사실 좀 더 나아졌었습니다."

그러나 오클랜드에서 다시 계약할 만큼은 아니었다. 그렇지만 레인저스가 그에게 기회를 주기를 원했고, 그는 마지막으로 한 번 더 해보기로 했다.

그는 2011년 라운드락에서 더 나은 투구를 했고 메이저리그에서 구원 투수로 호출을 받았다. 그가 그동안 많이 해본 것은 아니었지만, 그는 불평하지 않았다.

"이 모든 것을 겪고 다시 메이저리그에서 호출을 받는 것만으로도 정말 흥분되는 일이었죠." 그는 말했다. "그래서 내가 돌아간 첫 번째 경기에서 졌을 거예요. 그 회를 뛰면서 말이에요. 이런 생각을 했던 게 기억나요. '적어도 아들들에게 내가 메이저리그에서 뛰는 것을 보여줄 수 있게 됐어.' 그날 경기 전에 나는 아이들과 야구장에서 같이 사진을 찍었어요. 내 야구 인생 중 내가 그렇게 즐겁게 보낸 날은 없을 거예요."

그는 텍사스에서 43일간 뛰었다. 그 날짜 수를 그가 기억하는 이유는 그의 계약서에 만일 그가 메이저리그에서 45일간 뛰면 그가 그 후에 어디에서 뛰든 그 시즌에는 메이저리그급 급여를 받기로 되어 있었기 때문이다. 그는 라운드락으로 돌아와 그 시즌을 마쳤고, 2012년도에는 그가 18년 전 야구 시작을 했던 그 팀 레즈와 계약을 맺었다. 그래서 그는 뱃츠의 유니폼을 입고 7월 말 톨레도에 도착한 것이다. 유니폼을 입는 것은(선발 준비가 된) 시즌의 그 시점에서는 사소한 것이 아니다. 톰코는 2달간 뱃츠에서 좋은 투구를 펼쳤다. 5월 30일 그가 시러큐스와의 경기를 위해 투구에 나섰을 때 비록 아직 한 경기도 이기지 못했지만 그의 방어율은 3.15였다. 경기 초 그의 스파이크가 고무에 약간 걸렸고 그는 어깨 안이 당기는 느낌을 받았다.

"이것은 나에게 심상치 않은 일이 벌어졌다는 것을 알았었던 텍사스에서의 그날과는 전혀 다른 것이었어요." 그는 말했다. "그러나 나는 이게 좋은 일은 아닐 것이라는 것은 알았어요. 서른아홉 살의 나이로 통증이 느껴지지 않는 것이 좋은 일이죠. 그 밖의 일은 문제일 수밖에요."

톰코는 그의 어깨와 이두박근에 염좌를 입은 것으로 드러났다. 그래서 7월 25일 뱃츠에서 다시 투구를 하기 전까지 두 달을 쉴 수밖에 없었다. 그는 그의 어깨가 괜찮다고 주장했다.

"이렇게 보도록 하죠." 그는 말했다. "충분히 괜찮게 느껴진다고요. 그게 지금 시점에서 내가 바랄 수 있는 전부예요."

매번 그가 선발로 나설 때, 톰코는 그가 역경을 이겨낸 것처럼 느껴진다. 적어도 하루 더.

"내가 마지막에 대해 생각하지 않는다고 말한다면 그건 거짓말일 거예요." 그는 말했다. "나는 2009년에 내 어깨를 다쳤을 때부터 매일 생각해 왔죠. 왜냐하면, 그게 현실을 직시하는 것이니까요. 나는 4월에 40세가 됩니다. 내가 조만간 야구에서 은퇴를 하게 된다는 것과 내가 곧 40세가 된다는 것을 받아들이는 것은 피할 수 없는 것에 대한 생각을 하게 하죠. 어쩔 수 없어요. 내 말은, 감독님(데이빗 벨)과 나는 오래전에 같은 팀(시애틀에서) 동료였고 그는 나보다 6개월 나이가 많아요."

그는 앉아서 팔을 접었다. "내가 재활할 때 계약한 지 얼마 안 된 도미니카공화국에서 온 16세 된 친구가 있었어요. 그 친구 이름이 생각이 안 나는데, 어쨌든 그 친구도 재활 중이었죠. 그 친구를 보면서 생각을 했어요. '세상에, 얘는 내가 처음 계약을 할 때 태어나지도 않았었겠구나.' 이게 현실이에요."

톰코는 더그아웃 앞에서 공을 잡고 있는 그의 동료 몇몇을 바라보며 잠시 조용해졌다. "어깨 부상은 힘들었지만 내가 이렇게 오래 뛸 수 있는 것이 얼마나 행운인지, 그 덕분에 깨닫는 계기가 되기도 했어요. 내가 재활 중일 때 예를 들어 자전거 운동을 하고 있을 때 TV에 야구가 나오면 그걸 볼 수가 없어서 꺼버려야 했죠. 야구는 우리 모두 없이도 잘 돌아간다는 것을 실시간으로 깨닫게 되거든요. 나 같은 사람 말고도 야구를 했던 모든 사람(루쓰, 코브, 메이스, 아론) 없이도 야구는 계속돼요."

"우리 모두에게는 야구를 하고 그 일원이 될 수 있는 기회가 있죠. 많은 사람이 그런 기회를 얻는 것은 아니에요. 나는 거의 40세고, 아직도 내가 어렸을 때부터 사랑하던 경기를 뛰면서 돈을 받고 있어요. 내가 지금 언제 은퇴를 하든 후회가 없습니다."

그는 일어서서 클럽하우스로 돌아가 경기 준비를 했다. 더그아웃의 코너에 대여섯 명의 팬들이 사인을 받기 위해 기다리고 있었다. 톰코는 멈춰 서서 사인을 해줬다. 그들 중 한 명이 함께 사진을 찍어도 되냐고 묻자 톰코는 흔쾌히 허락했다. 그는 더그아웃을 나서서 그 팬과 최대한 가깝게 몸을 기댔다. 사진에 찍힌 그의 얼굴의 미소는 정말로 진정한 마음이 담겨 있었다.

18

마크 롤로

심판으로의 여정

7월에 미래에 대해 좀 불안한 사람은 브렛 톰코만이 아니었다. 마크 롤로 역시 그의 미래에 대해 걱정을 하고 있었다. 그리고 그는 좀 불안해지기 시작했다. 그는 6월에 두 번 메이저리그 경기에 출전했으나 그때 이후로는 호출을 받지 못했다. 메이저리그 소집 리스트에 있는 18명의 트리플A 심판 중 한 명으로서 그는 누가 메이저리그 경기에 나가게 되고 누가 아닌지에 민감해 있었다.

롤로는 '안 나가는 사람들' 중 한 명이었다. 그것이 좋은 징조가 아님을 그는 알고 있었다.

"나를 불안하게 했던 것 중 하나는 내가 4년 동안 3명의 다른 감독관들 밑에서 일을 했다는것입니다." 그는 말했다. "새로운 상사와 적응하는 일은 막막하죠. 더 중요한 것은, 그들이 당신이 하는 일에 대해 어떻게 느끼는지에 대해 아무 감각이 없다는 거에요."

그의 새로운 상사는 오랫동안 트리플A 심판을 맡아 왔고, 그의 밑에서 일하는 다른 심판들에게 아주 까다롭다는 평을 듣고 있는 크리스 존스였다.

"말도 안 된다고 생각해요." 롤로는 말했다. "전혀 개의치 않았죠."

마이너리그 선수들과 마찬가지로 심판들도 메이저리그에 한 번이라도 서 보기 위해 긴 여정을 거친다. 롤로는 그가 코셔튼이라는 오하이오 중동부의 작은 마을에서 자랄 때 미식축구와 야구 선수를 했었다. 그는 야구보다는 미식축구를 더 잘했지만 야구를 사랑했다.

"문제는 내가 타격을 잘하지 못했던 거예요." 그는 말했다. "대부분의 게임에서 나는 땅볼을 치기만 했죠. 어느 날 나는 자세를 바꾸고 3점을 득점했어요. 그렇지만 그냥 그게 하이라이트였죠."

그는 아버지의 모교인 오터바인에 쿼터백과 라인배커로 영입되었다. 그때 그는 심판이 되기 위해 일하고 있었다. 하루에 서너 번 리틀 리그나 청소년 리그 경기에서 일을 하고 70~80달러를 벌었던 것이다. 그는 그 일을 하는 것이 즐거웠고 일에 대해 진지하게 생각했다. "필요한 장비를 내가 직접 사기도 했어요." 그는 말했다. "잘하고 싶었던 거죠."

그 당시 트리플A에서 심판을 하던 스콧 넬슨이라는 사람이 있었는데 그가 코셔튼 출신이었다. 롤로가 심판 일에 관심이 있다는 것을 알고 그는 어느 날 밤 콜럼버스에서 있는 경기에 갈 때 그를 같이 데려갔다. 롤로는 심판 주위의 분위기와 경기에 나가기 위해 준비하는 방에서부터 경기 후 간단히 하는 식사까지 모든 것이 마음에 들었다.

그가 고등학교를 졸업할 때쯤 그는 앞으로의 진로에 대해 세 가지 선택이 있었다. 오터바인에 진학하는 것, 심판학교에 들어가는 것, 해군에 들어가는 것. 그는 신병 모집자가 마음에 들지 않았던 해군은 배제했다. 그는 심판 일을 시도해 보기로 결심하고 플로리다에 있는 예전 메이저리그 심판 짐 에반스가 운영하는 심판학교에 등록했다.

학교를 졸업할 때쯤 150명의 학생들 중 25명의 심판이 프로야구 심판협회(Professional Baseball Umpire Corporation)의 회원으로 뽑혔다. 또 다른 메이저리그 전직 심판 해리 웬델스텟에 의해 운영되는 다른 심판학교 또한 25명의 심판이 뽑혔다. 이 말은 50명의 새로운 심판이 마이너리그에서 활동하게 된다는 것이었다. 롤로는 그 안에 들지 못했다.

"그들은 내가 대기 명단에 있다고 했어요." 그는 말했다. "그들은 나에게 더 많은 경험을 쌓고 다음 해에 도전해볼 것을 권장했죠. 참 힘들었어요. 나는 그전에 실패를 해본 적이 없었거든요." 그는 미소를 지었다. "야구에서 타격을 하는 것 빼고요. 나는 집으로 돌아가 뭘 해야 할지 결정해야 했어요."

그는 지역 대학 경기에서 일하고 있었는데 어느 날 오후 그의 어머니가 편지를 가지고 나타났다. 아이오와, 위스콘신, 미네소타에 위치한 8개의 팀으로 구성된 높은 레벨의 대학 여름 리그인 노스우즈(Northwoods) 리그에서 심판으로 초청한다는 편지였다. 에반스의 사람들이 그를 그 리그의 총장인 딕 래뎃츠 주니어에게 추천한 것이 분명했다.

롤로는 그 일을 하기로 했고, 그 시즌의 처음 몇 주를 힘들게 보냈다. "처음에는 잘하지 못했죠." 그는 말했다. "투수가 던진 변화구가 홈 플레이트에 튀어 오르기 전에 스트라이크를 외치곤 했던 것이 기억나요. 게다가 같이 일하던 파트너도 그다지 마음에 들지 않았는데 우리는 같이 이동해야 했죠. 나는 많이 실망했고 일을 그만두고 집으로 돌아가려고 했어요. 그런데 딕 래뎃츠가 올스타 휴가 전까지만 버티라고 했고 나는 알았다고 했습니다. 부모님께 전화를 걸어 내 상황에 대해 말했더니, 아버지가 '다른 심판과 같이 다니지 않아도 될 수 있도록 차를 줄 테니 나머지 시즌 동안 이동할 때 타고 다녀라. 그렇지만 그만두지는 마.' 그는 내가 그만두는 것을 용납하지 않았어요."

아버지와 차 덕분에 롤로는 계속 그 일을 하게 되었다. 시즌이 끝날 때쯤 그는 많이 성장하였다. "더 이상 브레이크 걸려 플레이트를 치는 공을 스트라이크라고 판정하지 않았죠." 그는 웃으며 말했다. "그해 말에 딕 래대츠는 나에게 그런 리그가 존재하는 이유 중 하나가 나와 같은 사람을 훈련시키기 위해서라고 했어요."

그는 미소를 지었다. "유일한 문제는 내 식생활이었죠. 우리는 KFC나 컨트리 키친(Country Kitchen) 같은 곳에서 쓰는 식권을 받았어요. 그런 음식과 또 야구장 음식들을 1년 내내 너무 많이 먹었어요. 값은 저렴했지만 체중에는 특히 좋지 않았습니다."

1년 후 롤로는 다시 심판학교로 돌아갔다. 이번에는 그 25명 안에 들었다. 그리고 2002년 6월 걸프코스트 리그와 계약을 맺었다.

거기서부터 선수들과 마찬가지로 그는 마이너리그에서 올라가기 위해 노력했다. 물론 심판계에서는 선수처럼 눈에 띄게 두각을 나타내는 사람은 없다. 그냥 한 계단씩, 어떤 때는 조금 천천히 단계를 밟아 올라가는 것이다. 2006년 그가 캐롤라이나 리그에서 일하고 있을 때, 마이너리그 심판들이 임금 인상을 위해 파업에 들어갔다. 몇몇 심판들은 문구가 적힌 피켓을 두르고 일하기를 자처했으나, 롤로는 그들 중 하나는 아니었다.

"내 할아버지가 GM의 공장장이었어요." 그는 말했다. "내가 어렸을 때 할아버지가 절대 문구가 적힌 피켓을 두르는 일을 하지 말라고 했던 말이 생각났죠."

파업은 6월에 끝났고, 롤로의 임금은 한 달에 100달러, 일일 경비로 치면 하루에 1달러 올랐다.

곧 그는 텍사스 리그(더블A)로 승진했고, 2008년 퍼시픽코스트 리그의 경기들에서 경험을 쌓은 그는 2009년 인터내셔널 리그와 계약을 할 때 풀타임 트리플A로 올라갔다. 그 당시 그가 메이저리그에서 일할 수 있는 확률은 1%(그가 에반스 학교를 졸업할 때)에서 33%가 된 것이다. 그렇게 가기까지는 7년이 걸렸다.

2년 후, 2011년에 그는 메이저리그 봄 훈련에서 일하게 되었다. 아주 밝은 징조였고 금전적으로도 짭짤했다. 트리플A 심판들은 한 달에 3,200달러를 벌고 5달 일하는 것을 보장받는다. 만일 그들이 플레이오프에 나가면 돈을 더 받지만 대개는 1년에 1만 6,000달러에서 1만 8,000달러를 받는다.

봄 훈련에서 일하면 일당으로 420달러(메이저리그 임금)를 30일간 받고, 추가로 게임당 175달러를 받기 때문에 기본적으로 트리플A 심판의 임금의 두 배를 받는다. 대부분의 22경기에서 28경기에 나간다. "나는 3월에만 지난 2년간의 시즌에서 번 돈보다 많은 돈을 벌었습니다." 롤로는 말했다. "그것은 아내가 내가 하는 일을 이해하는 데 큰 도움이 되었죠. 두 명의 어린아이(2012년에 3세인 아이와 돌이 채 안 된 아이)를 데리고 다니는 것이 그녀에겐 쉬운 일이 아니거든요."

메이저리그의 심판이 받는 최저 연봉은 9만 달러이다. 선수들과 마찬가지로 메이저리그에서 일할 땐 심판도 일당으로 돈을 받는다. 그들은 또한 도시 간 여행을 할 때 1등석에 탄다. 대부분의 다른 마이너리그 심판과 마찬가지로 롤로는 도시 간 여행을 할 때 직접 차를 운전해서 다닌다.

2011년 롤로는 처음으로 메이저리그에 소집되어서 홈플레이트 뒤에 있던 경기를 포함하여 여섯 경기에 나갔다. 모든 평가가 긍정적이었다. 그는 애리조나 가을 리그와 메이저리그 봄 트레이닝에서 일을 하라는 제의를 받았다.

"그래서 2012년에는 내가 더 많은 경기에 나갈 수 있을 거라고 생각했죠. 더 적은 경기에 나갈 거라곤 생각하지 못했어요." 그는 말했다. "내가

2011년도에 메이저리그에서 했던 활동과 또 그 외에 다른 일들을 바탕으로는 내가 더 이상 바쁘지 않다는 것 또는 실적이 좋지 않다는 것을 아무도 예상하지 못했을 거예요. 그렇지만 어쩌면 그냥 기회의 문제일 수도 있죠. 내가 콜업 명단에서 다섯 손가락에 꼽히는 심판이라는 것은 알았지만, 별것도 아닌 일에 지레 겁을 낸다고 스스로 생각하려고 노력했습니다."

11년간 여름마다 KFC와 컨트리 키친에서 식사를 때워온 그에게 몸무게(그리고 이동 중 패스트푸드를 피하는 일)는 여전히 문제이다.

"아주 경쟁이 치열한 상황이죠. 특히나 메이저에 이렇게 가까이 있을 때는요." 그는 말했다. "나는 언제나 덩치가 큰 사람이었어요." 그는 미소지었다. "만일 내 사이즈라면 골격이 큰 것 아니면 뚱뚱한 거죠. 나는 후자로 보이지 않게 해야 했어요. 메이저리그에서 일할 사람의 가능성을 볼 때, 그들이 보는 것은 볼과 스트라이크를 어떻게 판정하는지만 보는 게 아니거든요. 그들은 당신이 힘든 상황을 어떻게 이겨내는지, 또는 판정 실수를 했을 때 어떻게 하는지 등의 처신 또한 봅니다. 왜냐하면 누구나 실수를 하기 때문이죠. 그들은 또한 '이 사람이 10년 후에 어떤 모습일까? 15년 후에는?' 등의 생각을 하죠. 그것이 가능성의 문제라는 것을 알아요."

롤로는 178cm의 다부진 키에 몸무게는 113kg가 나갔다. "나는 여전히 잘 움직일 수 있고 내가 가야 하는 곳에 갈 수 있다고 생각해요." 그는 말했다. "그렇지만 나는 항상 주의해야 하죠."

2011년 그의 메이저리그 6경기의 행보 동안 롤로는 3,000달러와 메이저리그 일당을 받았다. 그는 비행기표를 제공받기도 했다. 그러나 이제는 또다시 그의 전화가 울리기를 기대하며 차를 운전해서 다녀야 한다. 메이저리그의 심판들은 시즌 중에 4주간 휴가를 갈 수 있다. 마이너리그 심판은 시즌 중에 휴가가 없다. 롤로의 위치 정도에 있는 심판은, 즉 콜업 명단에 있는 심판은 며칠간 혹은 그의 바람이지만 한 일주일 정도 누군가를 대신해 메이저로 와 달라는 전화가 오기를 기다린다.

1년 뒤 2012년 6월 하반기까지도 그는 호출을 받지 못했다. 그는 조바심이 나기 시작했다. 드디어 6월 23일, 그가 인디애나폴리스에서 인디언스와 로체스터 레드윙스 간의 시리즈 중 두 번째 경기를 준비하고 있을 때 드디어 롤로는 연락을 받았다. 레즈가 미네소타를 상대로 홈경기를 하는데 베테랑 심판인 제리 레인이 부러진 방망이에 코를 맞아서 다쳤다는 것이다. 롤로는 180km의 거리에 있었다. 그가 그날 밤 경기에 나가기 위해 야구장에 갈 수 있냐는 것이었다.

"만일 나에게 거기까지 걸어오라고 해도 난 갔을 겁니다." 롤로가 씩 웃으며 말했다.

롤로에게 메이저리그 야구장으로 걸어서라도 가서 다시 일할 수 있는 것은 1년 전 그가 워싱턴 주에서 처음으로 메이저리그에 입성했을 때와 마찬가지로 신나는 일이었다. 그보다도 안심이 되었다. 롤로는 아주 콜업 명단에 있는 심판들 중 어떤 심판이 호출을 받았는지 아주 신경을 많이 쓰고 있었고, 언제쯤 그의 차례가 올지 궁금해하던 참이었다. 그의 차례가 오자 그는 조금은 안도하게 되었다.

"이번이 그 명단에 오른지 두 해째인데, 보통은 3년까지는 스스로가 충분히 잘해 나가고 있는 건지 걱정하지 않아도 된다고 하더군요." 그가 말했다. "우리 중 아무도 그 명단에서 우리가 어느 위치쯤에 있는지 모르지만, 경험상 얼마나 자주 불려 올라가는지를 바탕으로 예측은 할 수 있죠. 내가 그 명단의 상위에 있는 것은 아니라는 것을 알았지만, 신시내티로 가라는 연락을 받았을 때 여전히 내 업적을 바탕으로 위로 올라가고 있다고 생각했죠."

롤로는 신시내티에서 두 경기에 나갔다. 그는 첫 번째 경기에는 3루에 있었고, 두 번째 경기 때는 2루에 있었다. 그는 다음날 밤 시작하는 시리즈를 위해 미네소타까지 비행기를 타고 갔으나 그가 나오지 않아도 된다는 연락을 받고 다시 트리플A로 돌아갔다.

"그런 연락은 언제든 올 수 있다는 것을 알고 있죠." 그는 말했다. "그냥 연락이 좀 더 늦게 오길 바랄 뿐이지만요. 그래도 다시 메이저에 나갈 수 있게 되어 기분은 좋았어요. 나는 많은 연락을 받지 못했지만 기회가 주어졌을 때 잘해냈다고 생각합니다."

롤로는 그의 플레이트 뒤에서의 그의 일과 그의 처신에 대해 매우 자부심을 가지고 있었다. "내가 감독들이 흥분한 상황을 잘 다룬다고 생각해요." 그는 말했다. "나는 리그에 있는 대부분의 사람과 잘 어울리고 그들이 나를 존중한다고 생각합니다. 가끔 누군가 와서 심판에게나 선수에게 지적을 할 때도 있죠. 그럴 때 그들이 득점을 원하는 것임을 알 수 있어요. 그런 낌새를 느끼면, 나는 이렇게 말하죠. '퇴장당하고 싶어요? 만일 원하면 말해요. 그렇게 해줄 테니.'"

"그러나 만일 누군가 단지 내가 실수를 했다고 생각하거나, 감독이 선수들에게 자신이 그들을 돌보고 있다는 것을 알게 해주려는 것일 수도 있는데, 그런 것에 영향을 받지 않으려고 합니다. 선수들에게는 좀 여유를 주려고 노력해요. 그들은 나처럼 메이저리그로 가기 위해 열심히 노력하고 있죠. 대부분은 좋은 사람들이에요. 그들은 우리 모두가 열심히 노력하고 있고, 우리가 조만간 떠나길 바라는 곳에서 많은 돈을 받지 않고 있는 것을 알고 있죠."

"가끔은 마이너리그에 있는 것에 대해 정말 분하게 생각하고 있는 친구도 볼 수 있죠. 보통은 메이저리그에 있었던 친구들이에요. 그들은 자기들이 여기에 있을 권리라도 있다고 생각하죠."

그는 웃었다. "지난 시즌(2011년) 경기에서 브랜든 해리스를 만났어요. 그가 노퍽에 있을 때죠. 그는 1년에 170만 달러를 받으며 트리플A로 돌아왔어요. 나는 그에게 아웃루킹 판정을 내렸는데, 그는 더그아웃으로 돌아가서 눈에 보이는 모두에게 소리를 질러댔어요. 내가 거기 서 있는 동안 배팅 헬멧을 한 12개쯤 갈아치우고 그것들을 아무 데나 막 던져버렸죠."

"결국, 나는 그 친구를 보고 말했어요. '이봐 브랜든, 자부심 좀 가져봐.' 내가 하고 싶었던 말은, '너는 여기 나와서 170만 달러를 받지만, 나는 하루에 100달러 받으면서 일한다고, 좀 어른스러워져라.' "

그는 잠시 침묵했다.

"현재 내 일에서 내가 어디에 있는지 보는 두 가지 관점이 있어요." 그는 말했다. "하나는 내가 있고 싶은 곳에 있지 않다고 생각하는 거죠. 나는 매일 메이저리그 야구장으로 출근하고 싶어요. 단지 돈이나 라이프스타일 때문만은 아니에요. 그 둘 다 좋긴 하지만요. 역경을 이겨 내고 내가 하는 일에 최고가 되었다는 기분이죠."

"이것은 내 일생의 일이에요. 내가 고등학교를 나와서부터 한 모든 것이고, 내가 원했던 유일한 일이죠. 나의 목표는 언제나 빅리그의 심판이 되는 것이고, 내가 그곳을 경험해 보긴 했지만 아직 그것을 성취하지는 못했어요. 한편으로는 내가 11년 전에 이 일을 갓 시작했을 때, 나와 같은 꿈을 꾸었지만, 내가 도달한 데 근처에도 못 온 사람들이 많이 있습니다."

"밤늦게 차 안에 있을 때 그런 생각들이 나의 원동력이 됩니다. 내가 앞으로 나아가는 한 나에게는 여전히 기회가 있는 거죠. 그것이 나와 비슷하게 시작한 많은 사람과 나를 다른 위치에 있게 한 것이고요."

"마지막 한 가지 장애물이 있어요. 그것은 바로 내 앞에 있어요. 나에게 필요한 것은 오직 그것을 뛰어넘을 기회입니다."

확실한 건 인터내셔널 리그의 회장인 랜디 모블리는 그의 편이다. 롤로는 인터내셔널 리그 올스타스와 퍼시픽코스트 리그 올스타스의 사이에 있는 트리플A 올스타 경기의 플레이트에서 심판을 보기로 선정되었다. 그는 플레이오프가 시작되면 그가 주심이 될 것이라 확신한다.

모블리는 그의 아버지에게 어느 날 경기에서 "마크가 딱 우리가 성공하는 것을 보고자 하는 부류의 사람이자 심판이에요."라는 말까지 했던 것이다.

모든 것이 괜찮고 좋다. 그러나 메이저리그 감독관이 모블리의 의사를 반영할지라도 그들이야말로 롤로의 직업 운명을 궁극적으로 결정하는 사람들이다. 그도 그것을 안다. 그것이 시즌이 점점 지나는 동안 메이저리그에서의 호출 없이 그가 매일매일을 트리플A에서 일하고 있는 이유이고 그는 그의 입지를 잘 알고 있다.

드디어 8월 말 어느 오후, 그가 모블리와 그날 저녁 그위닛에서 예상되는 폭풍 같은 상황에 대해 어떻게 대처해야 할지 통화할 때 모블리가 그에게 직접적으로 물었다. "내가 알아낼 수 있는 게 있을지 찾아봐 줄까?"

롤로는 그가 그랬는지 확신이 없었다. 그렇지만 그는 알아야 했다. "그러면 좋구요." 그는 말했다. "내가 다시 전화하겠네." 모블리는 말했다.

전화가 다시 울렸을 때 그것은 모블리가 아니였다. 그것은 롤로의 감독관인 트리스 존스였다.

모블리는 전화로 존스의 목소리를 들었을 때 마음을 단단히 먹었다. 그는 그의 입지가 궁금했다. 그는 이제 알 수 있으리라 생각했다.

19

삶의 단편

좋을 때나 힘들 때나 감독이 하는 일

항상 클럽하우스에 맨 먼저 오는 사람은 트레이너나 짐 옮기는 사람들 외에는 거의 틀림없이 감독이다. 가끔 코치가 먼저 도착하기도 하지만 90%는 감독이 제일 먼저 도착한다.

"나는 그 정적이 좋아요." 데이빗 벨이 경기 6시간쯤 전인 일요일 아침에 말했다. "전날 무슨 일이 있었는지 점검하고, 메이저리그 클럽에서는 무슨 일이 일어나고 있는지 보고, 라인업을 정리하고 선수들이 오면 내가 불러서 얘기를 나눠봐야 할 선수가 있는지 점검하는 거죠."

만일 세상에서 야구 클럽하우스에서 편안해지는 사람이 있다면, 그것은 벨일 것이다. 그는 참다운 뜻에서 게임을 위해 태어났다. 그의 할아버지 거스는 메이저리그에서 15년간 활동했고, 네 번이나 올스타였다. 그의 아버지 버디는 메이저에서 18시즌 동안 활동했고 그의 기록들은 야구 명예의 전당에 오를 수도 있을 정도였다. 2,514안타, 골드 글러브 3루수 6번, 실버 슬러거 그의 포지션 최고의 타자 1번, 5번의 올스타 경기 출전을 기록했다. 만일 그의 0.279의 타율이 조금만 더 높았더라면 그는 진짜로 야구 명예의 전당에 올랐을 수도 있었을 것이다.

데이빗과 그의 형제 마이크도 둘 다 메이저에서 활동했었다. 그로써 벨의 가족은 3대가 메이저에서 활동한 다섯 번째 가족이 되었다. 마이크의 메이저리그 활동은 짧았다. 신시내티에서 반 시즌. 데이빗은 그의 아버지나 할아버지와는 비교도 안 되지만 그래도 제법 탄탄했다. 12년간 여섯 팀에서 0.257 타율과 123홈런, 589타점을 기록했다.

"내 할아버지는 아주 좋은 선수였고 아버지는 대단한 선수였죠." 그는 말했다. "나는 그분들 수준까진 아니에요."

178cm의 키에 77kg의 몸무게인 그는 그의 아버지(185cm, 82kg)나 동생(188cm, 88kg)처럼 좋은 체구를 타고나지는 못했지만 계속 스스로를 발전시키는 선수 중 하나였다.

신시내티에서 묄러 고등학교를 졸업한 후 그는 클리블랜드 인디언스의 7번 픽으로 드래프트 되었다. 맨 처음 본능적으로 든 생각은 켄터키 대학에 들어가서 그가 계획한 수순을 밟는 것이었지만, 인디언스는 5만 달러를 계약 보너스로 제안했고 그는 그것을 받아들이기로 했다.

"재미있는 것은 그게 메이저리그로 가는 빠른 루트라고 생각해서 그런 결정을 내린 많은 사람은 나중에 후회해요. 왜냐하면, 마이너리그에서의 삶은 굉장히 힘들거든요." 그는 말했다. "나는 거의 내 인생 내내 야구 클럽하우스에서 보냈어요. 스프링 트레이닝을 하는 작은 곳도 포함해서 말이죠. 그래서 마이너리그에서의 삶은 나를 그렇게 힘들게 하지는 않았어요. 나는 걸프 코스트 리그로 보내졌고, 거기 도착한 첫날부터 그냥 내 집처럼 느껴졌죠. 물론 나의 문제는 간단했습니다. 나에게는 대단한 재능이나 체격이 없었죠."

어쩌면 그럴지도 모른다. 그러나 12년간의 빅리그에서의 활동은 결코 누구도 만만하게 볼만한 일은 아니다. 루이스빌의 대부분의 벨의 선수들은 그들의 감독 경력을 갖기 위해 무슨 일이든 할 수 있을 것이다. 게다가 그는 2002년 내셔널리그 챔피언십의 결승에서 샌프란시스코 자이언츠가 이기는데 결정적인 공헌을 했었고, 그다음 주에는 월드시리즈 역사상 가장 희한한 경기에도 참가했다.

다섯 번째 경기의 6회에 자인언츠에서는 애너하임 앤젤스가 나왔고, 벨은 1루, JT. 스노우는 2루에 있었다. 케니 로프튼이 격차를 3배로 만들었고, 스노우와 벨이 베이스로 날아갈 때 유니폼을 입고 자이언트의 마스코트인 배트보이로 있던 세 살된 더스티 베이커의 아들 대런이 로프튼의 방망이를 줍기 위해 홈플레이트 쪽을 어슬렁거리고 있었다.

마지막 순간에 스노우는 그 어린아이를 보았고 홈플레이트를 지나며 그 아이를 그의 팔로 안아 들여서 아이와 부딪히는 것을 막았다. 스노우의 뒤에서 멀지 않았던 벨은 스노우가 대런을 잘 보호한 것에 안도했다. 왜냐하면, 그는 플레이트에서 무슨 일이 생기지 않을까 걱정을 했기 때문이다.

"모든 것은 괜찮았고 좋게 끝났습니다." 벨은 몇 년이 지난 후 말했다.

"그렇지만 그 일이 있은 후 야구에서 유니폼을 입으려면 열네 살이 넘어야 한다는 법을 통과시킨 것은 잘한 일이라고 생각합니다. 나는 그 상황에서 JT처럼 순발력 있게 대처했을지 모르겠어요. 게다가 나는 머리를 숙이고 뛰는 경향이 있어서, JT가 그 아이를 거기서 데려오지 않았더라면 무슨 일이 일어났을지 생각하면 아직도 오싹합니다."

벨은 2006년까지 야구를 했다. 더 야구를 하고 싶은 마음이 남아 있었지만, 몸이 허락지 않았다. 그는 허리 문제가 있었고 한쪽 무릎과 엉덩이를 수술했다.

"정신적으로 나는 완전히 소진되지 않았지만, 신체적으로는 소진되었죠." 그는 말했다. "어떤 사람들은 조금 한 단계 못해도 괜찮은 사람들도 있어요. 왜냐하면, 그들은 아주 재능이 뛰어나서 그럼에도 불구하고 야구를 효과적으로 할 수 있으니까요. 그렇지만 나에겐 그런 재능적 여유가 없었죠. 내 몸이 무너지기 시작하자 경쟁하는 것이 나에게는 점점 더 어려워졌어요."

벨은 이제 막 34세가 되었을 때에 은퇴하였다. 그는 거기에 억지로 매달리고 싶지 않았다. 어쩌면 트리플A에서 스스로를 되찾았을지도 모른다. 왜냐하면, 그는 더 이상 이전 같은 선수가 아니었기 때문에. 그해 초 그는 아버지가 되었다. 집에서 시간을 보내는 것도 좋은 생각으로 느껴졌다. 2년 뒤, 놀라울 것도 없이 그는 다시 야구를 하기로 결정했다.

"나는 한 가지에 전문가죠." 그는 말했다.

"야구요. 나는 정말 내가 이바지할 수 있는 무언가가 있다고 믿었고 그것은 선수들이 향상되는 것을 돕는 거였죠. 나는 아버지(당시 캔사스팀 감독이었고 지금은 시카고 레드삭스의 부회장)를 포함해서 야구를 하는 많은 사람을 알지만 그런 식으로 그 일을 하고 싶지는 않았어요. 나는 여섯 통의 전화를 걸었습니다. 여섯 번째 전화는 내가 오랫동안 알고 지낸 빌리 도란이었어요. 그는 레즈에서 일했고, 캐롤라이나에 있는 그들의 더블A팀 감독직 자리가 비었다고 말했죠. 그것은 좋은 소식이었어요. 안 좋은 소식은 그들이 면접을 봐야 하기 때문에 내가 다음 날까지 결정을 해야 한다는 것이었고요."

벨은 아버지 덕분에 자라면서 야구장에서 많은 시간을 보냈다. 그는 어렸을 때 더그아웃에 앉아 있던 것, 그와 마이크가 아버지와 경기에 가기를 얼마나 고대하곤 했는지가 기억났다.

"아버지가 우리를 위해 했던 가장 훌륭한 일은 우리가 야구에서 성공을 해야만 한다는 압박감을 절대 느끼지 않게 하신 겁니다." 그는 말했다. "아버지가 평생 동안 메이저리그에서 야구를 하셨다는 것은 정말 힘든 일입니다. 아버지는 내가 태어난 해에 메이저리그에 가셨어요. 그리고 내가 드래프트 된 다음 해에 은퇴하셨죠. 그러니 내 유년 시절 내내 아버지가 메이저리그에 있었다는 건 과장이 아닙니다."

"그러나 아버지는 우리에게 야구를 코치해 주지는 않았어요. 아버지는 우리에게 농구를 코치해 주셨고 우리는 그것을 정말 좋아했죠. 우리가 경기할 때 아버지가 지켜 보고 있다는 느낌을 들게 하고 싶지 않으셨던 겁니다. 내 생각에 그래서 마이크와 내가 야구를 사랑할 수 있게 자란 것 같아요. 그리고 계속 야구를 하고 싶어 하게요."

현재 마이크는 애리조나 다이아몬드백스의 2군 디렉터이다. 데이비드에겐 그가 사실상 전문가인 유일한 일로 돌아오는 것이 당연한 것이었다. 그는 캐롤라이나에서 2012년 시즌 전 루이스빌로 올라가기 전까지 3년을 있었다. 팀의 기록은 형편없었지만 벨은 그가 하고 있는 대부분의 것들이 즐거웠다.

대부분의 마이너리그 감독들과 마찬가지로, 그가 가장 즐기는 것은 선수들에게 그들이 메이저로 올라간다고 말하는 것이다. 그가 그런 말을 할 첫 번째 기회를 갖게 된 때는 캐롤라이나에서의 두 번째 시즌에 조던 스미스가 더블A에서 바로 메이저로 올라갔을 때였다. 그가 매우 좋은 실력을 발휘하고 있어서 레즈가 구원투수를 필요로 했기 때문이었다.

"나는 그 전화를 아침에 받았는데 그들은 그가 바로 비행기를 타고 신시내티로 오는 것을 원했죠." 그는 말했다. "그들은 그가 저녁에 출전할 수 있기를 바란 겁니다. 내가 해야 할 일은 당연히 전화를 들고 그에게 전화를 걸어 짐을 싸서 가라는 것이었죠. 그러나 나는 그가 비행기를 타러

가려면 시간이 촉박한 것을 알았기 때문에 그에게 전화를 걸어 그가 사는 곳 근처 쇼핑센터에서 만나자고 했어요. 그에게 점심을 사고 싶다고 말했죠. 뭐 그런 식으로 말했어요. 내가 그 말을 했을 때 그의 얼굴을 보고 싶었습니다."

"그가 차에서 내리자 내가 말했죠. '조던, 자네한테 할 말이 있어.' 아주 찰나 동안 그는 걱정되었던 것 같았어요. 그러나 그러기엔 그는 투구를 너무 잘하고 있었죠. 내가 그에게 신시내티로 올라가게 되었으니 비행기 시간에 맞춰가야 한다고 말했을 때, 그가 그 말을 머릿속에서 약 1분간 생각하다 활짝 웃는 모습을 보았습니다. 그가 한 첫 번째 말은, '아버지한테 전화해야겠어요.'였어요."

"재미있는 건 내가 처음(1995년도) 올라간다는 연락을 받았을 때 했던 말과 정확히 같은 말이었죠." 그는 미소를 지었다. "많은 남자가 자기 아버지와 여러 방식으로 야구에 대해 맺고 있는 관계가 야구 선수의 아들인 나에게는 흥미로웠어요. 이게 가장 오래된 교과서적인 낡은 표현인 것 같지만, 아버지와 아들이 뒷마당에서 공을 던지고 받으며 노는 것에는 뭔가가 있어요. 내가 처음 아버지와 그렇게 놀았던 것을 기억합니다. 나는 거기에서 혼자가 아니었죠."

벨이 일요일 오전에 특별히 해야 할 일을 적어 놓은 목록에는 데니스 필립스와 이야기하기가 있다. 전날 밤 센터필드로 1안타를 날림으로써 투아웃만 더하면 또다시 지게 될 뱃츠가 톨레도를 4대 3으로 추격하고 9회말 5득점 랠리(rally)를 시작했던 것이 필립스였다. 그가 9회에 플레이트에 섰을 때 필립스의 타율은 0.200이었고, 그날 밤 기록은 이미 4타수 무안타였다.

"내가 하고 싶은 것은 그에게 이기는 선수들은 부진한 가운데에서도 뭔가 좋은 일을 이룰 수 있는 길을 찾는다는 것을 상기시키는 겁니다." 벨은 말했다. "그는 힘든 한 해를 보냈고 그가 기가 죽고 실망했을 순간들이 있었다는 것을 아는데 그는 절대 낙심하지 않았어요. 어젯밤 그는 9회에 플레이트에 올라 4타수 무안타에 대해서 생각하지 않고 팀을 위해 할 만한 무언가를 시작하려고 했어요. 그리고 그는 그렇게 했죠."

필립스는 27세였고, 많은 좋은 선수처럼 도미니카공화국의 샌 페드로 드 마코기스에서 자랐다. 인구가 20만 명이 안 되는 곳에서 70명도 넘는 메이저리거(새미 소사, 알폰소 소리아노, 그리고 로빈슨 카노를 포함)를 배출했고 정말 많은 유격수가 그곳 출신이라 그곳은 '유격수들의 요람'이라고 칭해지기도 했다.

필립스는 마이너리그에서 일곱 번째 시즌을 보내고 있는 외야수였고 한 번도 메이저리그에 가본 적이 없었다. 벨은 그에게 메이저리그에서 뛸 만한 재능이 있다고 믿었다.

"내가 아는 한 가지는 내가 압도적으로 우월한 기술을 가져본 적이 없기 때문에 메리저리거들과 이 레벨에서 뛰는 선수들 간의 차이는 신체적인 것이 아니라는 것입니다. 그것은 정신력과 감정이에요. 우리 클럽하우스의 모든 사람은 메이저리그 수준에서 뛸만한 신체 능력을 가지고 있습니다."

"그러나 일부는 그만한 자신감이 없고 일부는 그만한 자세나 직업 윤리가 없어요. 내가 선수들에게 항상 말하는 것은 대부분의 메이저리거들이 1년에 두 번 정도 상승세를 맞거나 운이 좋은 해에는 세 번 정도 상승세를 맞는다고요. 그때가 그들이 플레이트에서 오는 공을 다 득점할 수 있을 것 같은 기분이 드는 때죠."

"1년의 대부분은 그렇지 않아요. 1년의 대부분은 그냥 힘든 상황의 연속이죠. 4타수 무안타인 기록에도 득점을 할 기회를 찾는 자세가 그런 거죠. 팀을 돕기 위해 가능하면 엑스트라 베이스를 맞는다거나, 주자를 움직인다거나, 수비를 하는 것 같은 거요. 성공하는 선수들은 저런 걸 하는 선수들이에요. 왜냐하면, 감독이 그런 것을 눈여겨보고, 코치들도 그렇고, 스카우트하는 사람들도 그러니까요. 인생 최악의 슬럼프에 빠질 수도 있지만 그럼에도 여전히 팀을 돕는 길은 있거든요. 힘든 상황의 연속을 보내고 있으면서도 뭔가 기여할 수 있는 길을 찾으려는 선수들이 결국엔 성공합니다. 경쟁하기 힘든 시기에 그냥 주저앉고 싶은 시기에 경쟁하게 되면 비로소 진정한 야구 선수가 되는 것이죠."

"데니스 전날 밤 그냥 주저앉았을 수도 있어요. 우리는 7회까지 아무것도 하지 못했고, 2번만 아웃되면 지는 상황이었어요. 그런데 그는 훌륭한 투수(크리스 부첵)를 상대로 좋은 타격을 했고, 경기에서 이기게 한 랠리를 시작하게 되었어요. 그게 바로 승리하는 선수들이 하는 것이죠."

벨은 그날 필립스에게 그런 것을 모두 상기시키며 한동안 함께 시간을 보냈다. 우연인지는 몰라도 필립스는 7월 말 톨레도에서 9회 말 1득점을 시작으로 평균 타율을 20포인트 올렸고, 9월 3일에 루이스빌의 시즌이 끝났을 때 메이저리그로부터 첫 번째 호출을 받았다.

"저런 일들이 이 레벨에서 감독을 하는 일을 보람을 느끼게 하는 것입니다." 벨은 말했다. "저런 일들이 누군가를 더 아래 레벨로 내려보내야 하거나, 더한 경우엔 방출시켜야 하는 순간들을 상쇄하게 하죠. 그런 순간들은 정말 괴롭습니다."

데니스 필립스를 칭찬한 지 4일 후 벨은 그런 괴로운 순간을 맞이했다. 브렛 톰코는 톨레도에서 시리즈의 세 번째 경기에서 투구를 했었고, 그는 엄청 못하지도, 그렇다고 잘하지도 않았다. 정말 딱 중간. 그는 6회 동안 투구를 했는데 5점을 내줬다. 톰코를 내보내 뱃츠가 드디어 5대 5 동점을 깨고 7회 때 6대 5로 앞섰다. 그가 시즌 첫 번째 승리를 할 수 기회가 왔다. 그러나 여름 내내 그랬듯이 톰코가 경기에 나갔다가 이겨갈 때 들어오면, 불펜은 이기고 있는 상태를 지속시키지 못했다. 머드헨스는 11회 때 연이어 득점해서 10대 9로 이기고 말았다.

3일 후 팀이 루이스빌로 돌아온 다음에 벨은 트리플A 감독이라면 받고 싶어 하지 않는 전화를 받았다. 레즈가 톰코를 방출하기로 했다는 것이다. 메이저리그팀이 투수들로 꽉 차 있고, 더블A와 트리플A에도 올라가길 바라는 여러 명의 유망주들이 있는 상태에서 팀으로서는 39세 된 그럭저럭 해나가고 있는 3.78이라는 방어율을 가진 투수를 계속 두고 있을 이유가 없었다. 게다가 24세 된 오른손잡이 선발이자 레즈의 유망주로 인정받고 있는 페드로 빌라리얼이 회복되어 부상자 명단에서 빠질 참이었던 것이다. 선수 명단에 빈자리가 필요했다.

톰코가 그날 오후 출근했을 때 벨은 그를 기다리고 있었다.

"이봐, 시간 좀 돼?" 그는 톰코의 로커 쪽으로 걸어오며 말했다.

처음에 톰코는 아무것도 몰랐다. 그와 벨은 자주 클럽하우스가 조용한 일과를 시작할 때쯤 야구에 대하여 이야기를 나누었다. 그들은 감독의 사무실로 갔고, 벨은 문을 닫았다.

"그때 나는 처음 깨달았죠." 톰코는 나중에 말했다. "데이빗은 문을 열어놓고 지내는 감독이에요. 그가 뭐 날씨가 좋다는 이야기를 하려고 문을 닫은 것은 아닐 거라는 거죠."

그럼에도 불구하고 톰코는 벨에게 그 이야기를 들었을 때 너무 놀랐다.

"내가 투구를 아주 못하고 있는 것도 아니었어요." 그는 말했다. "내 말은 만일 내가 죽을 병에 걸리기라도 했다면 나는 '네, 당신이 맞아요. 알겠습니다.'라고 했을 겁니다. 그러나 나는 이해하지 못했죠."

벨은 톰코와 완전히 솔직했다. 이것은 그의 투구 때문이 전혀 아니었다. 그는 레즈에게 만일 급하게 선발이 필요하거나 누군가 다친다면 자신의 마음에는 의심할 것도 없이 톰코에게 일을 맡기면 될 것이라는 생각을 한다고 말했다. 그러나 때는 시즌의 막바지였고 레즈는 그들에게 이미 충분한 백업 선수가 있고 그들은 더 어린 선수를 얻기 위해 톰코의 자리가 필요했던 것이다. 이것(값이 같으면 늙은 선수가 나가는 것)이 야구의 산수다.

"그는 정말 정말 실망했어요." 벨은 말했다. "상처받고 놀랐죠, 그런 기분. 그러나 그는 나에게 아무 내색도 하지 않았어요. 그는 그 상황을 누구보다 잘 받아들였죠. 나에겐 놀랍지 않은 일이에요."

"재미있는 것은 우리는 2년간 동료였고 나는 항상 내가 브렛을 잘 안다고 느껴요. 나는 늘 그가 좋았어요. 그러나 그는 많은 사람이 자신을 종종 이해하지 못한다는 것도 약간은 감지하고 있었어요. 야구에서는 만일 누군가 야구 외에 다른 흥미나 취미가 있다면 사람들은 그 사람을 이상하다고 생각해요. 브렛은 미술에 심취해 있었고 몇몇 사람들은 그걸 그냥 이해하지 못했죠. 나는 취미가 있는 것이 사람을 더 모나지 않고 재미있게 만든다고 생각합니다."

"그가 강하지 않다는 생각들을 갖고 있는 것 같아요. 그러나 단언컨대 그는 강합니다. 나는 시애틀에서보다 루이스빌에서 그를 더 많이 알게 된 느낌이었어요. 그는 좋은 자세를 가지고 있죠."

"그날 우리는 한 시간 동안 이야기를 나눴어요. 나는 그에게 이해하기 힘들겠지만(공정하든 그렇지 않든) 이 일이 그에게 최선의 일이라고 이야기했습니다. 그는 아주 치열하기 때문에 야구를 그만한다는 것이 힘들겠지만, 언젠가는 그만둘 것이거든요."

"레즈는 시즌이 끝날 때까지 그를 올라오라고 하지 않을 거였죠. 그들은 이미 결정을 내렸거든요. 어쩌면 이것이 그를 메이저리그로 올라오라고 할 만한 팀을 찾게 될 기회가 될 수 있죠. 아니면 이게 정말 끝이라면, 그게 순리겠고요. 그럼 받아들이고 갈 길을 갈 때가 온 겁니다. 분명히 내가 말하기는 쉽습니다. 그러나 그가 듣는 것은 힘들 겁니다."

10일 후 톰코는 애리조나 마이크 벨이 2군 디렉터로 있는 다이아몬드백스와 계약을 맺었다.

"완전히 우연이죠." 데이빗 벨은 웃으며 말했다. "그러나 나는 그가 아주 추천할 만하다고 생각했어요."

20

삶의 단편

I-75번 도로

브렛 톰코가 7월 말 주말 톨레도의 트리플A에서 그 일자리를 잃지 않기 위해 노력하는 동안 대니 워스는 어떻게 하면 톨레도를 완전히 떠날 수 있을지 골몰해 있었다.

그것은 그가 톨레도가 마음에 들지 않았기 때문이 아니다. 그는 사람들을 좋아했고, 그의 감독도 좋았고, 그의 동료들도 마음에 들었다.

그는 단지 그가 그들의 팀 동료가 아니기를 원했다.

"저번에 내가 돌아왔을 때 몇몇 동료가 나에게 와서 말했어요. '다시 보게 돼서 정말 기쁘지만 다시 보게 되어 유감이야.'" 그는 말했다. "나도 정확히 그런 기분이었죠."

워스는 타이거스에서 7월 24일 톨레도로 다시 돌아왔다. 그가 디트로이트로 불려 올라간 2010년 5월 이래로 그것이 아홉 번째다. 봄 훈련까지 다 합쳐서 그의 야구 인생에서 다시 내려보내는 이른바 '어깨 다독임'을 그는 무려 11번이나 당했다.

"보통 그것엔 통산적인 방식이 있어요." 그는 말했다.

"제프 존스(피칭 코치)가 내 어깨를 두드리며 나에게 감독 짐 래일랜드가 나와 이야기를 나누고 싶다고 전하죠. 항상 그렇게 하는 건 아니에요. 한 번은 2011년에 팀과 애너하임에서 시카고까지 날아갔는데 새벽 4시쯤이 돼서야 우리는 호텔로 도착했어요. 내가 버스에서 내려서 로비로 걸어가는데 총감독 데이브 돔브로스키와 짐이 거기 서서 나를 기다리고 있었어요. 나는 그들이 내게 비행기에서 본 영화가 어땠는지 물어보려고 거기 있는 것은 아니라는 것은 알았죠."

워스가 최근 톨레도로 다시 보내진 것은 놀라운 일도 아니었다. 매번 돌려보내지는 일이 그에겐 받아들이기 힘든 일이지만, 다시 돌아온 지 얼마 되지 않았을 때 그는 한 TV 프로그램과 인터뷰를 했다. 그는 옳은 말만 했다. 그는 그냥 그렇게 버텨야 한다는 것을 알고 있었다. 이것은 야구의 일부이다. 그는 좌절하지 않고 열심히 해야 하며 곧 올라오라는 연락을 기다릴 뿐이다.

"그건 진심이 아니었죠." 그는 웃으며 말했다. "진실은 매번 돌려보내질 때마다 그것을 어떻게 수긍하든지 간에 진짜 참담한 기분이 들어요. 그런 일이 일어나는 것은 내가 거기에 버티고 있을 만큼 충분히 훌륭한 선수가 아니기 때문이죠. 나는 메이저리그에 머무를 수 있을 만큼 충분한 득점을 하지 못했어요. 매번 돌려보내질 때마다 그들은 말하죠. '이봐, 곧 다시 돌아올 거야.' 그리고 그게 정말 가능하다는 것도 알죠. 그렇지만 다시 돌아오지 못하는 것 또한 가능하다는 것을 알아요. 어쩌면 그들이 나를 트레이드할지도 모르고 어쩌면 내가 다칠 수도 있죠. 그들이 내가 더 이상 가망이 없다고 판단할 수도 있습니다. 그것이 두렵습니다. 이번에 내려보내 지는 것이 어쩌면 마지막일 수도 있다는 게."

이번에 워스를 다시 톨레도로 돌아오게 한 것은 트레이드였다. 남은 절반의 시즌 동안 자신의 팀을 더 강하게 하려는 타이거스는 마이애미로부터 애니벌 산체스라는 투수와 오마 인판테라는 선수를 영입했다. 인판테의 영입은 같은 포지션의 다른 선수가 마이너로 내려간다는 것을 의미했다. 내려갈 선수로는 세 명의 후보가 있었다. 워스, 돈 켈리, 라이언 라번. 5년간 메이저에 있었던 라번은 그가 좌천에 동의하지 않는 한 아래로 내려보내 질 수 없었다. 그러면 타이거스는 그를 방출해야 했는데, 타이거스는 그러고 싶지 않았다. 켈리는 마이너리그 '옵션'에서 논외였다. 너무 복잡한 문제라 대부분의 선수는 그들을 이해하지 못할 것이다. 그래서 톨레도로 가려면 그를 포기해야 했다.

그러한 리스크를 감수하는 것보다 타이거스는 워스를 내려보내기로 하였다. 그들은 그때 막 홈에서 경기를 마친 후였고, 워스가 트레이드되었다는 소식을 클리블랜드로 가는 비행기를 탈 때 알게 되었다. 그는 팀과 함께 비행기에 올랐고 그가 그 지긋지긋한 '어깨 다독임'을 피할 수 있으려나 생각했다. 캘리와 라번이 같이 비행기를 탔으므로 그는 어깨 다독임이 일어날 것임을 알았다.

"우리는 호텔로 도착했고 짐은 버스에서 내리는 나를 붙잡았어요." 그는 말했다. "트레이드는 우리가 떠날 때까지 완전히 성사되는 것이 아니므로 그들은 우리가 클리블랜드에 도착할 때까지 기다려야 했습니다."

유일하게 좋은 소식은 머드헨스가 2시간 거리인 콜럼버스에서 경기를 하고 있다는 것이었다. 워스는 그의 아내 브리에게 전화를 걸어 그 일이 또 있어났다고 말했고, 그의 아내는 그들이 디트로이트에서 임대한 아파트에서 짐을 싸 또다시 톨레도로 이사를 갈 준비를 해야 했다. 그들은 이런 일을 전에도 겪은 적이 있었다.

"2010년도에 내가 처음으로 올라오라는 호출을 받은 것을 기억합니다." 그는 말했다. "말할 것도 없이, 나는 내가 아는 모든 사람에게 전화를 해야 했어요. 우리는 짐을 싸서 차에 실었고, 나는 내가 가는 동안 전화를 할 수 있게 아내에게 운전을 부탁했죠. 문제는 아내가 진짜 운전을 못한다는 거예요. 그녀는 너무 신이 난 상태라 디트로이트로 가는 중간에 내가 운전대를 잡아야 했어요. 그녀의 운전을 견딜 수 없었거든요."

그럼 그가 해야 했던 전화와 문자 연락은 어떻게 되었을까?

"나는 그래도 연락을 했죠." 그는 씩 웃으며 말했다.

그의 메이저리그에서 처음 타석에 서서 맞붙은 상대는 2002년 애너하임 에인젤스에 처음 왔던 존 래키였다. 그때가 워스가 애너하임 북쪽에서 96km 떨어진 발렌시아에서 고등학교를 다닐 때였다. "그 당시 그가 투구를 하는 것을 보곤 했던 게 기억납니다." 워스는 말했다. "근데 지금 내가 여기 메이저리그에 있고, 그는 나에게 투구를 하는 거예요. 그것은 약간 겁나기도 하지만 제법 멋진 일이기도 했어요."

베이스들이 꽉 상태에서 대타로 내보내졌고 워스는 1루 라인으로 내야 안타를 쳐서 1득점을 했고 타점을 얻었다. 정말 기분 좋은 순간이었다. 이것이 그날 경기 이후로 그가 야구에서 말 그대로 업과 다운으로 마음이 울적해질 때 회상하는 순간이다.

"20년 전 내가 고등학교 졸업반 때, 누군가 내게 내가 메이저리그에 입성할 것이라 말했더라면 '내가 지금 미리 사인해 줄게.'라고 했을 것이라는 것을 스스로 상기시키곤 하죠." 그는 말했다. "나는 아주 잘하는 고등학교 팀에서 뛰었어요. 그중에서 내가 제일 잘하는 선수는 아니었을 겁니다. 사실 나는 제일 잘하는 선수가 아니었어요. 우리 중에 여섯 명 정도가 메이저리그에 갈 만한 가능성이 있다고들 생각했습니다. 그렇지만 내가 유일하게 메이저리그보다도 훨씬 낮은 A리그 위로 올라가 본 사람이죠."

"내가 앉아서 그런 생각을 해보면 기분이 좋아지고 내가 운이 좋다는 생각이 들어요. 한편으로는 어렸을 때 메이저리그에서 뛰는 꿈을 꿀 때, 메이저리그의 보조 유격수나 2루수가 되는 것을 꿈꾸지는 않죠. 한 달 메이저리그에 올라갔다가 한 달은 다시 내려가고 그러는 사람을 꿈꾸지도 않아요. 메이저리그에서 열한 번이나 내려가는 선수가 아닌 스타가 되고 수훈 선수가 되는 것을 꿈꾸죠."

그는 한숨을 쉬었다. "여기는 트리플A에서 뛰기 정말 좋은 곳이에요. 정말 좋은 야구장에, 좋은 관중들과 좋은 사람들. 그러나 메이저리그에 가보면……." 그는 고개를 저었다. "코메리카(디트로이트)에서 관중들의 소리를 들으면 항상 몸이 감각을 잃는 느낌이에요. 팔에 닭살이 돋죠. 그 소리가 정말 크거든요. 1만 명 사람들의 소리를 4만 명의 소리처럼 만들 수는 없죠. 그나마 좋은 소식은 나는 이제 I-75번 도로를 눈을 감고도 왕복할 수 있다는 겁니다."

" 나는 13세 때 다저스 경기를 보러 갔던 게 아직도 기억에 남아요. 알렉스 코라가 유격수였죠. 그는 두 번 정도 맹렬히 공격했고 실수도 한 번 했어요. 나는 그때 '나도 저 정도 할 수 있어. 언젠가 저렇게 할 수 있을 정도로 잘해.'라고 생각했던 것이 기억납니다. 나는 그렇게 할 만큼 잘합니다. 그러나 나에게 필요한 것은 그렇게 지속적으로 할 수 있을 만큼 잘하는 것이지요. 방망이로요."

트리플A로 돌아온 것이 힘들긴 해도 워스는 포기하기엔 한참 멀었다. 그는 페퍼다인 대학에서 스티브 로드리게즈 밑에서 뛰었다. 로드리게즈는 많은 정상의 야구 선수를 배출했고, 그중 9명이 메이저리그로 드래프트 되었다.

"나는 아직도 오프 시즌에는 페퍼다인으로 돌아가서 연습을 하고 스티브와 이야기를 나눠요." 워스는 말했다. "우리는 그의 밑에서 뛰었었던 모든 선수에 대하여 얘기하고 야구 선수로서 씩씩하게 살아가는 것이 가끔은 얼마나 힘든 일인지에 대하여 이야기를 나눕니다. 야구를 하다 보면 아주 비관적이 될 수도 있거든요. 나는 그에게 선수들이 침체되어 그만두는 것에 대해 이야기할 때 뭐라고 말해주는지 물어봤어요."

그가 말했다.

"나는 그들에게 '이봐, 야구장 밖의 잔디가 어떨 때는 더 푸르게 보일 수도 있지만 그렇지 않아. 내 말을 믿어. 야구장 안에 있는 것이 야구장 밖에 있는 것보다 훨씬 나을 거야.'라고 말합니다."

야구장 좌석 수가 1만 석이든 4만 석이든 간에.

21

엘라튼

빅리그에 못 간 피그스 선수들
그리고 항상 존재하는 회전문

인터내셔널 리그의 가장 신설 팀은 앨런타운에 있는 팀이다. 리하이밸리 아이언피그스.

피그스는 그 지역에서 불리는 이름으로, 2008년에 오타와 링가 필라델피아 필리스에 의해 시티즌스 뱅크 파크에서 32km 떨어진 사우스 필라델피아로 옮겨진 후에 생겼다. 필리스는 2007년 그 새로운 야구장(코카콜라 필드)이 지어지고 있을 때 1년 안에 팀을 이동시킬 생각으로 볼티모어 오리올스로부터 링스를 인수하였다.

아이언피그스는 첫날부터 큰 성공을 거뒀다. 그 지역에는 정말 많고 많은 필리스 팬들이 있었기 때문에 팀이 필리스 계열 팀이라는 사실이 큰 도움이 되었다. 피그스는 필리스의 상징 색을 입었을 뿐 아니라, 야구장에 들어가면 사람들이 제일 먼저 보는 것 중 하나는 '빅리그의 피그스(Pigs in the Bigs)' 벽화였다. 거기에는 리하이밸리 선수들 중 필라델피아로 간 선수들의 이름과 번호가 적혀 있었다.

야구장의 프리미엄 석으로 가는 엘리베이터 옆에는 실제 철로 만든 돼지가 있었다. 이런 것을 이전에 본 적이 없는 사람들을 위해 설명하자면,

1. 피그 아이언에서 나온 철을 녹여서 정제한 다음, 지구에서 알려진 가장 단단한 금속합금 중 하나인 강철을 만드는 데 사용한다. (A) 철은 녹여서 줄줄이 있는 새끼 돼지 같은 거푸집에 넣기 때문에 돼지 철(피그 아이언)이라고 불렀다

2. 펜실베이니아에 있는 리하이밸리의 트리플A 야구팀 이름. 이름은 강철 제조를 했던 리하이밸리의 과거에서 비롯되었다. (A)팀 이름은 팀 이름 짓기 콘테스트에서 뽑혔다. 마지막으로 남았던 여덟 개의 이름 : 우드척스, 크러셔스, 고블러스, 팬타스틱스, 필리스, 키스톤스, 벌칸스, 그리고 아이언피그스.

확실히 아이언피그스는 그 목록 중에 최고의 선택이었다.

야구장은 팀의 별명을 연상시키는 것들로 가득 차 있다. 만일 당신이 2012년에 라인 샌드버그를 만나러 갔었다면, 당신이 찾을 곳은 감독실이 아니다. 당신이 찾을 곳을 '우두머리 돼지(Head Pig)'라고 쓰여 있는 사무실이다.

야구장에서 가장 재밌는 짤막한 농담은 남자 화장실에서 찾을 수 있다. 마이너리그 야구장의 땅은 판매 중이다. 화장실이 있는 공간까지. 농담이 아니라 화장실 변기는 리하이밸리의 비뇨기과 전문의들에 의해 스폰서되어 있다. 그 말인즉슨, 만일 누군가 화장실에 들어가서 변기 앞에 서면 변기에 붙어 있는 사인이 그를 맞이할 것이다.

거기 있는 문구들은 :

"국가를 다 부르는 시간보다 더 오래 여기 서 있는 거야? -리하이밸리의

비뇨기과 전문의-"

"또 왔어? 이거 어쩌면 맥주 때문이 아닐 수도 있겠는데?"

"너의 방망이가 조용해졌니?"

"예전처럼 홈 플레이트에 가는 게 불가능해?"

그리고 무엇보다 "야구장에서 드리블러(흘리는 사람)가 있어야 할 곳은 1루와 3루 라인이다."

이런 식의 즐거움은 양키 스타디움 같은 곳에선 그냥 찾을 수 없다.

아마도 이런 것이 왜 아이언피그스의 경기가 매진이거나 거의 매진인 이유일 것이다. 2012년 그들이 76번의 홈경기에 총 68만 8,821명을 끌어들였다. 일반적인 때보다 4번이 많은 횟수인데 왜냐하면 이는 스크랜튼 윌크스배리와 4번의 홈경기를 앨런타운에서 치렀기 때문이다. 아이언피그스의 72번의 공식적 홈경기 때, 한 경기당 평균 9,034명의 팬이 경기장을 찾았다. 이것은 야구장의 좌석이 8,909개인 것을 감안하면 꽤나 좋은 실적이다. 피그스는 관중을 1만 명 이상 끌 때도 자주 있다. 많은 팬이 서서라도 혹은 외야 펜스 뒤의 잔디 둔덕에 앉아서라도 돈을 주고 경기를 보고 싶어 한다.

"솔직히 홈경기에서나 원정경기에서나 우리 같은 분위기는 다른 마이너리그 경기장에서 가질 수 없다고 생각합니다." 2011년과 2012년 리하이밸리 감독을 맡았던 샌드버그가 말했다. "트리플A에서 힘든 것 중 하나가 많은 경기에서 야구장에 활기가 없는 것이거든요. 여기서는 그런 것이 문제가 안 되죠."

아이언피그스의 클럽하우스는 많은 메이저리그의 원정 선수용 클럽하우스와 비교되는데, 팬웨이나 리그리 필드 같은 오래된 구장보다 더 넓다. 메이저리그에 원정 선수용 클럽하우스는 홈 선수들의 클럽하우스보다 상당히 더 작다.

"만일 마이너리그에 있어야 한다면 이곳이야말로 어떤 기대에 부응할 정도로 좋은 곳이에요." 스콧 엘라튼이 말했다. 그는 미소를 지었다. "물론 아무리 그렇다고 해도 여기는 마이너리그죠."

어느 초 여름밤, 엘라튼은 포투켓을 상대로 한 경기에서 피그스의 선발 투수였다. 그의 마운드 상대는 오랜 메이저리그 경험이 있는 브랜든 덕월스였다. 사실 둘은 나이도 거의 같았다. 덕월스는 1976년 1월 23일에 태어났고, 엘라튼은 정확히 한 달 후에 태어났다. 그 둘의 대결은 메이저리그에서도 충분히 일어날 법한 일이었으나, 현재 두 사람은 다 충분히 오르락내리락을 하며 많은 일을 거치다 다시 위로 올라갈 길을 모색하고 있는 상황이었다.

그들은 2007년 캔자스시티에서 잠시 동료일 때도 있었고, 2008년 엘라튼이 클리블랜드에 안착하고 나서는 서로를 상대로 투구를 했었다. 그들이 메이저리그에서 각자 투구를 한 것은 작년이 마지막이었다. "우리는 우리가 서로 맞서서 투구를 했던 이후로 먼 길을 왔다고 농담을 했어요." 엘라튼이 말했다. "문제는 우리가 잘못된 방향으로 갔다는 것이죠."

둘 다 그들의 재대결에서 꽤나 좋은 투구를 해냈다. 덕월스는 그의 투구수가 90개에 달했기 때문에 5회 때 내려왔다. 그는 그때까지 자책점을 3점 내줬고, 그 시즌 그의 방어율을 4.34로 만들었다. 아주 안 좋은 것은 아니지만 레드삭스가 그를 눈여겨볼 정도로 좋은 성적은 아니었다.

엘라튼은 조금 더 나았다. 그는 10개의 안타를 내주긴 했지만, 그는 난관 속에서도 계속 투구를 해서 4실점을 한 채로(그중 3점이 자책점) 경기를 동점으로 만들었다. 그의 방어율은 3.55로 약간 올랐고, 나쁘진 않았지만 그가 지난 3월 클리어워터에서 내려보내진 후 찰리 메뉴엘의 방에서 나올 때 다짐했던 만큼 잘한 것은 아니었다.

"운이 좋았어요." 그는 후에 말했다. "사실 공을 썩 잘 던지지 않았는데, 운이 좋게도 내가 해야 할 때 아웃을 몇 개 시켰죠."

그게 좋은 투수들이 하는 일이다. 타자와 마찬가지로, 그들은 매번 경기마다 최상의 실력을 발휘할 수 없다. 그들이 좀 잘 안 풀리는 경기 때 어떻게 했는지가 보통 그들의 시즌이 어떤 평가를 받게 될 것인가를 결정한다. 엘라튼은 그것을 이해할 만큼 원숙했고 현명했지만 그가 더 잘 투구하지 못한 것에 대해 여전히 괴로워했다.

"재미있는 것은 내가 더 젊고 메이저리그에서 투구를 잘했을 때와 지금이 다른 점이 없다는 것이에요." 그가 말했다. "아주 가끔 내가 마운드를 나서며 내가 투구한 것에 대해 만족해서 기분이 좋을 때도 있어요. 어떤 때는 나 스스로에게 엄격하죠. 어떤 때는 아니고요."

그리고 대부분의 경우 어떤 때는 진실이 어딘가 중간쯤에 있다. 엘라튼은 중간쯤은 그를 메이저리그로 가게 하기엔 부족하다는 것을 알았다. 36세의 나이로 필리스의 관심을 받기 위해서는 지금보다 더 잘해야 했다. 설사 팀이 몇 년 이래 최악의 시즌을 보내고 있다 하더라도, 사실 팀이 헤매고 있을 때는 젊은 투수가 올라오라는 호출을 받을 가능성이 크다. 왜냐하면, 초점은 현재가 아니라 미래에 더 맞춰져 있을 것이기 때문이다.

"나는 이 일을 하는 것에 대해 일말의 후회도 없습니다." 그는 파우삭스를 상대로 승리를 한 다음 날 아침 말했다. "그냥 건강하기만 하고, 내 순서가 왔을 때 매번 공을 맡을 수 있다는 것은 즐거운 일이거든요."

엘라튼은 한숨을 쉬었다. "그러나 때때로 그게 힘이 들 때도 있어요. 원정 경기를 위해 이동하는 것도 힘들고, 특히 지난 며칠간은 같은 벽과 같은 호텔방을 몇 달간 본 것만 같이 느껴졌어요. 그런 순간 가족이 그립죠.

나는 가끔 '내가 이곳에 있고 싶은 건가?'라는 생각을 하는 나 자신을 발견해요. 내가 야구를 하고 싶은 건 알지만, 내가 이 레벨로 돌아와서 야구를 하고 싶은 것인가?"

"메이저리그에 가본 모든 사람들은 특히 오래 있었던 사람은 다시 내려오면 좀 문제를 느낄 거라고 생각해요. 그들이 하는 이유는 다시 메이저로 올라갈 수 있다고 믿기 때문이죠. 그런데 만일 어느 날 밤 거울을 보고 있는데 거울 속에서 나를 보는 사람이 그냥 마지못해 트리플A에 있는 거에요. 현실적으로 생각하면 가끔 힘들죠."

엘라튼은 이마에 손을 댄 채 말하고 있었다, 그가 모든 것을 한 번 더 다시 생각하는 듯이. 그는 잠시 멈췄다가 고개를 끄덕였다. "세상에서 가장 쉬운 것은 '됐어, 그만 할래. 집에 갈 거야.'이죠. 나는 아직 때가 되지 않았을 때 그런 적이 한 번 있어요. 이번에는 내가 또다시 하지 않도록 다짐하고 있습니다."

엘라튼이 그 토요일 밤 투구를 했을 때 리하이밸리의 선발 3루수는 티모시 크레이그 휼렛 주니어였다. 그는 어렸을 때부터 터그로 불렸다. 왜냐하면, 그의 어머니가 두 번째로 좋아하는 메이저리그 야구 선수가 터그 맥그로라는 메츠와 필리스의 위대하고 특색 있는 구원투수였다.

그의 어머니가 가장 좋아하는 메이저리그 야구 선수는 팀 휼렛, 터그의 아버지였다. 그는 3곳의 메이저리그팀에서 12년간 선수 생활을 했었다. 팀 휼렛은 아주 뛰어난 선수는 아니었다. 그 야구 인생의 평균 타율은 0.249였다. 그러나 그는 탄탄한 내야수였고 그가 경기에 나갈 때마다 그의 존재는 항상 클럽하우스에 긍정적인 영향을 끼쳤다.

터그는 팀과 린다 휼렛의 네 아들 중 첫째로 태어났다. 세 명의 다른 형제(조, 샘, 그리고 제프) 모두 그가 태어난 지 5년 안에 태어났다. 아이러니하게도 아들들에게 야구를 가르쳐준 것은 팀이 아니라 그들의 두 할아버지였지만, 그들은 아주 가까운 가족이었다.

"아버지는 원정 경기를 많이 나가셔서 집에 안 계실 때가 많았어요." 터그는 말했다. "아버지는 언제든 가능한 한 우리를 도와주셨지만 항상 친할아버지가 나를 데리고 공원에 가서 타자 연습이나 수비 연습을 해주셨던 것이 기억나요. 나는 어렸을 때부터 필드를 누비고 다녔죠. 언제나 경기하고 연습하고 그냥 야구와 관련 있는 것을 하는 게 좋았어요."

터그가 아홉 살이었을 때, 그의 아버지는 볼티모어에서 뛰고 있었고, 볼티모어 오리올스가 시카고에 간 어느 7월 오후 4형제는 근처 아파트 단지에 있던 야구를 할 수 있는 공원으로 놀러 갔다. 그 작은 공원은 조금만 걸어가면 되는 가까운 곳이었고, 그들은 야구를 마친 후 집으로 향했다. 아이들이 집에서 한 블럭 떨어진 곳까지 왔을 때쯤 어떤 이유에서인지 당시 여섯 살이던 샘이 차도로 뛰어들었다. 터그는 샘을 따라잡기 전에 그에게 소리를 지르며 조(샘보다 두 살 많은)를 붙잡았다.

터그는 조를 붙잡음으로써 조의 목숨을 구했다. 그러나 샘은 구하지 못했다. 길에 오던 차가 제때 멈추지 못했고 샘은 차에 치였다. 그는 몇 시간 후 사망했다. 오리올스의 오랜 원정 총무인 필 잇쵸는 그날 오후 오리올스가 화이트삭스와 경기를 하고 있을 때 프레스 박스에서 전화를 받았다. 잇쵸는 클럽하우스로 가서 감독인 조니 옷츠에게 팀이 경기에서 나와서 최대한 빨리 집으로 가야 한다고 말했다.

"그런 소식을 들으면 투구하는 방식을 바꿔야 할지 결정하는 데 집중할 수 없죠." 옷츠는 나중에 말했다. "그러나 그런 고민은 그리 필요 없는 듯했습니다."

말할 것도 없이 터그 홀렛은 동생의 죽음으로 큰 충격을 받았다. "오랫동안 나 자신을 원망했습니다." 그는 말했다. "나는 '미안해, 미안해.'라고 계속 말했죠. 나는 아주 내성적으로 변했어요. 그러나 결국 그것을 극복할 수 있게 한 것은 내 신앙이었습니다."

홀렛 가족은 샘의 죽음 전부터 아주 종교적으로 신실한 가족이었고, 그 일이 있은 후 그들은 종교에 많이 의지했다. 터그가 드디어 《성경》에서 찾은 구절이 그의 마음에 가득 찼다.

빌립보서 4장 7절 "이해함으로써 오는 평화(Peace through understanding)". 그것은 그가 만일 그가 일어났던 일들을 이해했더라면 그것이 그의 잘못이 아니며, 사실 그는 아마도 조를 같은 운명에서 구했던 것임을, 그가 그 일을 떨쳐내고 살아가기 시작할 것임을 깨달았다.

"나는 그것을 깨닫고 마음에 평정을 얻었습니다." 그는 말했다. "아버지는 언제나 야구가 그에게 그의 신앙에 대해 이야기할 수 있는 플랫폼을 준다고 말씀하셨고, 나도 그렇게 생각하게 되었죠. 나는 누구에게도 내 신앙을 강요하지는 않지만, 사람들이 종교가 내게 어떤 의미를 갖는지 이해해 주는 것을 좋아합니다."

터그의 어머니 린다는 그의 야구 인생에서 아버지만큼 큰 영향을 끼쳤다. 린다는 그녀의 아들에게 왼손으로 타구를 하도록 했다. "매번 내가 오른손으로 야구방망이를 잡고 스윙을 하면, 어머니는 '아니, 아들아 그쪽이 아니야.'라고 말씀하셨고 나는 손을 바꿨죠." 그는 웃으며 말했다.

팀이 1995년 시즌에 은퇴를 한 후 그의 가족은 아버지의 고향인 일리노이 주의 스프링필드로 돌아왔다. 거기서 터그는 고등학교에 들어갔지만 루이지애나 주의 쉬레브포트에 있는 에반젤리칸 기독 고등학교를 졸업했다. 그는 모든 스포츠를 했지만, 야구를 가장 사랑했고, 오번 대학에 야구 장학금으로 진학했다. 그는 2004년 드래프트의 13번째 라운드에 텍사스 레인저스에 드래프트 되었다(그의 아버지는 1번 픽이었다). 자신이 3~5번째 라운드에 드래프트 되리라 생각했던 그는 약간 실망했다.

"5번째 라운드 후부턴 그냥 신경 쓰지 않았어요." 그는 말했다. "누군가가 전화를 해서 내가 드래프트 되었다고 말해줄 거라 생각했죠. 두 번째와 세 번째 라운드에 드래프트 된 친구들이 그들이 첫 번째 라운드에 드래프트 되지 않아 실망했다고 말하는 것을 들었던 게 기억에 남습니다. 나는 그들이 안 됐다고 생각하지 않았죠."

팀 휼렛은 아주 덩치가 크지 않았고, 터그(183cm, 84kg)는 아버지만큼 크지도 안앓다. 178cm에 가까운 키에 소화전 같은 체형이었다. 그래도 언제나 득점을 했고 라인업에 들어가기 위해서 필드의 어느 포지션에서든 뛰려는 의지가 있었다.

그는 3년 후 2007년에 트리플A에 입성했다. 이어진 오프 시즌 동안 시애틀로 트레이드 되었고, 2008년 타코마에서 시즌 중간쯤에는 타율이 0.301이었다. 그때쯤 그가 솔트레이크시티의 한 호텔방에서 잠자리에 있을 때, 자정이 지난 시각 전화를 한 통 받았다. 그것은 레이니어스의 감독 대런 브라운이었다.

"자네 메이저리그로 가게 되었어." 그는 시간을 지체하지 않고 말을 했다. "아침 4시 비행기가 자네 이름으로 예약되어 있네. 자네는 오클랜드에서 팀을 만나게 될 거야."

이런 상황은 휼렛이 꿈꿔왔던 그의 첫 번째 메이저리그행 연락이 아니었지만 그는 불만이 없었다. 그날 저녁 야구용품도 못 챙긴 채 야구장에 도착했다. 그는 장갑과 스파이크 신발과 배팅 글로브와 야구방망이를 빌려야 했다. 감독인 짐 리글만은 그를 8회에 대타로 내보냈고 그는 눈에 띄었다. 이틀 후 캔사스시티에서 그는 지명타자로 나가 길 매시를 상대로 그의 첫 메이저리그 안타를 쳐서 1득점을 하였다. 일주일 후 그는 타코마로 돌아왔다. 그러나 그는 곧 다시 호출을 받고 그 시즌의 나머지 시간을 메이저리그에서 보냈다.

1년 후 그는 캔사스시티에서 좀 더 많은 메이저리그 경험을 쌓았으나 로열스는 그를 시즌 막바지에 방출했다. 그는 레드삭스와 계약을 했으나, 전형적인 저니 맨(journey man, 팀을 옮겨 다니는 선수)이 되어 레드삭스에서 다시 마리너스로, 그리고 루키스로, 그 다음엔 내셔널스로 이적했다. 이 모든 이적은 2년 안에 일어난 것이다. 그는 2012년 시즌 전에 필리스와 계약을 했다. 5월에 리하이밸리에 호출을 받기 전에 그 시즌의 시작을 더블A 팀인 리딩에서 했다.

"스포츠에서는 많은 실패가 있어요." 그는 야구방망이를 손에 쥐고 코카콜라 필드의 3루 더그 안에서 타구 연습이 시작하기를 기다리며 말했다. "나는 지난 6시즌 동안 10군데의 팀에서 야구를 했었죠. 아이러니한 것은 각 팀들은 그들이 메이저리그 경험이 있는 선수가 시스템에 필요하다며 나와 계약을 맺었죠. 그러고는 내가 다시 올라갈 기회를 얻지 못할 때는 내가 충분한 메이저리그 경험이 없어서라거나 그들이 더 어린 선수를 쓰고 싶어 하기 때문이라고 말해요. 나는 중간에 끼였죠. 나는 29세예요. 약간의 메이저리그 경험이 있지만 충분하지 않죠. 종종 이렇게 말하고 싶어요. '당신들이 나를 빅리그로 불러주지 않는데 어떻게 내가 충분히 많은 빅리그 경험을 가질 수 있죠?'"

휼렛은 5월 중순 리하이밸리로부터의 호출이 일시적인 것임을 안다. 필리스 구단은 그를 위로 올려보내려고 해도 많은 유망주를 보유하고 있었고, 29세 된 휼렛은 메이저리그에서 67번 타석에 선 (그리고 13번 안타를 친) 선수는 유망주로 적당하지 않다는 것을 알고 있다.

"라인(샌드버그)은 모두를 라인업에 넣는 것을 잘하죠." 그는 말했다.

"그것은 나에게도 기회가 있다는 것을 의미해요. 그리고 나에게 기회가 있는 한 불만을 갖지 않을 겁니다." 그는 웃었다. "젠장, 그렇지 않더라도 불평하지 않을 겁니다."

"내가 14세 때 아버지에게 야구에 전념하고 싶다고 말했던 것을 기억합니다. 학교는 가족에게 중요한 문제였죠. 어머니는 우리가 성적표에서 A를 받지 못하면 운동을 허락하지 않았어요. 그러나 나는 아버지에게 야구 선수가 되고 싶다고 말했습니다. 아버지는 내 눈을 보고 말했어요. '그거 괜찮지 터그, 그럼 야구 선수가 되고 싶어 하는 나머지 2,000만 명의 아이들과 너는 어떻게 다르게 할 계획인지 말해줄래?'"

"뭐, 나는 대부분의 그 아이들과는 다르게 했다고 생각해요. 나는 메이저리그에 입성했었고 아직도 내가 돌아갈 수 있다고 믿고 있어요. 안타를 칠 자신이 있거든요."

그날 밤 휼렛의 기록은 3타수 2안타를 쳤고 2득점을 하였다. 리딩에서 나온 후 그의 타율을 0.321로 올렸다. 그는 그 다음날에도 선발로 나섰고 또 안타를 쳤다. 6주 후 토요일 밤 노퍽의 라인업에 올라 3루수를 했다. 그때쯤 그는 라인업에 산발적으로 들어갔다. 필리스는 베테랑 피트오어를 6월 초에 내려보냈고, 휼렛이 대부분의 경기에서 3루수를 보았다. 팀의 가장 훌륭한 선수인 케빈 프랜슨이 2루에 있었고, 최우선 백업 또한 그 시즌 동안 메이저리그에서 볼 수 있었던 마이클 마르티네즈였다.

휼렛은 개밥의 도토리였다.

그러나 그는 기회가 주어졌을 때마다 최선을 다했다. 7월 14일 밤 그는

4타수 2안타를 쳤고, 37경기의 120타석에서 그의 타율을 0.325로 끌어올렸다. 그 후로 나흘간 휼렛은 필드에 나갈 일이 없었다. 그래서 팀과 함께 더럼에 있을 때 샌드버그의 사무실로 불려가 그가 리딩으로 보내진다는 말을 들었을 때도 놀라지 않았다. 필리스는 부상자 명단에서 나온 저스틴 데 프라투스라는 투수를 넣을 자리가 필요했다. 그는 다친 팔이 다 회복되었던 것이다. 휼렛은 잘 치고 있었고 기록도 좋았지만, 그 당시 리하이 밸리 명당에서는 그가 가장 유력하게 보내질 선수였던 것이다.

휼렛은 불평하지 않았다. 그가 할 수 있는 유일한 것은 계속 야구를 하는 것이고, 그는 다른 기회가 오기를 기다리며 계속 야구를 하고 싶었다.

데 프라투스가 부상자 명단에서 나오자 휼렛은 강등되었다. 이는 자기 일에서 어느 정도 지점에 도달해서 메이저리그로 올라가거나 돌아가는 것이 불가능하지는 않지만 가능성이 높지는 않은 선수들로 인해 돌아가는 삶의 축소판이다. 톨레도의 매니저 필 네빈이 지적했듯이, 7월 말 트레이드 데드라인이 지나면 트리플A 감독은 9월에 2~3개의 메이저리그 자리를 위해 뛴다는 것을 알고 있는 클럽하우스에 있는 25명의 선수들을 직면하게 된다. 그리고 어떤 감독이나 말하듯 모두는 그 두세 명 선수가 누구일지 9월 콜업이 일어나기도 전에 알게 된다.

대부분의 마이너리그 선수에 의한 삶에 대한 가장 냉혹한 설명은 1970년대에 토미 라소다가 다저스의 2군팀인 스포켄에 감독을 하고 그 팀에 20세 된 아주 잘 나가는 바비 발렌타인이라는 선수가 명단에 있을 때 나왔을 것이다. 발렌타인은 2년 전 드래프트의 5번 픽으로 뽑혀 1969년 9월에 잠시 다저스에도 올라갔었다. 그는 클럽하우스에 발을 들이어본 적이 있는 여느 선수들만큼 자만심에 차 있었고, 스포켄의 많은 연륜 있는 선수들은 그를 괴롭혔다. 그의 삶을 더 어렵게 하기 위해 그를 따돌렸다.

그로 인해 라소다는 선수들을 집합시켰다. 전해 내려오는 말에 의하면, 그날 밤 경기 전에 선수들이 무엇을 하길 원하는지 말했다.

"나는 우선 너희들이 모두 가서 발렌타인의 사인을 받아오길 바란다."

그는 말했다. "왜냐하면, 언젠가 그가 메이저리그의 스타가 된다면 그것이 너희들에게 꽤나 가치 있게 될 것이기 때문이다. 그리고 나는 너희들이 그에게 감사하길 바란다. 왜인 줄 아나? 왜냐하면, 우리는 그가 경기를 할 팀을 구성해야 하기 때문에 너희 나머지들을 데리고 있는 것이다. 그가 없다면 우리는 너희 나머지들도 필요치 않다."

물론 과장된 말이다. 그리고 잔인하다. 그러나 그것은 꽤나 사실이기도 했다. 그것이 왜 마이너리거들이 항상 그 단체의 누가 '유망주'인지 촉을 세우고 있는 이유이다. 그리고 40명 명단에 오르는 것이, 그 명단에 올라 있다고 해서 메이저리그에서 뛰게 될 것이라는 의미는 아니지만, 아주 중요한 이유이다. 40인 명단에 오르는 것은 금전적으로 이익도 있지만, 구단이 그 순간 선수의 가치를 보고 있다는 의미이다. 그리고 메이저리그팀에 갈 가능성이 있다고 믿어주는 것이다.

터그 훌렛이나 피트 오어 같은 선수들은 항상 그들이 팀의 서열에서 어디쯤에 위치해 있는지 잘 파악하고 있었다. 그들은 앞으로 절대 유망주로 여겨질 일은 없을 것이다. 훌렛은 드래프트에서 14번 픽이었고, 오어는 고등학교 졸업 후 39번 픽으로 드래프트 되었을 때 바로 계약하지 않고 주니어 칼리지를 가는 것을 택하고 그로부터 2년 후 애틀랜타 브레이브스와 드래프트 되지 않은 프리 에이전트로 2년 계약을 맺게 되었다.

"재미있는 것은 내가 고등학교에 있을 때 드래프트 되는 것에 대해 생각해 본 적도 없다는 겁니다." 그는 말했다. "캐나다에서는(오어는 온타리오의 리치몬드 힐에서 자랐다.) 드래프트가 그렇게 대단한 일이 아니었어요. 수학 수업시간에 교실에 앉아 있었는데 교장실로 오라는 소식을 들었어요. 나에게 무슨 문제가 생긴 것이라고 생각했죠. 교장실로 들어서니 내가 어머니에게 전화를 해야 한다고 했어요. 그때 나에게 아주 심각한 문제가 생겼을 거라고 추측했죠. 그래서 전화를 걸었는데 엄마가 말했어요. '축하해. 텍사스 레인저스가 방금 전화를 해서 네가 39라운드에서 드래프트 되었다고 했어.' 그렇게 해서 나는 알게 되었죠."

아직 18세도 채 되지 않았던 오어는 그가 마이너리그 생활을 위해 아직 준비가 되지 않았다고 생각해서 계약을 하지 않기로 했다. 그는 16세까지 시간을 나누어 하키와 야구를 했다. 프로야구로 가기 전에 대학에 가서 야구 선수로 발전할 수 있을 것이라 생각했다. 텍사스 샐브스톤 대학의 딕 스미스 코치는 푸에르토리코에서 북쪽으로 간 선수들을 뽑다가 두 명의 좋은 선수를 온타리오에서 건진 후로 온타리오에서 선수를 뽑곤 했다. 그는 오어와 또 다른 동네 학생 제레미 워커에게 장학금을 제공했다. 오어는 그것을 받아들이기로 했다. 문화 충격을 극복하고 나니 그는 학교 생활이 좋았고, 2년 후 네브라스카에서 장학금을 제안받을 정도로 운동도 잘하게 되었다.

"나는 네브라스카에 갈 준비가 되어 있었지만, 드래프트 되면 어떻게 되는지도 알고 싶었어요." 그는 말했다.

"2년간의 더 경험을 쌓았기 때문에 고등학교 때보다 더 좋은 곳에 갈 수 있을 것이라 생각했죠. 그러나 나는 아예 드래프트 되지 않았어요. 그것은 정말 실망스러웠어요. 나를 지켜보고 있던 스카우트들이 내가 네브라스카로 가는 것이 확정된 것으로 생각하고 나를 선택하지 않았던 것을 나중에 알게 되었습니다."

오어는 브레이브스가 그에게 관심이 있다는 연락을 고향으로 돌아가 세미 프로팀에서 뛰고 있을 때(돈 때문이 아니라 그의 대학 자격을 유지하기 위해) 받았다. 그들은 계약하는 조건으로 1만 달러를 제안했다. 그것은 큰돈으로 느껴졌으므로 그는 수락했다.

브레이브스의 시스템에서 위로 올라가는 것은 쉽지가 않았다. 그들은 아주 깊고 정교하게 정리된 2군 리그 합동 운영 시스템(farm system)을 가지고 있었고, 애틀랜타는 팀이 잘하고 있었기 때문에 많은 회전율을 보이지 않았다. 오어는 희망이 점점 사라졌으나 2005년 결국 메이저리그에 진출하게 되었다. 오어는 다음 2년간을 브레이브에서 보냈다. 그는 2005년 파트타임 역할로 0.300의 타율을 기록했다. 그의 성적과 다재다능한 자세로 인해 팀에서 가장 인기 있는 선수가 되었다. 그러나 그는 2007년 시즌 중간에 브레이브스의 트리플A팀인 리치몬드로 보내졌고, 그해 겨울 방출되었다.

"그게 바로 비즈니스죠." 그는 어깨를 으쓱하며 말했다. "그들에겐 시스템을 뚫고 올라오는 더 어린 선수들이 있었고 그들에겐 자리가 필요했죠. 그런 걸 개인적으로 받아들이면 안 돼요. 왜냐하면, 그것은 기분 나쁘게 받아들일 일이 아니기 때문이죠. 만일 그게 개인적인 일이었다면 나는 아마 아직도 거기 있을 거예요. 왜냐하면, 바비가 나를 좋아하는 것을 알고, 구단도 나를 좋아했거든요. 그렇지만 일은 그런 식으로 되는 게 아니죠."

그는 워싱턴 내셔널스와 계약을 했고, 다음 두 시즌의 일부를 워싱턴에서 보냈다. 그의 방식에서는 충격적인 일이었다. "나는 최고의 야구팀 중 하나에서 최악의 팀으로 갔죠." 그는 말했다. "그들은 성장하고 있었고 그들의 어린 선수들에서 가능성을 보았어요. 그러나 그때 내가 거기 있었을 그 당시에 우리는 못하는 팀이었어요. 나는 버릇이 없어졌고 언쟁을 많이 했죠."

그래도 일은 일이었다. 그는 2010년 말까지 워싱턴과 시러큐스를 왔다갔다했다. 그때쯤 내셔널스가 이안 데스몬드와 대니 에스피노사와 같은 젊은 내야수들을 내보낼 수 있었고, 알렉스 코라나 제리 헤어스턴 주니어 같은 베테랑 선수들과 계약을 맺어 팀을 지탱하게 했다. 오어는 주전에서 밀려났고, 2011년 시즌에 필리스와 계약을 맺었다. 그는 그해를 리하이밸리에서 보냈지만, 2012년 봄 훈련에 팀의 백업 내야수로서의 가능성이 있다는 생각으로 참가하였다. 봄 훈련을 잘 마쳤고, 특히 2루수 체이스 유틀리가 부상자 명단에 올랐기 때문에 어쩌면 북쪽으로 갈 수도 있을 것 같았다. 그때 팀이 캠프를 종료하기 일주일쯤 전에 필리스 구단은 2번이나 올스타에 뽑혔고 이제 36세의 나이로 재기하려고 하고 있는 베테랑 루이스 카스틸로와 계약을 맺었다.

"정말 사기를 꺾는 일이었죠." 오어는 말했다. "내가 다목적 내야수 자리를 노리고 있는 다른 선수들보다 잘하고 있었다고 생각했는데, 그들은 루이스와 계약을 맺었어요. 나는 그의 경력과는 비교도 할 수 없었고, 그래서 내가 다시 내려보내질 것이라고 생각했습니다."

그로부터 9일 후 필리스는 카스틸로가 예전 실력의 그림자에도 못 미친다는 것을 깨닫고 카스틸로를 방출했다. 오어는 기분이 나아졌다. 그러나 그는 여전히 안심할 수 없었다. "클리프 리는 나에게 자꾸 물었죠. '그들이 말했어? 그들이 말했어?'" 그는 말했다. "대답은 '아니요No'였습니다."

로커룸 농담에는 선이라는 게 거의 없다. 특히 야구에서는 선수들이 8개월의 시즌을 보내는 동안 그들은 가족보다도 서로 더 많은 시간을 보낸다. 오어는 대부분의 봄을 팀에서의 불확실한 그의 입지에 대하여 놀림을 당하며 보냈다. 카스틸로가 계약을 한 후에 셰인 빅토리노는 오어의 로커에 리하이밸리에 나온 빌릴만한 집 리스트를 프린트해서 붙여 놓았다.

"모두가 나와 장난치는 거죠." 그는 말했다.

"그러나 나는 그들이 만일 내가 팀에서 나가길 바란다면 그런 짓을 하지 않았을 것이라는 것을 알아요."

그가 2005년 브레이브스에서 했듯이 오어는 필리스와 북쪽으로 갔다. 그가 개막일 명단에 들어갈 수 있을지 여전히 불확실했다. 또 다른 백업 내야수 헥토르 루나와 같이 갔었던 것이다. 오어는 필리스의 시티즌 뱅크 파크에서 진행된 마지막 시범경기 동안 리가 그에게 또다시 아직 그가 명단에 들어오게 된 건지 물었을 때 더그아웃에 앉아 있었다. 여전히 오어의 대답은 아니었다.

"흠, 내가 알아봐야겠네." 리는 말했고, 성큼성큼 걸어갔다.

9회 때 리는 돌아왔서 오어의 옆에 앉았다.

"넌 명단에 들어 있어." 그는 말했다.

"확실해?"

"그럼, 넌 들어 있어."

당연하듯 경기가 끝나고 찰리 메뉴엘은 루나를 그의 사무실로 불렀다.

오어는 루나의 얼굴을 보니 그가 아래로 보내졌음을 알 수 있었다. 몇 분 후, 이번엔 오어의 차례였다. 그는 팀에 들어가게 되었다. 리가 매누엘에게 오어에게 말한 것을 이야기한 것인지, 어쩌면 메누엘은 필리스가 오어를 루나와 리하이밸리로 보내기로 한 결정을 기다리는 건지 그는 알 수 없었다. 어쨌든 그는 기분이 좋았다.

"2010년에는 메이저에 아예 가지를 못했고, 2011년에는 아주 잠시 갔었죠." 그는 말했다. "그곳으로 다시 돌아가서 뛰게 되는 것은 나에게 정말 의미가 컸어요."

오어는 그가 필라델피아에서 경기에 나가게 되었을 때 선전했다. 그는 그곳에 있는 선수들 중 유틀 리가 부상에서 회복되면 내려보내질 가장 유력한 선수였기 때문에 그곳에서 보낸 시간이 아주 짧을지도 모른다는 사실을 알았다. "나는 그런 날이 올 거라 생각했죠." 그는 말했다. "하지만 막상 그런 일이 일어났을 때는 전혀 예상을 못하고 있었어요."

그 일은 그가 33세가 되기 전날인 6월 7일에 일어났다. 필리스는 리하이밸리에서 좋은 경기를 펼치고 있던 마이클 마르티네즈를 불러올리기로 결정했고, 오어를 다시 그의 자리로 내려보내기로 했다. 이것은 실질적으로 인지되지 못한 채 선수들이 뒤바뀌는 그런 상황 중 하나였지만, 관련된 사람들에겐 충분히 영향을 끼쳤다.

오어는 트리플A로 돌아와서 거의 매번 라인업에 들어갔다. 그의 존재로 가장 많은 영향을 받는 사람은 마르피네즈가 팀에 있을 때 더 많이 출전하던 터그 훌렛이었다. 7월 22일 훌렛은 짐을 싸서 리딩으로 돌아간다고 통보받았다.

야구의 회전문은 절대 멈추지 않는다.

22

삶의 단편

콜럼버스

현재 메이저리그 야구팀 중에는 클리블랜드 인디언스에 하버드 대학의 경제학 학위를 가진 선수가 한 명 있다. 그는 하버드 2006년도 졸업생이자 2012년 콜럼버스 클립퍼스 구원투수인 프랭크 조셉 헤르만이다.

"만일 내가 매번 '네가 질문에 대한 정답을 알아야지, 너 하버드 나왔잖아.'라는 말을 들을 때마다 1달러를 받았다면 나는 아마 은퇴를 해도 될 정도로 많은 돈을 벌었을 거예요." 그는 어느 날 밤 미소를 띤 채 말했다. "만일 누군가가 어디서 아주 유일한 존재라면 특히 클럽하우스에서 사람들은 반드시 알아채죠."

헤르만은 그가 이 분야에서 유일한 하버드 출신이라는 것을 개의치 않는다. 그는 2010년 클리블랜드에서 처음으로 메이저리그에 진출했다. 그것으로 그는 메이저리그에서 투구를 한 15번째 하버드 출신이 되었지만 제프 뮤셀만이 1990년도 메츠에서 투구를 한 이래로는 처음이었다.

"내가 고등학교를 나왔을 때, 언젠가 메이저리그에서 뛸 기회가 있을 것이라 생각했어요." 그는 말했다. "그러나 하버드에 들어갈 수 있게 되었을 때 그걸 거부할 이유가 없었죠. 내 말은 누가 그런 기회를 버리겠어요?"

| 프랭크 조셉 헤르만

사실 프로로서의 야심을 가지고 있는 운동 선수들은 종종 그런 기회를 버리곤 한다. 1995년 하버드의 농구 코치 프랭크 설리반은 월리 저비악에게 그가 그해 가을 학기에 하버드에 가게 되었다고 말했을 때 그는 영입을 거의 성사시켰다고 생각했다. 그해 늦은 봄, 최강의 팀은 아니지만 그래도 농구에서는 하버드보다 더 인정받는 농구 학교인 오하이오의 마이애미가 저비악에게 장학금을 제안했다. 그는 그 제안을 받아들였고, NBA에 6번픽으로 드래프트 되어 10년간 NBA에서 활동하였다.

"나는 아직도 월리가 하버드에 왔더라면 어땠을까 생각합니다." 설리반은 종종 말한다. "뭐 그랬지만, 역시 그의 결정은 그에게 아주 좋은 결과를 가져왔지요."

헤르만 역시 야구로 아주 유명한 학교 몇 군데에서 리크루트 되었었다. 그는 고등학교 때 3종목의 운동 선수였고, 야구에서만큼이나 미식축구에서도 유망주였다. 그러나 그는 야구 코치 조 왈시가 캠퍼스에 초대해 둘러보고 나서 하버드에 조기 입학을 지원하면서 마음을 정했다. 그가 합격하고 나서는 어느 대학에 갈지 고민하지 않았다.

"만일 내가 하버드에 가지 않았더라면 부모님이 평생 나를 용서하지 않았을 거예요." 그는 말했다. "아마도 다음 생에는 용서받을 수 있을지 몰라도, 현생에서는 말이죠."

헤르만은 1학년 때 투수와 외야수를 맡았다. 그해 여름 그는 몬트리올 엑스포그와 보스톤 레드삭스의 전임 총감독인 댄 듀켓이 소유하고 있는 뉴잉글랜드 대학 야구 리그에서 뛰게 되었다.

"내 생각에 댄이 뭔가 나에게서 마음에 드는 점을 발견했던 것 같아요." 헤르만은 말했다. "그가 나에게 메이저리그팀을 도울 만한 면들이 있다고 했던 게 기억나요. 그건 나의 자신감을 북돋아 주는 좋은 말이었어요. 왜냐하면, 그가 빅리그에 있는 선수들은 어떤지 알고 있다는 것을 알았기 때문이죠."

2학년 때 헤르만은 풀타임 투수가 되었다. 3학년이 되었을 때 몇몇 메이저리그의 관심을 받았지만, 졸업하기 전까지는 드래프트에 참가하거나 프로로 전향할 의향은 없었다. 사실 그는 경제학을 전공하는 사람에 걸맞게 월스트리트에서 여름에 인턴십도 했었다. 그는 그 일이 딱히 마음에 들지 않았다. 하와이의 새로운 대학 여름 리그에서 마지막 6주를 보낼 수 있다는 친구의 전화를 받았을 때, 그는 일을 그만두고 다시 투구하기로 마음먹었다. 그가 거기 있는 동안 클리블랜드 인디언스의 북부 캘리포니아 스카우트 담당인 돈 라일이 그가 투구하는 것을 보고 인디언스에게 계약을 해볼 것을 추천했다.

"그는 나의 팔에 인생이 달려 있다며 내 가능성을 마음에 들어 했어요." 헤르만은 말했다. "그들은 나에게 3만 달러와 한 학기의 등록금을 제공했습니다."

그때 헤르만은 졸업을 두 학기 남기고 있었다. 이때 두켓은 인디언스의 총감독 마크 사피로에게 전화를 걸어 그가 하버드에서 학위를 받을 수 있게 2년간 가을에 투구를 하지 않도록 배려해 달라고 전화를 걸었다. 사피로가 허가하자, 헤르만은 계약을 하기로 결정했다. 그러한 조건에도 불구하고 그의 부모님은 크게 기뻐하지 않았다.

"그것은 나 자신에 대한 믿음의 도약이었어요. 내 생각에, 나로서는요." 그는 말했다. "나는 그게 내가 1년은 앞서 출발하면서 내 학위도 받을 수 있는 것이라 생각했죠. 부모님은 그 생각에 완고히 반대하셨지만, 결정은 내가 하는 것이라고 했어요."

사실 그해 여름 그와 그의 부모님이 버몬트로 마이너리그 경기에 갔을 때 프랭크 헤르만은 야구장을 나서며 아들에게 "네가 이걸 위해 하버드를 포기한다는 거냐?"라고 말했다. 그에게는 그랬다. 그는 학교로 돌아가겠다는 약속을 지키고 그가 캠퍼스로 돌아왔을 때 그가 마이너리그에서 투구를 한 경험에 대하여 하버드 크림슨에 칼럼까지 썼다. 마이너리그에서 그의 성장은 지속적이었고 콜럼버스에서 2010년 시즌의 첫 두 달간 그의 투구 방어율이 0.31을 기록했을 때, 그는 클리블랜드의 인디언스에서 합류하라는 연락을 받았다. 그는 6월 초 4명의 타자를 상대해서 그들을 모두 아웃시키며 메이저리그에 데뷔했다.

별거 아니었다. 빅리그의 타자들을 상대하는 것은 트리플A의 타자들을 상대하는 것과 같지 않다는 것을 빼고. 헤르만은 왜 그런지 이유를 꽤 빨리 파악했다. "깨닫게 된 것은 메이저리그에서는 쉬운 아웃이란 없다는 겁니다. 라인업에서 가장 못 하는 타자도 트리플A의 투구를 아주 잘 치던 사람이었죠. 그렇지 않다면 그 사람은 메이저리그에 있을 수 없었겠죠. 그리고 라인업에서 가장 잘하는 타자는 트리플A 투구를 전멸시킬 만한 사람이에요. 트리플A에서는(항상은 아니지만 어떤 때는) 좋은 볼을 많이 던지지 않은 채로 한 이닝을 버틸 수 있거든요. 메이저리그에서는 절대 그렇지 않죠, 절대로."

헤르만은 2012년 봄 트레이닝을 위해 애리조나에 도착했을 때 인디언스 출전 명단의 마지막 구원투수 자리 중 하나를 놓고 그가 경쟁하는 것임을 알았다. 그는 3월 첫째 주 1이닝 동안 4점을 레즈에게 내주며 좋은 시작을 하지 못했다. 그 후에는 투구가 더 나아졌지만 주사위는 이미 던져진 듯했다. 4월 2일 인디언스가 시즌을 시작하기 3일 전, 그는 콜럼버스로 돌려보내 졌다.

"실망스러웠다는 말로는 표현이 안 되죠." 그는 말했다. "돌아오는 것은 확실히 더 힘들었어요. 왜냐하면, 뭔가를 잃었다는 기분이 드니까요. 유형적으로도 무형적으로도. 처음 내가 트리플A에 입성했을 때 한 달에 2,000달러를 벌었고, 그것에 만족했었죠. 지금까지 2년간 메이저리그에 있었어요. 심지어 최저임금(2012년에는 48만 2,000달러) 조차 여기에서 버는 것보다 훨씬 많아서 그렇게 버는데 익숙해져요. 하고 싶은 것을 다 할 수 있고 사고 싶은 것을 걱정 없이 살 수 있는 것에 익숙해지죠. 돈이 있으니까요."

"그렇다고 내가 돈이 바닥나거나 한 것은 아니에요. 내 아내는 좋은 직장(코카콜라에서 일함)을 가지고 있고 내가 메이저에 있는 동안 잘 벌었죠. 그렇지만 현재는 다릅니다."

"우리는 시러큐스, 로체스터, 버펄로로 이어지는 12일간의 여정을 마치고 집으로 막 돌아왔어요. 그 여정 중 마지막 이틀은 정말 지쳤었죠. 이게 그냥 직업이에요. 나는 89% 정도의 시간은 이것이 즐겁다고 생각해요. 내가 하는 일이 좋고, 투구를 할 수 있는 기회를 갖는 것이 좋아요. 여전히 내가 다시 메이저로 돌아갈 수 있을 만큼 좋은 선수라고 믿습니다."

그는 미소 지었다. "물론 날짜가 점차 지나고 트레이드 데드라인이 가까워 오면서 가능성이 닫히고 있는 것을 느끼죠. 이해해야 할 문제는 모든 레벨의 마이너리그에 있는 모든 선수에게 매일매일은 리스크가 아주 크다는 거예요. 그러나 내 생각에 그게 트리플A에서 가장 높을 것 같아요. 왜냐하면, 정말 목표까지 가깝다는 것을 아니까요. 만일 메이저리그로 올라간 적이 있다면, 다시 올라갈 능력을 자신이 가지고 있다는 것도 알죠. 그러나 주위를 둘러보면 팀에 같은 생각을 하고 있는 24명의 선수들이 있고, 또 더그아웃에 또 다른 25명의 선수들 또한 같은 생각을 하고 있습니다."

"내가 주위를 둘러보고 '내가 지금 여기서 뭐 하는 거지?'라고 하는 날은 내가 떠나는 날입니다. 나는 아직 그런 생각을 해보지 않았죠. 나중에 갖는 직업도 야구와 관련된 직업을 갖고 싶고, 하버드 출신이라는 것이 내가 선수 생활을 은퇴했을 때 유리한 점으로 작용할 수 있을 거라고 생각합니다. 많은 사람이 하버드 대학을 나온 건 아니니까요. 그들에겐 야구가 아니면 실패죠."

그는 콜럼버스 다운타운의 헌팅턴 파크로 쏟아붓는 비를 바라보았다. 이틀 전 클리퍼스와 머드헨스의 경기가 우천으로 연기되었고, 전날 밤에 그들은 두 경기를 연속으로 치렀던 것이다.

"우리가 가장 원치 않는 것은 내일 또 한꺼번에 두 경기를 치르는 것입니다." 그는 고개를 저으며 말했다.

"그보다 더 안 좋은 유일한 것은 세 시간 동안 앉아 있고 나서 두 경기를 무조건 치러야 하는 겁니다. 여기서는 경기를 취소하는 것을 좋아하지 않아요. 그들은 입장료를 벌길 원합니다."

트리플A에서 우천으로 인한 경기 연기는 메이저리그에서와는 매우 다르게 다뤄진다. 메이저에서 비로 인해 경기가 연기되면, 경기가 없는 날로 다시 일정을 잡거나, 하루에 두 번 경기를 치르는데 밤과 낮으로 나누어 (입장은 각각) 진행한다. 우천으로 인한 경기는 여전히 금전적인 손실을 입히는데 다시 일정이 잡힌 경기에는 그냥 보러 오는 관객의 수가 아주 적지만 가지고 있는 사람들은 그들이 경기에 오든 오지 않든 경기에 돈을 내야 하기 때문이다.

마이너리그에서는 시즌 동안 경기가 없는 날이 아주 드물기 때문에 경기가 없는 날 다시 스케줄을 잡는 것이 거의 불가능하다. 게다가 팀이 버스나 일반 비행기로 이동하기 때문에 전세 비용기를 타는 메이저리그팀처럼 재경기를 위해 하루 동안 다른 도시를 방문하거나 하는 것이 거의 불가능하다.

하루에 두 번 경기가 있으면 시즌당, 도시당 딱 한 번만 입장을 각각 받을 수 있다는 규칙이 있다. 이것 또한 경기가 없는 날이 부족하기 때문이다. 그러면 경기를 가능한 한 빨리 치를 수 있다는 생각에서 마이너리거가 갖는 유일한 휴식은 입장을 한 번만 받는 더블헤더 경기가 7회로 축소되는 경우이다.

헤르만은 비가 내리는 것을 보면서 그런 것에 대해 생각했던 것은 아니다. 감독인 마이크 사보그가 최근 그의 역할을 마무리 투수로 바꿨고, 그는 클리퍼스의 9회를 맡은 후로 3경기 연속 좋은 성적을 내고 있었다.

"나는 그게 마음에 들어요." 그는 말했다. "나는 도전하는 것을 좋아해요. 아무도 내 뒤에 있지 않고 내가 그 경기를 마무리해야 한다는 것이 좋습니다. 그리고 만일 누군가의 관심을 받으면 그게 인디언스든 다른 팀이든 금상첨화죠."

헤르만은 인디언스의 관심을 얻었다. 8월 7일 그는 클리블랜드로 다시 올라와서 고전하고 있는 불펜을 돕도록 하라는 연락을 받은 것이다. 7일 후, 그는 다시 콜럼버스로 돌아왔다. 그날부터 9일 후, 그는 다시 클리블랜드로 올라가 그 시즌의 나머지 시간을 그곳에서 보냈다.

에스컬레이터는 오르내린다. 하버드 학위를 가지고 있더라도 야구에서는 보장되는 것이 없다.

헤르만의 감독 마이크 사보그는 그가 선수였던 시절 에스컬레이터에 대해 걱정해본 적이 없다. "내가 더블A에 입성했을 때, 나보다 더 재능 있는 사람들이 많다는 것을 깨달았습니다." 그는 말했다. "문제는 내가 그때 경기에 빠져버렸다는 것입니다."

만일 리하이밸리의 라인 샌드버그가 인터내셔널 리그에서 가장 빡빡하게 클럽하우스를 관리하고 있다면 사보그는 아마 가장 느슨하게 관리하고 있을 것이다. 그의 사무실 문으로부터 불과 몇 피트에 선수들이 경기 전후에 앉아서 먹는 공간이 있고 거기엔 탁구대도 있다. 하루 중 아무 때나 그곳엔 경기가 진행된다. 왜냐하면, 팀은 시즌 동안 끝없는 탁구 토너먼트를 열기 때문이다. 선수들이 팀에 들어왔다 떠나기도 했지만 탁구 토너먼트는 계속되었다. 뮤지컬 《아가씨와 건달들》의 나싼 디트로이트의 가장 오래 지속된 이동식 크랩 게임과 비슷하게.

이것이 만일 다른 게 없다면, 성공적인 마이너리그 팀을 이끄는 대는 한 가지 방식보다 더 많은 방식이 존재한다는 증거다. 명예의 전당에 올라 있는 샌드버그는 그가 감독을 맡을 때마다 좋은 성적을 거두었고 인터내셔널 리그 14명의 감독 중 빅리그의 감독을 맡을 가능성이 가장 큰 감독으로 꼽혔다. 바로 그다음으로 꼽히는 사람은 1994년 선수로서 그의 마지막 시즌에 트리플A인 샬롯에 입성하여 네 번의 경기 동안 다섯 번 타석에서며 자신의 야구 인생의 정점을 찍었던 콜럼버스의 감독 사보그였다. 그는 1득점을 하고 그다음 봄 인디언스의 캐롤라이나 리그의 클래스A팀인 킨스턴의 코치직을 제안받았을 때 은퇴하였다.

"야구 덕에 대학(라마 대학교)을 갔죠. 고등학교 때는 꽤 괜찮은 유격수였거든요." 그는 말했다. "나는 디비전 3(Division III) 학교에 갈 생각으로 축구와 야구를 했었는데 아버지의 대학 동창이자 파이어리츠의 스카우트 담당이던 론 리치가 라마 대학의 코치인 짐 길리건과 알고 있어서 나를 추천했죠. 나는 캠퍼스도 안 가보고 그 학교와 계약을 맺었어요.

"그렇더라도 졸업 후 계속 운동을 해야 할지 정하지 못했어요. 부모님은 두 분 다 선생님이었는데, 나도 선생님이 되어 고등학교 팀의 코치가 돼야겠다고 생각했죠. 그게 내가 신체 운동학을 전공했던 이유에요. 선생님과 코치가 되면 전공을 살릴 수 있을 거라 생각했거든요. 내가 직업적으로 하고 싶다고 생각했던 유일한 운동은 농구입니다. 내가 NBA에서 뛸 거라고 생각했어요. 그러나 고등학교 때 나는 그럴 일은 없을 것이라는 것을 알게 되었지요."

사보그는 대학 졸업 때 아무도 그를 드래프트하지 않았다는 사실에 크게 실망했다. 그때쯤 그는 직업 운동 선수가 되는 것을 적어도 시도는 해 볼 수 있지 않을까 생각하고 있었던 것이다. "나는 집으로 돌아가 앞으로 뭘 해야 할지 생각해 보고 있었어요." 그는 말했다. "취직을 할까? 대학원에 갈까? 그냥 투덜대고 있을까?"

그가 뭘 해야 할지 생각하고 있는 동안 그는 대학 때 그가 활동하는 것을 봤던 브류어스의 스카우트 담당인 왈터 야우스로부터 전화를 받았다. 브류어스는 그들의 몬태나 주의 헬레나에 있는 루키 리그 팀에 내야수가 한 명 모자랐던 것이다. 아우스는 아보그에게 그가 브류어스랑 계약을 맺고 헬레나로 갈 의향이 있는지를 물어왔다.

"나는 흔쾌히 승낙했죠." 사보그는 당시 생각에 웃으며 말했다. "내게 주어진 보너스는 헬레나까지 가는 비행기표였어요. 내 월급은 한 달에 850달러였죠."

사보그는 그 후로 몇 년간 더블A로 올라가기 위해 뛰었으나 그곳에 가고 나서 그는 자신의 한계는 거기까지임을 인정해야 했다. 그래서 코치직 제안을 받았을 때 받아들인 것이다.

"나는 선수로서 내 입지가 불안정했던 것을 알았죠." 그는 말했다.

"나는 28세였고 아무리 잘해도 딱 더블A까지 갈 재능을 가지고 있었습니다. 재미있는 것은 내가 대학 졸업 후 브류어스랑 계약을 했을 때 1년만 뛰다가 선생님이 되려고 했었습니다. 코치직을 맡았을 때는 1년만 하다 선생님이 되려고 했었습니다. 지금 대학 졸업한 지 23년이 되었는데 내가 아직도 여기에 있습니다."

그러나 그는 가르치기도 한다. 그는 코치가 되고 얼마 후 소개팅으로 니콜 폴을 만났고, 그들은 1998년 결혼했다. 그들은 펜실베이니아의 실링턴에 정착했다. 그곳은 마이크가 자란 랑케스터랑 멀지 않은 곳이었다. 매 오프 시즌마다 마이크는 집으로 돌아가 선생님을 했다. 그는 중학교에서 풀타임 직업을 가지고 있고, 또한 고등학교에서도 대체 교사다.

"나에게는 그게 너무 자연스러운 일이었어요." 그는 말했다. "교사 휴게실은 야구 클럽하우스와 다르지 않아요. 그곳에선 많은 일이 일어나고, 그곳에서 잘 어울리길 원하죠."

사보그는 2004년 뉴욕-펜 리그의 루키 레벨 팀 마호닝 밸리 스크래퍼스에서 그가 감독을 할 첫 번째 기회를 얻었다. 그들은 리그에서 우승했다. 2년 후, 싱글A팀인 킹스톤(그가 선수도 했고 코치도 했던 챔피언십 우승팀) 감독으로 승진한 그는 감독으로 캐롤라이나 리그에서 우승을 거뒀다. 2009년 인디언스는 그를 콜럼버스로 올려보냈고 클립퍼스는 주지사 컵과 트리플A

내셔널 챔피언십에서 2010년과 2011년 우승했다.

사보그가 미래의 메이저리그 감독으로 거론되는 것은 그런 우승 때문이 아니라 그가 선수들을 다루는 방식 때문이다. 그는 2012년 시즌 시작 전 45세가 되었지만, 그는 지금도 선수로 뛸 수 있을 것 같이 보인다. 그의 팀 선수들은 그가 선수들에게 항상 솔직하며 선수들의 사소한 것까지 간섭하려 하지 않는 면을 좋아한다.

"가장 어려운 점은 항상 있는 일이지만, 자신들이 메이저리그에 있어야 한다고 생각하는 25명의 선수들을 관리한다는 점입니다." 그는 말했다.

"그들은 그렇게 느낄 수밖에 없어요. 그런 생각이 맞든 틀리든 말이죠. 선수가 강등되거나 봄 훈련 후 방출되면, 나는 항상 앉아서 그에게 말하죠. '메이저리그로 올라가기 위해선 스스로 어떤 점이 개선되어야 한다고 생각하나?' 나는 그가 나에게 말해 주게 합니다. 선수들은 자신이 뭘 향상시켜야 할지 정확히 알고 있어요. 그리고 나는 말하죠, '그래, 그럼 그걸 향상시키기 위해 노력해서 그곳에 올라가도록 하게.' 그들이 다 위로 올라가게 되냐고요? 물론 아니죠. 그러나 내 임무는 그들에게서 최고의 기량을 이끌어내는 겁니다. 그들이 올라가든 내려가든 어느 방향을 향하든 말입니다."

그때는 클리퍼스가 좋은 방향을 향해 가고 있었다. 그 시즌의 많은 시간을 고군분투하고 나서 그들은 8연승을 거두고 57승 50패라는 기록으로 와일드카드 레이스의 요인이 되었다. 인디애나폴리스가 여전히 웨스트 디비전에서 66승 41패로 경기를 앞서고 있었지만, 클리퍼스는 와일드카드 진출에서 포투켓보다 2경기만 뒤처져 있었기 때문이다.

"지는 것보다는 이기는 게 훨씬 재미있습니다. 그건 당연한 겁니다." 사보그는 말했다. "그러나 여전히 이기고 지는 것이 우선은 아닙니다. 경기를 감독하는 것은 두 번째이고, 선수들을 관리하는 것이 첫 번째입니다."

사보그가 의자에 기대어 앉아 있을 때 전화가 왔다. 비가 충분히 멎으면 경기를 제시간에 시작하라는 전화였다.

“모두가 기뻐할 소식이네요.” 사보그는 말했다. “선수들이 앉아서 이 생각 저 생각하는 것은 최대한 안 하는 게 지금 상황엔 더 좋거든요.”

트레이딩 데드라인이 5일 남았다. 그것은 8월 1일, 대부분의 트리플A 감독이 가장 두려워하는 날이 머지않았음을 의미한다.

23

몬토요가 롱고리아에게

더럼의 더운 여름밤

찰리 몬토요는 평소 경기 전에 자신이 앉아 있던 책상 자리를 컴퓨터 게임에 몰두해 있는 자신의 아홉 살짜리 아들 타이슨에게 넘겨주고 그의 사무실 책상 옆 의자에 앉아 있었다.

몬토요에게 6월과 7월이 가장 좋은 점은 그의 가족이 그와 지내기 위해 동쪽으로 날아 더럼으로 온다는 것이다. 평상시에 팀이 홈에 있을 때 타이슨은 아버지와 함께 경기 시간 몇 시간 전 야구장으로 간다. 사만다와 네 살짜리 알렉산더는 좀 더 늦게 온다.

대부분의 트리플A 감독은 9월에 그들의 시즌이 끝나면 메이저리그에 가서 선수 명단이 늘어나 관리해야 할 선수들이 많아진 메이저리그팀의 야구장에서 일어나는 일들을 돕는다. 그것은 특전으로 여겨진다. 장거리 버스 여행과 모텔 등으로 보낸 시즌 이후에 몇 주간 메이저리그의 삶을 즐길 수 있는 기회이다.

몬토요는 예외다. 그는 시즌이 끝나자마자 애리조나로 날아가서 그의 가족과 조우한다. 그는 아이들이 학기를 시작할 수 있게 8월 중순까지 돌아가야 한다. 알렉산더는 심장에 문제가 있음에도 이제 학교에 다닌다.

몬토요는 가능하면 최대한 많은 시간을 아들들과 보내고 싶어하며 레이스도 그것을 이해한다.

2012년 시즌은 야구적인 면에서 몬토요에게 가장 어려운 시기였다. 불스가 홈에서 시즌을 시작했고 인터내셔널 리그 팀들이 매 시즌 두 번 정도 겪어야 하는 바탄 데쓰 매치(Bataan Death March) 장거리 여행을 가기 전에 5승 2패를 기록했다. 그들은 그위닛에서 샬럿으로 거기서 포투켓과 노퍽으로 갔다. 이것은 그위닛으로 6시간 버스 여행, 상대적으로 나은 3시간 반의 샬롯으로의 이동, 오전 4시에 일어나서 비행기를 타고 포투켓으로, 그리고 거기서 다음 날 밤 11시간 동안 버스를 타고 노퍽으로 이동했다. 그들은 그 장거리 여행 동안 14경기 중 13경기에서 졌고, 그들이 홈으로 돌아왔을 땐 추가로 3경기에 패배함으로써 17경기에서 16경기를 패배했고, 또한 13경기를 연속 패배한 것이다. 그래서 불스의 기록은 6승 18패가 되었고, 절대 빠져나올 수 없는 수렁에 빠졌다.

그들이 미끄러지기 전인 7월 초 두 번은 네 경기 동안 팀 승률이 0.500를 기록하기도 했다. 종종 경기 때 몬토요는 투수들을 유지하거나 크레이그 앨버나즈와 같은 백업 포수들을 활용해 경기를 마무리해야 했다.

레이스는 한 번에 아홉 명의 중요한 선수들이 부상자 명단에 올랐는데, 이것은 몬토요의 선수 명단에서 지속적으로 대체 선수를 충당해야 했다는 것을 의미한다. 그런 악재에 그들의 끝없는 불펜 도움 모색은 몬토요를 매일 다른 무리의 선수들을 경기에 출전시켜야 했다. 그러다 7월 말이 되었을 때 그의 팀에는 112번의 전출과 전입이 있었다. 메이저로 올라가거나 트리플A로 내려오는 선수들, 몇몇의 방출된 선수들, 추가로 부상자 명단에 올라가거나 내려온 몇 명, 그리고 거기에는 약물 사용 때문에 50경기 징계를 먹은 팀 배컴이 있었다. 그는 2008년 드래프트 전체에서 1번 픽이었으나 지금은 더럼에서 재기를 위해 애쓰고 있다.

이 모든 것에도 불구하고 몬토요의 태도는 절대 바뀌지 않는다.

"그게 찰리의 대단한 점이죠." 포수인 크리스 기메네즈가 말했다. "그는 매일 밤 팀을 이기게 하기 위해 노력하지만 여전히 선수들을 존중합니다. 우리는 모두 무엇에 대해서든 그와 이야기를 나누고 싶을 때 그의 문이 우리를 위해 언제든 열려 있다는 것을 알아요. 그리고 그는 아무도 매장시키지 않아요. 만일 그의 팀에 있으면 경기를 하게 될 겁니다. 그런 것이 우리 모두 이곳에서의 삶을 버틸 수 있게 해줍니다."

몬토요는 기메네즈 같은 사람이 탬파와 더럼을 오가는 것이 얼마나 힘든지 이해한다. 기메네즈는 더럼에서 시즌을 시작했고 4월 중순에 빅리그로 불려 올라갔었다. 5월 하순 그는 다시 더럼으로 돌아왔을 때 그는 그의 동료들로부터 놀림을 당했는데, 그 이유는 그가 인디애나폴리스에 가 있는 팀으로 복귀했을 때 그에겐 더럼의 야구용품이 아무것도 없었던 것이었다. 그래서 그는 레이스의 용품을 가지고 경기 준비를 했다.

"그들은 나를 '빅리그 지미'라고 부르기 시작했죠." 더운 여름밤 그는 웃으면서 말했다. "그게 그냥 그렇게 고착되었어요. 물론 그것은 내가 원하는 빅리거는 아니죠." 그는 고개를 흔들었다. "내가 이 말을 하면 어떻게 들리지 알지만, 나는 신에게 맹세코 거기 올라갔을 때 내려오면서 아무것도 챙길 수 없었어요. 그러나 원래 그 일이 그런 거죠. 거기 올라가면 누구든 어떻게 나올지 몰라요. 나는 이해합니다."

29세 된 기메네즈와 동료 포수인 스티븐 보그의는 시즌 내내 왔다갔다 했었다. 왜냐하면, 레이스의 포수가 넘쳐나는 상황이었기 때문이다. 27세이던 보그트는 봄 훈련 주간에 마이너리그 캠프로 보내졌다가, 개막일 전에 다시 불려 올라갔다. 레이스는 외야수 샘 풀드와 B.J. 업톤이 부상을 당해서 그들의 라인업에 공격진을 늘려야 했던 것이다.

보그트는 아주사 퍼시픽 대학교에서 2007년 12번째 라운드에서 외야수로 드래프트 되었으나 포수로 전향했다. 그는 2009년 큰 어깨 수술에서 회복되어 돌아온 후 2011년 레이스의 올해의 마이너리그 선수가 되었다. 코치인 데이브 마이어가 와서 보그트를 불러 옷을 입고 공항으로 가서 탬파에 가는 비행기에 올라야 한다는 말을 하러 왔을 때 그는 더럼의 트레이닝룸에 앉아서 불스의 마지막 프리 시즌 몸풀기를 위해 준비하고 있었다.

보그트는 놀랍고도 신이 났다. 이것은 그 시즌 동안에 있던 세 번의 탬파로의 호출 중 첫 번째였던 것이다. 이것은 그가 두 번 내려보내 지는 것을 의미한다. 그는 시즌의 대부분을 더럼에서 보냈고, 메이저리그에서는 25타석밖에 오르지 못했다. 무득점으로.

"솔직히 내가 또다시 기회를 갖게 될 것이라 믿어요." 그는 어느 날 밤 말했다. "메이저리그에 있는 것만으로도 정말 좋았죠. 메이저리그로 돌아가서 내가 거기에 머무를 수 있다는 것을 증명하고 싶었어요. 꽤나 짧은 시간에 먼 길을 왔어요. 특히 수술 후에요." 2013년 보그트는 결국 오클랜드에서 또 다른 기회를 얻었다.

4월 4일 보그트가 불려 올라간 날, 두 명의 실망한 사람들이 있었다. 자신이 팀에 들어갔다고 생각했으나 어느 순간 더럼으로 돌아오고 있던 제프 살라자, 그리고 몬토요. 몬토요는 매일 그렇듯 5마일을 달리다 탬파로부터 보그트를 올려보내라는 연락을 받았다. 보통 메이어스는 몬토요가 돌아가서 선수에게 그가 메이저리그로 처음으로 올라간다는 뉴스를 전하도록 기다려주지만 이번엔 시간이 없었다. 보그트가 당장 공항으로 떠나야 했기 때문에.

"나는 그런 순간들을 놓치는 것이 싫어요." 몬토요가 말했다. "그게 일을 하면서 제일 좋은 순간이거든요. 나는 선수에게 그런 소식을 전화로 전하고 싶지 않습니다. 꼭 그래야 하는 상황이 아니라면요. 선수를 불러서 사무실에 앉혀 놓고 그에게 메이저로 올라가게 되었다고 말할 때 선수의 표정을 보는 것이 좋습니다. 스티브와는 그럴 기회를 갖지 못했죠." 물론 17일 후 보그트가 돌아왔을 때 그를 반긴 첫 번째 사람은 몬토요였다.

"마이너로 돌아오는 선수들은 각기 다르게 대해야 해요." 그는 말했다. "대부분의 우리 선수들은 그런 상황을 잘 넘기죠. 몇 년간 다시 돌아오는 것에 대해 뾰로통해지는 선수들은 많지 않았어요. 스티브 같은 선수는 지금까지 지켜본 바로는 그는 쉽게 좌절하지 않죠. 나는 그에게 말할 수 있어요. '이봐, 자네같이 공을 잡고 외야수를 보는 능력을 가진 선수를 그들은 계속 눈여겨볼 거야.' 나는 선수들에게 절대 거짓말을 하지 않아요. 선수에게 다시 올라가려면 필요한 것을 말하려고 합니다. 만일 내가 사실을 말하지 않는다면, 이 두 가지 중 하나가 발생하는데 둘 다 안 좋습니다. 선수가 그것이 자신의 탓이 아니라고 생각하여 분하게 생각하게 될 것이고, 그의 단점을 보완하지 않을 거예요. 또는 선수가 내가 진실을 말하지 않는다는 것을 알고 내가 선수의 신뢰를 잃는 겁니다."

어떤 때는 가장 어려운 대화는 올라가거나 내려온 선수와의 대화가 아니라 위로 호출을 받지 못한 선수와의 대화이다. 8월 2일 레이스는 그들의 벤치에 박진감이 더 필요하다고 판단했고 베테랑인 브룩 콘래드를 더럼으로 내려보내고 윌 라임스를 올려보냈다. 백업 내야수를 맞교환하였다. 라임스는 10경기 동안 타율 0.368인 잘나가는 선수였다. 그래서 레이스는 그가 팀의 라인업에 수혈하면 도움이 될 것이라 생각했다.

몬토요는 라임스에게 그가 탬파로 간다는 말을 전하는 즐거운 과제를 가지고 있었다. 몇 분 후 레이드 브리낙이 그에게 이야기를 할 수 있느냐고 물어왔을 때 훨씬 덜 즐거운 일을 해야 했다.

브리낙은 26세였고, 2010년과 2011년 레이스에서 유격수를 하며 유익한 시간을 보냈다. 그는 매끄러운 외야수였고, 탬파베이에서 꽤 인기가 있었다. 레이스가 봄 훈련을 하는 포트 샬롯에 있는 미디어룸의 벽에는 몸에 '미스 노스 캐롤라이나'라고 쓰여 있는 띠를 두르고 있는 여자의 사진이 걸려 있다. 그녀는 당시 선발 유격수인 브리낙과 사귀고 있었기 때문에 초청을 받아 레이스 경기에서 시구를 했던 것이다.

그러나 브리낙은 그 자리를 유지할 정도로 충분한 득점을 하지 못했다. 특히 시즌의 시작에 라인업에서 부상으로 인해. 그의 전체 평균 타율은 0.228이었고, 레이스는 션 로드리게즈를 그보다 위의 서열로 옮겼다.

브리낙은 여전히 개막 출전자 명단에 있었으나, 레이스는 2주 후 오틀랜드로부터 브랜든 알렌을 줄 것을 요구했고, 브리낙은 더럼으로 내려보내 졌다. 8월 초 그의 타율은 0.227밖에 안 되었다. 레이스가 더 많은 공격수를 찾기 위해 왔을 때 호출을 받은 것은 라임스였다.

실망을 한 브리낙스는 그의 감독을 만나러 왔다. 대화는 45분간 지속되었다. 이것은 일반적인 선수와 감독 간의 미팅 시간보다 40분이나 길었다.

"나는 그에게 그가 이전에 메이저리그 유격수였다는 사실은 명확하다고 말했습니다." 몬코요는 말했다. "그도 그것은 알았어요. 그러나 그는 자기가 더 많은 안타를 쳐야 한다는 것과 메이저리그에서 효과적인 타자가 되기 위한 길을 찾아 노력해야 한다는 것도 알았습니다. 팀들은 라인업에 아웃이 되는 선수들을 데리고 있을 여력이 없어요. 그는 그것 또한 알고 있습니다. 정말, 그는 분출구가 필요했어요. 나는 그가 분출하도록 했습니다."

"그에게 하루 쉬면서 심호흡을 좀 하고 돌아와서 다시 운동할 준비를 하라고 했어요. 나는 항상 선수들에게 야구를 잘하고 있다면 야구를 못하고 있을 때보다 8월이 훨씬 덜 덥다고 말합니다. 레이드는 그것을 알아요. 그는 프로거든요. 요즘은 1년 중 모두에게 좀 짜증스러운 기간입니다. 특히 선수가 자신이 있어야 할 곳이 이곳이 아니라고 생각하고 있다면요." 그는 어깨를 들썩였다. "물론 여기서는 거의 모두가 그렇게 생각합니다."

'모두'라 함은 단지 선수들이나 트리플A의 감독들과 코치들만을 말하는 것이 아니다. 감독들, 방송 진행자들, 비트 작가들, 관리인들, 이들이 모두다. 그들에게 메이저리그로 가는 길은 훨씬 더 어렵다. 왜냐하면, 그들은 딱 점수로 판단될 수 있는 것이 아니기 때문이다.

심판들은 메이저리그에서 보내져 심판들이 일하는 것을 지켜보고 그들이 경기를 어떻게 운영하는지 주관적인 결정을 하는 검사자들에 의해 판단된다. 방송 진행자들은 거의 항상 누군가 중요한 사람이 그들을 마음에 들어야 한다. 그리고 그들의 실력도. 그것은 야구 단장이 될 수도 있고 방송 감독이 될 수도 있다.

가장 도약이 어려운 사람들은 아마도 트리플A 구장을 관리하는 사람들일 것이다. "보통은 누군가가 죽거나 해고당해야 하죠. 아니면 둘 다 이거나." 스캇 스트릭랜드는 더럼에서 어느 날 오후 방금 몬토요에게 곧 올 거라 경고한 천둥・번개를 예측하기 위해 하늘을 쳐다보며 말했다. "보통은 메이저리그 레벨에선 자리가 1년에 하나 정도 나죠. 구장 관리인이나 수석 보조 자리가 날지도 몰라요."

스트릭랜드는 33세밖에 안 되었지만 그가 노스캐롤라이나 주립대에서 잔디 프로그램 공부를 마치는 동안 채용되어서 더럼 불스 운동장에서 구장 근무자들을 9년간 담당해 왔다. 그는 두 명의 웨이크포레스트 졸업자의 아들로 윈스턴세일럼에서 자랐지만 고등학교 때 아메리칸 리전 야구 선수로서 잔디 관리에 큰 흥미를 느끼게 되었다.

"우리 팀 코치가 구장을 담당하고 있었는데 그가 잔디를 다 죽였죠."

그는 말했다. "나는 잔디를 다시 원상 복구시키는 그룹에서 일했는데 모든 것이 좋았어요. 무엇을 해야 하고, 무엇을 하면 안 되는지 배우는 과정도 즐거웠어요. 그래서 그걸 내 직업으로 삼기로 결심했죠."

잔디 관리 학교에 가는 많은 사람은 골프장을 관리하길 원한다. 전직 야구 선수이자 야구의 큰 팬인 스트릭랜드는 항상 야구장에서 일하고 싶어 했다. 그가 트리플A 레벨에서 그의 일을 시작할 기회를 얻었을 때 바로 그 일을 수락했다. 그로부터 9년이 지났지만 그는 여전히 자기의 일을 좋아한다. 그는 6명의 스태프가(대부분의 빅리그팀은 스태프가 16명 정도 있다.) 있고 구장 관리만을 책임지는 것이 아니라 날씨도 담당한다. 날씨가 더우면(보통 7~8월이 항상 그렇듯) 선수들은 그를 비난한다. 비가 오면 감독이 비난한다. 더 심한 것은 만일 그가 비가 올 것이라고 이야기한다면 모두 그를 비난할 것이다.

그 모든 것을 스트릭랜드는 유머로 승화한다. 그는 메이저리그 일자리를 위해 지원하고 아무 연락도 받지 못했으나, 그는 그와 함께 일했던 모든 사람으로부터 그 일에 대해 그가 빅리그 자리에 고용되는데 가장 가까운 유일한 사람이라는 극찬을 받았다(날씨 관련은 제외하고).

"사실 그것은 내가 생각했던 것만큼 가깝지 않았죠. 적어도 내가 몇 분간 생각했던 것만큼요." 그는 말했다. "나는 누군가 실수를 했다는 것을 깨닫기 전까지는 몇 분간 좋은 기분에 있었어요."

스트릭랜드는 밀워키 브류어스의 구장 시설장 자리에 지원했었다. 그가 말했듯이, 그것은 그 팀의 구장에서 30년간 일했고, 구장 직원들을 20년간 관리했던 개리 밴덴버그라는 사람이 세상을 떠나 공석이 생긴 것이었다. 크리스마스 며칠 전 스트릭랜드의 전화가 울렸을 때 그는 점심 식사를 하고 오는 중이었다. 그가 발신자 번호에서 414라는 지역번호를 봤을 때 그는 흥분하지 않으려 노력했다. 그러나 그 생각은 오래가지 못했다.

그 전화는 브류어스의 사무실에서 온 전화였다. 경쾌한 목소리의 여자가 스트릭랜드에게 그가 그 자리의 최종 명단에 올랐고, 그가 밀워키를 방문할 계획을 세우길 바란다는 것이었다. 스트릭랜드는 만일 필요하다면 1,500km를 걸어서라도 갈 기세였다.

스트릭랜드는 어쩌다 그 대화가 잘못되었는지 정확히 알지 못하지만, 그가 들은 말은 그의 마음을 무겁게 했다. "아마 패트릭이 당신과 이미 이야기를 했으리라 생각합니다." 그녀는 그가 밀워키에 방문하면 면접을 볼 사람을 언급하며 말했다.

"아닌데요." 스트릭랜드는 대답했다.

"아직 그로부터 아무 연락을 받지 못했어요."

"그런가요?"

"네." 잠시 상대편의 침묵이 있었다.

그 순간 스트릭랜드는 직감적으로 뭔가 잘못되었음을 느꼈다.

"그럼 어떻게 된 것인지 다시 알아보고 저에게 전화 주세요."

그는 말했다. "아, 네. 아무래도 그래야겠네요."

얼마 지나지 않아 그의 전화가 다시 울렸다. 뭔가 실수가 있었던 것이다. 패트릭과 통화를 하고 밀워키로 가야 할 사람은 저스틴 스캇(캔사스시티 로열스의 구장 부관리인)이었고, 더럼 불스의 구장 총관리인인 스캇 스트릭랜드가 아니었던 것이다.

"그녀는 아주 당황하며 미안해했죠." 스트릭랜드는 말했다. "내가 그 자리를 얻지 못할지라도, 그곳으로 면접을 보러 오라고 말하길 약간은 내심 기대하기도 했어요."

그는 미소 지었다. "뭐 그래도 내가 최종 후보까지는 올라갔던 거니까요. 그게 한 5분 동안이었지만 말이에요."

매년 트리플A에서 시간을 보내는 것을 개의치 않는 사람들도 꽤 많다. 그들은 재활 훈련을 하고 있는 메이저리그 선수들이다. 그들이 개의치 않는 이유는 간단하다. "그것은 내가 메이저로 돌아가기 위한 올바른 방향으로 가고 있다는 것을 뜻하니까요." 재활을 한다는 과제를 가지고 7월 중순에 더럼에 온 샘 펄드는 말했다. 그는 지난 9월 손목에 부상을 입었고, 봄 훈련 동안 통증이 다시 시작되어 4월에 수술을 해야 했던 것이다. "물론 마음속 어딘가에는 재활 기간이 끝난 후에 대한 두려움이 약간은 있죠." 그것은 규정상 20일 동안이다. "그들은 어쩌면 '그냥 한동안은 트리플A에 계속 남아 있어.'라고 말할 수도 있어요."

가끔은 선수들에게 그런 일이 일어나기도 하지만 펄드는 그가 그런 일이 실제로 일어날 위험에 처해져 있지 않다는 것을 안다. 그는 아마 탬파로 다시 불려가기 전에 9일 동안 더럼에서 시간을 보내게 될 것이다.

아이러니한 것은 펀드가 더럼에서 보내는 시간과 그곳에서의 에반 롱고리아의 재활 훈련 기간이 겹친다는 것이고, 더럼은 펄드가 막 도착했을 때 샤롯 나이츠와 경기를 했다.

펄드, 롱고리아, 그리고 나이츠의 댄 존슨은 작년 9월에 있었던 야구의

| 에반 롱고리아

역사에서 가장 희한한 경기 중 하나에 연루되어 있다. 정규 시즌의 마지막 밤에 롱고리아는 경기의 승리를 결정한 두 개의 홈런을 쳐서 레이스를 플레이오프에 올라가게 했다. 8회와 12회에 나왔던 그 두 개의 홈런 사이에 존슨은 9회 2아웃에 필드의 대타자로 나가서 경기를 동점으로 만드는 홈런을 쳤다.

"내가 8회 때 베이스에 걸어나감으로써 랠리를 시작했다는 것을 언급하고 싶어요." 필드는 씩 웃으며 말했다. "조 매든 감독이 댄을 넣고 나를 뺐을 때 화가 났었어요. 나중에, 그가 나에게 공을 치게 했더라면 내가 20열은 더 멀리 홈런을 쳤을 것이라고 그에게 말했죠."

이것이 메이저리그에서 홈런을 4번 기록한 사람의 이야기이다.

그렇지만 필드는 그 스스로를 완전히 메이저리거로 받아들이는데 꽤 오랜 시간이 걸렸다. "사실 아직도 나 자신을 마이너리그 선수처럼 생각하는 게 좀 남아 있어요." 그는 운동으로 녹초가 된 후 휴식을 취하며 말했다. "나는 트리플A에서 정말 오랜 시간을 보냈고, 오락가락 정말 많이 했기 때문에 나에겐 이곳이 아주 자연스러운 곳이라는 인식이 남아 있는 거죠."

그는 웃었다. "그렇지만 내가 트리플A에 있었을 때를 기억하면, 언제나 재활을 위해 온 선수들을 보면서 그들이 정말 부러웠어요. 나에게는 메이저리거에게 일어날 수 있는 가장 힘든 일은 뭐 레스토랑에서 필레(fillet)가 너무 과하게 조리된 것 정도로 보였거든요. 어떤 면에서는 나는 여전히 그게 어느 정도는 사실이라고 생각해요."

필드는 그의 필레를 얻을 자격이 충분했다. 그게 어떻게 조리됐든 간에. 그는 그가 아주 희귀한 야구 선수라는 것에 대해 농담하기를 좋아한다.

"내가 유일한 유대인이자 제1형 당뇨를 가지고 있는 야구 선수일 겁니다." 그는 말했다. "아버지는 대학 학장(뉴햄프셔 대학 리버럴 아츠 컬리지)이었고 어머니는 주 상원의원(뉴햄프셔에서 민주당)이었죠. 그래서 내가 좀 독특한 배경을 가졌다는 것이 그럴 만하다고 생각해요."

필드는 10세 때 당뇨라는 진단을 받았고, 그때부터 그것은 그의 삶을 이끄는 원동력같이 되었다.

"초기에 당뇨를 발견하게 되어서 다행이었어요. 만일 운동 선수일 때 그런 진단을 받았으면 운동 선수로서는 끝났을 겁니다." 그는 말했다. "론 샌토(명예의 전당에 오른 컵스의 야구 선수)는 그가 당뇨라는 사실을 몇 년간 숨겼죠. 왜냐하면, 사람들이 그것을 알게 되면 야구를 할 기회를 얻지 못하게 될까 봐 두려웠던 것입니다."

"당뇨는 항상 나에게 나아갈 힘을 주는 장애물 같은 것이었어요. 내가 더 어렸을 때는 사람들이 내가 너무 작다고 말했죠. 그것은 나에게 힘을 내게 했어요. 내가 대학교 졸업반일 때 스카우트하는 사람은 나에게 내가 너무 작고 당뇨라는 '문제'가 있기 때문에 팀들이 나를 기피할 것이라고 했죠. 그것도 나를 자극했어요."

펄드가 고등학교 때 얼마나 야구를 잘했든지 간에 그가 대학에 가리라는 것은 의심할 여지가 없었다. 그는 그의 신체 조건을 178cm, 79kg라고 기재했으나 야구를 하는 사람들은 아무도 수치를 믿지 않았다. 그는 아무리 높이 평가해도 175cm에 73kg 정도로 보였다.

"나에게도 반올림할 권리는 있어요." 그는 씩 웃으며 말했다.

그가 후에 그의 아내가 된 사라를 만난 엑시터 학교에 다녔고 스탠퍼드에 진학해서 경제학을 전공했다. 숫자들에 특히 야구에 관련된 숫자에 매료된 그는 통계학 석사학위를 받기 위해 공부했다.

"나는 학구적인 분위기의 가정에서 자랐고 그럴 만하다고 생각해요."

그는 말했다. "항상 문제는 내가 어느 대학에 갈 것인가였지, 대학에 갈지 안 갈지가 아니었죠. 스탠퍼드는 야구팀이 훌륭했고, 공부를 할 여건도 좋았어요. 일부 사람들은 내가 거기에서 뛸 정도로 잘하는지 의문을 갖긴 했지만."

그는 충분히 훌륭했고 4년간 선발이었으며 스탠퍼드에서 최고 득점을 기록하고 졸업했다. 그가 3학년을 마쳤을 때 컵스가 24번째 라운드에 그를 드래프트했다. 그리고 2004년 그가 졸업반을 마치고는 10번째 라운드에 드래프트 되었다. 프로 선수로서 그의 시작은 그의 졸업반 시즌 말에 공을 잡으려 뛰어들다 어깨 관절이 찢어져서 지체되었다.

그럼에도 그는 마이너리그에서 빠르게 성장하며 어느 레벨에서든 타율 0.287 이하로는 쳐본 적이 없었고, 스펙터클한 외야수를 맡으며 도루도 꾸준히 했다. 그의 첫 번째 콜업은 2007년 9월에 왔으나 컵스의 감독 루

피닐라는 처음 몇 주간 그가 마이너에 있을 때 그를 철저히 수비 대체로 만 활용하였다. 너무 그래서 그의 동료들은 '문라이트 그래헴(의사가 된 야구 선수)'이라는 푯말을 그의 로커에 걸어 놓곤 했다.

그 후로 펄드는 마음이 갑갑한 3년을 보냈다. 야구를 하는 사람은 누구나 그가 팀에 기여를 할 준비가 되어 있다고 생각하는 듯했다. 컵스만 빼고. 그들은 그를 자꾸 아이오와로 내려보냈다. 문라이트 그래헴이 선수로 잠시 컴백하는 '꿈의 구장(Field of Dreams)'으로 보낸 것이 아니라, 아이오와 시티였다. 그가 정말 메이저에서 활동할 기회를 갖게 될 것인지 고민하던 중, 그는 컵스에 의해 탬파베이로 딜이 된 다섯 명의 선수 중 하나가 되었고, 그 딜에는 시카고의 선발투수 맷 가자도 보내졌다.

"나는 정말 실망했습니다." 펄드는 말했다. "컵스가 내가 덜 잘할 것 같은 선수들과 계약 의무가 있어서 내가 불이익을 당한다고 느꼈거든요. 내가 리드 존슨보다 확실히 더 잘했었던 해가 있었는데 그는 1년에 300만 달러를 받았어요. 나는 최소 연봉을 받고 있었고 누군가 아래로 내려간다면 그것은 나였습니다."

"그런데 한편으론 그게 나를 탬파에 갈 수 있도록 해줬어요. 나에겐 더 이상 옵션(마이너리그)이 없었고 그들이 나를 내려보내면 되는 것이었으니까요. 그런 게 내가 집중을 하는데 조금 도움이 되기도 했어요. 특히 새로운 야구 를 할 새로운 기회를 얻은 시점에."

펄드는 2011년 레이를 캠프에서 나오게 했을 뿐 아니라 그는 탬파에서 한 달 만에 주목받은 선수가 되었다. 그가 벽으로 달려가서는 버릇과 외야에서 인상 깊은 경기를 펼치는 것이 자주 유튜브에 올라갔고, 펜웨이 파크에서 경기를 펼쳤을 때 두 개의 2루타와 3루타 하나, 그리고 홈런을 쳤다. 그는 마지막 타석에 그의 동료가 1루에서 멈추라고 외쳤으나, 그가

1루에서 2루로 가다가 사이클 히트를 칠 수 있는 기회를 날렸다.

"나는 그럴 수 없었죠." 그는 말했다.

"그렇게 하는 건 나답지 않거든요."

그가 사람들이 귀 기울이는 메리저리거가 되고 나서 펄드가 맡게 된 역할 중 하나는 당뇨 대변인이었다. 그는 자주 어린이를 비롯한 당뇨를 갖고 있는 다른 야구 선수들과 이야기했고 당뇨는 누군가의 삶의 일부이며 그것이 부정적인 영향을 미치는 것이 아님을 주로 강조했다.

"나는 당뇨가 있지 않았더라면 가질 수 없었을 절제력을 갖게 되었다는 것을 강조했습니다." 그는 말했다. "누구나 각자의 삶에서 극복해야 할 것들이 있어요. 당뇨는 나에게 그런 것 중 하나일 뿐입니다. 그리고 진지하게, 내가 그것에 대해 불평할 게 있나요? 나는 야구를 하면서 돈을 벌고, 아내가 있고, 두 명의 아름다운 자식들도 있어요. 그렇지 않아요?"

그렇다고 해서 그가 지속적으로 혈당을 체크하지 않는 것은 아니다.

"거의 10분에 한 번은 그것에 대해 생각하는 것 같습니다."

그는 말했다. "외야수로 있다가, 베이스 위에 있다가, 더그아웃에 가자마자 나는 확인하죠. 지난 몇 년간을 거치며 그것은 거의 내면화되었습니다. 그냥 나의 일부가 되었어요. 아는 사람들에게 내가 멍한 이유의 일부는 혈당을 생각하고 있기 때문이라고까지 이야기해요. 어떤 땐 그게 사실이지만, 어떤 땐 그냥 그 핑계로 멍하게 있기도 합니다."

하루에 여섯 번 그는 혈당 측정기를 사용해 그의 손가락을 찌른다. 그의 동료들은 그것을 가지고 놀리고, 그것은 그가 좋은 것이라 말한다.

"야구 클럽하우스에서는 뭐라도 당신이 다른 게 있다면 그걸로 타겟이 되기도 해요." 그는 말했다. "그것은 사실상 좋은 일이죠. 나는 유대인이고 당뇨가 있어 두 가지로 튀니까요."

그는 또한 똑똑하고 많이 배웠다. "네 그것도 사실인 것 같네요."

그는 말했다. "어떤 때는 내가 좀 단순해질 때도 있어요. 다른 사람에게 말은 적어도 그렇게 해요."

가끔은 재활훈련이 감독들과(강도는 더 약하지만) 선수들에게 두통을 야기할 때도 있다. 구단의 모든 선수는 메이저리그팀에 사실상 의무가 있고, 마이너리그 팀으로 지정된 선수들이 대부분 그들의 감독에게 맡겨진다. 혹시 있을지 모를 콜업을 위해 쉬고 있는 투수들은 그 룰에서 두드러지는 예외이다.

몬토요는 재활 선수들을 간단한 방식으로 관리한다. 도움을 요청할 때만 도와준다. 그게 아니면 그들은 메이저리그 레벨의 결정권자에게 넘겨진다. 그의 재활 선수 그냥 두기 규칙은 2012년 한 번의 예외가 있었다. 어느 날 찌는 듯 더운 늦은 오후에 모두가 시원한 클럽하우스에서 쉬고 있는 동안 펄드가 혼자 운동하는 것을 보고 나가서 펄드가 뛰고 있던 경고선까지 걸어갔다.

"샘, 너무 무리하는 거 아니야?" 그는 물었다.

"괜찮아요. 운동 좀 해야 돼요." 펄드는 말했다

"너무 더운데." 몬토요는 말했다.

"네 알아요." 펄드는 말했다. "좋지 않아요?"

몬토요는 그가 운동을 하도록 두었다.

며칠 후 에반 롱고리아의 더럼 도착은 다른 레벨에서의 그냥 두기 규칙이었다. 롱고리아는 그때까지 탬파 구단에서 가장 대단한 스타였다. 왼쪽 햄스트링에 부분 파열이 와서 거의 석 달을 쉰 그는 7월 25일에 재활을 위해 더럼에 도착했다. 몬토요는 롱고리아가 언제 운동을 하고, 안 하고에 대한 모든 결정은 탬파에서 내려오는 것을 알고 있었다. 몬토요는 그것이 괜찮았다.

"재활 선수들을 대할 때는 정말 조심해야 되거든요." 그는 말했다. "그들이 준비가 안 된 무언가를 하려고 해서 또 다치거나 하면 절대 안 되니까요." 그는 웃었다. "7월 초에 재활 중인 맷 조이스가 우리 쪽으로 내려왔는데, 어느 날 밤 그가 1루에서 도루하기 위해 혼자 2루로 가기 시작했어요. 그는 완전 아웃이 되었고 몇 이닝 후에 그는 경기에서 나와야 했죠. 프론트 오피스에 그날 밤 그가 혼자 뛰었다고 보고했어요. 나는 그를 보내지 않게 되었죠."

나중에 알게 된 바로는 사근이 삐어서 재활 중이었던 조이스가 허리를 삐끗했던 것이다. 원래의 계획이었던 이틀간의 재활훈련과 탬파에서 몸 풀기 대신, 그는 또다시 11일간 부상자 명단에 오르게 되었다. 이게 트리플A 감독들이 돈을 많이 버는 선수들에게 모든 재활 결정을 하도록 놔두는 이유이다.

롱고리아는 원래는 라인업에 그의 타석을 간절히 필요로 하는 탬파로 복귀하기 전 4일간 더럼에서 지명타자로 보낼 계획이었다. 그가 2012년 3루에서 경기를 할 것이라는 생각은 거의 포기하였다. 그가 시즌이 끝나고 그를 2013년 2월 봄 훈련까지 완전히 회복할 수 있도록 햄스트링(hamstring, 엉덩이와 무릎 관절을 이어주는 근육) 수술을 해야 한다는 것을 알게 되면서. 다행히 그렇게 되었다.

더럼에 온 롱고리아는 그냥 걷는 속도 이상으로는 거의 뛸 수가 없었다. 레이스가 원한 것은 그가 타격을 할 수 있는지 보는 것이었다. 그리고 답변은 할 수 있다였다. 그가 온 지 일주일 후, 몬토요는 롱고리아가 일요일 오후 그위닛과의 경기에 시트 아웃 한다는 말을 전달받았다. 롱고리아가 야구장에 왔을 때, 그는 몬토요에게 템파에 있는 레이스의 트레이너 론 포터필드와 의논을 했고 그가 그날 경기에 나가기로 결정했다고 말했다.

그는 그렇게 했다. 1회 때 그는 좌익 쪽으로 큰 홈런으로 보이는 대단한 플라이볼을 쳤다. 그러나 공은 블루몬스터의 꼭대기를 맞고 다시 경기장으로 튕겨 들어왔다. 어떤 이유에서인지 롱고리아는 1루쯤에서 절룩거리기 시작했고, 그가 2루타를 성사시키려면 리무진과 경찰의 호위가 필요할지도 모름에도 불구하고 2루타를 시도했다. 그는 적어도 6m 거리에서 아웃되었다.

2회 후에 그는 또 강타를 날렸다. 이번에는 좌익과 중견 사이였다. 건강한 롱고리아는 아마도 2루를 지나쳐 3루까지 시도했을 것임은 의심할 여지가 없다. 그러나 이번에는 똑똑하게 그는 1루에서 멈췄다.

"나는 그가 한 번에 한 루씩 가기를 간절히 바랐어요." 몬토요는 후에 말했다. "만일 그가 첫 번째 이닝에서 2루타를 시도하다 다치면 어떻게 될지 상상해 보세요." 그는 눈동자를 굴렸다. "그것에 대해 생각해 보니 난 그런 것은 상상조차 안 하고 싶네요."

롱고리아는 오랫동안은 아니었지만 이전에 더럼에서 뛰었던 적이 있다. 그는 2006년 드래프트에서 전체 3번 픽이었고 빠르게 레이스의 2군 팀을 움직이며 2007년 시즌 말 더럼에 입성했다. 감독으로서 몬토요의 첫 해이기도 했다. "나는 그를 보자마자 그가 이곳에서 몇 주 이상은 있지 않을 것임을 직감했죠." 그는 웃으며 말했다.

그러나 롱고리아는 2008년 시즌을 더럼에서 시작했다. 메이저리그팀이 어린 스타 선수를 1년 정도 추가로 시간을 주어 그들이 조정에 적합할 수 있게 되도록 6월까지 부르지 않는 팀 계획을 세우는 것의 또 다른 예이다.

"그들은 아마도 내 조정 계획에 맞춰서 시작하지 않을 계획이었던 것 같아요." 롱고리아가 말했다. "솔직히 6월에 내가 불려 올라갈 거라 생각했습니다. 그러다 제이스 바틀렛으로부터 윌리 에이바가 햄스트링을 다쳤다는 문자 메시지를 받았습니다. 그리고 그들이 나를 부를 것이라는 것도요."

"우리(더럼)는 시즌을 원정으로 시작해서 홈 개막을 위해 돌아왔었어요. 나는 라인업에 있었고, 찰리가 나와서 그의 사무실로 오라고 손을 흔들 때 타구 연습을 막 마쳤었죠. 내 머리에 어떤 생각이 스쳤지만 생각하지 않기로 했어요. 내가 자리에 앉자 그가 말했어요. '자네 올라가게 되었네, 축하해.'"

롱고리아는 말을 하다 잠시 멈추고 주위를 둘러보았다. 그는 몬토요의 사무실에서 4년 4개월 전 그가 빅리그로 올라가게 된 것을 처음 알게 되었을 때와 정확히 같은 자리에, 아마도 의자도 같은 의자에 앉아 있었다.

"나는 여기 다시 내려올 때 사실 조금 걱정되었어요." 그는 말했다. "솔직히 내가 전에 여기에 있을 때처럼 한 달에 2,400달러씩 벌지는 않죠. 나는 정확히는 팀의 멤버도 아니고요. 만일 내가 몇 개의 안타를 친다면 그것은 보너스지만요. 그러나 나는 여기 타수를 위해 있고, 햄스트링이 매일 나아지고 있는 것을 확인해야 해요."

그는 야구장에서 몇 마일 떨어진 최고급 워싱턴 듀크호텔에 묵고 있다. 팀은 재활 중인 선수에게 호텔 경비가 포함된 일당을 준다. 그의 삶에서 현시점 롱고리아는 그의 일당과 워싱턴 듀크호텔의 계산서의 차액을 내는데 아무 어려움이 없다.

그 기억에 남을 9월 밤이 10달이 지났음에도 불구하고, 롱고리아는 여전히 2011년 레이스의 시즌 피날레에서의 역사적인 승리에서 그의 역할이 구원의 영광으로 여겨지고 있다. 정규 시즌의 마지막 날에 가서 레이스는 놀랍게도 보스턴 레드삭스와 아메리칸리그 와일드카드 자리에서 동점이 되었다. 그 달 초에는 8경기가 뒤져 있었음에도 불구하고.

그러나 그들은 양키스에 8이닝에 7대 0으로 지는 한편, 볼티모어에서 레드삭스는 9이닝에 들어가서 2대 3로 리드를 했다. 탬파베이의 시즌 말 랠리는 한 경기가 모자라는 것처럼 보였다.

그러던 중 눈 깜짝할 사이에 모든 것이 바뀌었다. 레이스는 8회에서 6득점을 했고, 롱고리아의 홈런으로 3득점을 했을 때 하이라이트를 맞았고, 7대 6의 점수 차로 좁혔다. 그들은 9이닝 때 시즌의 대부분을 더럼에서 보냈던 경기에 많이 올라보지 않은 대타 댄 존슨이 홈런을 침으로써 2아웃으로 동점이 되었다.

경기는 10회, 11회, 12회로 이어졌다. 볼티모어에 내린 비 때문에 경기가 1시간 20분 지연되었기 때문에, 레드삭스와 오리올스는 여전히 경기를 하고 있었다. 양키스가 12회 때 타구를 하고 있을 때 레드삭스는 막강한 마무리 투수 조나단 파벨본을 볼티모어에서의 경기 9회 말에 내보냈다. 파벨본은 금세 투아웃을 시켰다. 탬파에서는 레이스가 그들이 이겨야만 다음 날 플레이오프 한판 승부를 할 수 있다는 생각을 하며 점수판을 지켜보고 있었다. 집요하게 응시하고 있다는 표현이 더 정확할 것이다.

"우리는 정말 그날 밤 내내 생각했어요." 롱고리아가 말했다. "그 경기는 우리에게 살아남아서 다음 날 레드삭스와 경기를 하려면 반드시 이겨야 하는 경기였습니다. 우리가 7대 0으로 지고 있을 때 그들이 이길 것이라는 것이 거의 확실시되었어요. 근데 우리는 그 경기를 동점으로 만들었고, 희망을 가졌죠. 그러나 우리는 여전히 그들과 동점으로 남으려 경기를 한다고 생각하기도 했죠. 내 생각에 그때 거기서 우리가 이기며 성공을 거둘 거란 생각을 했던 사람은 없었을 것 같아요."

시간은 자정이 되었으나 두 경기 모두 여전히 진행 중이었다. 레이스는 12회 초 1루-2루-노아웃으로 막힌 상태에서 빠져나오려고 하고 있었고, 파벨본은 볼티모어에서 마지막 아웃을 시키려고 하고 있었다.

파벨본은 성공하지 못했다. 크리스 데이비드가 2루타를 친 것이다. 몇 초 후 놀란 레이몰드가 또 2루타를 쳤고, 갑자기 놀랍게도 점수는 동점이 되었고, 결승점은 2루에 달려 있었다. 1분도 채 지나지 않아서, 로버트 맨디노가 좌익으로 친 뚝 떨어지는 안타를 카를 크로포드가 공이 떨어지기 전에 도착하지 못했을 때, 레이몰드 형상의 결승점이 플레이트에 미끄러져 들어 왔다. 크로포드의 약한 홈으로의 송구는 근처에도 못 갔다. 충격적인 반전으로 레드삭스는 양키스가 이겨줘야만 시즌에서 살아남을 수 있었다. 그런 생각을 하며 더그아웃으로 터덜터덜 걸어 들어가는 동안 오리올스는 마치 자기네 팀이 와일드카드를 이긴 듯 기뻐하고 있었다.

레이몰드가 점수를 내 오리올스가 이긴 시각은 밤 12시 2분이었다. 12시 4분에 트로피캐나 필드 안에는 점수가 포스팅되었고, 관중들은 열광했다. 롱고리아는 12회 말 원아웃을 맞고 그때 막 타자석으로 들어섰다.

"나는 잠시 나와 정신을 차려야 했습니다. 왜냐하면, 점수가 올라가는 것을 보는 것은 상당히 충격이었거든요." 그는 말했다. "나는 잠시 심호흡을 해야 했습니다."

그는 그것에 익숙했다. 2대 2였을 때, 양키의 구원투수 스캇 프록터는 플레이트의 안쪽으로 강속구를 던졌고, 롱고리아는 멋지게 쳐서 좌익의 낮은 담장 쪽을 향해 날렸다. 그것은 마크 맥과이어가 1998년 친 그의 역사적인의 60초 홈런 사진처럼 보였다. 그 공은 담장을 넘었고, 탬파에는 대혼란이 일어났다.

“그 모든 것이 마지막 회에 그렇게 빨리 일어났던 게 약간 초현실적으로 느껴지기도 해요.” 롱고리아는 10개월 후 이야기했다. “이런 일은 다시 생기기 힘든 일이죠. 사람들은 아직도 길에서 나를 잡고 그것에 대해 이야기합니다. 그건 아직도 내게 멋진 일이죠.”

더럼에서 후덥지근한 이 저녁에 롱고리아는 그 홈런을 친 일로부터 멀리 왔지만, 그가 더럼에서 한 달에 2,400달러를 벌던 시절보다는 훨씬 더 멀리 왔다. 2012년 시즌이 끝나고 얼마 후, 그의 27번째 생일이 몇 주 지났을 때 롱고리아는 레이스에 적어도 2022년까지 있는 것을 보장받고 최소 1억 3,600만 달러를 받는 조건으로 계약을 연장했다.

간단히 말하자면 만일 그가 더럼에 또다시 재활하러 가게 되면, 그는 워싱턴 듀크의 스위트룸 하나를 예약할 수 있는 것이 아니라 그 호텔 전체를 빌릴 수도 있게 되었다.

24

삶의 단편

샬롯

에반 롱고리아의 결정타 홈런은 야구가 가장 재미있을 때는 얼마나 드라마틱할 수 있는지를 일깨워주는 순간들 중 하나다. 그러나 그것은 댄 존슨이 없었다면 일어나지 않았을 일이다. 그리고 존슨이 한 일은 롱고리아가 했던 것보다 훨씬 더 놀라웠다. 롱고리아는 스타이고, 몇백만 달러를 받는 선수이다. 만일 야구 영화의 영웅을 캐스팅한다면 롱고리아가 고려될 것이다.

그러나 댄 존슨은 그런 선수가 아니었다.

롱고리아가 더럼에서 최고의 대접을 받고 있는 동안 존슨은 I-85번 도로를 타고 두 시간 반 내려가면 있는 트리플A팀 샬롯에서 뛰고 있었다. 정확히는 사우스 캐롤라이나의 포트 밀에서 I-77번 도로를 나와 사우스 캐로라이나 쪽으로 2마일쯤 가면 있는 나이츠 스타디움에서 뛰고 있었다.

"지금은 그날 밤 탬파에서의 기분이 아주 오랜 옛날처럼 느껴져요." 존슨은 어느 날 저녁 타격 연습이 끝난 후 말했다. "내가 건강하게 유지만 하면 이번 시즌에 시카고에 가서 뛸 수 있을 거라고 믿었거든요. 뭐 내가 건강하게 유지는 했지만."

그러나 단지 몸을 건강한 상태로 유지하는 것은 그가 레이스에서 방출되고 계약을 맺은 팀인 화이트삭스의 출전 명단에 그를 올려주지는 못했다. 그래도 그가 원하던 대로 그는 매일 경기에 나갔다. 그가 원하던 곳이 아닌 샬롯에서지만. 그가 나가지 않는 때는 오직 조엘 스키너 감독이 그를 쉬게 하였을 때이고 그는 하루라도 라인업에서 빠지는 것이 싫어서 발버둥쳤다.

"저 바람을 봐요." 그는(144일 중에) 7일 중 하루인 스키너가 그가 쉬도록 그를 라인업에 넣지 않은 어느 따뜻한 8월 오후 노퍽의 더그아웃에 앉아서 말했다. "오른쪽 외야로 똑바로 불고 있어요. 나에겐 완벽한 밤인데 앉아서 경기하는 것을 지켜보게 되었네요."

그는 스키너의 사무실에서 아까 오후에 그의 상황에 대해 애원하며 약간의 시간을 보냈다. 그러나 스키너는 꿈쩍도 하지 않았다. 나이츠는 처음부터 편안했고, 그는 그의 모든 선수를 8월 막판 스퍼트와 9월의 플레이오프를 위해 쌩쌩하게 관리하고 싶었던 것이다. 그렇긴 하지만, 스키너는 존슨이 플레이오프 때쯤에는 여기에 있지 않길 바라고 있었다.

"그는 매번 잘해왔어요." 그는 말했다. "그는 분명 9월에 시카고에 큰 도움이 될 것입니다. 그의 이력만 봐도 경기가 힘들어질 때 곁에 두고 싶은 선수예요."

찬스에 강한 타자로서 존슨의 기록은 인상 깊다. 그가 2005년 처음 메이저리그에 입성했을 때부터 부상을 달고 살았기 때문에 더욱 그렇다. 그때까지는 그의 기록이 지속적으로 올라가는 추이를 보이고 있었다. 그는 미네소타의 블레인이라는 인구 2만 명 정도에 하키가 야구보다 훨씬 인기가 많은 마을에서 자랐다.

"나는 하키를 좋아했고, 하키를 썩 나쁘지 않게 했어요." 그는 말했다.

"그러나 내가 1학년 때 선생님에게 야구 선수가 되고 싶다고 말했던 게 기억에 남습니다. 그게 그냥 내가 항상 되고 싶었던 거였어요."

비록 블레인에서 야구 시즌은 길지 않았지만, 존슨은 많은 1부 리그 학교에서 영입 제의를 받을 정도로 잘했었다. 어느 순간 그는 아이오와 주립대에 가야겠다고 생각했으나 막판에 생각을 바꿔서 버틀러에 갔다. 첫해에 그는 모든 연맹의 선수였으나 1년 후 아이오와 웨스턴 커뮤니티 칼리지로 편입했다.

"버틀러에서는 너무 공부를 많이 해야 했거든요." 그는 미소를 지으며 말했다. "솔직히 내가 야구를 하고 싶다는 것을 알았고 버틀러에서 수업과 공부에 많은 시간을 보냈어요. 야구에 더 집중하고 싶었죠."

아이오와 웨스턴에서 그는 네브라스카로 편입을 했고, 그곳에서 아주 좋은 실력을 발휘해서 드래프트 7라운드 때 오클랜드 애슬레틱스에 뽑혔다. 2005년 새크라멘토에서의 흥미진진한 시작 후에 그는 메이저리그의 호출을 받아 가서 타율 0.275, 15홈런, 58득점을 기록하며 1루수로 시즌 대부분의 시간을 보냈다. 그는 2006년 선발 1루수로 예정이 되어 있었다.

그때가 그의 부상이 그를 힘들게 하기 시작한 때이다. 혹은 더 구체적으로 말하자면, 그의 눈을 다친 때이다. 그는 봄 훈련 후 그의 로커를 청소하다 튜브에 든 낡은 선크림을 발견했다. "나는 버릴 물건을 이것저것 많이 들고 있었기 때문에 그게 열려 있는지 몰랐어요. 그런데 그게 내 오른쪽 눈으로 들어갔어요. 그때는 몰랐는데, 화학적으로 눈에 화상을 입었습니다. 얼마 후 누관tear dusts에 이상이 생긴 것을 알았어요. 보는 데는 강속구도 칠 수 있을 정도로 시력에는 이상이 없었지만, 눈물을 흘릴 수 없게 된 거죠."

그가 새크라멘토에 내려보내 졌을 때 그의 타율을 0.237이었고, 시즌이 끝나고서야 애리조나 아이 인스티튜트에 가서 그의 눈에 적합한 진단을 받을 수 있었다. 그리고 2007년 봄 훈련에 그가 완전히 건강하다는 보고를 할 수 있었다. 그러나 그게 오래가지는 않았다. 봄 훈련 게임 후반에 그는 발을 1루에 디뎠는데 발목의 고통에 몸이 비틀렸다. 그의 엉덩이 관절이 찢어진 것이다. 다시 부상자 명단으로 돌아와서 18홈런, 62타점으로 꽤나 괜찮은 시즌을 보냈다. 그러나 1년 후 애슬레틱스는 오직 1루 혹은 지명타자만 할 수 있는 프랭크 토마스를 재영입했고, 존슨은 그로 인해 주전에서 밀려났다. 애슬레틱스는 4월 그를 방출하였고, 레이스가 그와 계약을 맺고 그가 시즌 대부분을 보낸 더럼으로 보낸 것이다.

작년 말 그의 에이전트는 그에게 한 가지 제안을 가져왔다. 일본 팀이 그에게 120만 달러(오클랜드에서의 그의 연봉보다는 2배, 레이스와 분할 계약에서 받은 연봉보다는 4배에 해당하는 금액)를 지급할 의향이 있다는 것이다.

"나는 바로 계약을 했죠." 그는 말했다. "내가 가진 유일한 질문은 '언제 출발할까요?'였으니까요. 그것은 인생을 바꿀 만한 돈이거든요."

일부 미국 선수들은 일본에서 아주 잘한다. 존슨은 그렇지 않은 경우였다. 그는 스트라이크존이 너무 크다고 생각했고, 그가 플레이트에 오르면 심판들이 나가서 그게 더 크게 만드는 것처럼 느껴지기까지 했다.

"시즌 막바지 때 심판 중 한 명이 나의 통역에게 내가 대가를 치렀으니 이제부터 나에게 공정하게 대하겠다고 말했죠."

"나는 홈런을 24개 쳤지만 삼진도 많이 당했거든요. 내가 보너스 인센티브를 받는 기록에 가까워갈수록 갑자기 벤치에 앉아 있는 시간이 많아지는 것 같았어요. 내 가족은 그곳에서 지내는 것을 좋아했지만 나는 야구를 즐겁게 하지 못했어요. 시즌 막바지에는 돌아가고 싶었습니다. 돈을 얼마를 주든지 말이에요."

그는 2010년 그가 더럼으로 보내져서 시즌을 시작할 것이라는 것을 아는 채로 레이스와 다시 계약을 했다. 더 작은 스크라이크 존, 의심할 여지 없이, 덕분에 그는 괴력을 발휘하는 시즌을 보냈고 8월 레이스로 올라갔다. 그가 메이저로 올라갔을 때 더럼에서의 98경기에서 30홈런을 쳤고, 95득점을 하였고, 타율은 0.303이었다. 비록 막바지에는 그의 평균만큼 치지 못했지만, 그는 계속 힘 있게 공을 쳤고, 마지막 6주 동안 7개의 홈런과 23득점을 했다.

그는 좋은 건강 상태로 돌아왔다. 메이저와 마이너 통합 37홈런과 118 득점 기록은 그에게 2011년 연봉 100만 달러에 레이스와 계약할 수 있게 하였다. 레이스는 그들의 1루수 카를로스 피냐가 컵스에 프리에이전트로 갔기 때문에 존슨이 경기에 나갈 기회가 많을 것으로 보였다.

"드디어 나에게 유리한 상황이 되었죠." 2011년 개막일에 31세가 된 존슨이 말했다. "나는 건강했고 계약 조건이 좋았으며 더 좋은 조건도 가능했어요. 그리고 드디어 라인업에서 입지가 확고해졌습니다."

그 시즌의 시작은 좋았다. 4월 8일 존슨은 8회에 3점 홈런을 쳐서 게임에 이기는 게 확실해진 화이트삭스를 7대 6으로 따라잡았다. 그는 연속적으로 중요한 순간에 중요한 득점을 내는 재능을 보였다. 2008년 레이스로 올라간 지 얼마 후 그는 9월 중순 레드삭스를 상대로 마무리 홈런을 날렸다. 그는 그가 2010년 말 더럼에서 불려 올라가 같은 팀을 상대로 같은 일을 한 것이다. 그러나 좋은 시작과 좋은 건강 상태는 오래가지 않았다. 화이트삭스를 상대로 홈런을 치고 6일 후 그는 트윈스 마무리 투스 매트 캡스가 날린 시속 154km의 강속구에 손을 맞은 것이다.

"그는 나를 제대로 잡았죠." 존슨은 말했다. "나는 정말 투지가 생겼어요. 그렇지만 그게 별일은 아니라고 생각했었죠. 그냥 한 이틀 정도 아프다 말 거라고 생각했어요. 아무것도 부러지지 않았구요."

부상은 그가 생각했던 것처럼 보였다. 고통스러운 멍이고 그 이상은 아니었다. 존슨은 계속 경기를 했다. 그러나 그는 힘이 없었고 타율이 떨어졌다. 플레이트에서 불안해지기 시작했다. 그가 볼넷을 얻는 능력과 안 좋은 투구에는 타구를 하지 않는 능력은 언제나 탁월했다. 지금 그는 볼넷을 자주 얻지 못했고 (그는 약 13 ~ 21타석에 한 번 정도 볼넷을 얻었다.), 그의 평균 타율은 뚝 떨어졌다.

"나는 극복하며 경기에 나가고 싶었어요. 존슨은 말했다. "의사는 내가 신경을 다쳤으며, 그게 일종의 사용하지 않으면 퇴화하는 상태라고 했어요. 난 경기를 할 수도 있었고 또는 수술을 해서 치료되길 바랄 수도 있었죠. 나는 경기에 나가고 싶었어요. 그러나 야구 방망이를 잡았을 때 말 그대로 내 손을 컨트롤할 수 없었어요. 그게 충분히 강하지 못했죠."

그는 5월 더럼으로 내려보내 졌고 상태는 향상되지 않았다. "나는 차에서 식료품을 내릴 수 없는 지경까지 갔어요." 그는 말했다. "그래서 또 MRI를 찍으러 갔습니다."

이번에는 그냥 두면 나을 것이라는 이야기를 들었으나 그것은 2달이 될 수도 있고 2년이 될 수도 있다는 것이었다.

"그것은 끔찍했죠." 그가 말했다. "내가 예전 인기 TV 프로로 기묘한 상황을 소재로 한 트와일라잇 존에 있는 것 같았어요."

여름이 갈수록 손은 나아지기 시작했다. 그는 더럼에서 13개의 홈런을 칠 수 있었고, 9월에 탬파로부터 호출을 받았다. 그때쯤 케이시 코치맨이 선발 1루수로 자리매김하고 있었고, 존슨은 가끔 대타로 나갔다. 그 시즌의 마지막 밤 와일드카드로 레이스와 레드삭스를 동점으로 만드는 것이 그의 역할이었다.

8회 말 샘 펄드가 포수인 켈리 쇼파크 대신 대타를 맡아서 2아웃을 이끌어냈고, 베이스들은 다 채워져서 양키스가 7대 1로 앞서고 있는 것을 멈추게 할수도 있었다. "당시 나는 많이 생각하지 않았죠." 그는 말했다. "여전히 많이 뒤처져 있었지만 적어도 우리는 판세를 뒤집을 기회를 가지고 있었어요."

그 회 마지막, 롱고리아가 3점 홈런을 쳐서 점수 차는 7대 6으로 줄었다. 레이스가 9회 말 타자가 되었을 때, 감독인 조 매던은 존슨에게 만일 레이스가 그 이닝에서 오래간다면 그가 5번째 타자로 나간다고 말했다.

"나는 위로 올라가서 실내 타구장에서 공을 휘두르며 몸을 풀었죠." 그는 말했다. "그런데 거기 오래 있지 않았어요. 왜냐하면, 보안직원이 와서 나에게 '이봐 댄, 너 차례야.'라고 했기 때문입니다."

양키의 구원 투수 코리 웨이드는 8번의 투구 동안 플라이볼로 벤 조브리스트와 약한 땅볼로 코치맨을 아웃시켰다. 아웃이 하나 남았을 때 매든은 라인드라이브 타자인 펄드 대신 강한 타자인 존슨을 내보내는 것에 올인했다.

존슨은 런웨이를 전력 질주하여 야구방망이를 잡고 소음으로 가득찬 트로피캐나 필드로 걸어 들어갔다. 트로피캐나 구장은 메이저리그 야구장에서 말할 것도 없이 최악의 장소였다. 레이스는 거의 매진된 적이 없었으며 심지어 결승 경기에서도 매진된 적이 없었다. 이번 경기도 예외는 아니었다. 1만 9,518명의 관중들이 야구장에 있었지만, 관객들은 이제 다들 서 있었고, 이번 시즌 메이저리그에서 타율이 0.108이던 존슨이 레이스까지 도달하지 못할 것이라 믿었다. 그 순간 볼티모어에서는 레드삭스가 이기고 있었기 때문에 그대로 레이스의 시즌이 끝날 것이라 생각했다.

존슨은 4월 8일 화이트삭스를 상대로 3점 홈런을 친 이래로 메이저리그에서 홈런을 치지 못하고 있었다. 그는 마운드에 서 있는 웨이드를 보고 마음이 조금 편안해졌다. "시즌 동안 마이너에서 그 친구랑 경기를 해본 적이 있었습니다." 그는 말했다. "나는 그가 체인지업을 아웃 피치처럼 던지는 것을 좋아하는 것을 알고 있었죠. 그래서 언젠가 그것을 보게 될 것이라 생각했어요."

웨이드는 레이스가 6월 그를 방출하기 전까지 더럼에 있었고, 그는 양키스와 계약을 맺어서 9월에 메이저로 올라오기 전까지 스크랜튼 윌크스 배리에 있었던 것이다. 점수는 2대 2였다. 소음은 압도적이었지만 존슨은 그것을 거의 들을 수 없었다.

"왜인지는 모르겠지만 나는 그런 상황에 침착해져요." 그는 말했다.

"내가 결정타 홈런을 날렸을 때도 그랬었죠. 아주 침착했어요."

다음 투구에 존슨은 웨이드가 체인지업으로 그를 아웃시키리라는 느낌이 왔다. 그의 추측은 옳았다. 웨이드는 존 안에서 체인지업을 높게 던졌으나 플레이트의 밖, 아마도 아주 조금 밖이었다. 존슨은 어쨌든 스윙을 했다.

"내가 그 볼을 세게 치면, 아마도 파울이 될 거라고 생각했어요. 100에 99는 체인지업에 스윙을 하면 파울이 되니까요."

이것이 그 나머지 하나의 경우가 되었다. 공은 그가 좌익 스탠드 쪽으로 가면서 휘었다. 존슨은 그게 파울이 될 것이라 생각했다. 그러나 그렇지 않았다. 야구장에 있는 모두가 눈을 의심하며 공이 파울 기둥에 충돌하는 것을 보았다. 놀랍게도 존슨은 베이스를 돌았고 그가 홈플레이트로 돌아왔을 때 그는 팀 동료들과 하이파이브를 했다.

"내 야구복이 찢어졌죠. 동료들은 나를 때리고, 부딪치고, 두드렸어요. 내가 더그아웃으로 왔을 때 온몸이 다 멍이 들었을 거예요." 그는 말했다. "그것은 내 생애 최고의 기분이었죠."

3회 후 롱고리아의 홈런은 게임을 마무리했다. 경기 후와 시즌 후에 대부분의 관심은 롱고리아에게 맞춰졌지만, 존슨은 추앙받는 인물이 되었고 2011년 시즌 가장 드라마틱한 순간으로 여러 상을 받기도 했다.

그것이 그가 다음 해에 활동할 곳이 있다는 것을 의미하는 것은 아니었다. 야구는 감상적인 스포츠가 아니었다. 특히 프론트 오피스의 결정은 더더욱. 존슨이 내려보내 졌을 때 1루수를 맡고 0.306을 치던 코츠맨은 인디언스와 계약을 맺었다. 존슨이 2012년 이끌어내고 싶었던 계약 조건인 300만 달러로.

레이스는 여전히 존슨의 팔에 대하여 확신하지 못했고, 시카고에서 28홈런을 치고 있던 카를로스 피냐를 도로 데려오기로 했다. 그것은 9월 28일의 영웅이 크리스마스에 구직을 하고 있는 상황으로 내몰았다.

그는 결국 애덤 던이 야구 역사상 어느 선수보다 최악의 시즌을 보낸 후 일종의 보험 1루수와 지명타자를 찾고 있었던 화이트삭스와 분할 계약(split contract)을 맺었다. 지난 8시즌 동안 평균 40홈런을 쳤던 던은 화이트삭스와 2011년 전에 4년간 5,600만 달러에 계약을 맺었었다. 그해 그의 타율은 0.159였고, 부상 없이 11홈런을 쳤다. 던으로부터 뭘 기대해야 할지 모르겠던 화이트삭스는 존슨과 계약은 맺은 것이다.

"나는 봄을 괜찮게 보냈어요." 존슨은 말했다. "나의 팔은 드디어 괜찮아졌고 드디어 다시 힘을 얻었어요. 정말 내가 클럽에 1루수와 지명타자로 들어가게 될 거라 생각했죠."

그는 1년 차 감독 로빈 벤투라의 사무실로 오라는 연락을 받을 때까지 그렇게 생각했다. 벤투라는 그가 샬롯으로 보내진다고 이야기했다. 그것은 충격적이었다.

"나는 폭발했어요. 그에게 내가 어떻게 생각하는지 알게 했습니다." 존슨은 말했다. "나의 건강이 관건이며, 그들에게 내가 건강하다는 것을 보여줬다고 생각한다고 말했어요. 그는 고개를 끄덕였고 나에게 그들이 어떻게 생각하는지 설명하며 항상 듣는 상투적인 말을 했습니다. '언제 메이저에 무슨 일이 생기면…….'" 그는 잠시 멈췄다. "로빈은 좋은 사람이었죠. 내가 그렇게 화를 냈던 이유에는 내가 너무 답답했었고, 또 내게 아직도 투지가 있다는 것을 그에게 보여주고 싶었습니다."

마이너리그 캠프로 가는 것은 힘들었다. 그것은 단지 북적거리는 공간이나 반복적으로 나왔던 그가 홈런을 날리던 장면을 수십 번 봐왔던 어린 선수들의 시선도 아니었다. 그것은 스스로를 찾는 것이었다. 서른두 살의 나이로 누군가 외야에 나가서 타구 연습을 하는 동안 선글라스를 써야만 한다고 하는 것. 그는 항상 면도를 깨끗이 해야 했고, 그의 유니폼은 항상 상의를 넣어서 입고 단정해야 했다. 많은 팀, 모두는 아니지만 그들의 마이너리그팀 선수들을 깨끗이 샤워하고 단정히 옷을 입게 하는 방침을 고수했다.

"유일하게 어려웠던 것은 그에게 하루를 쉬게 하는 것이었죠." 스키너는 말했다. "그는 그것을 원하지 않았어요. 그에게 매일매일은 경기에서 이기고 사람들에게 그의 기량을 보여주는 기회였거든요."

그게 8월 노퍽에서 그가 쉬게 되었을 때 존슨이 스키너를 따라다닌 이유다. "만일 내가 정말 그것에 대해 화가 났다면 거기 들어가서 문을 닫았을 거예요." 존슨은 말했다. "내가 차라리 경기에 나가고 싶었냐고요? 당연히 그렇죠. 트리플A에서 경기를 하는 것보다 더 안 좋은 유일한 것은 경기에 나가지 않는 거예요. 사람들에게 내가 아직도 경기에서 뛸 수 있고 공을 잘 친다는 것을 보여주는 것이 내가 또 다른 기회를 얻는 유일한 길이니까요."

그는 일어서서 가지고 있던 방망이를 들고 자세를 잡았다. "더그아웃에 선 내가 아직도 뛸 수 있다는 것을 보여줄 수 없어요."

9월 1일 존슨은 화이트삭스로부터 호출을 받았다. 그 다음 날, 던(Dunn)의 자리에서 경기를 하며 그는 디트로이트의 맥스 설저를 상대로 플레이트에 섰다. 거의 1년 전 홈런 이후로 메이저리그 첫 타석이었다. 그는 좌익으로 뜬 공을 쳐서 아웃되었지만 나중에 1루타를 쳤다. 그는 9월 동안 화이트삭스가 그들의 디비전에서 돌진하는 타이거스를 상대로 선두를 유지하지 못하면서 드문드문 경기에 나갔다.

시즌의 마지막 날, 결승전이 끝나고 벤투라는 존슨에게 또 다른 시작을 주었다. 그는 홈런을 세 개 쳤고, 5타점을 기록했으며, 22타석 동안 메이저리그 시즌을 타율 0.364로 마무리했다. 11월 20일 레드삭스는 던이 탄탄한 경기를 펼치자 안도감을 느낀 화이트삭스는 그를 방출했다.

이제 또다시 일자리를 찾을 때가 왔다. 야구에는 보장되는 것이 아무것도 없다. 심지어 영웅에게도.

25

스콧 포드세드닉

계속되는 행진

야구에서 보증이란 있을 수 없다. 스콧 포드세드닉이 그걸 증명해 줄 수 있다. 그는 2005년도 시카고 월드시리즈의 영웅이었는데 2년 후 바로 방출되었다. 그리고 2012년 필라델피아 봄 훈련 캠프에서 최고의 기량을 보여줬고 그래서 리하이밸리로 가게 됐다. 그러나 그곳에서는 경기를 잘하지 못했고 포터킷으로 이적됐으며, 이제 야구 인생이 끝나는 게 아닌가 하는 고민을 하면서 6주가 지났다. 5월 23일, 포드세드닉은 볼티모어 원정팀 클럽하우스에서 바비 발렌타인 감독의 라인업 명단을 보았다. 자신의 이름이 우익수와 8번 타자로 살짝 끼워져 있는 걸 확인했다.

"메이저리그에 잠깐 있다 내려간 사람들에게 들었는데 다시 올라오는 게 메이저에 처음 설 때만큼 기쁘다고 하던데요, 그게 꼭 맞는 얘기군요. 사실 리하이밸리에서는 좋은 경기 보여주지 못했지만 메이저로 올라가게 되자 제가 올라올 만하고 그래도 팀에 보탬이 되고는 있구나 하고 생각했습니다. 메이저에 소속되어 있다고 생각했기 때문에 초조하지 않았어요. 불안하기보단 좀 들떠 있었죠."

포터킷에서 볼티모어로 오라는 전화를 받았을 때 포드세드닉은 LA 다저스에서 발을 다친 2010년 9월부터 1년 반을 빅리그에서 뛰지 못하고 있었다. 2011년에는 마이너에 있거나 부상 중이었고, 이제 36세의 나이로 메이저로 복귀한다는 것도 쉬운 일은 아닐 것 같아 은퇴를 해야 하나 고민하면서 집에서 2012년을 맞이하게 됐다.

"나이가 들면서 정말이지 모든 게 고맙더라고요. 처음 메이저리그에 진출하는데 그리 긴 시간이 걸리진 않았지만, 주전 선수가 되는 데는 훨씬 오랜 시간이 필요했습니다. 늘 여러 부상과 싸워야 했어요. 그냥 힘들다고 회피하고 싶진 않았습니다. 리하이밸리로 가지 않고 혹은 그곳에 있는 동안에 그만두거나, 아니면 그곳에 있더라도 성적이 좋지 않은 채 그만뒀다면 아직 더 뛸 수 있다고 말만 하고 보여주지 못하는 그저 그런 트리플A 선수로 사라졌을 겁니다. 그래도 지금은 제 말이 옳았다는 것, 아직 메이저리그에서 경기할 수 있다는 걸 보여줄 기회는 있으니까요."

포드세드닉은 레드삭스의 선발 외야수들이 부상이 잦은 탓에 메이저리그에서 뛸 수 있었는데 당시 제이코비 엘스버리와 칼 크로포드는 60일 동안 부상자 명단에 있었고, 코디 로스도 얼마 전 발을 다쳐서 포드세드닉이 호출을 받게 되었다. 포드세드닉은 이 부상 선수들이 회복되면 라인업에 다시 등장하리라는 것을 잘 알고 있었다. 하지만 이 점이 그의 관심사는 아니었다. 레드삭스에게 혹은 지켜보는 누군가에게 자신을 메이저리그급에 속하는 선수라는 걸 보여줘야 했다.

그리고 그는 정확히 보여줬다. 메이저리그 라인업에 올라온 첫날 그는 홈런을 쳐서 6대 5로 레드삭스에게 승리를 안겨 줬다. 하루 뒤 선두 타자가 되었다. 다음 4주 동안은 시카고에서의 그의 전성기를 기억나게끔 했다. 포드세드닉이 여전히 도루를 하는 것을 보고서 발렌타인 감독은 자주 그를 1번 타자로 배치하고 그날그날 그에게 가장 적합한 외야수 자리로

| 스콧 포드세드닉

라인업에 끼워 넣었다.

보스턴에서의 19경기가 끝난 후, 포드세드닉은 0.387이라는 놀랄 만한 타율에 도루 6개를 기록하고 있었는데 도루는 전 시즌을 다 뛴다면 50개 정도에 달하는 수준이었다. 레드삭스에서 도루 50개는 종종 전성기로 여겨진다. 하지만 부상이라는 벌레가 다시 물어뜯었다.

6월 17일 어버이날에 레드삭스는 시카고에서 컵스와 일요일 밤 경기를 치렀다. 포드세드닉은 중견수 쪽으로 1루타를 치며 시작했고, 잠시 후 더스틴 페드로이아의 2루타로 득점했다. 하지만 3회에서 땅볼을 유격수 쪽으로 던져 런아웃시키면서 그는 왼쪽 사타구니가 당기는 것을 느꼈다. 그러나 경기 도중 나오는 것은 싫었기 때문에 아무 말도 하지 않았다. 그는 그냥 단순한 뒤틀림이어서 시간이 지나면 풀리겠지 생각했다.

하지만 풀리지 않았다. 5회에서 포드세드닉은 원 아웃에 주자가 1루에 있는 상황에서 2루로 강한 땅볼을 쳤다. 병살타를 피하기 위해 타석에서 뛰어나오는데 다리가 전혀 움직여지지 않았다. 1루로 거의 조깅하듯이 걸어갔고 컵스에게 쉽게 병살타를 허용하는 수밖에 없었다. 포드세드닉에게 이상이 있다는 걸 알아챈 발렌타인 감독이 그 회 말에 다니엘 나바를 대타로 중견수 자리로 내보냈다.

다음 날 보스턴 매체들은 사타구니 당김이 그리 심하지 않은 것으로 포드세드닉의 말을 인용해 보도했다.

"살짝 삐끗했어요. 심하지 않습니다. 금방 괜찮아질 겁니다."

하지만 가벼운 사타구니 염좌란 없다. 특히 그 선수의 경기가 그의 다리에 달려 있을 때는 말이다. 이틀 후, 코디 로스가 부상자 명단에서 빠졌을 때 포드세드닉이 그 명단에 올랐다. 엘스버리와 크로포드도 머지않아 복귀할 것이어서 타율이나 경기 내용과 상관없이 포드세드닉은 갑자기 보스턴 레드삭스에서의 미래가 불투명해지는 걸 느꼈다.

"낙담했죠. 여러 면에서 늘 저의 전적은 그랬어요. 찾아보시면 아시겠지만 부상이 없을 때는 성적이 좋았어요. 한 가지 언제나 저를 가로막는 것은 부상이었습니다. 운이 없게도, 부상이 자주 있었어요. 이번엔 시기가 아주 안 좋았습니다." 그가 웃으며 말했다.

포드세드닉은 부상 후 19일이 지난 7월 6일에 부상자 명단에서 빠질 만큼 회복됐다. 그즈음에 코디 로스는 라인업에 올라가 있었고 다니엘 나바는 경기를 잘하고 있었다. 엘스버리는 재활 훈련 중이었으며 일주일 내로 팀에 복귀할 예정이었다. 크로포드도 곧 돌아올 터였다. 그래서 포드세드닉은 활동을 재개하면서 바로 마이너인 포터킷으로 내려갔다. 하지만 이번엔 봄 훈련이 끝날 때처럼 그리 낙담하지는 않았다.

"스카우트들이 제가 하는 걸 다 지켜봤으니, 제가 얼마나 할 수 있는지 알고 있죠. 이적 마감일이 몇 주 남지 않았어요. 7월 말쯤이면 레드삭스나 혹은 다른 팀에서 좋은 기회를 주지 않을까 생각했어요. 마이너리그로 다시 내려가는 건 싫었지만 스스로에게 그리 길지 않을 거라고 속삭였습니다. 이제 다시 건강해졌다고 사람들에게 보여주기만 하면 되니까요."

포드세드닉은 포터킷에서 25경기에 타율 0.281, 도루 4개 이상을 기록하며 계속해서 경기를 해나갔다. 7월 말쯤이면 뭔가가 있을 거라는 그의 예상은 적중했다. 이적 마감일 바로 전날인 31일에 레드삭스는 포드세드닉과 투수 매트 앨버 두 사람을 함께 애리조나의 크레이그 브레슬로우와 교환했다. 구원투수 크레이그 브레슬로우는 레드삭스의 구원투수진을 보강해 줄 것으로 여겨졌다.

포드세드닉이 비행기를 타고 피닉스로 가려 하고 있는데 에이전트의 글레이구스키에게서 전화가 왔다. "애리조나는 자네가 리노에서 도착 보고를 하길 원하고 있어. 자넬 트리플A에 두려고 하는군."

이 트레이드는 말이 안 되는 거래 중 하나일 것이다. 기본적으로 두 팀은 구원투수를 맞바꿨다. 레드삭스가 이제 외야수들이 탄탄해서 포드세드닉이 더 이상 필요 없다는 이유 말고는 설명이 안 되는 일이었다.

애리조나가 포드세드닉을 트리플A인 리노에 두려 한다고 글레이구스키가 말했을 때 포드세드닉은 그 자리에서 확실하게 말했다. "트리플A라면 거긴 가지 않겠어요." 그가 시즌 동안 메이저에 있었고 필라델피아와 한 계약에서 6월 1일 이후로 언제고 마이너리그로 가게 된다면 선택권이 있어서 가지 않아도 계약 위반이 아니었다. 라이언은 포드세드닉에게 어떻게 해 줬으면 좋겠냐고 물었고, 포드세드닉은 말했다.

"여기저기 연락해서 뭐가 있는지 알아보지요. 전 여기서 기다릴게요."

그는 아직 보스턴에 임대한 아파트가 있고 부인 리사와 아이들과는 6월과 7월을 함께 보낸 터였다. 8월 2일에 포드세드닉의 요청대로 애리조나는 그의 계약을 풀어줬다.

가족은 보스턴으로 돌아왔고 연락이 오기를 기다리고 있었다.

26

론 존슨

실제 생활의 어려움

샬롯의 조엘 스키너 감독이 끝까지 지켜보고 있던 다음 날 댄 존슨은 노퍽전의 라인업에 다시 올라갔다. 스키너 감독이 그날 밤 더그아웃에 앉아서 경기를 지켜볼 때, 샬롯은 12대 3으로 쉽게 승리했다. 그것은 종종 홈팀에게는 민망한 것이었다.

노퍽은 참혹했다. 그들은 포수 루이스 엑스포지토가 투수에게 송구를 제대로 하지 못해 1점을 허용했다. 공은 샬롯의 2루, 3루에 있던 주자들이 한 베이스씩 이동하는 동안 페드로 비올라의 글러브를 맞았다.

"그만, 집에나 가자!" 볼티모어 데이브 로젠필드 단장은 포수에서 투수로 이어지는 송구가 실패하자 이렇게 말했다.

볼티모어 로젠필드 단장과 노퍽에게는 안 됐지만 겨우 5회째였다.

다음 날, 노퍽에는 온종일 비가 내렸다. 그날은 시즌의 최종일이었고 두 팀은 5시 경기가 끝나는 대로 서둘러 떠나야 했다. 샬롯은 더럼까지 3시간 거리로 상대적으로 가까웠다. 노퍽은 그위닛까지 870km, 거의 9시간을 운전해 가야 했다.

"그럭저럭 괜찮았죠. 우리는 아침 6시쯤 도착했어요." 노퍽의 론 존슨 감독이 말했다. 그는 어깨를 으쓱하며 트리플A 리그의 주문을 반복했다.
"싫으면 경기를 더 잘해서 마이너리그를 벗어나라!"

존슨 감독은 마이너리그에서의 삶에 익숙했다. 그는 1978년 드래프트 24라운드에서 캔사스시티 로열스에 선발되어 프레즈노 스테이트를 떠났고, 지난 34년 동안 대부분 마이너리그에서 보냈다. 선수 생활을 하는 동안 3번 메이저에 있었다. 1982년에는 캔사스시티에서 8경기를 뛰었다. 1년 후, 다시 돌아와 9경기 이상을 뛰었다. 그다음 해 몬트리올로 이적된 후 엑스포스에서 5경기를 뛰었다. 모두 22경기를 뛰었고 46번 타석에 서서 안타 12개, 타율 0.261을 기록했다. 그리고 2개의 홈런이 있다.

"아마 저를 보고 평범한 전력에 그나마도 이제 저무는 시점에 와 있다고 말할지도 모르겠어요. 하지만 그리 길지는 않았지만 메이저에서 뛰었다는 게 아주 자랑스럽습니다." 그는 웃으면서 얘기했다.

존슨 감독은 고등학교에서는 미식축구 스타였고 디비전1 대학축구에서 경기할 수도 있었지만 야구를 택했다. 쉰여섯의 그에게는 아직도 나이 든 미식축구 선수의 모습이 보인다. 운동을 하던 시절에는 192cm에 98kg 정도였고, 지금은 109kg 정도 된다. 그는 자신의 길을 똑바로 걷는 사람이다. 그런 점이 그로 하여금 로젠필드 단장 아래서 완벽한 감독이 되게 했는데, 로젠필드 단장도 정확히 똑같은 방식으로 일하는 사람이었다.

"RJ(론 존슨)는 허튼소리를 전혀 하지 않아요." 로젠 버그가 말했다. "그래서 모두의 생활을 훨씬 쉽게 해줍니다. 특이 마이너로 내려온 선수들에게는요."

존슨 감독은 1986년 시즌 전에 선수 생활을 접은 후 마이너리그 감독으로 어렵게 전환했다. 그는 플로리다에 살면서 당시 부인의 부친 카펫 가게에서 일하고 있었는데 그 일을 끔찍이 싫어했다. "물 없는 물고기였죠.

저랑은 전혀 맞지 않는 일이었어요." 그가 말했다.

그는 로열스가 훈련하는 곳에서 그리 멀지 않은 곳에 살고 있었는데, 하루는 선수 시절 알던 오랜 친구를 보려고 훈련장에 갔다. 그곳에서 당시 로열스의 단장이었던 존 슈어홀츠와 우연히 마주치자 즉흥적으로 로열스의 프런트 오피스에서 일할 만한 데가 없는지 물어봤다.

슈어홀츠는 빈자리가 없다고 말했지만, 존슨이 프런트 오피스에서 일하기보다는 코치 자리가 적합하다고 생각했다. 그래서 그는 존슨에게 존 볼즈를 소개했는데, 볼즈는 당시 로열스의 팜 디렉터였다. 슈어홀츠는 볼즈에게 존슨이 일을 구한다고 얘기해 줬다. 볼즈는 빈자리는 없지만 기억해 두겠노라고 했다. 삼진을 당했다고 생각하면서 존슨은 장인의 가게로 되돌아왔다. 그런데 몇 달 후 볼즈에게 전화가 왔다. 로열스 클래스A팀이 경기하는 걸 보러 온다고 했다. 아마도 서로 만날 수 있을 것이었다.

"로열스 클래스A의 타격코치가 나갔어요. 그래서 볼즈는 제게 타격코치를 제안하더군요. 다음 날 바로 유니폼을 입게 됐죠."

존슨은 그때부터 유니폼을 입게 됐다. 존슨은 코치로 처음 있게 된 클래스A 로열스에서 6년을 일한 후 이곳에서 처음으로 감독도 맡았다. 팀의 기반이 그 당시엔 플로리다 베이스볼 시티로 불리던 곳에 있었는데, 바로 올랜도 외곽이다. 존슨은 로열스의 부단장이 된 앨라드가 2000년 시즌 전 클럽하우스를 정비하기 전에 오마하에서 트리플A 감독으로 승진했다. 로열즈에서 총 8년을 마이너리그 감독으로 일하고, 그중 마지막 2년은 오마하에서 일한 존슨은 앨라드의 클럽 정비 시에 해고됐다.

그리고 레드삭스 클래스A팀 사라소타의 감독으로 정착했다.

"원점으로 되돌아온 것 같았죠. 전체적 상황이 공평하진 않았던 듯해요. 그곳은 메이저리그로부터 많이 떨어져 있었고 갑자기 플로리다 스테이트 리그로 돌아온 거였어요. 그곳은 매일 오후 수십 도의 열기 속에 고작 5명 정도의 팬 앞에서 경기하는 그런 곳입니다." 존슨은 말했다.

"로열스에서 좋은 팀들을 맡았었죠. 젊고 유능한 선수들이 많았어요. 칼로스 벨트랜, 죠니 데이몬, 케빈 애피어 등 우수한 선수들을 감독했어요. 그래서 자주 이겼죠. 그 선수들에게 그다지 크게 한 게 없는데, 계속 이기더라고요. 그래서 '아, 잘하고 있구나.' 하고 생각했죠."

"사라토라에 있는 레드삭스의 클레스A팀에서 일하고 있던 첫 시즌 중반쯤에, 당시 마이너리그 필드 코디네이터인 데이브 제우스에게 전화가 왔어요. 사라토라에 와 있으니 같이 식사나 하자고 하더라고요. 제가 기억하기로 우리는 만나서 윙을 먹었는데, 그가 나를 완전히 폭발하게 만들었어요. 그가 자네 너무 안 됐네 등의 얘기를 할 줄 알았는데, 제 눈을 똑바로 쳐다보면서 '자네 너무 엉망이네.'라고 하더군요."

존슨은 웃었다. "다들 한 번도 해고된 적이 없다는 듯 야구에서는 자신이 특별하다고 생각합니다. 하지만 우리 모두는 잘리게 돼 있다고요. 그게 규칙이죠. 특히 가르침과 개발이 참으로 중요한 그런 단계에 있는 선수들에게 저는 마이너리그 감독으로 필요한 일을 하고 있지 않았던 거예요. 솔직히 말해서, 그때까지 좋은 마이너리그 감독이 되기 위해 무엇이 필요한지 생각해 보지 못했어요."

비록 해고되지는 않았지만 교훈을 얻은 존슨은 사다리를 다시 오르기 시작했다. 이번엔 다른 접근 방법으로 말이다. 2005년경 그는 포터킷에 있었고, 그곳에서 다섯 시즌을 안정적으로 일한 후 절대 걸려오지 않을 것 같던 전화를 받게 된다. 브레드 밀스 감독이 휴스턴의 감독을 맡으면서 레드삭스에 결원이 생긴 것이다. 2010년 테리 프랜코나 감독이 그에게 1루 코치를 제의했다.

"꿈은 이루어집니다. 한 번 맞서 봅시다. 마이너리그와 빅리그의 생활은 어떻게 비교할 수가 없습니다."

그러나 그 꿈은 악몽이 되었다.

대부분의 야구 팬은 이제 이 이야기를 안다. 2010년 8월 1일, 일요일 밤 펜웨이 파크에서 레드삭스는 디트로이트 타이거스를 맞아 경기를 치르고 있었다. 레드삭스가 4대 3 간발의 차로 이겼다. 선수들이 런웨이로 나왔을 때 출장 비서 잭 멕코믹은 늘 있던 곳, 클럽하우스 바로 바깥에서 테리 프랜코나 감독과 코치들을 기다리고 있었다.

야구는 의식儀式이 많다. 승리 후 맥코믹의 포스트 게임 의식은 문 옆에서 있다가 감독과 코치들이 지나갈 때 하이파이브를 하는 것이었다. 그런데 프랜코나 감독은 손을 들어 하이파이브를 하면서 뭔가 심상치 않음을 감지했다. 맥코믹은 그를 못 본 듯했다. 곧 존슨이 나왔고 맥코믹이 손에 전화기를 쥐고 있는 걸 봤다. 맥코믹은 뭔가 큰일이 있다는 걸 표정으로 보여주고 있었다.

"그때 생각이 나네요. 제발 나한테 온 전화가 아니기를 바랐습니다."

존슨은 2년 후 아직도 그 기억이 생생한 채 말했다. "'존, 무슨 일이야?'라고 말하기도 전에 존이 내게 전화기를 넘겨주며 '자네 안사람이야. 빨리!'라고 말했습니다."

존슨과 부인은 이제 결혼한 지 25년째다. 둘은 존슨이 컨트리 뮤직광으로 그가 살던 테네시의 한 컨트리뮤직 바에서 춤 수업을 하면서 만났다. 부인이 어느 날 밤에 그 바에 왔고 존슨이 얘기한 대로 "우린 투스텝이 되었고, 나머진 다 아시는 대로."

그들은 아이가 다섯인데, 둘은 부인의 첫 번째 결혼에서 낳은 아이들이고 나머지 셋은 둘 사이의 아이들이다. 그날 오후에 제일 어린 두 아이, 14세짜리 체얀과 11일만 있으면 11세가 되는 브리짓이 그들 농장에서 말을 타고 이웃집으로 수영을 하러 가고 있었다. 두 소녀는 말을 아주 잘 탔는데, 존슨 가족은 다 승마를 잘했다. 두 소녀는 쿠퍼로에서 커브를 돌고 있었는데, 길 근처에는 주위에 살고 있는 사람들이 붙여둔 표지가 하나 있었다. "운전은 천천히, 우리는 아이들을 사랑합니다."

둘은 길을 건너야 했다.

체얀은 안전하게 건넜다. 하지만 브리짓은 그렇지 못했다. 경찰의 기록에 의하면 차 한 대가 67km 속력으로 그 커브를 돌았는데, 그곳의 제한속도는 56km였다. 운전자가 경찰에 진술한 바에 의하면 운전자는 체얀을 보느라고 브리짓은 보지 못했다고 했다. 차는 브리짓의 머리를 박았고 브리짓과 말이 공중으로 붕 날았다.

그 후 몇 분 동안에 일어난 일을 존슨은 지금도 말하기가 힘들다. 브리짓의 왼쪽 다리가 심하게 다쳤다. 브리짓이 한 웅덩이나 되는 피를 흘리며 도로에 쓰러져 있을 때, 브리짓을 친 차 뒤 가까이 있었던 한 이웃이 차에서 급히 달려와서는 브리짓을 지혈시켰다. 그동안 체얀은 엄마를 부르러 갔다. 긴급 의료원이 오고 17분 후 브리짓은 헬리콥터를 타고 밴더빌트 대학 아동병원으로 향했다.

존슨은 물론 이 일이 그가 보스턴의 경기장에 있었고 전화기가 사물함에 있었기 때문이라고는 생각하지 않는다. 경기 중이어서 누구와도 연결이 되지 않자 존슨 부인은 레드삭스의 교환에게 전화를 해서 누구인지 설명한 다음 맥코믹에게로 연결되었다.

존슨 부인이 존슨에게 사고 이야기를 하자 그는 오직 한 가지를 물었다.

"살 것 같아?"

"모르겠어요." 정직한 대답이었다.

그가 프랜코나 감독과 테오 엡스테인 단장에게 상황을 얘기하자, 둘은 맥코믹을 시켜 존슨을 공항으로 데려가서 최대한 빨리 비행기에 태우도록 했다. 프랜코나 감독은 존슨이 자신에게 무슨 일인지 얘기하는데 거의 죽을 것 같아 보이더라고 나중에 말했다. 맥코믹은 존슨이 한 시간 내로 로간 공항을 이륙하도록 했다. 문제는 내슈빌까지 가려면 디트로이트를 경유해야만 했다. 다른 방법은 없었다. 자연히, 디트로이트에서 꼼짝없이 기다려야 했다. "비행기는 있는데 조종사가 없었어요. 꼼짝없이 기다려야 했습니다." 존슨은 말했다.

공항은 사실상 일요일 밤에는 텅 비어 있었고, 그는 비행기를 기다리며 작은 커피숍에 앉아 있었다. 내슈빌에선 브리짓이 수술 중이라는 것 말고는 다른 소식이 없었다. 그가 커피를 홀짝이고 있는데 한 남자가 그를 쳐다보면서 걸어왔다. "마치 70년대에서 바로 나온 사람 같더라고요." 존슨이 말했다.

"괜찮으세요? 어디 많이 안 좋아 보이십니다." 그 남자가 물었다.

존슨은 간단히 무슨 일인지 얘기해 줬다.

"그는 내 눈을 보면서 말하더군요. '당신 딸은 괜찮을 거예요.' 그리고는 제 휴대전화 번호를 묻더라고요. 릭 알렌과 친구여서 릭을 저와 연결해 주고 싶다더군요. 릭 알렌이 누군지 몰랐지만, 그 사람이 좋아 보여서 제 번호를 알려 줬어요."

커피숍에서 본 그 사람은 나중에 보니 릭 알렌의 친한 친구 도니 클락이었다. 알렌은 록 밴드 데프 레파드의 드러머로 1984년 차 사고로 한쪽 팔을 잃었는데 다른 한쪽 팔로 드럼을 계속 연주한 사람이었다. 존슨이 내슈빌에 도착하자, 그는 도니 클락을 만난 것은 잊어버렸고 릭이라는 사람에게 계속 메시지를 받고는 의아해했다. 마침내 공항에서 만난 그를 기억해 내고 존슨은 10대 아들인 크리스찬에게 혹시 릭 알렌을 아느냐고 물어봤다.

"물론 크리스찬은 제가 릭이 누군지 모르자 놀라더라고요. 그 순간에 그렇게 우연히 도니 클락이라는 사람을 만나다니 참 신기하지 않나요?"

존슨이 병원에 도착한 것은 새벽 두 시가 조금 지나서였다. 브리짓은 수술실에서 나와서 잠들어 있었다. "병실에 들어가자, 아내가 말했어요. '브리짓, 아빠 오셨다.' 그러자 브리짓이 눈을 깜빡거리더니 이내 눈을 떴습니다." 존슨이 부드럽게 말했다.

그날 밤, 브리짓의 첫마디는 아직도 그에게 남아 있다. "아빠 아무 데도 가지 마세요."

"그래, 아무 데도 안 가. 네가 걸을 때까지 이 병원에서 안 나갈게." 존슨이 답했다.

존슨은 34일 동안 병원을 떠나지 않았다. 매일 밤 존슨 부인은 레드삭스가 숙박비를 지급한 길 건너 호텔에 자러 갔지만 존슨은 딸 침대 옆 의자에서 잤다. "딸애가 깼을 때 아무도 없는 게 싫었거든요." 그가 말했다.

브리짓의 병원 생활에서 제일 힘들었던 순간은 부부가 브리짓에게 말이 그 사고로 죽었다고 얘기할 때였다. "브리짓은 육체적인 고통을 잘 참아왔어요. 하지만 말을 잃어버린 정신적 아픔은 당연히 감당하기 가장 힘든 일이었죠." 존슨은 이렇게 말하면서 눈에 다시 눈물이 글썽였다.

레드삭스는 케빈 요우키리스가 주장을 맡고 있었다. 케빈은 포터킷에서 존슨 아래서 운동했었고 메이저리그 선수가 되는데 존슨의 도움을 많이 받았다고 생각했기에 브리짓의 병원비용을 대기 위한 성금을 모금했다. 양키스를 포함해서 다른 야구팀들도 모금을 위해 클럽하우스에서 말 그대로 모자를 돌렸다. 카드, 문자, 편지들이 사방에서 쏟아졌다.

의사들은 브리짓의 무릎 아래는 보전할 수 없었지만 브리짓이 다시 말을 탈 수 있고 몇 달 내로 보철을 삽입할 수 있다고 말했다. 지금도 그때 레드삭스와 모든 야구팀으로부터 격려가 쏟아졌던 때를 얘기할 때면 존슨은 목이 멘다.

브리짓을 친 그 운전수를 얘기할 때만 목소리가 굳는다.

"그건 사고였죠. 이해는 가지만요." 말이 평소보다 더 느려졌다. "경찰은 왜 현장에서 음주 측정을 안 했는지 얘기해 주지 않아요. 그런 상황에선 당연히 필요한 일인데요. 그자가 술을 마셨는지 알 수가 없군요."

"제가 알기로 그자는 전화도 한 번 안 했고, 브리짓을 보러 와도 되냐고 물어보지도 않았어요. 카드 한 번 보내곤 그게 끝이에요. 브리짓이 집에 돌아오고도 아무 연락이 없었죠. 가까이 살기 때문에 마구간에서 보면 그 집이 보여요. 마음을 다스리느라 오랫동안 힘들었어요. 수없이 많은 상담과 대화들을 거쳐 제 자신에게 이렇게 얘기할 수 있게 되었죠. '그 사람은 자신의 지옥에서 살도록 놔두고 우리는 떠나자.' 이젠 괜찮아요. 브리짓은 잘 지내고 있고요. 보철은 훌륭하고 다시 정기적으로 말을 탑니다. 딸애는 멋지고 행복한 아이입니다. 우리가 겪은 일은 끔찍했지만 잘 견뎌냈어요. 가장 중요한 것은 브리짓이 잘 이겨냈다는 겁니다."

존슨은 그 사고가 일어난 후에 레드삭스가 그에게 해줬던 지속적인 금전적, 도덕적, 정서적 지원에 대해 말로 다 표현할 수가 없다. 남은 2010년 시즌에 존슨은 돌아오지 못했는데, 엡스타인 단장은 존슨에게 자신이나 클럽

에는 괜찮으니 2011년도 유급 휴가를 내고 싶으면 그렇게 하라고 했다.

존슨은 2011시즌에는 와서 일하기로 결정했다. 브리짓은 학교에 나가게 됐고 잘 지내고 있었으며, 무엇보다도 존슨은 야구를 하는 사람이었다. 그 시즌 동안, 레드삭스는 플레이오프전 진출이 확실해 보였다. 그런데 댄 존슨과 에반 롱고리아에 의한 홈런으로 무너지면서 시즌 마지막 밤에 보스턴의 운명이 바뀌었다.

이틀 후, 레드삭스에게 여덟 시즌 동안 월드시리즈 타이틀을 두 번이나 갖게 했고 팀이 2014년 '밤비노의 무서운 저주'를 깨뜨리는 데 힘을 썼던 테리 프랜코나 감독이 사임했다. 존슨도 2012년 계약은 하지 않기로 서로 합의했다.

존슨은 프랜코나 감독이 떠나기 전부터 보스턴에서의 관리 능력이 평가되는 걸 알았다. "이제 시즌 마지막 달로 접어드는데 여덟 게임 앞섰지만 플레이오프에 나가지 못했어요. 책임을 묻겠죠. 보스턴과 같은 시장에서는 특히 그래요. 일단 프랜코나 감독이 떠났으니 이제 제 차례가 되는 건 시간문제죠."

그의 차례가 되는데 6일이 걸렸다. 1년 전 그 사고를 겪은 후, 해고된다는 것이 존슨에게는 그다지 끔찍하게 여겨지지 않았다. 그는 레드삭스 구단에 12년이나 있어서 확실히 실망스럽긴 했지만 감당해 내지 못할 정도는 아니었다. 집으로 돌아갔고, 한 시즌을 쉬면서 가족과 시간을 더 많이 가지면 어떨까 생각해 봤다.

대략 6주 정도 그런 생각을 하며 지냈다. 11월 초, 댄 듀켓이 볼티모어 오리올스의 단장에 지명되었고 곧 존슨은 전화를 받았다. 바로 듀켓이었다. 듀켓은 2010년에 레드삭스의 단장으로 있을 때 존슨을 고용해서 레드삭스의 시스템 내에서 일하도록 했던 사람이다. 이제 듀켓은 존슨에게 노펵에서 일하고 싶은지 물었다.

그건 마이너리그로 다시 돌아가는 거였다.(장거리 버스 이동, 길가에 있는 모텔, 저가 비행기 이용 시 공항 검색대 통과를 위해 새벽 4시 기상 같은) 하지만 존슨은 다시 생각할 여지도 없었다. "네, 할게요."

2012년 시즌은 정신없이 바빴다. 특히 시즌 초, 오리올스의 명단에 있던 다섯 투수 중 넷이 마이너리그로 내려왔는데 재활치료 때문이 아니라 공을 충분히 잘 던지지 못해서였다.

"벅과 제게는 일상이었죠." 오리올스 벅 쇼월터 감독을 언급하며 존슨이 말했다. 쇼월터 감독은 선수를 메이저로 올려보내거나 내려보낼 때 거의 늘 존슨에게 직접 전화를 했다. "그는 전화로 제 생각은 어떤지 묻곤 했어요. 우리는 생각이 거의 일치했지만, 가끔 쇼월터 감독은 좀 다른 시도를 해보고 싶어 했습니다. 전 이의를 달지 않았어요. 상사였으니까요."

존슨이 쇼월터에 대해 말한 대로, 존슨은 사무실 텔레비전을 디트로이트에서 열리고 있는 오리올스와 타이거즈 간의 경기에 맞춰두고 있었다. 존슨은 일시적인 흥미 이상으로 주의 깊게 보고 있었다. 그날 오후 선발투수인 천 웨이인(陳偉殷, 대만 출신 야구 선수)은 1회에서 5점을 내주고 있었다.

"천 웨이인은 일찍 아웃되었고 쇼월터가 구원투수를 다 동원해야 할 상황이었죠. 그러면 쇼월터 감독은 투수를 찾느라 몇 시간 동안 전화통을 붙들고 있을 거예요. 좋은 소식이라면 그게 누가 되든지 그위닛으로 가는 버스 여행에서는 벗어나는 겁니다."

존슨은 잠시 경기로부터 눈을 돌리는데 샬롯 조엘 스키너 감독이 머리를 문 안쪽으로 들이미는 게 보였다.

"경기가 취소될 것 같나요?" 스키너가 물었다.

경기 시작 세 시간 전인데도 비가 멈출 기미 없이 온종일 추적추적 내리고 있었다.

"취소하더라도 최대한 마지막에 하겠죠. 지금 취소하고 그위닛으로나 출발했으면 좋겠어요."

스키너는 얼굴을 찌푸리며, "여기서 9시간 걸려요, 그렇죠?"

"운이 좋으면 조금 일찍 도착할 수도 있어요. 희소식이라면 버스가 아주 멋지다는 거예요. 생활이 훨씬 편해질 것 같아요."

| 론 존슨

존슨은 스키너에게 자리를 권했다. 메이저리그급 감독들은 야구 타격 연습장 주위에서 가끔 대화하는 것 말고는 거의 서로 친하게 지내지 않는다. 마이너리그급에서는 좀 더 자유롭다. 그건 아마 애로사항들을 서로 공유하고 있기 때문일 것이다.

스키너는 최종 성적에도 불구하고 전날 밤 존슨의 팀을 난처하게 하려 한 게 아니었다고 존슨이 생각해 줬으면 했다. 존슨은 스키너에게 손을 내저으며 "알아요. 그만큼 앞서가면서 불필요하게 베이스를 밟지도, 필요 없는 도루를 하지도 않은 것 압니다."

존슨은 고개를 저었다. "힘들어요, 힘들죠. 여기 마이너는 가끔 그래요. 언젠가 밤에는 우리가 크게 이기는 상황에서 한 선수의 자책점에 1점을 더하게 해버렸어요. 내야 안타로 1루에 나간 선수가 실책이 될 수도 있었는데 그게 안타로 판정이 났어요. 우리는 13대 1로 이기고 있었고, 그래서 1루에 있던 그 선수를 수비하지 않았는데 그는 2루로 도루를 했어요. 다음 선수가 중견수 쪽으로 구르는 공을 쳐서 안타가 나왔고 1점을 얻었죠. 저는 무슨 일이 일어났는지 알지만, 메이저 클럽들은 이런 것에 신경 쓰지 않습니다. 기분이 좋지 않더군요."

마이너리그에서는 선수와 감독 다 개개인의 기록에 굉장히 신경 쓴다. 이것은 팀에서 그 선수를 평가하는데 영향을 줄 뿐만 아니라 선수가 계약 협상을 할 때에 도움이 되기도 하고 불이익을 받을 수도 있기 때문이다.

몇 주 전, 더럼 불스는 트리플A급에서 통상적으로 하는 7월 경기로 로체스터 레드 윙즈를 맞아 경기를 치렀다. 6회에서 헨리 리글리는 1루타를 쳤는데, 헨리는 5월에 더럼으로 승격되기 전에 더블A 몽고메리에서 시즌 선발로 출전했었다. 곧 26세가 되는 리글리는 처음으로 트리플A에 서게 됐고, 승격 이후로 타율 0.343을 기록하며 최상의 기회를 만들고 있었다.

그는 1루로부터 긴 리드오퍼를 했고 투수 브렌단 와이즈는 견제구를 던졌다. 리글리는 2루로 뛰었고 1루수 크리스 파멜리가 송구를 제대로 못해서 유격수 페드로 플로리몬이 공을 놓쳤다. 공이 플로리몬의 장갑을 벗어났고 리글리는 무사히 미끄러져 들어왔다.

득점 기록원 브렌트 벨빈이 그 장면을 목격했다. 그리고 재생해서 보고는 파멜리가 정확히 송구했더라면 리글리가 아웃이었을 거라고 결정했다. 그래서 브렌트는 파멜리에게 실책을 줬고 리글리에게는 도루 실패를 줬다. 두 선수는 기록원이 리글리에게 도루 성공을 줬으면 기뻤겠지만 벨빈은 그건 옳은 일이 아니라고 생각했다.

다음 날 저녁, 리글리는 불스 더그아웃에 앉아 반은 농담으로 반은 심각하게 규칙에 대해 불평하고 있었다. "공보다 먼저 들어갔다고 생각했는데." 그는 가장 중요하게는 불스의 홍보 이사인 자크 웨버를 포함해서 몇 명이 모인 데서 이 얘기를 하고 있었다. "그 도루가 내년 계약 협상을 할 때 영향을 줄 수 있죠. 그건 수천 달러 값어치가 될 수도 있어요."

리글리는 웃으면서 말했고 듣고 있는 사람들 모두 과장된 표현에 같이 웃었다. 하지만 선수들과 함께 해온 웨버는 그게 그냥 가벼운 농담이 아니라는 걸 알았다. "자네가 원하면 내가 벨빈에게 다시 한 번 보라고 말해보지." 웨버가 리글리에게 말했다.

"네, 그럼 좋죠. 제가 먼저 들어왔고 이사님이 투구와 태그를 가정해 보면 도루를 얻을 수 있어요."

"그래, 그래야죠. 확인해 볼 만한 일이에요." 더럼의 라디오 실황 중계를 하는 패트릭 키나스는 말했다.

벨빈은 그날 밤에 다시 재생해서 봤다. 전날 밤에 본대로 똑같이, 공은 리글리가 터치하기 전에 들어왔지만 오프라인에 떨어졌다. 벨빈은 웨버에게 기록을 바꿀 수 없다고 말했다. 기록원이 가장 쉽게 일하는 방법은 선수에게 유리하게 규칙을 적용하는 것이다. 특히 그 기록원이 나중에 상대해야 할 홈팀 중에 있는 선수라면, 좋은 기록원이라면 그런 것에 영향을 받아선 안 된다.

리글리의 도루 실패는 그대로였다. 파멜리의 실책도 마찬가지였고. 하지만 그 실책이 둘을 방해하진 못했다. 다음 날 파멜리는 메이저로 올라갔다. 리글리는 그 시즌을 도루 실패 1, 도루 성공 0으로 마쳤다. 확실히 그의 말이 맞았다. 그 도루가 인정되었으면 좋았을 텐데.

조엘 스키너가 론 존슨의 사무실을 나가고 한 시간 후, 노퍽에는 비가 잦아들기 시작했다. 경기 시간 즈음에, 대략 타이즈의 평상시 일요일 밤 관객 수의 반 정도인 3,801명이 야구장으로 향했고 비는 멈췄다. 대체로

경기를 보기에 그리 불편한 저녁은 아니었다. 경기 시간 기온은 훈훈하게 24도로 잔잔한 미풍까지 불었다.

2시간 32분으로 빠르게 진행된 경기에서 타이즈는 나이츠를 5:4로 이겼다. 9시 30분경, 모두 그위닛으로 가는 버스에 올랐다. 아침 6시 30분에야 호텔에 도착할 것이었다.

타이즈는 두 경기가 타율 0.500 이상이었고, 여전히 인터내셔널 리그 플레이오프전 와일드카드를 놓고 각축전을 벌이고 있었다. 존슨과 스키너는 경기가 취소됐으면 더 좋았을 거라고 말했다. 스키너는 장거리를 이동한 후 잠자리에 들었다. 존슨은 더 먼 거리를 이동했다. 살아남은 후 '멋진 버스'에서의 9시간은 존슨에게는 기분 좋은 일이었다.

27

메인과 쉬윈든

복귀

트리플A 야구를 즐겨 찾는 사람은 없다. 인터내셔널 리그 북부, 남부, 서부 지구 타이틀을 획득할 팀을 골라서 3월부터 관람하고 있는 사람은 없다. 마이너리그에서는 승리가 최우선이 아니다. 8월에 선수 명단이 어떻게 될지 예상할 방법이 없다. 아마도 한 팀이 4~5월에 경기를 잘한다면, 그 팀의 주요 선수들 중 몇몇은 6월쯤이면 팀에 남아 있지 않을 것이다. 그리고 메이저리그팀에서 부상 선수가 생기면 트리플A팀의 최고 선수들은 빅리그에 나가게 되고 선수들이 빠지고 난 후, 트리플A팀이 어떻게 경기에 이길까 어느 누구도 걱정하지 않는다.

"만약 걱정한다고 하더라도, 선수들이 고정되는 걸 원치는 않겠죠. 저는 선수들이 가급적이면 부상이나 성적이 좋지 않은 선수의 대타로서가 아니라 제대로 메이저로 가기를 바랍니다만, 가게 되는 경우는 거의 그런 경우죠." 2012년 버펄로 바이슨스의 월리 백맨 감독이 말했다.

백맨의 명단은 확실히 고정적이진 않았다. 8월 중순 한때는 백맨이 뉴욕 메츠로 22명의 선수를 올려보낸 적도 있다. 노퍽의 론 존슨 감독은 투수들이 볼티모어로 너무 자주 왔다갔다해서 종종 투수들을 다 구별하기도 어려웠다. 레이스도 부상자 명단에 올라간 넘쳐나는 주요 선수들을 메꿔줄 타력 좋고 건강한 선수들을 찾고 있었기 때문에 더럼의 명단도 매일 바뀌는 것 같았다.

시즌 초반에 가장 성공할 것 같지 않은 리그의 팀을 뽑으라 한다면 아마 스크랜튼 윌크스배리 양키스일 것이다.

일반적인 경우는 아니지만, 양키스는 전통적으로 몸값을 더 높게 책정하더라도 트리플A팀에 노장들을 많이 두었다. 이렇게 하는 데는 두 가지 이유가 있다. 하나는 경험이 많은 선수가 필요할 때 메이저리그에 가장 적합하게 준비되어 있고, 또 하나는 조지 스테인브레너가 사장일 때 그는 밑에서 일하는 사람들이 아무도 중요하게 여기지 않는데도, 또 비용이 많이 들더라도 마이너리그팀들이 좋은 성적을 내는 걸 좋아했다. 실제로 그는 저조한 봄 훈련 성적에 화를 내기도 했다.

핼 스테인브레너가 아버지가 돌아가시기도 전인 2010년 7월에 양키스의 책임자로 팀을 승계했을 때, 핼은 야구적인 결과보다는 금전적 결과에 훨씬 더 관심이 많았다. 스테인브레너는 그때 즈음 벌써 야구 부문에서의 대부분의 최종 결정권을 브라이언 캐쉬맨에게 넘겨줬고, 핼도 그대로 캐쉬맨이 결정권을 가지도록 했다. 대다수 야구 관계자들처럼 캐쉬맨도 마이너리그를 메이저리그팀을 위해 선수를 개발하는 곳으로 봤다. 물론 거기에 더해 경기에 이긴다면 더할 나위 없이 좋은 것이긴 하지만.

그래서 캐쉬맨은 2012년 스크랜튼의 구장이 재건축되는 동안 스크랜튼 윌크스배리를 홈구장 없이 내버려 둬도 이의를 제기하지 않은 것이다. 뉴어크에서 홈경기를 치르겠다는 계획이 무산되자 캐쉬맨은 팀을 계속 장거리 이동을 시키면서, 그러고도 메이저리그의 많은 요구 사항에 부합해 가며 경쟁력을 갖추라고 하는 것은 데이브 마일리 감독에게 불가능한 일을 요구하는 것이라고 생각했다.

"선수들에겐 정말 힘든 일이죠." 마일리는 아무 때나 전화벨이 울린다는 듯이 어느 날 저녁 자신의 전화기를 응시하면서 말했다. 하지만 어떤 면에서는 그 때문에 우리 팀은 대개의 다른 트리플A팀들보다 서로 친하게 됐어요. 늘 길 위에서 이동 중이었으니까요. 길 위에서는 서로 더욱 가까워지기 마련이지요."

올스타 브레이크 기간이 됐을 때, 메이저리그도 같은 주에 휴가였는데, 서부 지구에서는 인디애나폴리스 인디언스가 56승 34패로 콜럼버스를 11경기 앞서고 있었고, 남부에서는 샬롯이 50승 42패, 3경기 차로 노퍽을 앞서고 있었다. 북부는 다른 지구와는 대조적으로 6개 팀이 있고, 각 팀당 아래에 4팀이 있는데, 리하이밸리는 52승 39패, 포터킷 51승 41패, 스크랜튼 윌크스배리가 바로 뒤로 49승 43패였다.

"데이브 마일리가 올해의 감독이 아니라면, 조사를 해봐야 합니다." 포터킷 애니 베일러 감독이 말했다. "경쟁력이 있다는 게 놀랍습니다. 메달권에 든다는 게 믿기 어려워요."

마일리는 팀에 많은 노장 선수가 있었는데, 그중 잭 커스트는 2007년에서 2009년까지 3년 연속 메이저리그에서 25개 이상의 홈런을 쳤고, 러셀 브레니언은 빅리그에서 194개의 홈런을, 크리스 디커슨은 오랜 시간 양키스에 몸담고 있었다. 그리고 고스케 후쿠도메는 컵스에 예고된 스타로 들어와서 양키스로 오기 전까지 컵스와 클리블랜드 두 곳에서 주전 선수로 있었다.

2013년 시즌 전에 레일라이더스로 이름을 바꾼 양키스의 올스타 브레이크 시작 전 마지막 경기의 선발투수는 존 메인이었다.

메인은 적어도 뉴욕 야구 팬들, 특히 뉴욕 메츠 팬에게는 친숙한 이름이

| 존 메인

다. 몇 년 전, 그는 메츠의 포수로 등판했으나 일련의 어깨 부상으로 홈인 몇 개를 기록한 후 사라졌다.

메인은 아무리 생각해 봐도 대부분의 야구 클럽하우스에서 볼 수 있는 전형적 인물은 아니었다. 비록 버지니아 프레더릭스버그에서 성장하는 동안 고교 스타이긴 했지만 졸업 후 프로로 전향하는 데는 관심이 없었다. 그에게 야구는 대학을 다닐 수 있는 경제적 수단이었고 생체역학공학을 전공했던 UNC 샬롯에서 장학금을 받고서 기뻐했었다.

하지만 그는 너무 재능이 많은 투수라 스카우트들이 몰라볼 리가 없었다. 신입생 시절, 메인은 곧 선발될 거라는 걸 알았다. 대학 수업 과정을 다 마치고 학위를 따기 위해 실험실 연구만 끝내면 됐기 때문에 볼티모어 오리올스가 2002년 선발전 6차에서 그를 선발했을 때, 야구를 한 번 해보자고 결정했다.

"저는 스물한 살이었죠. 제 자신에게 4년만 해 보자고 약속했어요. 스물다섯 살까지 메이저리그에 못 가면 끝내자고요"

그는 스물셋에 오리올스에 감으로써 자신의 마감일을 2년 앞당겼다. 하지만 오리올스가 한때 고정 구원투수였던 조지 줄리오를 메츠의 고정 선발투수 크리스 벤슨과 교환하는 거래의 덤으로 오리올스에서 메츠로 이적된 후 2년이 지나서야 그는 두각을 나타내기 시작했다. 그 거래는 결국 덤으로 끼워준 메인 덕에 메츠에게는 거저나 마찬가지였다.

1996년 전체 선발전에서 최고 선발투수였던 벤슨은 이적 이후 볼티모어에서 1년 동안 투구하여 자책점 4.82로 11승을 거두었다. 그다음 2년은 투구하지 않았으며, 이후 두 경기를 더 이기고 일련의 부상으로 은퇴했다.

메츠가 생각하기로 트레이드에서 핵심은 한때는 오리올스의 마감 투수였고 어떤 때는 핵심 구원투수이기도 했던 줄리오였다. 2005년에 오리올스에서 8경기를 선발로 뛴 메인은 메츠가 벤슨을 줄리오와 교환할 거라는 말이 새어 나가자 덤으로 끼워졌다. 벤슨과 바꾸기에는 줄리오만으로는 충분치 않은 듯해서, 메츠는 오리올스를 설득해 메인도 끼워달라고 했다. 메인은 그 당시 메츠의 트리플A팀인 노퍽에 시즌 선발로 들어 있다가 메츠에서 부상자가 나면 호출되는 투수로 정해져 있었다.

그런 이유로 메인이 그해 메이저에 가게 됐다. 즉 브라이언 배니스터가 다쳐서 5월 초에 선발로 뛸 수 없었고 메인은 브라이언 대신 등판하게 됐다. 그는 그다지 잘 던지지 못했고 도중에 투구하는 손의 가운뎃손가락을 다쳤다. 그래서 다시 부상자 명단에 올랐다. 그 후 노퍽으로 다시 돌아갔고 6월 초 다시 메이저로 올라갔는데 메츠는 여러 해 중 최고의 해를 보내고는 있었지만, 늘 5번 투수를 찾고 있었다.

메인은 7월 3일에 메이저로 돌아와서 아주 잘 던졌고 팀에 계속 머물게 됐다. 메츠에 있는 3명의 노장 선발들인 톰 글래빈, 페드로 마르티네스,

올란도 헤르난데즈 중 올란도 헤르난데즈가 7월 29일 경기에 선발로 등판하는 것이 계획됐는데 비 때문에 경기가 연기될 것 같아서 메츠는 헤르난데즈를 하루 쉬게 하고 메인이 선발로 등판하도록 했다.

메인은 휴스턴 에스트로스를 맞아 4안타 무실점으로 응답해 줬고 26회 연속 무실점 투구를 이어나갔다. 또 헤르난데즈와 마르티네스 둘 다 플레이오프 개막 바로 전에 부상당해서 메인은 다저스와의 지구 시리즈 첫 번째 경기에 선발로 나가게 됐다. 그는 4와 1/3회 동안 1점을 내주며 그 경기는 결국 메츠가 승리했고 리그 챔피언십시리즈 2번째, 6번째 카디널스와의 경기에서 투구했으며 6번째 경기에서 크리스 카펜터를 아웃시켜 시리즈를 7번째까지로 연장하게 했다.

"모든 일이 아주 빨리 일어났어요. 그 시즌의 반은 트리플A에서 던졌고, 챔피언십 6번째 경기에서 사이영상 수상자인 카펜터를 맞아 선발로 뛰었죠. 저는 클럽하우스에서 인터뷰 받는 선수들을 지켜보는 입장이었다가 인터뷰를 받는 사람 중의 하나가 됐어요."

메인은 그 상황에 잘 대처해 나갔다. 정직했고 버릇없이 굴지도 않았으며, 그러한 조명에 불만을 가지거나 상투적인 대응을 할 만큼 오래 그런 상황에 있어본 사람도 아니었다. 2007년 시즌이 시작됐을 때, 메인은 메츠의 넘버 3선발 선수였고 4월에는 자책점 1.35에 4승 무패를 기록하여 그달에 내셔널리그 투수상을 받았다. 그는 메츠의 셰이구장 클럽하우스 구석에서 구원투수 아론 헤일, 외야수 대미언 이즐리 혹은 자주 외야수 숀 그린 등과 체스를 두었다.

체스 두는 야구 선수는 과체중인 기수보다야 흔하지만 그리 많지 않다. 2007년 메츠는 클럽에 체스 두는 선수가 4명 있었는데, 이것이 아마 부분적으로는 그들의 리그 챔피언십에 대한 접근법의 이유가 될 수도 있을 것이다. 그들이 무승부로 경기를 마무리했을 때, 전문가들로부터 너무 두뇌만 있고 감정이 없다는 지적을 받았다.

팀이 시즌 후반에 붕괴한 것에 대해서 메인에게 책임을 지우기는 어렵다. 시즌 마지막 이틀 전에 그는 말린스와의 경기에서 7과 2/3회 동안 8회에 3루로 가는 땅볼 하나만 허용하며 메츠가 필라델피아와 함께 1위를 지켜내도록 했다. 메츠의 운명을 가른 것은 다음 날 오후 1회에서 녹아웃된 후에 명예의 전당에 오른 글래빈이었다.

메인은 그 시즌을 자책점 3.91에 15승 10패로 마쳤다. 중재하기에는 한 해가 모자라서 그는 2008년 메츠와 45만 달러에 계약했다. 메인이 그해 8월 초 회전 건판 염좌로 부상자 명단에 올랐을 때 그의 성적은 10승 8패였다. 염좌는 진단 결과 투구하는 어깨에 혹이 생긴 것으로 시즌이 끝나고 의사가 제거했다. 부상이 일시적 상황인 듯해서 메츠는 중재를 하지 않고 다음 해 260만 달러에 계약했다.

그러나 부상은 일시적인 것이 아니었다. 그것은 전조였다. 혹이 너무 커 의사들이 한 번에 다 제거하지 못해 두 번이나 수술을 해야 했다. 그랬는데도 다음 시즌에 완전히 회복된 것 같지 않았다. 2009년 후반기는 거의 등판할 수가 없었는데 마운드에 나왔다 들어갔다 하는 그를 설명하면서 메츠는 '팔의 피로' 때문이라고 완곡한 어법을 쓰기도 했다.

"구속이 시간당 16km나 줄었죠. 아프기도 했고요. 부신피질호르몬제를 맞고 던지곤 했습니다. 약효가 사라지면 잠시 앉았다가 또 주사를 맞고 다시 던졌어요. 정말 힘들었습니다."

메인은 메츠에서 너무 잘 던졌기 때문에 메츠가 쉽게 포기하기는 힘들었다. 2010년에 그가 몸이 다시 좋아지기를 바라면서 메츠는 그와 1년 계약을 했는데 이번엔 금액이 330만 달러였다. 하지만 메인은 더 이상 2006

년과 2007년 혹은 2008 시즌의 첫 네 달 동안에 보여준 것과 같은 그런 투수는 아니었다. 5월 중순쯤 그의 자책점은 한 게임당 6점이 넘었고 5월 20일 워싱턴에서 선발로 몸을 풀었을 때, 투수 코치 댄 워덴은 뭔가 문제가 있다고 확신했다. 워덴은 메인에게 괜찮으냐고 물었고, 메인은 할 수 있겠다고 했다.

메인은 1회 말 투구하러 마운드로 걸어가면서 좌익수 쪽 불펜 연습장에서 구원투수 라울 발데스가 몸을 푸는 걸 봤다. "정말 기운이 빠지더군요. 제가 던질 수 없다고 생각되면 그때 교체해도 될 텐데 말이에요. 몸을 풀면서 저는 던질 수 있을 것 같아서 워덴에게 던질 수 있다고 얘기했어요. 5피치 거리 떨어진 타자에게 공을 던지고 봤더니 워덴이 불펜에게 신호를 하면서 오고 있더라고요. 믿을 수가 없었죠. 온갖 부침 속에서도 야구를 해 왔는데, 그날 밤은 가장 서운했던 순간이었습니다."

메인은 그 타자에게 투구한 후 나왔다. 경기 후 워덴의 말에 의하면, 메인은 항상 자기 팔이 어떤지 솔직하게 말하지 않고 때로는 거짓말을 하기까지 한다고 했다. 대개의 팀들이 고통을 참고 경기하려는 사람을 소중하게 여긴다.

선수들이 오랜 시간 부상자 명단에 오르는 걸 보면서도 선수들을 그날그날 뽑아 쓰면 된다고 해오던 메츠가 메인에게만큼은 100% 확신이 들지 않으면 공을 못 잡게 했다.

한 달 후, 메인은 어깨 수술을 다시 받았다. 그러면서 그의 메츠 생활도 끝이 났다. 메인은 콜로라도 로키스와 오프 시즌에 사인했고 시즌이 시작되면서 콜로라도 스프링스로 보내졌다.

"끔찍했어요. 로키스에서 기회가 있을까 생각하며 봄 훈련장으로 갔지만, 사실 솔직히 말하면 트리플A용으로도 충분치 않았습니다. 그걸 깨달았던 때가 기억나네요. 하룻밤 동안 겨우 두 명을 아웃시켰고, 7번과 8번 타자에게 안타를 내줬습니다. 그러면 저를 교체해 줘야 할 텐데 9번 타자에게도 투구하도록 그대로 두더군요. 9번 타자는 3점짜리 홈런을 날렸습니다. 그때야 교체해 주더라고요. 제 자신에게 화가 나고 좌절감이 들어서 이제 끝이라고 그만 끝내자고 결심했습니다."

"그 전해에 제가 수술 후, 메츠의 마이너리그 구장이 있는 세인트 루시에서 재활치료를 받고 있을 때 나 없이도 경기가 잘 진행되고 있다는 생각이 문득 들었었어요. 야구 없이 살아가는 방법을 찾아야 할 때가 아닌가 생각하기 시작했지요. 곧 서른이 될 거고 처음에 시작할 때 스물다섯이 넘으면 마이너리그에서는 경기하지 않겠다고 다짐했었거든요. 이제 스물다섯이 넘어서 다시 마이너로 되돌아왔고 박살이 나고 있었죠. 그만두고 앞으로 뭘 해야 할지 생각해 봐야 한다고 느꼈습니다."

메인은 콜로라도 스프링스에서 46회를 던지고 37명의 타자를 볼넷으로 출루시키며, 실책점 7.43을 기록했다. 마지막 선발에서는 4와 2/3회 동안 8점을 허용하면서 등판당 최대치의 홈런을 허용했다.

그는 샬롯에 있는 집으로 돌아가서 대학에서 만난 부인 크리스티와 오프 시즌 동안 지냈고 친구들과 혼성 소프트볼을 하며 지냈다. 늦은 여름, 그는 그냥 재미로 친구들 중의 한 명에게 공을 던지다가 문득 3년 만에 처음으로 어깨 통증을 느끼지 않고 속구를 던질 수 있다는 걸 깨달았다. 통증 없이 건강한 어깨로 투구하는 느낌이라면 한 번 더 시도해 보라고 용기를 북돋워 준 사람은 바로 부인 크리스티였다.

메인은 2012년 초, 봄 훈련 전에 레드삭스와 계약했는데, 그때 그는 지난 6월 이후로 전혀 투구를 안 했기 때문에 4월에 100% 실력을 발휘하지 못할 것을 알았다. 5월이 왔고, 그는 여전히 포트 마이어스의 연장된 봄 훈련장에 있었고 견디기 어려웠다.

"나는 서른이었고 열여덟 살짜리들이 버글거리는 곳에 있었어요. 게다가 제 생각에 적어도 트리플A급은 된다고 생각하고 있었죠."

메인은 계약을 풀어달라고 요청했고 다시 집에 가서 전화가 오기를 기다렸다. 한 달 후 양키스가 그를 불렀다. 양키스는 흔쾌히 탬파에 있는 양키스의 마이너리그 캠프 봄 훈련장에서 메인이 몸을 좀 푼 후에 스크랜튼 윌크스배리로 보낼 거라 했다. 메인은 양키스가 당시 홈구장이 없기 때문에 트리플A에 있으면 홈에서 투구할 수 없다는 얘길 들었지만 동의했다.

"이 팀에는 나이 많은 선수들이 많기 때문에 재밌어요. 그래서 늘 장거리 이동을 해도 꽤 잘 견뎌내죠. 모두 본인이 선택해서 여기 모인 사람들이거든요. 이제부터 뭘 해야 할까를 고민하며 집에 있을 수도 있었지만 말이에요. 저는 선택할 수 있는 기회가 올 거라고 확신합니다. 그리고 이 팀에는 같은 처지에 있는 사람들이 많아요. 모두 아직 뭔가 더 남아 있다고 믿고서 여기로 온 거고요. 그래서 불만이 없습니다. 저는 다시 선발투수가 될 수 있다는 걸 보여줄 기회를 원했고 양키스가 제게 그 기회를 줬습니다."

메인은 천천히 시작했지만 시즌이 지나면서 점점 더 잘 던졌다. "점점 좋아지고 있어요. 메이저에서 던지려면 어느 정도여야 하는지 압니다. 솔직히 아직 그 정도는 아닙니다. 메이저에서 부를 만큼은요." 그는 웃었다.

올스타 브레이크에서 메인의 자책점은 7.00을 넘었다. 8월 중반쯤 자책점은 5.00 아래였고, 일반적으로 투수에게 좋은 신호인 회당 1안타 이하를 허용하고 있었다. "다음 봄에는 누구의 대타로 적절한 기회를 잡을 수 있는 곳에 있었으면 해요. 이제는 가능하다고 생각합니다."

"적어도, 저는 상황이 얼마나 빨리 변할 수 있는지 보여줄 것입니다. 2006년에는 내셔널리그 챔피언십 경기에서 투구했고 5년 후에는 혼식 소프트볼을 하고 있었죠. 그리고 이제 1년 후에는 다시 빅리그에서 투구를 할 수 있다고 솔직히 믿고 있어요."

그는 리하이밸리의 원정팀 클럽하우스 밖, 장비함 위에 앉아 있었다. 안에는 앉아서 편안하게 얘기할 공간이 없어서 밖으로 나와 그 위에 앉았다. 메인은 일어서서 시간을 보려고 휴대전화를 꺼냈다.

"가야겠어요. 오늘 공 줍기 당번이거든요."

그가 죄송하다는 듯이 말했다.

매일 타격 연습 때, 불펜이 아닌 선발투수 한 명이 외야와 내야에 흩어진 야구공을 모아 타격 연습을 하는 투수가 사용하게 마운드에 갖다 줘야 한다. 존 메인도 똑같이 해야 했다. 2006년 10월 셰이 구장의 마운드에 서서 메츠가 월드시리즈에 나가도록 힘쓰며 투구마다 5만 명의 팬들이 매달려 있던 메인이 펜실베이니아 앨런타운의 코카콜라 구장에서 양동이에 공을 담기 위해 터널로 향했다.

다음 날 밤 그는 7회를 완봉으로 던지며 3안타, 탈삼진 5개, 볼넷 1개를 기록했다. 2010년부터 메이저에서는 투구하지 못했다. 메이저리그의 마운드에서 다시 투구할 수 있다고 믿으며 그날 밤 마운드를 내려왔다.

크리스 쉬윈든의 소망도 존 메인과 크게 다르지 않다. 그는 혼성 소프트볼리그에서 던지진 않았지만 거의 40일 밤낮을 마이너리그에서 헤매며 6월을 보냈다.

그리고 마침내 버펄로로 돌아갔다. 비록 도중에 상처가 없진 않았지만, 그곳은 쉬윈든이 다시 행복을 찾은 곳이다. 그의 항공 마일리지가 많이 쌓였다는 농담은 34일 동안 4개 구단을 거친 긴 여정 후에 오히려 반길 만한 일이 되었다는 얘기다.

한 곳에서 다시 선택해 주긴 했지만 다른 세 개 구단에서 거절당했을 때는 적어도 조금은 자신을 의심할 수밖에 없었다. "매번 거절당할 때마다 많이 위축됐었죠. 제게 일어난 일은 이쪽 일이 그런 것처럼 아주 힘들었어요. 그리고 제가 아직 잘 몰랐었지만, 이것은 철저히 일이라는 걸 되새기게 해 줬습니다."

"어느 정도, 팀들은 선수들을 게임 말 정도로 보는 것 같아요. 게임판 어딘가에 옮길 수 있는 이름 정도로요. 저는 몇 번 이것이 내가 해야 하는 일인가 의문을 가졌고 그때마다 저 자신에게 말하곤 했습니다. 그래, 구단에서 계속 나를 뽑아주면 그렇게 나쁘진 않을 거야."

"부정적인 생각이 당신을 삼킬 수도 있어요. 저는 실제로 몇 번 그랬었어요. 내가 누구를 열 받게 했지? 왜 이런 일이 일어나는가? 계획된 일이었나? 이해하기 힘든 각본이 많이 있었어요. 그저 끔찍하다는 생각만 했죠."

버펄로로 돌아온 것은 쉬윈든이 앞의 5주 동안의 과정에서 어느 정도 각성해서이기도 하지만 인생에 새로운 임대를 받은 것과 마찬가지였다. 그 일은 쉬윈든이 투수로서 자신이 누구인지 다시 생각하게끔 했다.

"한 발은 트리플A에, 다른 발은 빅리그에 담고 살아갈 수 없어요. 그것이 제가 깨달은 바입니다. 저는 다른 투수가 필요할 때 호출되기엔 충분해 보였지만 실제로 메이저에서 뛰기엔 정말 부족했어요. 더 잘했어야 했죠. 제가 보여줬던 건 충분치가 않았던 거예요."

그는 바이슨스의 투수 코치 마크 브루어와 속구 말고 꾸준하게 주자들

| 크리스 쉬윈든

을 아웃시킬 수 있는 다른 투구를 개발하려고 했다. 둘은 체인지업을 개발하려고, 특히 공을 놓는 시점을 바꾸는 데에 많은 시간을 보냈다.

"저는 평소에 하던 것보다 조금 늦게 공을 놓기 시작했어요. 그 방법은 기존의 투구보다 공이 약간 늦게 움직여서 타자가 치는 것을 조금 더 어렵게 만들었죠. 제가 그 타구에 익숙해지자 갑자기 타자들을 삼진시킬 수 있게 됐어요. 즉 투구를 더 섞게 되자 제게 적절해지더군요."

쉬윈든은 명단에 다시 들어가자 꾸준하게 잘 던졌다. 너무 잘 던져서 어떤 이는 아마 시즌 끝나기 전에 뉴욕에서 그를 부를 수도 있다고 생각했다.

"저는 그렇게는 생각하지 않아요." 어느 오후에 더그아웃에 앉으며 그가 말했다. "투구가 많이 좋아지긴 했지만 뉴욕은 이번 시즌에 관심 있게 지켜보고 있는 어리고 실력 있는 선수들이 많아요. 알고 있습니다. 제게 지금 중요한 일은 계속 잘 던져서 다음 해에 봄 훈련을 갈 수 있는 곳에 들어가고, 그곳에서 사람들에게 전에 보여 주지 못했던 기술을 보여주는 일입니다. 그게 바로 메이저리그 투수가 되기 위해 필요한 일이죠."

그는 웃었다. "이런 식으로 생각할 수 있게 돼서 다행이에요. 6월에 저는 마이너리그 투수로 계속 있게 될지 확신할 수가 없었습니다."

"저는 야구하기에 그리 나이 들지는 않았습니다만(그는 9월이면 26세가 된다.) 그리 어리지도 않아요. 메츠에는 저보다 어리고 장래성 있는 선수들이 많습니다. 제가 메츠와 함께 하려면 계속 실력을 쌓아야 합니다."

"마이너리그는 묘한 곳입니다. 클럽하우스에 함께 있는 선수들은 가장 친한 친구죠. 그들에게 의지하게 되니까요. 하지만 여러분이 함께 활동하고 매일매일 서로 지지해 준다 하더라도 다른 투수는 경쟁자이기도 합니다. 그들이 당신을 공격할 것이므로 당신도 공격하는 게 적절하죠. 직접적으로 공격하지는 않지만 어쨌든 알고는 있어야 합니다."

쉬윈든이 한숨을 쉬었다. "여기서의 삶은 정말 고달픕니다. 단순합니다만 마이너리그가 싫으면 실력을 쌓는 수밖에 없다고 사람들이 말하는 이유가 있습니다. 그게 사실이니까요."

28

8년 동안 단 한 번의 타석

모든 마이너리그 시즌엔 홍보물로 넘쳐난다. 목양견을 타는 원숭이로부터 시트콤 조지 젯슨 가족, 또 밤 경기를 위해 공을 옮기며 외야로 하강하는 소방수들까지.

하지만 2012년 경기 전이나 경기 중간 가장 특이한 행사는 6월 15일 앨런타운에서 열린 바로 그 행사일 것이다.

그날은 아이언피그스가 더럼 불스의 선발 중견수에게 영예를 준 밤이었다.

"그 선수에게 원정경기 중에 영예를 받은 마이너리그 역사상 유일한 선수일 거라고 했는데요. 일반적으로 그런 일은 명예의 전당에 들어갈 만한 사람에게나 있을 법한 일입니다." 더럼의 찰리 몬토요 감독이 말했다.

절대 포기하지 않는 사람에게 주는 상이 제정된다면 리치 톰슨이 아마도 명예의 전당에 들어가게 될 것이다. 그는 캔자스시티 로열스의 수비 보충과 대타 주자로서 봄 훈련에 참여하지 않고 2004년에 처음으로 메이저로 갔다. 그는 마이너로 다시 보내지기 전 3주간을 메이저에 있었고 딱 한 번 타석에 섰다. 그리고 그가 친 땅볼은 병살타로 끝나 버렸다.

"클리블랜드는 매우 추웠어요. 첫 번째 투구는 아마도 좋을 것이라고 생각했죠. 실제로 공을 꽤 세게 쳤습니다. 하지만 오마 비즈켈 방향으로 쳤고, 그건 그다지 좋은 방향이 아니었어요." 비즈켈이 유격수로 골든 글러브를 11번이나 받았고, 그 분석표가 정확하다는 걸 감안한다면 말이다.

8년 후에도 그것은 톰슨이 메이저리그 타석에 서 본 유일한 경험이었다. 그 기록은 문라이트 그레이엄이 영화 《꿈의 구장》에서 유명해진 그 전적보다 한 번 더 많은 경험이기는 하지만.

그레이엄만 메이저리그에서 타석에 한 번도 서 보지 못한 게 아니다. 1901년부터 37명의 선수가 같은 경력을 갖고 있다. 비록 버트 랭카스트가 연기한 선수로는 그레이엄이 유일하지만. 톰슨은 딱 한 번 출전했으나 병살타로 아웃된 176명의 타자 중 하나이다.

"결코 원하는 유산은 아니지만, 저는 한 번도 서 보지 못한 것보다는 한 번은 서 본 걸로 제 경력을 마무리하고 싶네요." 톰슨이 웃으며 얘기했다.

이런 경력이 톰슨이 홈을 찾아 여기저기 야구 클럽을 돌아다닐 때 스스로에게, 혹은 물어보는 사람들에게 말했던 내용이다. 야구를 직업으로 꿈꾸는 모든 아이들처럼, 그도 한 작은 읍내에서 다른 읍내로, 버스를 타고 중간 크기의 도시에서 또 다른 도시로 이동하며 11개의 마이너리그 정거장을 거치고 14시즌을 겪으리라고 마음속으로 그리지는 않았다.

"제가 리틀 리그에서 운동했을 때는 우리 모두 언젠가 메이저리그에서 뛰게 될 거라고 생각했죠. 고등학교 1학년 때 2군팀에 지원했는데 바로 떨어졌어요. 그게 실마리였다고 생각해요. 제 친구 둘도 떨어졌는데 둘 중의 한 아이 아버지가 전화를 해줘서 우리는 다른 팀에 들어가게 됐고 계속 운동할 수 있었죠." 그때를 기억하면서 웃으며 얘기했다.

톰슨이 최고 수준의 야구팀에 들어간 것은 속력 때문이었다. 지금 34세의 나이에도 계속 운동할 수 있게 해주는 것도 바로 속력이다. 그가 프린스턴과 제임스 매디슨 야구 캠프에 가서 코치들의 관심을 받은 것은 54미터 질주에서의 속력이었다. 그는 야구 프로그램이 좋아서 제임스 매디슨 대학을 선택했다. "제가 공부하러 대학을 갈 거였으면 프린스턴으로 갔을 거예요. 하지만 다른 곳으로 갔죠."

그는 제임스 매디슨 대학에서 재무학을 전공했고 우수한 대학 선수였다. 1999년 여름 케이프 코드 리그에서 경기한 것이 프로 스카우트들의 눈에 띄었다. 1년 후, 토론토 블루 제이스가 그를 6라운드에서 선발했고 대부분 선수들이 메이저에 가기 위해 거치는 마이너리그를 오르기 시작했다.

그는 2003년에 두 번째 트리플A로 갔고, 시즌 중반에 제이스에서 파이어리츠로, 즉 시러큐스에서 내슈빌로 이적되었다. 그 겨울 샌디에이고 파드리스는 룰 5 드래프트(Rule 5 Draft)로 톰슨을 뽑아 캔자스시티로 이적시켰다. 룰 5로 선발된 선수는 사실 메이저리그 시범 선수가 되는 것이다. 만약 새 팀에서 다음 시즌 동안에 빅리그 출전 명단에 들어가지 못하면 선발된 구단으로 되돌아가야 한다.

로열스는 특별한 이유로 톰슨이 필요했는데, 그들의 명단에 후안 곤잘레스와 매트 스테어스라는 두 선수가 있었으나 둘 다 잘 뛰질 못해서 수비수로는 골칫거리였다.

톰슨이 할 일은 접전인 경기 후반에 한 사람을 대신해서 대주자로 나가는 것이거나 혹은 둘 다 라인업에 있다면 하나는 외야수로 뛰어야 한다는 뜻으로, 로열스가 이기고 있는 상황이라면 그 회 후반부에 수비수로 교체해 주는 일이었다.

이것이 2004년 시즌 첫째 달에 그가 한 일이었다. 단 한 번 타석에 섰던 그 경기가 바로 로열스가 클리블랜드를 15대 5로 이기고 있던 바로 그 때였다. 클리블랜드는 그 경기에서 완전히 패배를 인정하고 예비 포수 팀 레이커가 던지고 있었다. 그런 역할은 더럼의 찰리 몬토요 감독이 가끔 크레이커 앨버내즈에게 시키는 일이다. 그게 바로 톰슨이 단 한 번 타석에 섰으나 병살타로 끝난 얘기이다. 그래서 로열스가 톰슨을 그달 말에 파이어리츠, 곧 내슈빌로 보냈을 때, 그는 아직 메이저 경기에서 진정한 메이저리그 투수를 만나보지 못했다.

톰슨은 그 이후 4년을 이리저리 옮겨 다녔다. 문제는 단순했다. 힘이 실린 타구를 보여주지 못했고 타율은 늘 마이너리그 수준에 고정되어 있어서 일정한 수준으로 칠 수 있는 빅리그 선두타자가 되기에는 부족했다.

189cm, 84kg으로 호리호리한 톰슨은 거의 홈런을 치지 못했다. 2012년 말까지 마이너리그에서 타석에 5,217번 들어서서 34개의 홈런을 쳤다. 메이저리그 스카우트들에게 고려 대상이 되려면 적어도 0.300의 타율은 돼야 한다. 그의 마이너리그 타율은 0.281로 그럭저럭 괜찮았지만 뛰어난 성적은 아니다.

"메이저와 마이너 사이의 실책 차이는 아주 작아요. 크래쉬 데이비스가 말한 대로 일주일에 안타 하나 차이죠. 그곳에서 중요한 차이가 생겨요. 또 기회 같은 것도 차이를 만들 수 있고요. 팀에 오래 있다 보니 누군가의 이름이 제 앞에 살짝 끼어드는 것도 볼 수 있는데요. 계약 때문이기도 하겠고 아니면 유망주였겠죠. 알아요. 원래 그런 거죠, 뭐. 어느 시점에 또 다른 기회가 오길 기다려야죠."

톰슨은 메이저를 기웃기웃하지 않고 피츠버그에서 애리조나와 보스턴으로 갔다. 레드삭스가 2008년 4월 톰슨을 방출했을 때, 그는 이제 끝났을지도 모른다고 생각했다. 그는 스물아홉 살이었고 좋든 싫든 마이너리그

| 리치 톰슨

선수가 되어 있었다. 그때쯤, 그는 공인회계사가 되려고 온라인 수업을 듣고 있어서 야구 인생이 끝난다는 생각에 서글프긴 했지만 공황 상태에 빠지지는 않았다.

레드삭스가 톰슨을 방출한 지 12일 후에 필라델피아에서 연락이 왔다. 그들은 앨런타운에 새로 창단된 트리플A팀의 외야수를 찾고 있었다. 중부 펜실베이니아에서 자란 톰슨에게 리하이밸리는 친숙했다. 비록 그곳을 몰랐다 하더라도 협상을 했을 테지만.

아이언피그스는 그의 11번째 마이너리그팀이었다. 그는 마침내 홈을 찾았다. 꿈꾸던 곳은 아니었지만 어쨌든 홈은 홈이었다. 각 시즌이 끝날 때, 그는 자유계약 선수가 되었고 필라델피아와 재계약해서 다시 앨런타운에 오게 됐다.

마이너리그 선수 중 팬층이 많은 선수는 거의 없다. 마이너리그에서 경기를 잘하면 주로 다음 단계로 올라간다. 대부분의 마이너리그 팬들은 광고나 분위기, 마스코트 같은 것들을 이것저것 다 구경하고 상대적으로 싼 가격에 가까운 곳에서 보려고 경기장에 간다. 인터내셔널리그 구장에서 가장 비싼 티켓은 15달러이다. 메이저리그 구장에서 가장 비싼 티켓은 클럽 좌석으로 지역에 따라 한 경기당 250달러에서 1,000달러 이상 한다. 박스 좌석은 대개 10달러이고 메이저리그는 70~200달러 정도이다.

그리고 일반적인 입장료는 대부분의 구장에서 5~7달러 정도이다. 주차비는 무료에서 3달러 정도까지 한다. 대부분의 메이저리그팀은 구장 가까운 데에 주차하려면 최소한 15달러를 줘야 하고, 양키스 구장에 차를 몰고 공식 구장 주차장에 주차하면 45달러이다. 티켓과 먹을 것을 사기 전에 말이다.

특별한 선수를 보기 위해 트리플A 구장에 팬들이 오는 경우는 거의 없다. 간혹 예외가 있다면, 2012년 4월에 시러큐스에서 브라이스 하퍼처럼 반짝하는 젊은 스타이거나 벌써 이름난 스타인데 며칠 동안 재활치료를 위해 그 도시에 와 있을 경우이다. 더럼에 에번 롱고리아, 노퍽에 오리올스의 2루수 브라이언 로버츠, 포터킷에 케빈 유킬리스 등이 왔을 때이다.

마이너리그 도시의 재활치료소에 스타의 출현은 팀의 관리자들에게는 큰 골칫거리이다. 5월에 레이스는 2009년 월드시리즈의 MVP였고, 한때는 양키스에 있었던 마쓰이 히데키와 계약했다. 그리고 야구에 적절한 몸을 만들고자 그를 더럼으로 보냈다. 같은 시기에 레드삭스에 오기 전 일본에서 슈퍼스타였던 마쓰자카 다이스케는 팔꿈치 인대 교체 수술을 하고 재활훈련을 위해 포터킷에 와 있었다.

두 슈퍼스타가 5월 17일 마쓰자카가 포터킷팀에서 투구를 하고 마쓰이가 더럼을 위해 클린업 타자로 서면서 맞붙었다. 불스에게 희소식은 시리즈의 첫 두 경기에 9,061명의 관중을 끌어모은 후 그 경기까지 총 1만 64장의 표를 팔았다는 것이다. 안 좋은 소식이라면 그 경기에서 일본 기자단이 다 들어올 자리가 없었다는 것이다.

평상시 밤에는 불스의 기자단 석에는 10명 정도 앉을 수 있다. 넉넉하게 15명 정도 수용할 수 있는데 5석은 비정기적인 대중매체를 위해 남겨둔다. 그런데 두 명의 일본 스타를 취재하러 거의 50명 정도의 기자가 몰리면서 문제가 됐었다.

"그냥 빈자리가 나는 대로 앉게 했습니다. 기자 모두를 앉힐 자리가 없더군요." 불스의 홍보 이사였던 쟈크 웨버가 말했다.

이 경기에서 불스가 5대 0으로 이겼다. 레드삭스가 급여와 이적료를 포함해 1억 달러를 지불했고 5년 동안 49경기를 이겼던 마쓰자카는 투구에서 2개의 홈런을 허용했다. 불스에서 선발로 등판한 짐 파두크는 6회를 완봉으로 던졌다. 그는 29세이고 여러 독립 리그에서 야구를 했었다. 그리고 불스에서 월 8,000달러를 받고 있었다. 기자단의 누구 하나도 파두크를 보러 그날 밤 그곳에 오지는 않았을 것이다. 하지만 그는 그날 밤 1억 달러 투수처럼 보였다.

마쓰이는 0대 3으로 패했다.

그런 밤은 그라운드에 나타날 스타 때문에 팬과 기자단이 트리플A 구장에 모여들었던 예외적인 밤이었다.

하지만 리치 톰슨은 앨런타운에서 다른 일로 예외적인 사람이 되었다. 우선 그는 우수한 트리플A 선수였다. 그는 굉장하진 않지만 매년 0.270~0.280 정도의 타율을 기록하며 안정적이고 모든 급의 리그에서 베이스에 설 때마다 도루를 할 수 있는 위협적인 선수였다. 그는 4시즌에 138개의 도루를 기록하며 중견수로 뛰어난 기량을 보여줬고, 팀이 지역사회에서 어떤 종류의 행사를 할 때마다 늘 참여하는 선수였다.

그와 아내 테레사는 그때쯤 가정을 이뤘는데 리하이밸리에 사는 게 아주 편안했다. 팬이 많은 스타로 불릴 수 있는 몇몇 선수가 포진한 리그에서 톰슨이 바로 그런 선수들 중의 하나다.

"참 재미있는 일은 제가 이렇게 오래 야구를 하리라고는 생각하지 못했다는 겁니다. 그것도 마이너리그에서 이렇게 오래 있으리라고는……. 저는 아직까지 이렇게 운동할 수 있어서 운이 좋다고 늘 생각해 왔습니다. 한 해 운이 나쁜 해가 있었어요. 아마 나쁜 것까지는 아니지만 야구를 하지 않고 지냈습니다. 더블A로 몇 번 내려갔던 적도 있어서 늘 서열에서 제가 어디에 있는지 알고 있습니다." 그가 말했다.

"제가 야구를 좋아하지 않았다면, 분명히 지금껏 운동을 하지는 못했을 거예요. 저는 아이가 셋 있고 융자금도 갚아야 하는데 2012년에는 시즌 6달 동안 한 달에 1만 5,500달러를 벌었어요. 그리 나쁜 편은 아니지만 은퇴하거나 팀과 계약하지 못할 때 쉴 수 있는 정도는 아닙니다. 제가 메이저에 한 달 있다면, 그리고 그런 수준으로 연봉을 받는다면 멋진 차를 살 수도 있겠죠. 하지만 메이저에서 10년 동안 운동을 한 후 은퇴하고 편히 쉴 수 있는 그런 꿈은 오래전에 포기했습니다."

톰슨은 2012년을 다시 리하이밸리에서 시작했다. 그는 겨울 동안 공인회계사 시험에 통과했고, 그것도 한 번 만에 통과했다는 사실이 굉장히 자랑스러웠다. "제가 들은 바로는 한 번에 붙은 사람은 42%에 불과하답니다. 한 번에 통과하기를 바랐지요."

5월 16일 아침에 그는 집에서 밥을 먹고 있었다. 아이언피그스가 하루 전 드디어 장거리 이동을 끝내고 홈을 가지게 됐고 그는 아내와 각각 7세, 5세, 2세인 세 아이와 돌아올 수 있어서 기뻤다. 그때 그의 휴대전화가 울렸다. 라인 샌드버그 감독이었다. 다른 대부분의 선수처럼, 톰슨의 첫 반응은 "어, 이런!"이었다.

샌드버그 감독은 톰슨에게 세 가지 경우에만 전화했다. "선수들이 구장에 오기 전에 그들에게 비번 일을 알려주거나, 유령 부상자 명단에 올라간다고 알려줄 때죠."

'유령 부상자 명단'은 마이너리그 용어로 7일간 부상자 명단에 오르는 것인데 팀이 누군가를 내려보내기 위해서나(재활훈련에 있는 선수는 셈하지 않는다.) 혹은 누군가를 한 단계 불러올릴 때, 가끔 명단에서 빈자리가 필요할 때, 선수들을 유령 명단에 올린다. 필요할 때마다 명단에 올라가는 사람은 대개는 톰슨 같은 노장 선수들이다.

하지만 이번 전화는 달랐다. 늘 그렇듯이 간단명료하게 감독은 "리치, 자네가 탬파베이로 이적됐네. 오늘 밤 탬파에 서야 해. 축하하네."

톰슨은 깜짝 놀랐다. 스콧 포드세드닉은 레드삭스로 며칠 전 이적됐고, 그래서 리하이밸리가 펠라델피아에 부상자가 있어서 불러들이지 않는 한, 그런 때에 다른 외야수를 옮기진 않을 것 같았다. 그런데도 톰슨은 이적됐다. 그것도 더럼이 아니라 메이저리그팀으로! 점심시간에 그는 비행기에 올랐다. 그리고 그날 저녁 레이스와 레드삭스의 경기에 앞서 트로피카나 필드에 섰다.

레이스가 2대 1로 앞서 가는 8회에서 조 매든 감독은 승리를 굳히기 위해 지독히도 느린 루크 스캇을 대신해 톰슨을 대주자로 내보냈다. 톰슨은 도루를 하진 못했지만 레드삭스 구원투수 프랭클린 모랄레스가 보크를 범하도록 유도했고, 그 정도면 훌륭했다. 3루에서 그 회를 마치면서 점수는 내지 못했지만 레이스가 어쨌든 계속 이기고 있었다.

다음 날, 매든 감독은 톰슨을 9번 타자와 중견수로 명단에 올렸다. 3회에서 탈삼진 후, 보스턴이 3대 1로 이기고 있고 숀 로드리게즈가 2루에 있는 상황에서 톰슨은 4회 말 다시 출전했다. 레드삭스 스타 루키 펠릭스 듀브론트와 맞붙은 톰슨은 1대 1 속구를 센터로 날려 1타점을 얻었다.

33세에, 그는 첫 메이저리그 안타로 타점을 얻었다. 팀 동료들이 모두 더그아웃의 제일 높은 계단까지 올라와서 박수갈채를 보냈다. 클리블랜드에서 처음으로 타석에 선 이후로 2,645일 만이다. 그때까지 톰슨은 마이너리그에서 3,711회 그라운드에 섰었다.

"그것으로 권리를 주장하거나 인정받겠다고 하는 건 아니에요. 하지만 그 순간이 오기까지의 여정이 생각났고 말할 필요도 없이 그곳에 도착하게 돼서 너무 기뻤습니다. 메이저에서 온 모든 선수는 대단합니다. 다시 돌아오기까지의 일을 생각하니 약간 목이 메었습니다. 울거나 하진 않았지만 목이 메더라고요."

그래도 그는 2루와 3루에서 도루를 하며 흐트러지지 않았다. 그는 한 회에 메이저리그 첫 안타, 즉 첫 타점을 기록하며 2번째, 3번째 도루를 기록했다. 첫 번째 도루는 캔자스시티의 대주자로 얻었다. 그 경기 후, 탬파베이 클럽하우스 매니저 웨스트모어랜드는 톰슨이 그 안타를 친 후 레드삭스로부터 그 야구공을 되돌려 받았는지 확인했다.

톰슨은 탬파에서 3주 있었다. 데스몬드 제닝스가 6월 5일 유령 명단에서 빠졌을 때, 그는 더럼으로 가게 됐다. 그래서 그 팀이 6월 15일에 앨런타운으로 이동할 때 톰슨은 불스 유니폼을 입고 있었던 것이다. 그날은 아이언피그스가 그에게 케이크와 셔츠를 주면서 영예를 준 날이었다. 앨런타운에서의 조촐한 기념식이 열렸다. 그리고 나흘 후 톰슨은 빅리그로 돌아왔다. 이번엔 3일 동안 있었다. 다시 한 번 부상자 명단에서 제프 켑핀걸이 빠지자 그는 마이너로 내려갔다. 누군가에겐, 단지 3일 동안 메이저에 올라가는 게 시간 낭비처럼 생각될지 모른다. 하지만 톰슨에게는 메이저리그 연봉과 비례 배분해서 거의 8,000달러의 가치가 있었다. 필라델피아에서 레이스로 이적될 때, 임금이 삭감되었기 때문에 작은 일이 아니었다.

아이언피그스에 있을 때 톰슨은 마이너리그 월급으로는 높은 편인 한 달에 1만 5,500달러를 받았다. 레이스는 자기네 마이너리그 선수들에게 한 달에 1만 3,000달러로 한도를 정하고 있어, 트레이드가 톰슨에게 2012

년 남은 기간 동안 마이너리그 급여로 대략 8,000달러를 지불하게 한 것이다. 운이 좋게도 그가 5월 중순에서 6월 초까지 탬파에서 보낸 20일은 5만 5,000달러의 가치가 있는데, 이것은 2012년 그의 연봉이 10만 달러대로 늘어날 거라는 의미였다.

그가 더럼으로 돌아왔을 때, 그곳이 남은 여름을 보낼 곳이라고 생각하고 타운하우스 한 채를 빌렸다.

"내년이면 34세가 돼요. 아직은 계속 운동할 수 있습니다. 그래서 누구라도 저를 부르는 곳이 있으면 계속 운동할 거예요. 그 후엔 공인회계사 일을 하며 지낼 수 있어요. 그쪽 일에서는 절대 이기는 건 없고, 그저 할 일을 하고 아무것도 잃지 않기를 바라겠죠. 이 일만큼 재미있을 수는 없겠지요. 물론 지금 하고 있는 이 일보다 재미있는 일은 생각해 내기 어렵지만요."

그리고 문라이트 그레이엄과는 달리, 그는 두 번째 기회를 빅리그에서 잡았다.

29

엘라튼

시간과 싸우며

스콧 엘라튼에게 앨런타운에서의 여름은 길고 더웠다.

그곳이 아주 덥긴 했지만 날씨와는 전혀 상관없었다.

5월 16일, 인디애나폴리스 인디언스를 맞아 6회 3안타 완봉으로 투구한 후, 엘라튼은 5승 1패, 자책점 2.06을 기록했다. 그동안 필라델피아의 투수진은 힘겨운 시간을 보냈다. 투수 조엘 피네이로, 돈트렐 윌리스, 그 밖에 선발 투구 굳히기로 훈련 캠프에 온 노장 선수들이 다 방출됐다. 클리프 리는 4월에 부상자 명단에 올랐고, 밴스 월리도 엘라튼이 자책점을 2.06으로 낮춘 그날 뒤따라 부상자 명단에 올랐다. 2주 조금 덜 돼서는 로이 할러데이도 뛰지 못하고 있었다.

리하이밸리로 세 번 호출이 왔지만 엘라튼에겐 맞지 않았다. "이곳은 나이 든 사람에게 유리한 곳은 아닙니다. 여러 면에서 그래요." 엘라튼은 어느 오후에 웃으며 말했다.

엘라튼은 6월 7일에 그위닛과의 대결에서 6회에 1홈런 4안타를 허용하며 충분히 잘 던졌지만 후에 등판한 불펜 선수가 점수를 내주면서 승리투수가 되지 못했다. 6월 12일엔 폭우로, 13일엔 드물게 있는 하루 휴가 때문에 엘라튼의 다음 투구는 7일 후에나 있었다. 4일이 아니라 6일 휴식 후 일하는 것이어서 그랬는지, 아니면 그저 운이 없는 날이었는지도 모른다. 어떤 식으로 말하든, 엘라튼은 더럼 불스에게 난타를 당했다. 홈런 둘을 포함해서 7점을 허용하며 4회에서 벗어나지를 못했다. 그날을 시작으로 연속 7번 선발투수로 나왔고, 엘라튼은 한 번을 제외하곤 매번 5점 이상을 허용하며 아웃되었다. 올스타 브레이크 바로 후인 7월 17일 즈음 엘라튼의 자책점은 5.60으로 치솟았고, 그는 연속 7번 패전 투수가 되었다. 필라델피아로의 호출은 옛날 얘기가 되었다.

"운이 좋아 투구가 잘 되는 날이 있고, 운이 없어 투구가 잘 안 되는 날이 있더라고요. 제가 운이 참 좋다고 느끼던 시즌이 있었어요. 즉 안 좋은 투구를 해도 누군가가 파울을 치기도 하고요. 제가 필요할 때 세이브가 되거나 필요할 때 아웃되기도 했었죠. 좋은 일이 계속 일어나더라고요. 그런데 올해는 여러 번 반대로 가는 것 같아요. 부러진 배트가 안타가 됐고요. 제 생각에 스트라이크라고 생각되는 공을 세 개 던졌는데 볼이 되었고, 다음 투구는 결정적 안타가 되고요. 야구를 하다 보면 그런 일이 가끔 있어서 불평할 수는 없지만, 나이가 들어가면서 이해를 하게 됩니다. 지난 몇 달 동안은 그다지 좋지 않았는데 최악이었던 것 같아요."

엘라튼은 이런 문제들이 자신의 다리가 젊을 때만큼 튼튼하지 않아서라는 걸 안다. 그는 오프시즌에 열심히 노력했지만 거의 4년 동안 정기적으로 투구를 하지 않았고, 나이 36세에 좋은 투구를 하기 위해 나이 26세에 했던 것보다 더 노력해야 하다는 건 참으로 고된 일이었다. 그는 3, 4, 5월에 했던 플레이가 아직도 어딘가 몸속에 묻혀 있다고 믿으면서 계속 연마하고 있었다.

아니나 다를까, 7월 22일 콜럼버스와의 대결에서 그의 투구가 다시 살아나기 시작했다. 그는 6회를 던졌고 2개의 홈런을 내줬다. 비록 승점을 얻진 못했지만 다음 두 선발 출전도 똑같이 잘 던졌다. 그 3경기 동안 자책점 2.55를 기록하여 그 시즌의 자책점이 0.5 이상 떨어졌다. 그러나 로체스터를 맞아서는 좋지 않은 성적을 냈는데, 6점을 내주고 3개의 피홈런으로 6회에서 아웃되었다.

"낙담하진 않았어요. 기쁘지도 않았지만 그런 날도 있는 거죠. 그냥 돌아와서 버펄로에서 다음 등판에는 잘 던지고 싶었어요."

그는 잘 던졌다. 하지만 너무 열심히 하려 했는지도 모르겠다. 5회 원아웃인 상황에서 투구 중에 다리가 뒤틀리는 걸 느꼈다. 다리가 아팠지만 36세가 된 투수가 느낄 법한 단순히 시즌 말에 오는 통증이라 여기며 크게 신경을 쓰지 않았다. 한 번 더 투구했고, 1루에 땅볼을 유도했는데, 이것이 결과적으로, 그 순간에 일어날 수 있는 최악의 상황을 만들었다.

그가 1루를 맡으려고 뛰어갔을 때, 엘라튼은 다리 뒷부분에 날카로운 통증을 느꼈다. 즉시 오금줄에 이상이 있다는 걸 알아챘다. 그는 경기를 하며 도움을 요청하려고 더그아웃을 살펴봤다.

"제가 나가야겠다고 말했어요. 웃기는 건 제 생애에 한 번도 그렇게 해본 적이 없다는 겁니다. 몇 해 전에 경기 중 다쳤는데 참고 견딘 게 생각나네요. 나가겠다고 요청할 수가 없었거든요. 그때 3루에 주자가 하나 있었고, 저는 병살타를 유도하기 위해 의도적으로 타자를 걸러 보냈습니다. 처음으로 포수에게 고의 사구를 던졌죠." 그는 웃었다.

"그래서 나가게 해 달라고 할 필요가 없었죠. 바로 교체됐어요. 이번에 저는 상황이 더 안 좋아지기 전에 나가는 법을 알게 됐습니다."

그는 승점을 5승 11패로 떨어뜨린 그 밤의 패배를 꼬리표에 달고서 끝냈다. 그것은 너무 잘 던져서 그가 필라델피아로 호출을 받지 않을까 기대했던 5월 중순의 그 밤 이후 그의 10번째 연속 패배였다. 이제 8월이고 5월은 먼 기억이 되었다. 그 순간에 가장 큰 걱정이라면, 부상자 명단에 오른 채 그래서 다시 투구하지 못한 채 시즌을 마치고 싶지 않다는 거였다.

경기할 날이 3주도 채 남지 않았다.

"좋은 소식이라면 다친 게 팔이 아니란 것과 부상이 그리 심하지 않았다는 겁니다. 찢어졌다면 느낌이 있었을 거예요. 조심해야겠다고 생각은 했지만, 한편으론 단순히 염좌란 것도 알았어요. 저는 시즌이 끝나기 전에 마운드에 다시 서고 싶었습니다."

이제 엘라튼은 2012년에는 메이저에는 다시 못 갈 거라는 것을 확신했다. "메이저리그에서 9월에 불렀다 해도 거절하진 않았을 테지만 저를 부르지 않을 거란 걸 압니다." 그는 웃으면서 말했다.

8월 28일에 그 오금줄 때문에 한 회를 놓쳤던 엘라튼은 마운드에 다시 섰다. 아이언피그스는 와일드카드를 얻기 위해 포터킷 레드삭스를 추격하며 여전히 수적으로 플레이오프 자리를 놓고 각축전을 벌이고 있었다. 그래서 이 경기는 결과가 팀에게 아주 중요한 드문 트리플A 경기 중의 하나였다.

상대는 스크랜튼 윌크스배리였다. 경기는 앨런타운에서 열렸지만 엄밀히 따지면 양키스의 홈경기였다. 엘라튼에게 그건 그다지 중요하지 않았다. 그는 2회에서 3개의 피안타로 2점을 허용했다. 하지만 마음을 가다듬고 다른 피안타 없이 5회 동안 굳건히 던졌다. 그는 5회 로니 머스텔리어를 탈삼진시키며 끝냈다. 샌드버그 감독은 오금줄로 놓친 그 선발 후 82개 투구면 충분하다고 결정했다.

후안 모릴로가 엘라튼과 교체되기 전 불펜에서 몸을 풀고 있었고, 아이언피그스는 6회 초 2점을 얻어 3대 2로 앞서고 있었다. 모릴로는 두 회를 완봉했다. 다음은 엘라튼이 호출을 받지 않을까 기대했던 이번 시즌 초에 필라델피아로 두 번 호출된 조 세이버리가 8회를 득점 없이 투구했다. 제이크 디크먼이 9회에서 마무리해 엘라튼에게는 3달 만에 첫 승을 안기며 아이언피그스가 3대 2로 승리했다.

좋았다. 더 좋았던 것은 엘라튼이 고통 없이 투구했다는 것이다. 오금줄은 이상 없었다. 샌드버그 감독이 그에게 시즌 마지막 날인 9월 3일에 한 번 더 선발로 뛸 거라고 말해 줬다. 엘라튼의 가족은 그가 오금줄 부상에서 회복하는 동안에 콜로라도 집으로 돌아갔다. 그 주말 즈음에, 아이언피그스는 플레이오프에 나가지 못하게 됐고 버펄로 바이슨스와의 노동절 경기가 자신들의 마지막 경기가 될 것을 알았다.

엘라튼의 차는 짐을 싣고 여행을 떠날 준비가 됐다. "여기서 2,500km 거리에요. 경기가 월요일에 끝나는 대로 저는 길을 떠납니다. 아이들이 제게 수요일 학교로 픽업할 시간까지 도착하라는군요." 시즌 마지막 일요일에 그는 말했다.

그는 집으로 갈 준비를 다했다. 하지만 집에 머물 준비는 아직 안 됐다. "내년에도 경기하고 싶습니다. 여러 가지 일들에 대해 아직 잘 모르겠지만 야구에 대해서는 확신이 있어요."

30
마이너리그의 소리

찰리 몬토요는 인터내셔널 리그에 6년 동안 몸담고 있다 보니, 리그와 관련된 일이나 사람들 모두와 친숙하다. 심판들도 포함해서.

"그들도 여기 마이너에 있는 사람들이랑 다르지 않습니다." 8월 초 어느 날 아침 몬토요가 말했다. "1년 중 이 시기에 심판들은 좀 예민해져요. 1년 내내 장거리를 이동해야 하고 자신들이 잘하고 있는지 궁금해하죠. 그들은 우리와 달라서 잘하고 있는지 어떤지 순위표가 없거든요. 들어 보려면 기다려야 해요."

비록 심판들이 트리플A에서 메이저로 오르기는 정말 어렵지만 그래도 빈자리가 생기기도 하고, 그 빈자리를 채우다 보면 명단에서 제일 위에 오를 기회가 온다는 걸 알고 있었다. 메이저리그에는 70명의 정규 심판이 있고, 그중 몇은 은퇴도 안 하는 듯 보이지만 사실 그들은 일반적으로 60세쯤에 은퇴한다.

방송 관계자들은 그렇지는 않다.

메이저리그 방송 일은 대법관에 임명되는 것만큼 그리 어려운 일은 아니지만, 일단 누군가 그 일을 하게 되면 발로 차고 소리를 지르면서 문까지 질질 끌려가지 않는 한, 거의 잘 떠나지 않는다. 문 안쪽이 아니라 문간에 앉아 있는 사람들에게 그건 굉장히 좌절감을 주는 일일 것이다.

"좌절감이 드는 것은 당신이 고용되거나 되지 않거나 그런 결정을 누가 하는지 모른다는 겁니다. 적어도 심판 같은 경우엔 주관적이긴 하지만 어떤 방식의 평가 시스템이 있어요. 그런데 우리는 일자리가 어떻게 나오는지, 의사결정권자에 의해 누가 고용되는지가 의문이에요."

9년 동안 포터킷 레드삭스의 실황 중계를 했던 스티브 하이더가 말했다.

포삭스는 중계방송인을 위한 메이저리그 직업에 디딤돌이 된 멋진 전통이 있다. 즉 게리 코헨이 포터킷에서의 두 시즌 후인 1988년에 메츠에 고용된 것이다. 돈 올실로는 2001년에 레드삭스로 승진해 갔고, 데이브 플레밍은 2004년에 자이언츠에 고용되었다. 앤디 프리드는 2005년에 탬파로 옮겨갔고, 데이브 재글러는 한 시즌을 포터킷에서 일한 후 2006년 워싱턴에 고용되었다. 이 5명 모두는 아직도 그들을 고용한 빅리그에서 일하고 있다.

포삭스는 라디오 실황 중계 맨을 한 명 이상 고용하고 있는 몇 안 되는 트리플A팀 중의 하나이다. 전통적으로 트리플A 라디오는 한 사람의 해설가와 영향력 있는 은퇴 선수가 보충을 하는 식으로 진행된다. 포터킷에서는 수년 동안 두 아나운서가 있었다.

2006년 재글러가 떠난 후 하이더는 포터킷에서 댄 호어드와 함께 일했다. 그는 두 번 메이저리그 결승전을 중계했는데, 2005년 새로운 워싱턴 내셔널스에서 일할 때와 같은 해 오클랜드에서였다. 두 군데 어디서도 고정적 일은 갖지 못했지만 그의 시대가 반드시 올 것임을 알았다.

"저는 로드아일랜드에서 자랐고 매사추세츠 주립대학교를 다녀서, 이 지역은 제 삶의 터전이에요. 제가 2004년 그 일을 시작했을 때, 레드삭스

네이션의 최전선에 있었고 더 이상의 좋은 기회는 없다고 느꼈죠. 대체로 저는 그 일을 좋아했습니다. 여기로 들어오는 선수들, 더스틴 페드로이아, 케빈 유킬리스, 저코비 엘즈베리와 같은 사람들을 아는 게 좋았어요. 저의 직업이 미미한 방식이긴 했지만, 늘 야구의 일부분이라고 생각했고 그게 좋았습니다."

2011년에 일어난 두 가지 일이 하이더로 하여금 그의 삶을 다시 생각해 보게 했다. 첫째는 심장발작이었다. 그는 막 오십이 되었고 자신의 직업이 수년 동안 자신에게 타격을 입혀 왔다는 걸 알았다. 벌써 개인적 삶에도 영향을 미쳤는데 두 번 이혼했고 이제는 그의 건강까지도 위협했다.

"마이너리그 생활은 쉽지 않아요. 특히 나이가 들어가면서 그렇죠. 선수들은 어리고 너무 길게는 계획을 세우지 않아요. 30대에 뛰고 있는 선수들이 있다 해도 상대적으로는 젊은 거죠. 오랫동안 마이너에서 일하는 감독과 코치를 보기 힘든 건 우연이 아닙니다. 장거리 이동이 사람들을 지치게 합니다. 152일에 144경기를 일한다는 것은 자신을 소진시키는 일이에요." 그는 말했다.

큰돈과 메이저리그로부터 멀리 떨어진 삶도, 특히 이 일을 하며 수년이 흐른 후에는 더 지치게 만든다. 어떤 이는 그런 삶과 잘 타협해 살기도 한다. 호워드 켈먼은 1974년부터 인디애나폴리스 인디언스에서 실황 중계를 해 오고 있어 인디애나폴리스에서는 사랑받고 존경받는 사람이다. 톨레도의 짐 웨버도 같은 경우인데, 그는 그곳에서 자라 1975년 머드헨스에서 일을 시작했고 자신의 고향을 한 번도 떠난 적이 없다.

그들은 예외적인 경우이다. 대부분 트리플A 중계방송인도 선수들과 똑같이 빅리그에서 활동하는 것을 꿈꾼다.

매트 스위어래드는 잭슨빌 대학을 졸업하면서부터 줄곧 23년 동안 마이너리그 야구 방송을 해왔다. 그는 1998년 샬롯에 정착하기 전에 클래스 A 사우스 아틀랜틱 리그에서 7년을 보냈다. 그때 그의 나이 31세였고 원하는 대로 메이저리그로 가는 길에 있었다.

7년 후, 스위어래드는 여전히 샬롯에 있었고 메이저리그로 가는 것은 그저 몽상이 아닌가 생각하기 시작했다. 그때 예상치 않게 일시적이긴 했지만 기회가 찾아왔다. 샌디에이고 파드리스를 중계하던 제리 콜맨이 명예의 전당에 들어가게 되었다. 파드리스는 명예의 전당 주간 동안 콜맨이 방송하지 못할 세 경기를 대신해 줄 사람이 필요했다. 그래서 3일 동안의 그 일에 관심이 있는 사람은 지원서를 보내라고 공지를 했다.

스위어래드는 거의 포기하고 있었다. "제 생각엔 그곳에 연줄이 있는 사람이 아마 되지 않을까 싶어 승산이 없다고 생각했죠. 그런데 제 아내가 적어도 시도는 해봐야 하지 않겠느냐며 설득했어요."

나이츠는 장거리 이동으로 버펄로에 도착해 있었는데, 트리플A에서는 흔한 경우지만 너무 이른 아침이라 호텔에 도착해서도 바로 체크인을 할 수 없었고, 마침내 각자 방에 들어간 후 스위어래드는 점심을 먹으러 가까운 식당가로 걸어갔다.

그가 앉아서 먹고 있는데 전화벨이 울렸다.

"처음엔 전화를 안 받으려 했어요. 피곤했고 장거리 여행으로 정신이 없고 배도 고팠어요. 하지만 전화기를 들었더니 바로 제리의 대타를 찾고 있던 그 담당자더군요. 저를 뽑았다면서 와서 세 경기 중계를 해줄 수 있는지 묻더라고요."

"전화를 끊고 울기 시작했어요. 버펄로의 한 식당에 앉아 있었는데, 이제 메이저리그에 가게 되는 거였어요. 세 경기라는 건 아무 상관이 없었죠. 무조건 해야죠."

하이더에겐 그런 행운이나 감격스러운 순간은 없었다. 그는 이제는 장거리 이동에서 내려서 다른 무언가를 찾아봐야 하는 때가 아닌가 생각하면서 2011년 시즌의 후반기를 보냈다.

그때 그의 친구 호어드가 신시내티 벵골스의 중계방송 위원으로 고용되었다. 하이더는 육체적으로도 좀 편한 넘버원 자리로 승진한다면 2012년에 그의 행보, 즉 방송에 좀 더 활기를 불어넣지 않을까 생각했다.

그런데 넘버1 자리로 승진하지 못한 것만이 다가 아니었다. 포삭스는 텍사스 프리스코에 있는 텍사스 레인저스의 더블A팀에서 일하고 있던 에이런 골드스미스를 고용해서 넘버1 중계방송을 맡게 하고 하이더의 넘버2와 함께 꾸려갈 것임을 발표했다. 골드스미스는 28세였다. 하이더는 그 메시지를 받았다.

"그 어린 친구에게 유감이 있는 건 아닙니다. 그의 잘못이 아니니까요. 그저 제가 넘버1이 될 줄 알았어요. 팀은 다르게 생각한 거죠. 상처받지 않았다고 하면 거짓말이겠지요."

"팀이 그 발표를 할 때, 저는 감정적인 결정을 하지는 않으려고 했어요. 돌아가서 일하면서 육체적, 정신적으로 어떤지 생각해 보자고 결심했습니다. 그런데 개막일에 이제 다 끝난 걸 알았습니다. 그 일을 해야 하겠다거나 할 수 있을 거라는 생각이 들지 않았어요. 열정이 식었습니다. 시대가 지났다는걸, 떠나야 할 시기라는 걸 알았습니다."

씁쓸하면서도 달콤한 여름이었다. 그는 구단의 누구에게도 떠날 거라는 얘기를 하지 않았고 포삭스가 좋은 시즌을 보내고 있는 게 다행이라고 생각했다. 선수들을 메이저로 올려보내고 성공하게 하는 것이 중계하고 있는 경기를 더 즐겁게 만들지는 않기 때문에 방송인에게 매일매일 팀의 승패는 아주 중요하다. 이기고 있는 팀과 함께 있는 것이 패하는 팀과 있는 것보다 늘 더 즐겁다. 처음부터 레드삭스 선수들의 잦은 부상으로 빚어진 이직률 때문에, 클럽하우스가 선수들이 오가는 야구의 하프웨이처럼 느껴지기도 했지만 그래도 팀은 인터내셔널 리그 북부 지구에서 각축전을 벌이고 있었다.

그래서 하이더는 그 시즌이 아주 재미있었다. 떠나려는 생각도 그만큼 더 어려워졌다.

31

8월의 더운 밤들

특히 빅리그에 있어 왔던 사람에게는 마이너리그를 좋아하지 않을 이유가 많다. 연봉, 이동 수단, 호텔, 일일 경비, 클럽하우스, 심지어 포스트 게임 식사의 질까지도 대부분 차이가 뚜렷하다.(많은 선수가 지적하듯 같은 음식이라도 맛이 다르다)

그중에서 선수들이 무엇보다도 바라는 한 가지는 관중의 함성이다.

선수들은 환호, 시끄러운 함성, 메이저리그 구장의 조명들을 그리워한다. "그건 누구 잘못이 아니에요. 같을 순 없죠. 매진이 돼서 8~9천 명이 들어찼다 해도, 4만 명 관중과는 다릅니다. 반쯤 찬 마이너리그 구장에서 경기한다면, 경기하면서 귀뚜라미 소리를 듣게 될 수도 있어요." 버디 칼라일이 어느 덥고 습한 오후에 그위닛의 더그아웃에 앉아 말했다.

이것이 칼라일과 그위닛의 팀 동료들에게 골칫거리였다. 히터와 에어컨 회사의 이름을 딴 쿨레이필드 구장은 외야 펜스 바깥으로 예쁜 배경과 현대적 편의시설을 갖춘 지은 지 3년 된 번쩍번쩍 빛나는 구장이었다. 리치몬드 브레이스는 19년 전 리치몬드로 옮긴 후인 1985년부터 경기해 오던 멋지지만 낡은 다이아몬드 구장 재건축이 리치몬드 시와의 협상 난항으로 어려워지자 2009년에 그들의 트리플A팀을 쿨레이로 옮겼다.

그위닛으로 옮긴 것은 여러 면에서 합당했다. 무엇보다도 트리플A팀을 홈구장에서 50km 떨어진 곳에 둔 것은 850km나 떨어져 있게 한 것보다는 확실히 일을 편하게 했다. 더욱이 그위닛 자치주는 항로로부터 5km 떨어진 곳에 새로 지은 1만 475석 규모의 구장 공사와 유지비를 기꺼이 지급해 주었다.

오직 한 가지 문제가 있었는데, 그것은 야구 팬이 메이저리그 구장에서 50km보다 더 가까이 산다면 그 팬은 마이너리그 구장으로는 거의 가지 않을 것이다. 가장 성공적인 마이너리그팀들은 대부분 메이저리그 구장과 그리 가깝지 않은 곳에 위치해 있다.

“팬들이 마이너로 안 오는 것은 아닙니다. 옵니다. 하지만 1년에 이곳에 10~15번 정도 올 것을 4~5번 오고 대신 터너필드 구장으로 6번 간다는 겁니다. 최고 선수들이 관중들 없이 자신들만을 위한 경기를 해야 할 때, 다른 팀과 경기하는 건 어렵죠.” 리치몬드에서 팀을 2년간 감독하고 그위닛으로 옮긴 데이브 브룬디지 감독이 말했다.

지브레이브스는 첫 시즌조차도 팬을 모으는데 어려움을 겪었다. 경기당 관중 수는 평균 5,965명이었고 그것은 14팀 중에서 12위를 차지했다. 2012년쯤에는 트리플A 클럽의 새로움이 사라지면서 경기당 평균 관중 수가 4,680명으로 떨어졌다. 구장이 교통이 혼잡한 도로를 따라 시내에서부터 거의 32km 떨어진 곳에 있는 샬롯나이츠만이 2012년 지브레이브스보다도 작은 수의 팬을 끌어모으며 최하위를 기록했다.

그래서 어느 마이너리그 타운이나 어려운 8월이 특히나 그위닛에선 더 힘들다. 날씨는 대부분 밤엔 좋지 않았고 팀은 고전했으며 귀뚜라미 소리가 7회의 한참 전부터 자주 들렸다.

브레이브스는 인터내셔널 리그 남부 지구에서 최하위에 머물렀다. 물론 날씨도 더웠고, 그래서 훨씬 덥게 느껴졌다. 참을 수 없이 더웠으며 구장에 팬보다 귀뚜라미가 더 많은 것처럼 느껴지는 그런 밤들이 많았다. 이날도 그런 밤 중의 하루였다. 8월 초, 카운티의 학교 개학 날이었고 멋진 여름밤이었지만 구장에는 1,881명이 모였는데 꼭 881명 정도로 밖에 보이지 않는다.

"야구가 일자리가 되는 것은 이때쯤이죠. 이제 17년째 야구를 해오고 있습니다. 일본과 한국에서도 뛰었고 메이저와 마이너에서도 경기를 했어요. 선수 생활이 끝났다고 생각했는데 한 번 더 기회가 왔습니다. 제가 야구를 하게 되어서 얼마나 다행인지, 아직도 뛸 수 있어서 얼마나 감사한지 모릅니다." 칼라일은 밤 경기 전 텅 빈 구장을 둘러보며 말했다.

"하지만 집에 새벽 4시에 돌아와서는 다음 날 정오에 구장에 나가야 하고 경기가 시작돼도 구장은 텅 비어 있고, 참 고된 일입니다. 다시 말하지만 모든 직업은 힘든 때가 있어요."

그는 웃으며 "당신이 메이저리그 전세기를 타 봤다면, 가운데 자리에 끼어 앉아 샐러드 조금이랑 쿠키를 먹으며 가는 것은 습관이 되지 않으면 더 힘들 수도 있습니다."

칼라일은 18세에 네브라스카 벨뷰에서 대학을 가지 않고, 2라운드 드래프트 픽으로 레즈와 보너스 27만 달러에 계약한 이후로 모든 종류의 비행기나 버스를 다 타며 이동해 왔다.

"당시에 그 돈은 2,700억 달러처럼 느껴졌어요. 바로 이거다! 여생이 보장됐구나 생각했지요. 더 이상 안 벌어도 될 것 같았어요. 계약하고 2주 후, 그동안 부모님과 같이 살다가 그 나이에 웨스트버지니아의 프린스턴으로 가는 게 어떤 느낌일지 전혀 생각해 보지도 않았습니다. 그게 고등학교를 졸업하면서 할 수 있는 결정이었던 거죠. 대학 캠퍼스에서의 삶은 마이너리그의 삶과는 상당히 다를 텐데요." 그는 웃으며 말했다.

칼라일은 21세인 1999년에 샌디에이고 파드리스로 호출되면서 메이저리그에 7번 선발로 등판했다.(레즈는 한 해 전에 그를 샌디에이고로 이적시켰다.) 그때부터 오디세이적 삶이 시작됐다. 파드리스는 그를 일본으로 이적시켰고 칼라일은 그다지 개의치 않았다. 그 당시는 젊었고 아내 제시카와의 사이에 아직 아이가 없어서 그 여정이 재미있을 거라고 생각했다. 그리고 2005년 잠깐 다저스로 돌아오기 전에 로열스와 양키스의 마이너리그에서 투구를 했다. 맹장수술로 경기를 쉬기 전까지 칼라일은 구원투수로 10경기에서 투구했다.

이동이 계속 이어졌다. 그는 말린스와 계약했고, 말린스는 그를 한국의 한 팀에 팔았다. 아직 3년을 메이저에서 보내지 않아 중재가 불가능했기에 그는 떠났다. 그해 겨울 칼라일이 다저스에 있을 때 라스베이거스의 투수 코치였던 로저 맥도웰이 브레이브스의 투수 코치로 가게 됐고, 그는 팀에 칼라일을 추천했다. 그때가 2007년이었다. 그의 생활이 조금 자리를 잡고 메이저리그 수준에서 약간의 성공을 하기 시작했다.

칼라일은 리치몬드에서 아주 잘 던지며 시즌을 시작했고 5월에 브레이브스로 호출되었다. 그는 20번 빅리그 선발로 뛰었고 6월에 그의 메이저리그 통산 두 번째 경기에서 이겼다.(첫 번째는 1999년 샌디에이고이다.) 그는 8승 7패, 5.21의 높은 자책점으로 마쳤다. 1년 후, 브레이브스는 그를 구원투수로 정했고 자책점 3.59를 기록하며 최고의 해를 보냈다. 마침내 나이 서른 살에 그는 자리를 잡은 메이저리그 투수가 된 듯했다.

"바비콕스 감독 아래서 투구를 했던 것이 야구 선수로서 최상의 경험이었습니다. 그건 할아버지 밑에 있는 것과 같았어요. 감독님이 매일매일 신경을 많이 써 주시는 게 느껴졌습니다. 항상 옳은 말씀을 해 주셨어요."

"어느 밤 저는 등판했는데 완전히 박살이 났어요. 모든 공이 라인드라이브였습니다. 감독님이 저를 아웃시키려고 나오셨고 제가 공을 넘겨드릴 때 말씀하셨어요. '심판이 오늘 밤에는 자네에게 아무 도움이 안 됐네.' 심판이 제 투구와는 아무 상관이 없지만 이런 말을 들으니 기분이 좋아졌습니다. 그 2년은 아주 즐거웠어요. 저는 소속감을 느꼈죠."

그리고는 인생에 뭔가 일이 생기기 시작했다. 다음 해 봄 시즌을 브레이브스에서 시작한 후 칼라일은 몸이 안 좋고 어지러웠다. 몸무게가 일주일 만에 갑자기 9kg나 줄어들었다. 그는 검사를 받았고 샘 펄드가 10세에 그랬듯이 1형 당뇨병으로 진단받았다. 나이 31세에 두 아이의 아버지로서 당뇨병 진단을 받는 것은 조금 다른 일이다.

"삶을 바꾼 사건이라고 부르는 건 엄청나게 축소하는 겁니다. 우선, 한참 동안은 정말 끔찍했어요. 그리곤 인슐린 주사와 당 수치를 항상 감시하는 식이요법을 시작했고, 그건 매일의 일상이 되었죠. 하지만 늘 그것을 의식하면서 말이에요. 그것은 당신이 하루 이틀 심지어는 몇 시간이 지나고 '아, 당 수치를 체크해 봐야겠는데' 이러는 게 아닙니다."

칼라일은 2009년 시즌 말 전에 어렵게 복귀해 메이저에서 투구했다. 기분이 좋아지는 이야기다. 물론 메이저리그 구단들은 흐뭇한 얘기에는 그다지 관심이 없고 이기는 데에만 신경을 쓰긴 한다. 칼라일은 2010년에는 어디서도 계약 제의가 없어서 1년 동안 일본에 다시 갔다. 이번엔 7세, 4세의 두 어린아이와 함께였고 첫 번째만큼 쉽지는 않았다.

"그냥 일이 되었죠. 기억하기로 그때가 제 자신에 대해 처음 생각하게 된 때였어요. '인생은 짧지만 이 시즌은 아주 길군.'"

그는 집으로 돌아와서 애틀랜타에 집을 한 채 샀다. 2009년 브레이브스에서 투구하면서 42만 5,000달러를 벌었고 일본에서도 비슷하게 벌었다. 아내 제시카도 한 지역 고등학교에서 영어교사와 농구 코치로 일을 하고 있었다. 그래서 괜찮았다. 칼라일은 양키스와 계약했고 잠깐 뛰다가 8월에 방출됐다. 그는 브레이브스가 2012년 마이너리그 계약을 하자고 제의해 왔을 때, 한 번 정도만 더 시도해 보자고 결심했다.

"저는 서른네 살이고 아직 메이저에서 공을 던질 수 있다고 생각해요. 그렇지 않다면 여기엔 와 있지 않겠죠. 좋은 소식이라면 여기서 애틀랜타까지 대개의 경우 출퇴근할 수 있고 장거리 이동만 아니면 아이들과 떨어져 지내지 않아도 됩니다. 때때로 집에 돌아오지 못할 때도 있지만요. 오늘은 새벽 4시에 마쳤어요. 오늘 밤에 경기가 있어서 저는 동료 투수 피터 모이란의 집에 가서 잤습니다. 편리해서 여러 번 클럽하우스에서 자기도 했어요."

그는 한숨을 쉬었다. "제가 나이 들었다고 느낄 때가 있어요. 1996년 여름 웨스트 버지니아에서 그렇게 큰 꿈을 가졌던 한 10대 아이가 어떻게 된 건지 생각해 볼 때죠."

"야구에 대해서는 결국은 변명거리가 없습니다. 심판이 아무 도움이 안 됐다고 감독이 말할 때는 정말 고맙긴 하지만 스스로 경기를 잘못했다는 걸 더 잘 알 거고 감독도 아는 겁니다. 야구에서 숫자는 거짓말하지 않습니다. 실책이 안타가 되거나 라인 드라이브가 아웃이 될 수도 있지만, 오랜 여정을 거치다 보면 결국 속이지 않습니다."

"저는 오랜 경험으로 여기 마이너에서 얘기할 때 조심해야 하는 걸 압니다. 부정적인 얘기는 아주 빨리 퍼지고 특히 팀이 고전 중일 때, 아주 미세하게 아웃이거나 관중석에 아무도 없을 때, 더 그렇습니다. 순식간에 일어날 수 있거든요. 브레이브스와 2007년에 계약하면서 저는 야구 선수로서 제2의 인생을 받았습니다. 당뇨병과 싸워 여기까지 올 수 있었던 걸 자랑스러워합니다. 제가 내일 9회에 애틀랜타에서 투구할 거라고 생각하는 건 몽상이 아닙니다. 볼을 잡고 아웃을 시키면서 어떤 일이 일어나게끔 계속해서 노력합니다. 저는 누군가 메이저로 올라갈 때면 왜 나는 아닌가? 하며 벽에 머리를 박는 그런 사람이었어요. 오래전에 그것을 지나왔습니다. 여러 번 짐을 꾸려 차에 실으면서 더 이상 그런 일로 마음을 상하지 않는 방향으로 오게 됐습니다."

그는 다시 웃었다. "수년 동안 수없이 옮겨 다니며 제가 배운 게 무언지 아세요? 이것저것 다른 건 다 들어가도 유모차는 차 안에 딱 들어맞지 않아요. 그동안 여러 지역에다 유모차를 여러 개 버렸죠."

제이씨 보스칸은 칼라일보다 운이 좋았다. 유모차를 많이 버릴 필요가 없었다. 그는 칼라일보다 두 살 어리지만 베네수엘라에서 16세에 브레이브스와 첫 계약을 한 이후로 16시즌째에 접어들었다.

"저는 지금도 계약 후 플로리다로 날아온 그날을 기억합니다. 저희 어머니는 공항에서 우셨어요. 어머니는 저를 자랑스러워하시면서도 어린 아들을 걱정하셨던 거죠."

어린 아들은 그렇게 작지 않았다. 진 칼로스 보스칸은 14세에 183cm, 86kg이었다. 외국 선수들은 16세에 메이저리그와 계약이 가능하기 때문에 그때 벌써 스카우트되었다. "저는 체격이 크고 힘이 좋았어요. 던지고 칠 수 있었죠. 스카우트들이 늘 주위에 있었어요. 제가 14세에도 계약할 수 있었다면 아마 했을 거예요."

브레이브스가 계약금으로 21만 달러를 제의했을 때, 그는 16세였다. 그는 그 돈으로 차를 한 대 사고 부모님에게 농장을 하나 사 드렸다. 그는 1997년 여름 올랜도에서 브레이브스 걸프코스트 리그 신인 팀에서 경기했다. 찰리 몬토요가 야구를 보거나 TV로 영화 《그녀는 요술쟁이》를 보며 영어회화를 배운 것과 달리 보스칸은 동료들에게 영어를 배웠다.

"야구는 그다지 많이 보지 않아요. 저는 직접 경기하는 걸 좋아하거든요. 그 당시는 라틴계 선수가 그다지 많지 않았고 제 동료들은 거의 18~19세로 저보다 나이가 많아서 잘 보살펴 줬습니다. 제가 영어를 정확히 배우도록 도와줬죠."

보스칸은 지금은 마치 마라카이보가 아니라 미네소타에서 자란 것처럼 영어를 한다. 억양에서도 외국 출신이란 걸 알아채기가 어렵다. 모두 알다시피 영어를 배우는 것은 마이너리그 사다리를 올라가면서 파괴적인 투구를 어떻게 일관성 있게 쳐내느냐를 배우는 것보다는 훨씬 쉬웠다.

"2004년은 잘 보냈습니다. 겨우 24세였고 그래서 낙담하지는 않았어요. 저는 트리플A에서 그 시즌 말 인스트럭셔널 리그로 보내졌는데 '메이저에서 부를 거니까 계속 운동 열심히 해.'라고 팀에서 말해줬지만 저만 호출되지 못했습니다."

"다음 해엔 모든 게 거꾸로 가기 시작했어요. 그해 말에 자유계약 선수가 되었는데, 제 생각에 사람들이 저를 구단의 선수로 보지 않는 곳으로 가야겠다고 생각했습니다. 그래서 밀워키와 계약했는데 그건 재앙이 되었어요. 저는 형편없는 경기를 했고 전혀 칠 수가 없었거든요. 결국, 더블A로 되돌아가게 됐죠."

그는 2007년 레즈와 계약하면서 새로운 변화를 시도했다. 결과는 크게는 바뀐 게 없었다. 더블A에 더 머물렀고 경기할 기회가 거의 없었다. 그는 기껏 해야 현상 유지 정도였고, 10년 정도 해왔기 때문에 나이 든 27세로 보였다.

"제 아내에게 이제 끝난 건지도 모르겠다고 말했습니다. 제가 계약할 만하다고 누군가에게 보여줘야 한다고 생각했어요. 베네수엘라에서 겨울리그 일조차 얻지 못했으니까요. 저는 바닥을 헤매고 있었죠."

보스칸은 베네수엘라에서 수년간 감독을 하고 있는 전 구원투수이자 메이저리그 투수 코치였던 필 리건에게 전화를 했다. 보스칸은 과거에는 리건 밑에서 경기했고, 리건은 지금 마가리타팀을 감독하고 있었다. 보스칸은 전화에서 아주 직설적이었다. "일자리가 필요해요." 리건은 그에게 자리가 하나 있다고 말했다.

전에 리건 밑에서 운동도 했었고, 겨울 리그에서 대부분 잘 쳤던 보스칸은 다시 잘해냈다. 겨울 시즌 중간에 보스칸이 16세일 때 첫 계약을 하게 했던 스카우트 롤랜도 프티트에게 전화가 왔다.

"브레이브스의 마이너리그 계약 건이 있는데, 어때 할 생각 있나?"

"그가 말을 끝내기도 전에 예라고 대답한 것 같아요."

보스칸이 말했다.

그들이 버디 칼라일에게 했던 대로 브레이브스는 보스칸에게 제2의 인생을 줬다. 그는 2008년 대부분을 더블A에 있었지만 과거에 있었을 때보다 훨씬 마음이 편안해졌다.

"다른 자세를 갖게 됐죠. 메이저리그에 가지 못한 것에 불만을 갖지 않게 됐어요. 오해는 하지 마시고요. 전 여전히 기회를 잡고 싶다고 기도하지만, 그곳에 가지 못한다고 제 자신을 실패자로 생각하지 않게 됐어요."

우연인지는 몰라도 그는 더 잘 치기 시작했다. 아마도 경기장에서 예전처럼 배트에서 톱밥을 쥐어짜듯이 하지 않고 편안하게 치기 때문일 것이다. 2009년쯤, 그는 트리플A로 돌아왔고 올스타팀에도 들어갔다. 그리고 마침내 2010년 그위닛 클럽하우스에서 메이저리그로 호출을 받았다.

"브런디 브런디지 감독님은 사람들에게 제가 클럽하우스에 들어갔을 때 저의 표정을 봤기 때문에 말을 조심하셨다고 합니다." 최고의 야구 시절을 보냈던 거의 텅 빈 클럽하우스에 앉으며 보스칸은 얼굴에 주름이 잡힐 만큼 활짝 미소를 지으며 말했다. "정말이지 잠시 동안 그러시더군요. 제가 앉자 감독님이 하신 첫 마디는 '보스칸, 자넨 운동한 지 오래됐지. 안 그런가?' 저는 감독님이 제 성적에 대해 좋게 생각은 하지만 이게 끝이라고 말씀하시려는 줄 알고 잠깐 동안 당황했어요."

"그러더니 '자네 빅리그에 나가본 적 있나?'라고 물으시더군요."

"제가 한 번도 안 가본 걸 감독님이 아시는데 묻는 걸 보니 진짜 끝이라고 생각했죠. 제가 메이저에 한 번도 못 가본 걸 사람들이 다 알고 있었거든요. 바로 그때였어요. '나는 자네와 친하게 지내려 했는데 그렇게 할 수 없게 됐네.' 그리곤 제가 메이저로 가게 됐다고 하셨습니다. 절대로 그 말을 잊지 못할 거예요. '오늘은 자네 날이야' 감독님이 그 말을 끝냈을 때엔 저는 울고 있었습니다."

보스칸이 다음 날 애틀랜타에 도착했을 때, 제일 먼저 한 일은 사물함에 걸려 있는 그의 유니폼을 찍는 것이었다.

"봄 캠프의 빅리그 사물함에서 메이저리그 유니폼을 가졌던 적이 있었어요. 하지만 그건 다르죠. 봄 캠프에서는 아직 초청된 선수였으니까요. 이번엔 정말 소속감을 느꼈습니다."

그는 브레이브스가 콕스를 그해 9월 플레이오프에 마지막으로 진출시키려고 애쓸 때 같이 참여했다. 그는 딱 한 번 배트에 손을 대고 볼넷으로 진루했다. 그것은 메이저리그 출루율 1.000을 뜻하지만 엄밀히 따지자면 타수는 없고 타석에만 선 것이었다.

1년 후, 브레이브스는 9월의 카메오로 보스칸을 내보냈고 우승을 향한 열기 속에서 그는 9번 출장해서 메이저리그 첫 3안타를 기록했다.

"저는 포수이기 때문에 다른 선수들보다 기회가 더 오래갈 수도 있다고 생각해요. 하지만 앞으로 제 성적이 어떻게 될지 와는 상관없이 절대로 제가 호출을 받은 그날을 잊지 못할 겁니다."

"저는 그때를 분 단위로 기억합니다. 여기 마이너리그에서 또 10년을 경기한다 해도, 그날 기억은 절대로 잊지 않을 거예요."

그것이 보스칸의 최고의 순간은 아니었다. "이 일을 하면서, 몇몇 선수를 메이저로 올려보냈는데 대부분 처음으로 호출된 선수들이었지요. 하지만 보스칸에게 말하던 순간, 제가 무슨 말을 하는지 깨달았을 때 그의 얼굴에 나타난 표정과 클럽하우스에서 나갈 때 팀 동료들이 보여준 그런 태도는 솔직히 말해서 그런 건 처음 봤어요. 다시 그런 장면을 볼 수 있을지 모르겠군요."

"이처럼 긴 시즌, 8월의 더운 밤들을 보내다 보면 그 순간으로 되돌아가서 웃게 됩니다. 그리고는 왜 당신이 멋진 직업을 가졌다고 하는지 알게 됩니다."

32

삶의 단편

시러큐스…… 워싱턴…… 콜럼버스

2012년 7월 21일, 존 래난은 빅리그로 돌아왔다. 레드삭스와의 워싱턴 내셔널 시범경기 동안 래난이 데이비 존슨 감독을 터널에서 만나 시러큐스로 보내질 거라는 얘기를 들은 지 3년 반이 지난 때였다.

이제 래난은 다시 돌아왔다. 내셔널스와 애틀랜타 브레이브스는 시즌 초기에 우천으로 취소된 경기가 있어 중요한 4경기 시리즈의 일부분으로 워싱턴에서 낮과 밤 2회 경기해야 했다. 그날 밤 그의 선발 등판은 시리즈가 시작된다는 점에서 아주 중요했다. 금요일 밤, 내셔널스는 에이스 스티븐 스트라스버그가 마운드에 선 가운데 5회 후 9대 0으로 앞서고 있었는데 11회에서 9대 10으로 역전되었다. 다음 날 오후, 그들은 메이저리그 전적을 다시 시작하려고 하는 투수 벤 쉬츠에 의해 6회까지 꼼짝 못한 채 4대 0으로 완패했다. 갑자기 한때 내셔널 리그 동부에서 안전하게 앞서던 팀이 시즌 동안 줄곧 트리플A에 있었고 그날 밤 경기에서 투구하기로 되어있는 래난과 함께 한 경기 반만을 남겨두게 되었다.

"저는 그런 상황에서 공을 던지는 것을 좋아합니다. 그런 상황을 좋아하지 않는다면 다른 직업을 찾아볼 필요가 있겠죠." 래난은 후에 말했다.

말이야 쉽지만 그런 일은 말처럼 그리 쉽지 않다. 하지만 래난은 그 일을 해냈다. 그는 첫 회에서 2점을 내줬고, 그 후로는 전혀 실책 없이 7회까지 내셔널스가 3대 2로 앞서게 하면서 물러났다. 그리고 결국 내셔널스가 5대 2로 승리하게 되었다. 그 경기를 마치고 그의 동료들은 그가 TV 인터뷰를 할 때 게토레이를 뿌려댔다.

존슨 감독은 전에 래난에게 4월에 트리플A로 보내질 거라는 얘기를 했던 같은 사무실로 그를 불러 그가 아주 잘해냈고 다시 필요할 때 부르겠다고 했다. 래난은 다음 날 아침 시러큐스로 가는 비행기에 앉아 있었고 그날 밤 피제리아 우노의 바에 앉아 혼자 저녁을 먹었다.

트리플A로 돌아온 걸 환영합니다.

애틀랜타와의 경기에서 이긴 후 13일 후에 래난은 워싱턴에서도 같은 전화를 받았다. 이번에 더블 헤드는 시즌 초기 우천으로 연기된 마이애미 말린스와의 경기였다. 래난은 오후 경기에서 투구했다. 그는 6회에서 3점을 내주었지만 이번엔 8대 3으로 이겼고, 시러큐스로 비행기를 타고 돌아왔다.

"그때 즈음엔 그들이 부를 거라는 추측은 더 이상 하지 않았어요. 메이저에 5명의 선발 선수가 아무 문제가 없는 한 저는 그냥 시러큐스에 있는 거죠. 팀은 결정을 4월에 했었고 그때는 모두 잘 던졌으니까요."

하지만 그것은 정확히 사실이 아니었다. 5번째 선발 자리에서 래난을 물리친 로스 디트와일러는 잘 던졌다. 하지만 내셔널스가 에이전트 스콧 보라스에게 크게 사기를 당해서 겨울 동안 1,100만 달러를 쏟아 부은 에드윈 잭슨은 확실히 썩 잘 던지지는 않았다. 보라스는 팀 사장 테드 러너를 설득해 잭슨을 또 다른 보라스 고객인 스티븐 스트라스버그의 예비 선수로 두게 했던 것이다.

보라스는 이미 내셔널스의 단장 마이크 리조를 설득해서 2010년에 스트라스버그가 팔꿈치 인대 접합 수술을 했으니 다시 재발되지 않도록 2012년에 160회를 투구한 후에는 쉬도록 하게 했다. 그리고 보라스는 사장에게 래난이 자리를 채울 수도 있었던 아니면 더 잘해낼 수도 있었던 역할을 잭슨이 대신하게 하면서 1,100만 달러를 쓰게 했던 것이다.

강등되었던 4월에 기분이 좋지 않았던 래난은 8월까지 체념하고 있었다. 그는 시러큐스로 돌아갔고 그의 투구에 대해 투수코치 그렉 부커와 계속 연구하고 있었다. 그 시즌 마지막 2번의 트리플A 선발 등판에서 그는 무실점으로 마감했다. 그리고 내셔널스가 9월 초에 스트라스버그를 쉬게 하려 하면서 8월 말 마침내 빅리그로 호출되었다. 그는 24시간 이상 메이저에서 경기할 수 있어서 행복했다. 시러큐스에서의 여름은 길었다.

인터내셔널 리그에서 메이저리그로부터 호출을 기다리지 않는 사람이 있다면 그건 바로 랜디 모블리 회장이다.

모블리는 평생을 오하이오에서 지냈고 성인이 된 후로 마이너리그에서 일하며 보냈다. 그는 신시내티의 북쪽으로 48km 떨어진 해밀턴에서 자랐고, 콜럼버스에서 북동쪽으로 26km 떨어진 오터베인 대학에서 학위를 받았고, 오하이오 주립대학에서 MBA 학위를 땄다. 오하이오에 있는 동안, 그는 콜럼버스 클리퍼스에서 인턴으로 일을 하다가 인터내셔널 리그 사무실에 채용되었다. 그때가 콜럼버스에서 남서쪽으로 16km 떨어진 그로브시에 있을 때였다. 그는 1990년 리그 회장이 된 후, 사무실을 콜럼버스로 다시 옮겼다.

그가 오하이오 주 밖으로 전혀 나가 보지 않았다는 소문이 있는데 그건

| 랜디 모블리

사실이 아니다.

"그래도 저를 중서부 사람이라고 묘사한다면 정확한 표현입니다."

모블리는 54세이고, 나이 보다 젊어 보이는데, 아마도 자신의 삶에 완전히 만족하며 살기 때문일 것이다. 그와 부회장 크리스 스프라그 둘이서 리그 사무실을 꾸려 가는데, 그 둘이 리그를 운영하는 방식에 불평하는 사람은 거의 없다.

"저는 아주 운이 좋았죠." 그는 콜럼버스에서 어느 편안한 여름밤에 거의 꽉 찬 헌팅튼 구장을 둘러보며 말했다. "저는 이 리그에서 성장했고 아주 젊었던 서른두 살때부터 이 리그를 운영했습니다. 일이 해마다 많이 바뀌기 때문에 하고 있는 일이 여전히 재미있어요. 전혀 지겹지가 않아요."

모블리는 30년 전 클리퍼스에서 처음 일한 이후부터 변화를 보아왔다. 그 당시에 그들은 도시의 변두리 I-70번 도로 오른편에 있는 쿠퍼 스타디움에서 일했다. 이 야구장은 예전 콜럼버스 레드 버즈의 첫 홈으로 계속 있었고, 그 도시가 트리플A팀 없이 6년을 보낸 후 1977년 클리퍼스가 오기 전엔 콜럼버스 세나터스의 홈이었다.

"이 구장은 지난 몇 년 동안에 지어진 모든 구장들처럼 마이너리그가 얼마나 발전해 왔는 지를 보여주는 상징입니다. 여러분이 불스 더럼에서 본 것은 정말이지 더 이상 존재하지 않아요. 사실 여러분이 마이너리그를 더 이상 부시리그(bush league)라고 부를 수는 없을 겁니다. 마이너리그가 메이저리그는 아니지만 부시리그와도 거리가 있어요."

헌팅턴은 현대 마이너리그 구장의 원형이다. 그것은 도시의 스카이라인을 이루는 배경으로써 콜럼버스 중심지에 있다. 이 구장은 한 은행의 이름을 따서 지었다. 2009년 구장이 개장됐을 때 이 은행은 12년 동안 명명권으로 2,300만 달러를 지불했다. 구장의 수용 인원은 1만 100명이지만 외야 담장 너머 잔디로 덮인 구역이 있어서 한 경기당 최대 수용 기록은 1만 2,517명이다. 구장은 모든 현대적 편의시설과 기업 부스들, 외야 담장 너머에 있는 회사 이름이 새겨진 '현관' 모양의 광고판들이 있다. 프랭클린 카운티는 7,000만 달러를 들여 야구장을 건립하여 유지하고 있다. 클럽하우스들, 특히 홈 클럽하우스는 대부분 메이저리그 구장에서 원정팀 클럽하우스로 여겨질 수 있는 정도다.

클리퍼스 클럽하우스가 탁구대를 설치했다는 사실은 마이너리그 생활이 얼마나 편안한 수준이 됐는지를 보여주는 완벽한 예이다.

"그렇지만 뚜렷한 이유로 마이너리그는 누구도 그리 오래 머물고 싶어 하지는 않는 곳이죠. 야구 선수나 심판, 방송인들에게 메이저리그와의 금전적인 격차는 여전히 매우 큽니다. 하지만 마이너리그로 다시 내려오는 일이 예전에 그랬던 것만큼 그리 문화적 충격이 크진 않아요."

모블리는 1998년 마이너리그 재편성을 주도하며 현재의 리그를 만들었다. 인터내셔널리그, 아메리칸 연합, 퍼시픽코스트리그 3개의 트리플A리그가 있던 자리에 1998년 대개편을 통해 사실상 아메리칸 연합 리그를 흡수 합병하면서 지금은 두 개, 인터내셔널과 퍼시픽코스트리그로 바뀌었다.

2006년 이래로 이 두 개 리그에서의 각 우승팀이 단판 승으로 겨루는 '내셔널 챔피언십'을 주최해 왔다. 그 경기는 기본적으로는 시즌을 좋은 성적으로 보낸 트리플A 선수들에겐 자신들을 알리는 공개 행사였다. 모블리가 말했듯이, 비록 그 경기가 이긴 팀의 선수들에겐 2,000달러, 진 팀의 선수에겐 1,000달러라는 추가적인 돈을 지급하긴 하지만 말이다. 1년에 6달 일하고 한 달에 8,000~1만 5,000달러를 버는 선수에게는 단판 승 보너스로는 나쁘지 않았다.

"저는 완전히 저에게 딱 들어맞는 그런 틈새를 일찍 찾아낸 운 좋은 사람들 중 하나입니다. 제 가족은 다 자란 아이가 둘 있는데, 둘 다 여기서 자랐고 또 저는 함께 일하는 사람들을 좋아해요. 아마 저는 빅리거가 되려는 열망이 없는 유일한 마이너리거일 겁니다."

이제 그를 부시리거라고 부르지 말자.

33

톰코와 린지

결코 끝나지 않을 이야기

브렛 톰코는 다시 유니폼을 입게 됐다.

데이비드 벨 감독이 레즈가 톰코를 루이빌에서 방출할 거라는 얘기를 듣고 톰코는 집에 가서 야구 선수로서 생명이 다한 게 아닌지 생각했다. 루이빌은 그의 직업 투수로서의 18년 경력 중 25번째 정착지였다. 10곳은 메이저였고, 15번은 마이너였다. 아마 그게 마지막 숫자였을지도 모른다. 수하물 컨베이어 벨트를 확 뛰어넘어야 할 시기였는지도. 아니면 그 반대일지도.

그는 일주일 동안 피닉스에 있는 집에서, 이제 한 달만 있으면 막 세 살이 되는 쌍둥이와 아내 줄리아와 함께 지내고 있는데, 전화가 왔다. 에이전트 조 롱고였다. 애리조나 다이아몬드백스가 시즌 남은 기간 동안 톰코와 계약하고 싶다는 거였다. 톰코는 다이아몬드백에서 전화가 온 것에 그리 놀라지는 않았다. 데이비드 벨 감독이 팜 디렉터(farm director)인 동생 마이크에게 톰코 얘기를 잘해 뒀다는 걸 알고 있었다.

그렇다 하더라도, 롱고가 '애리조나' 하고 발음하는 몇 초 동안 톰코는 강력한 폭풍이 자신의 뒷마당에 착륙하는 것 같았다. 그는 일을 제의받았을 뿐 아니라 다이아몬드백스는 바로 그곳 피닉스에 있었다. 톰코는 자신의 집에서 지내며 다시 공을 던질 수 있었다.

그러다가 바로 현실로 돌아왔다. 다이아몬드백스가 제의한 것은 앨라배마 모바일로 가는 것이었으며, 자신의 뒷마당에서 2,240km나 떨어진 곳이고 게다가 더블A 남부 리그였다. 톰코는 한숨을 쉬며 짐을 꾸려 앨라배마로 가는 비행기에 몸을 실었다.

톰코는 루이빌을 떠나기 전 벨 감독에게 얘기한 대로, 아직 투구할 수 있다고 믿었고, 모바일에서 공을 던지자 연속 두 번 등판에 좋은 성과를 올렸다. 전에 루이빌에서 잘 던질 때도 그렇지 않았는데 여기선 몇 번 이기기도 했다. 다이아몬드백스가 그걸 알아챘고 8월 24일에 톰코를 리노로 불러올렸는데, 리노는 퍼시픽코스트리그 플레이오프전을 놓고 다투고 있었다.

"모든 게 아주 빨리 일어났어요. 8월 1일에 저는 루이빌 최하위 팀에서 투구하고 있다가 다음 날 방출됐고, 3주 후에는 모바일로 갔고 그리고는 굉장히 중요한 경기를 하고 있던 팀에서 투구를 하느라 리노에 있었죠. 경기장은 관중으로 가득 찼고, 또한 경기장 시설도 좋았어요. 그리고 가장 중요한 점은 제가 여전히 야구를 하고 있었다는 겁니다."

그는 야구 경력 27번째 도시에서 경기를 하고 있었다.

톰코는 다이아몬드백스가 9월에 빅리그로 그를 부르리라고는 기대하지 않았다. 하지만 전에 레즈를 도울 수 있다고 생각했던 것처럼 보탬이 될 수 있다고 믿었다. 그렇다 해도 그는 39세였고 한 달 전쯤엔 방출됐었다. 그래서 호출될 가능성이 있다 해도 아주 희박한 상황이었고, 8월 말 트리플A에서 그런 가능성을 찾아보기는 힘들었다.

그래서 그는 머리를 숙이고 계속 노력했다. 플레이오프가 시작되기 전에 리노에서 두 번 선발로 뛰었다. 그 두 번 선발은 루이빌에서와 많이 비슷했다. 즉 꽤 괜찮았지만 톰코가 만족할 만큼은 아니었다. 더욱이 에이스가 새크라멘토를 맞아 포스트시즌을 시작했을 때 톰코는 플레이오프 명단에 올랐다. 그리고 새크라멘토는 그리 놀랄 일도 아니지만, 예전에 톰코가 투구했었던 팀이었다.

"한번 부딪쳐 보자 생각했죠. 제가 투구해 보지 않았던 팀도 별로 없는걸요, 뭐." 그는 농담을 했다.

플레이오프 시리즈 1차전은 쉬는 날 없이 5전 3선승제이다. 어느 팀의 감독이라도 누구를 3일간 쉬게 하고 다시 등판시키지 않는 한 5명의 선발 선수가 필요했다. 일반적으로 말하면, 그것은 포스트시즌이라도 마이너리그에는 좋지 않은 소식이었다. 에이스의 브렛 버틀러 감독은 톰코에게 경기가 5번째까지 가게 되면 그때 5번 선발로 나가서 잠깐 쉬고 있는 선발 찰스 브루어를 대신해 뛸 거라고 알려줬다.

즉 그 시리즈가 5번째까지 가면 톰코가 공을 던질 수 있게 될 것이다.

그는 여전히 경기를 하고 있는 셈이었다.

메이저리그 야구에는 8월을 보내는 두 종류가 있다. 하나는 팀이 각축전을 벌이는 상태여서 매일 구장이 가득 차거나 거의 차거나 할 때이다. 덥겠지만 거의 더운 줄도 모르고 지내는데, 경기마다 아주 중요하고 건물에서 나오는 불빛이 관중들을 아드레날린으로 흠뻑 젖게 해 주기 때문이다.

"그런 경기를 홈에서 치른다면 관중의 함성과 함께 그 순간 느끼는 것은 오로지 흥분뿐입니다."

6월 초 팀 없이 있다가 8월 초 볼티모어에서 좌익수로 선발 출전했던 네이트 맥로스가 말했다. 오리올스는 15년 만에 처음으로 격전을 벌이고 있었고 팬들도 막 알아채기 시작했지만, 매일 밤 캠던 구장에서의 느낌은 앞선 14년 동안의 8월 밤과는 사뭇 달랐다.

오리올스는 그전까지와는 다른 8월을 보내고 있었다. 오후의 중반쯤에 야구장으로 들어가서 더 심할 경우 낮 경기를 위해 오전 중에도 경기장으로 가서 마지막 순간까지 에어컨이 켜진 클럽하우스에 머무는 그런 날들이었다. 이렇게 8월을 보내는 동안, 선수들은 자신에게 여전히 야구를 할 이유가 많다고 생각할 것이다. 예를 들면 여러분의 미래나 자신감 그리고 매일 밤, 심지어 팀이 아무 성과 없는 경기를 할 때에도 변함없이 나타나는 팬들.

하지만 구장을 침묵으로 채운 채 경기하는 것은 힘들다. 예를 들면 뉴욕 메츠가 '시티필드'라고 불리는 구장에서 경기하지만 쇼 사회자가 스티브 소머즈인 뉴욕 라디오 토크쇼 '시체 보관소'에서 녹음된다고 생각해 보면 정말 재미없는 일이다.

"이런 조용한 시즌을 보낼 때 유일하게 좋은 점이 있다면 사람들에 대해 많이 알게 된다는 겁니다. 중요하지 않은 경기라도 경기장에 운동하러 오는 사람들은 계속 주위에 두고 싶은 사람들이에요. 마음속으로 벌써 포기한 사람들을 원하진 않습니다." 메이저리그 감독 33년 동안 그런 시즌을 몇 번 겪어보지 못한 토니 라 루사 감독이 말했다.

"물론 그들은 모두 빅리그에 있고, 큰돈을 벌고 빅리그 생활을 합니다. 그게 확실히 다 나쁜 것만은 아니에요."

팀의 성적에도 불구하고 트리플A의 8월보다는 훨씬 나았다. 찰리 몬토요 감독이 선수들에게 계속 반복하는 주문은 "8월 날씨는, 이기고 있으면 지고 있을 때보다 덜 덥다."인데, 어느 정도까지는 사실이었다.

몬토요 감독은 경기 중인 팀의 감독으로 트리플A에서 8월을 5번 보냈다. 그는 2012년을 승률 0.500 아래인 팀과 함께 8월까지 지내고, 9월 3일 시즌이 끝나는 대로 가방을 챙겨 집으로 가려고 했다.

"매일 경기장에 나와서 최선을 다해야 합니다. 선수들을 위해 그렇게 해야 합니다. 몇몇 선수는 9월에 메이저로 불려갈 거예요. 그들은 그 기회를 얻기 위해 열심히 노력하거든요. 그게 선수들이 지금 경기를 열심히 하고 있는 이유입니다. 그렇게 하면 내년에도 분명히 일을 얻게 됩니다."

몬토요 감독이 말했다.

존 린지가 8월에 경기하는 것도 그 이유 때문이다. 그는 2012년 시즌 초기에는 메이저리그 팀에서는 일이 없다가 6월이 돼서야 멕시코 라구너를 경유해서 톨레도로 가게 됐다. 머드헨스는 경쟁력 있는 팀도 아니었고, 린지도 99% 9월에 타이거스로 호출되진 못할 거라고 확신하고 있었다. 노장 선수가 9월 호출을 받을 경우 대부분 보상으로 한 달 동안만 메이저에 있게 하려는 것으로 주로 경쟁력 없는 팀에게 보낸다. 타이거스는 아메리칸 리그 중부 지구에서 필사적으로 싸우고 있었고 늦은 시즌에 필요한 사람은 구원투수와 수비수였다.

린지는 던질 수도 없었고 특별히 좋은 수비수도 아니었다. 그는 자신의 시즌이 톨레도에서 끝나겠구나 생각했다. 그러면서 중요한 문제는 2013년엔 어느 팀에 있게 될까였다.

"마지막 몇 달 동안 좋았던 일이라면 아직 칠 수 있다는 것, 힘이 실린 타격을 보여준 것이라 생각합니다. 지난 오프 시즌 동안 제가 한 경기가 증거가 될 수 있을 거예요. 몸무게가 줄어든 만큼 기록에 속도가 붙었거든요. 내년에 누군가가 제게 일자리를 줬으면 하고 바랍니다."

린지는 자주 클린업을 치면서 머드헨스의 주전 지명타자가 되었다. 그는 팀에 일단 합류한 이래로 65경기에서 15홈런과 47타점으로 응답해 줬다. 이 숫자들로 전체 트리플A 시즌을 셈한다면 린지는 대략 33홈런에 105점을 얻게 되는 거다. 사람들의 관심을 끌 만한 기록이다.

린지는 오프 시즌이면 나이가 36세가 될 터인데도 그를 좋아하게 만드는 뭔가가 있다.

"클럽하우스가 존 린지 같은 사람으로 꽉 찬다면, 감독 일이 세상에서 제일로 쉬울 겁니다. 린지는 매일 제일 일찍 나오는 선수에요. 시키는 것을 정확하게 하고 젊은 선수들이 친하게 지내면 좋을 본보기가 되는 선수입니다." 2012년 후반기 린지의 감독이었던 필 네빈 감독이 말했다. "트리플A에서는 이슈가 될 만한 얘기죠. 가끔 나이 든 선수들이 인생에서 그들의 불운에 계속 화를 내면서 걸레질을 합니다. 린지는 그들과는 정반대였어요."

물론 이유가 있긴 했다. 린지는 메이저리그에서 22일을 보냈고, 마이너에서는 총 18년을 보냈다. 한 선수가 '메이저리그 태도'가 몸에 배는데 열흘이 걸린다는 토니 라 루사 감독의 이론에도 불구하고, 린지는 전혀 그렇지 않았다. 그는 많은 시간을 다른 데 쏟았는데, 바로 그의 성장을 늦추게 했던 시력 문제가 있었고, 독립 리그에서의 수년, 멕시코에서의 반 시즌 등 그래서 그는 톨레도에 있게 된 것이 감사했다.

"저의 프로야구 선수 생활 중에서 여느 시즌만큼 이번 시즌을 즐겼습니다. 봄 훈련이 시작됐을 때는 어디에서 뛰게 될지 몰랐어요. 경기는 하고 싶었지만 기회가 있을지 자신이 없었습니다. 특히 이렇게 빅리그와 가까이 있는 기회는요. 내년에 제가 봄 훈련 이전에 계약을 하고 사람들에게 제가 여전히 할 수 있는 것들을 보여줄 기회를 가질 수 있다면……."

그의 얼굴이 웃음으로 일그러졌다. "말하기야 쉽지만 행동으로 하는 게 훨씬 어렵다는 걸 저보다 잘 아는 사람은 없는 것 같아요."

그렇다 하더라도, 린지는 부진의 늪에서 돌아왔다는 걸 안다. 그것은 라구나로부터 먼 길이었다.

34

삶의 단편

시러큐스

자크 듀크는 야구를 하는 다른 사람들처럼 '우연한 원정경기'의 실체를 잘 알았다.

그는 2005년 인터내셔널 리그에서 22세의 천재로 활활 타오르고 있었는데, 그때 피츠버그에서 전화가 왔다. 파이어리츠의 선발 투수 중 하나인 올리버 페레즈가 홧김에 클럽하우스에 있는 세탁용 카트를 차서 넘어뜨리는 바람에 엄지발가락이 부러졌다. 파이어리츠는 그를 대신할 사람이 필요했고, 6월 말까지 12승 3패에 자책점 2.32의 기록을 갖고 있던 그 젊은 왼손잡이를 대타로 원했다.

"재미있는 일은 제 전력은 최고와 최하가 빠르게 왔다갔다한다는 겁니다. 저는 2001년 선발전에서 파이어리츠에게 20차에 선발된 그다지 눈에 띄지 않는 선수로 시작했고, 그리고는 유망주가 되었다가 갑자기 팀의 미래를 결정하는 그런 사람이 되었죠." 듀크는 웃으면서 말했다.

"그리고는 땅으로 떨어졌어요." 그는 고개를 저었다.

2012년 8월 트리플A에 있는 선수들은 대부분 시즌 말까지 남은 날을 계산하고 있었다. 듀크는 예외였는데, 그는 시러큐스 치프스의 명단에 들어가 있어서 행복했고, 더욱 중요한 것은 자신이 다시 성공적으로 던질 수 있는 것처럼 느껴져서 좋았다.

"방출되면 사람들이 그것을 어떻게 표현하든, 무어라 말하든, 중요하지 않습니다. 결과는 해고됐다는 거니까요. 자신의 일에 충분히 적합하지 않다는 얘기죠. 그건 정말 끔찍한 기분이에요. 집에 가서 아내에게 '해고됐어, 쫓겨났어.'라고 말하는 것은 직업적으로 가장 밑바닥까지 가는 겁니다."

듀크는 2012년에 휴스턴 애스트로스가 그를 방출하면서 그런 일을 겪었다. "받아들이긴 싫지만 그들이 옳았다는 거죠. 저는 그럴 만했으니까요."

3월 27일 방출은 그가 내셔널리그 올스타가 된 지 3년이 채 안 되었을 때였다. 파이어리츠가 그에게 명단에서 중요한 역할을 하는 선수로 430만 달러를 지불하고 2년 후였다.

"그건 재빠른 상승에 긴 추락이었죠. 그 추락 동안 야구와 제 자신에 대해 많이 배웠습니다."

듀크는 텍사스 웨이코에서 자랐고 왼손잡이였기 때문에 어느 정도는 유망주였고, 또 10대들을 묘하게 잘 관리했다. 그래도 그는 화염방사기는 아니었다. 듀크는 오히려 놀라운 일관성으로 제구를 하던 그의 소년 시절 영웅들 중 하나인 톰 글래빈과 비슷했다. 그것이 그가 선발되도록 하기엔 충분했지만 올스타가 되기엔 모자랐다.

"제가 2003년 노스캐롤라이나의 히코리에서 싱글A팀에 있을 때와는 정말 많이 바뀌었습니다. 저한테 맞는 틀을 찾았어요. 저는 어쨌든 기술적으로 완벽하진 않았습니다. 사실 제 몸을 너무 넘겨서 던졌거든요. 하지만 마운드에 섰고 제가 던지는 공이 정확히 어디로 가는지 알 수 있었습니다. 저는 꿈에서도 할 수 있을 것처럼 느꼈습니다."

| 자크 듀크

듀크가 2004년 두 마이너리그 도시에서 자책점 1.46으로 던졌을 때 그건 몽유병이 아니었다. 그 기록으로 그는 2005년 인디애나폴리스에서 자리를 얻었다. 다른 투수에 비해서 굉장히 빠른 상승이지만 속구가 거의 145km가 되지 않는 사람에게는 놀랄 만한 일이었다.

인디애나폴리스에서 듀크에게 두 가지 중요한 일이 있었다. 그는 계속해서 가볍게 타자들을 아웃시켰고, 결국 파이어리츠가 할 수 있는 가장 쉬운 결정인 호출을 받게 됐다. 그리고 그는 크리스틴 그로스라는 버틀러 대학에서 저널리즘과 연극을 전공한 여성을 만나게 됐다.

"그녀는 다양한 프로모션을 하는 필드 MC였죠. 그녀에게 3번 데이트 신청을 했습니다. 그녀는 3번 다 거절했어요. 마침내 그녀가 승낙했는데 바람을 맞혔습니다. 그녀에게 어떡하면 만나주겠냐고 물었더니, 그녀는 야구 선수와는 데이트하지 않는다고 하더군요. '저는 딱 한 번만 저녁이나 먹어요. 재미가 없으면 다시는 귀찮게 안 할게요.'라고 말했습니다."

그녀는 마침내 승낙했다. 야구 선수랑은 그리 오래 데이트하진 않았고 대신 결혼으로 마감했다. 그때쯤 그는 스타였다.

듀크는 7월 2일 페레즈를 대신해서 던졌다. 9명의 밀워키 브루어스 선수를 탈삼진 시켰지만 경기는 무승부였고 승점을 받지 못했다. 그의 다음 다섯 번 선발은 모두 승점을 얻어서 승패가 5대 0으로 시작하는 2번째 파이어리츠 투수가 되었다. 그의 7월 자책점은 0.87이었고 상대가 그레그 매덕스였을 때는 컵스를 3대 0 무실점으로 끝낸 것도 포함됐다.

"현기증이 났었죠. 기억해 보세요. 저는 클레스A에서는 2년간 투구를 못한 채 보냈는데, 지금은 파이어리츠의 명단에서 중요한 역할을 맡고 있거든요. 그땐 모든 것이 아주 쉬워 보였습니다."

그는 그 시즌을 자책점 1.81에 8승 2패로 마쳤다. 파이어리츠는 13시즌을 연속 패배하는 기록으로 마감한 실력이 좋지 않은 팀이었다. 듀크와 다른 젊은 투수 이엔 스넬은 2006년 파이어리츠의 포스트에 실리는 선수가 되었다. 할 일이 많았는데, 특히 아직 본격적으로 경쟁하기에 충분한 선수가 확보되지 않은 팀은 더 그랬다.

듀크는 승률은 나쁘지만 다음 몇 시즌을 형편없이 던지지는 않았다. 하지만 그는 신인 선수였을 때처럼 그렇게 두드러지지는 않았다.

"그것은 대다수의 타자들이 곧 새로운 투수의 투구에 적응하기 때문이기도 했어요. 하지만 어느 시점에 저의 정례화된 방법을 잃어버렸어요. 다시 똑같이, 무엇보다 제 자신의 투구를 다시 베끼려고 해 봤지만 그렇게 하고 있지 않더군요. 제가 애쓰고 있을 때, 대부분 사람들이 다 그렇듯 저는 뭘 좀 바꿔 보려고 했지만 그것은 적절하지가 않았습니다. 엉망으로 던진 것은 아니었지만 그냥 처음 메이저에서 던졌던 만큼 던지지는 못했죠."

중재 첫해인 2009년 듀크의 연봉은 220만 달러로 치솟았다. 그 시즌 그의 최종 성적이 11승 16패(다른 약팀에 있을 때)이긴 했지만, 그는 213회를 던진 일꾼이었다. 또한, 올스타팀에도 들어갔는데 요구대로 파이어리츠의 단독 대표로 참여했다.

"지금도 그때 클럽하우스를 둘러보면서 말했던 게 생각납니다. '여기 이 멋진 선수들이랑 같이 있다니!' 제가 정말로 그곳에 있었다는 걸 나중에 보여주려고 사진과 비디오를 많이 찍어 두었죠."

듀크가 웃으면서 말했다.

1년 후, 그의 연봉은 거의 430만 달러로 배가 되었지만 잘 던지진 못했다. 시즌 말쯤 듀크의 자책점은 5.72였고 파이어리츠는 듀크에게서 얻어낼 수 있는 걸 정확히 모르고 계속해서 큰돈을 쏟는 대신, 그를 오프시즌 동안 애리조나로 이적시켰다.

그곳에서 부상이 그를 괴롭히기 시작했다. 바로 전 시즌에 발뼈가 부러졌는데, 2011년 봄 훈련을 새 팀과 하기 위해 재활훈련을 서둘러 진행했다.

"제 생각에 새 팀은 좋은 경기를 펼칠 것 같은 그런 상황이었어요. 저는 오랫동안 지고 있는 팀에 있다가 잠정적으로 이길 것 같은 팀에 들어와서 신이 났죠. 승리의 맛이 필요했습니다. 4번째와 5번째 발가락의 발허리뼈에 금이 갔는데, 아마 너무 급하게 재활훈련을 끝내고 온 것 같았어요. 발을 내딛는 게 힘들었습니다."

"제가 처음부터 그렇게 세게 던진 것은 아니었어요. 저는 봄 훈련 동안 라인 드라이브로 연습했는데, 그것 또한 역행하는 결과를 낳았습니다. 인내력도 없었고요. 구속이 떨어졌고 자책점이 올라갔습니다. 참 안 좋은 조합이었죠. 저는 선발투수에서 구원투수진 중 2번째 왼손 투수까지 갔습니다. 제 전 프로 생활에서 구원투수로 투구해 본 적은 없었어요. 끔찍한 정도는 아니지만 그리 좋지도 않았습니다."

그는 2012년 팀의 명단에서 빈자리가 생길지 모른다고 생각하면서, 애스트로스와 마이너와 메이저리그 복수 계약을 체결했다. 하지만 그가 도착 보고를 캠프에 하는 순간부터 모든 게 잘되지 않았다.

"팀에선 예전에 제가 던졌던 걸 찾으려고 했죠. 매일 다른 코치가 다른 걸 시도해 보려고 했어요. 여기를 움직여라, 저기를 움직여라, 이 투구도 해봐라 이런 거였죠. 저는 '이봐요. 그만해요.' 이렇게 말하고 싶었지만 그럴 입장이 아니었어요. 그들이 제가 하는 걸 보고 저를 방출했을 때, 아무런 할 말이 없었습니다."

그는 집에 와서 아내와 같이 앉았다. 듀크가 먼저 이제 다른 걸 해야 할 시점인 것 같다고 말했다. 하지만 아내는 "토니 비슬리를 만나보는 게 어때요?"라며 괜찮은 생각을 내놨다.

비슬리는 싱글A팀 히코리와 더블A팀 알투나에서 듀크의 감독이었었고, 2008~2009년 파이어리츠의 3루 코치였다. 이제는 시러큐스에 있는 워싱턴 내셔널스의 트리플A팀을 감독하고 있었다. 듀크는 그에게 문자를 보냈다. 몇 시간 내로 시러큐스에서 듀크의 에이전트로 마이너리그에서 뛰라는 계약 제의가 왔다.

"저를 원하는 곳이 있었습니다. 그게 가장 중요한 것이었죠." 듀크는 말했다.

"제가 애스트로스와 계약하기 전 겨울에 사람들은 아직 정확히는 정해진 게 없었습니다. 그래서 저는 제가 방출되고 누가 오라는 데가 있을지 걱정되었습니다. 자신을 믿어 줄 사람이 딱 하나만 있으면 됩니다. 이것은 스포츠에서 아주 중요한 일입니다."

내셔널스와 계약하는데 보너스도 있었다. 그들의 마이너리그 이동 코치는 스핀 윌리엄스였는데 듀크가 파이어리츠에 있을 때 그도 그곳에 있었다. "스핀은 제가 전성기일 때 저를 봤어요. 저는 새로운 눈으로 저를 돌아봐야겠다고 생각했고 아마 파이어리츠에서 가장 잘 던질 때 제가 했던 투구로 다시 돌아가야 할 것 같았습니다."

듀크는 파이어리츠의 비디오 담당인 케빈 로치와 연락해서 2005년도에 자신의 투구 장면이 찍힌 비디오를 찾을 수 있는지 물었다. 로치는 윌리엄스에게 그것을 보냈고 듀크는 플로리다 비에라에 있는 내셔널스의 연장된 마이너리그 캠프에서 도착 보고를 했다.

"윌리엄스는 그 비디오를 봤어요. 저도 물론 봤고요. 그리고 우리는 문자 그대로 제가 했던 것을 똑같이 따라 하면서 거울 앞에서 연습했습니다. 사람들은 다 다르게 투구하죠. 이 사람에게 맞는 것이 다른 사람에게는 맞지 않아요. 사람이라는 요소가 포함되어 있기 때문에 누군가에게 완벽한 기술을 가르칠 수는 없어요. 어느 누구도 똑같은 투구 폼을 만들어 내거나 똑같이 던질 수 없습니다."

"저는 가장 잘 던졌을 때 했던 방법으로 돌아갔죠. 투수판 어느 지점에서 있어야 하는지, 내 몸을 약간 가로질러 던지는 것이 괜찮은지 알아내야 했어요. 제가 왔던 길을 다시 돌아가기 시작하자 꽤 빨리 갈 수 있었습니다."

몇 주 후, 듀크는 시러큐스에 보고할 준비가 되었다. 그는 계속해서 치프스의 투수코치 그렉 부커와 호흡을 맞추게 됐고, 윌리엄스는 가끔 들러서 그가 하는 걸 확인했다. 자신감이 되살아났다.

"저는 이 방식이 제가 하는 투구 방식 중 최상이라는 걸 제 머리로 재확인할 필요가 있었어요. 제가 하고 있는 걸 믿어야 했습니다. 제 자신에 대한 믿음을 잃었으니까요."

그는 웃었다. "제 전적이 다시 시작되는 것처럼 느껴졌습니다. 완전히 무너졌었거든요. 이 방법이 제가 해야 하는 것인지 확신할 수 없었죠. 지금은 그게 맞았다고 생각해요." 그는 잠시 멈췄다. "물론 그게 제가 해야 하는 것이 아니었다 하더라도, 뭘 다른 걸 할 수 있었겠어요? 제가 할 일은 이것뿐이었어요."

8월 중반쯤, 치프스의 두 주전 투수는 바로 존 래난과 자크 듀크였다. 둘은 나이도 비슷하여 듀크가 29세고 래난은 곧 28세가 될 것이었지만 래난은 2012년에 500만 달러를 받고 있었고, 성공적으로 시작했다. 그리고 그해 여름 메이저에서 두 번이나 이겼다. 듀크는 계약서의 마이너리그 부분에서는 10만 달러를 보증받았지만 그해 메이저에는 가지 못했다.

래난은 9월 1일에 메이저로 불려 갈 것을 알았는데, 특히 내셔널스가 스티븐 스트래스버그를 쉬게 하면 추가로 선발이 하나 필요하기 때문이었다.

듀크는 희망만 갖고 있었다.

"하지만 중요한 것은 제가 희망을 갖는 것입니다. 3월에 있던 곳에서 많이 발전했기 때문이지요."

35

롤로

받고 싶지 않은 전화

마크 롤로도 3월 이후로 먼 길을 왔다. 하지만 제대로 된 방향으로 가고 있는지 확신하진 못했다.

인터내셔널리그 시즌이 끝나가고 있을 때, 롤로는 좋은 소식과 안 좋은 소식을 듣게 되었다. 좋은 소식은 1차전 플레이오프 시리즈와 거버너스 컵 결승에서 주장을 맡게 된다는 것이다. 이것은 명예로운 일이며 인터내셔널리그 회장 랜디 모블리가 롤로의 일을 어떻게 평가하는지 알 수 있는 강한 암시였다.

안 좋은 소식이라면 메이저로는 호출이 없었다. 9월쯤 모든 빅리그 심판들은 휴가를 갔고, 몸이 안 좋은 심판이 있을 경우만 메이저로 호출을 받는다. 그런 일이 일어나면 틀림없이 명단에서 롤로보다 앞에 있는 심판들 중의 하나가 자신보다 메이저리그 경험이 훨씬 많은 사람이 가게 될 거라는 걸 롤로는 알고 있었다.

8월 29일 롤로는 그위닛에 있었다. 허리케인 이삭이 남서쪽과 걸프 해안을 강타하고 있었고 롤로는 전날 밤 우천으로 연기된 경기 때문에 그날 그위닛에서 열리기로 한 더블헤더가 열릴 수 없으면 어떻게 할지 대책을 논의하느라 모블리와 통화 중이었다.

일단 얘기가 끝나고 나자, 모블리는 롤로에게 안부를 물었다. 누군가 메이저로 올라갈 때마다 모블리가 심판 스케줄을 다시 짜야 하기 때문에 자연스럽게 모블리는 롤로가 두 경기 메이저로 불려 갈 것을 알고 있었다.

롤로는 조금 불안하다고 했다. 아직 겨우 2년째였지만 잘못된 길로 가는 것이 우연 때문인지 아니면 그게 중요한 점을 시사하는지 궁금했다. 바로 그때 모블리가 도움을 주게 되었다.

"내가 자네에게 뭘 좀 알아봐 줄까?" 모블리가 물었다.

롤로는 잠시 생각하다가 "네, 그래 주면 좋죠. 감사합니다." 그가 마침내 대답했다.

이틀 후 롤로는 자신의 감독관 크리스 존스로부터 놀라운 전화를 받게 된다. 롤로는 존스가 그 시즌 동안 자신이 일하는 것을 다섯 번이나 지켜본 것을 알았고, 그 경기들을 기준으로 롤로에게 얘기한다고 했다. 롤로는 초조하게 존스에게 듣고 싶다고 말했다.

존스는 "지금은 아니네. 심판 감독관들이 주말에 회의가 있어. 다음 주에 확실하게 얘기해 주겠네." 존스가 말했다.

롤로는 존스에게 졸랐다. "지금 감독관님이 어떻게 생각하고 있는지 알고 싶어요."

존스는 한숨을 쉬고는 알았다며 말했다. "솔직히 말해서 롤로, 자네는 호출 명단에서 가장 밑바닥에 있네."

롤로는 자신이 배치 면에서 상위 열 명에는 들지 않는 걸 알고 있었지만 5명인 3위 그룹에는 들지 않을까 생각했다.

"제일 아래 그룹이군요." 롤로가 말했다.

"아니, 자네는 바닥이네. 맨 마지막이야. 18명 중 18번째일세. 자네가 올해 한 것을 관찰해 본 결과 우리가 원하는 수준에 있지 않네."

날카롭게 톡 쏘았다. 롤로는 그게 맞는지 공정한지 생각하지 않았다.

"저는 이번 시즌 아주 잘했다고 느꼈는데, 다섯 경기를 기준으로 봤을 때 맨 아래에 있다는 거죠."

그것 말고도 더 있었다. 감독관들은 롤로의 체중에 대해, 앞으로 그게 무엇을 의미하는지도 걱정한다는 거였다. 또 결근에 대한 얘기도 했다. 2년 전 애리조나 가을 리그에서 롤로는 가까이 지내던 삼촌이 돌아가셔서 이틀을 빠졌다. 또 2011년 가을 둘째가 태어날 때 2주 빠진 적이 있었다.

"책임감에 대해 우려하고 있네. 자네가 빠진 시간이 경고 신호를 보내고 있네."

"책임감이라뇨?" 롤로가 화가 나서 말했다.

"태어난 제 아이를 보러 가을 리그에 빠져서요? 삼촌 장례식에 가느라 이틀 빠졌다고 저의 책임감을 의심하신다는 겁니까?"

"이틀 이상인 줄 알았는데 우리 기록이 잘 못 됐나 보네."

"딱 이틀이에요. 그게 다라고요."

"아마 기록이 잘 못 됐나 보군."

롤로는 존스에게 그의 등급이 정확히 존스만의 의견인지 아니면 모두 의견 일치가 된 것인지 물었다.

"이보게. 한 사람의 의견만으로 자네를 내보내거나 들이거나 하진 못하네. 일하는 방식이 그렇지는 않아."

롤로는 다음 질문을 하고 싶지 않았다.

"방출될 것 같은 가요?" 마침내 물었다.

한참 동안 아무 말이 없었다. "그럴 가능성이 있네." 존스가 대답했다.

롤로는 숨이 빠져나가는 걸 느꼈다. 그는 메이저로 자주 호출되지 않는 것에 걱정하고 있었지 자신이 직업을 잃게 될 거라는 건 생각도 해보지 않았다. 롤로가 아무 말이 없자, 존스는 롤로가 나중에 이름 붙였던 '작별 연설'로 들어갔다.

"존스는 이렇게 말하는 것이 이 직업의 가장 힘든 부분이라면서 제가 있어야 하는 데서 얼마나 멀리 있는지에 대해 얘기했어요. 예상한 대로 '정말 당신을 좋아하지만 해고되었습니다.'와 같은 전형적인 연설이었죠."

"기가 막혔죠. 갑자기 제대로 된 정규직 일자리를 찾아봐야겠다는 생각이 들었습니다. 저는 더 이상 심판이 아닐 거고 빅리그에도 가지 못할 거였어요. 존스는 제 꿈이 끝났다고 딱 잘라 말해줬어요."

"참 쓰라린 일이었어요. 암울했지요. 하지만 후련한 느낌도 없지 않았습니다. 적어도 계획을 다시 세워야 한다는 것, 나이 서른이 넘어서 어디서 어떻게 제 삶을 시작해야 할지 생각해야 한다는 건 알겠더라고요."

그는 웃었다. "단지 좋은 점은 제 아내가 가슴 설레게 될 거라는 것이었습니다. 집에선 제대로 된 남편과 아버지가 될 수 있고요. 저와 얘기하면서 아내가 카트를 미는 것을 그려보았고 그래서 조금 기분이 나아졌습니다."

"심판 일은 절대 쉬운 직업이 아니에요. 빅리그에서 일한다면 돈은 많이 벌 수 있고 잘 지낼 수 있겠죠. 저는 불리함을 잘 극복합니다. 메이저에 풀타임으로 일하기 위해 1/100의 기회로부터 시작해서 1/3까지 갔어요. 제가 했던 일과 만났던 사람들에 대해 만족합니다."

"그날 전화를 끊고 많은 걸 생각해 봤습니다. 모든 일들이 사실이었기 때문에 믿을 수밖에 없습니다." 그는 잠시 멈췄다.

"하지만 그 말이 상처가 되지 않았다고 말한다면 거짓말입니다."

36

3월부터 9월까지

트리플A 시즌의 끝은 빨리 온다. 일단 8월이 시작되면, 모두 한쪽 눈을 문에 고정시킨다. 그것은 대부분 팀에서 6분의 1 정도 되는 기회를 잡을 9월 메이저리그로의 호출인지 아니면 집으로 갈 것인지가 결정되기 때문이다. 플레이오프전에 뛸 수 있다면 좋기도 하고 나쁘기도 하다. 즉 추가로 돈을 더 벌게 되고 지게 되는 경기보다는 이기는 경기가 더 많다. 하지만 이동하면서 몸이 지치고, 궁극적으로는 빅리그와 관련이 없는 경기에서 뛰는 일이기도 하다.

"저는 플레이오프가 시작되기 전에 선수들 모두가 불려가기를 원합니다." 스크랜튼 윌크스배리의 데이브 마일리 감독이 말했다. "이곳을 떠나는 누구와도 경기를 하게 될 겁니다. 모두 여기 마이너리그에서 포스트시즌에 경기하는 것보다는 메이저리그 벤치에 앉아 있는 게 낫지요."

마일리의 희망은 거의 이뤄졌다. 8월 31일 밤, 그의 팀이 포터킷에서 홈경기를 치르고 난 후에 마일리의 선수 중 6명이 9월에 호출된다는 얘기가 나왔다. 그들은 몇 시간 내로 모두 포터킷에서 나와서 양키 스타디움으로 향했다. 그러자 팀이 포우삭스와 5경기 차로 북부 지구 우승을 획득한 후,

인터내셔널 리그 그해의 감독으로 확실히 선택될 예정이었던 마일리 감독은 플레이오프가 시작되기 4일 전에 명단을 재조정해야 했다.

"호출받은 선수들은 더할 나위 없이 행복할 겁니다." 그는 말했다.

여섯 선수 중 가장 행복한 선수는 크리스 디커슨일 텐데, 그는 그 시즌 초기에 매우 화가 나 있었다. 그것은 그가 메이저에 들어가지 않아서가 아니라 이른 봄 훈련에서 마이너로 내려가게 됐을 때, 40명 명단에서 빠져 있었기 때문이었다.

디커슨은 그 시즌 내내 자신의 운에 대해 조용히 속을 끓이면서 보내긴 했지만 경기를 잘해서 양키스가 다시 그를 40명 명단에 넣었고 결국 호출받을 수 있었다. 팀들은 꼭 그래야 할 때가 아니면 9월 전에 40명 명단에서 선수들을 옮기는 걸 좋아하지 않는다. 그것은 명단에서 빠진 선수들이 의무 면제가 되면 다른 팀이 그 선수를 요구할 수 있기 때문이다. 양키스는 명단이 확장되면 9월에 디커슨이 팀에 도움이 될 거라고 결정하고 40명에 포함시켰고, 그래서 메이저로 갈 수 있게 되었다.

"팀이 그렇게 결정한 이유는 오직 하나 타율 0.316 때문이었죠." 그가 7월 어느 밤에 말했다.

디커슨이 그 당시 스크랜턴 윌크스배리에서 올린 타율이었다.

스크랜튼의 6명 모두는 토요일 오후, 아메리칸리그 동부 지구 우승을 위한 레이스에서 양키스를 힘겹게 하고 있던 볼티모어 오리올스와의 맞대결을 위해 양키 구장에 도착했다. 양키스는 69승 93패로 시즌을 보내고 있는 레드삭스에 대해선 걱정할 필요가 없었지만, 오리올스가 성가시게 바짝 뒤를 쫓고 있었다.

일요일 아침에 디커슨은 클럽하우스로 들어갔다. 명단을 확인하고 자신이 중견수와 8번 타자라는 걸 알았다. 커티스 그랜더슨은 하루 전날 오금줄이 삐끗해서 조 지라디 감독이 디커슨이 클럽하우스를 나가기 전에 그가 일요일 라인업에 오를지 모른다고 얘기해 줬다.

"조 감독은 늘 그렇게, 저를 선발로 쓸 것 같으면 미리 귀띔을 해 줍니다. 제가 토요일에 가려고 하고 있을 때 '준비해 둬' 라고만 말했어요. 당연히 준비가 되었죠." 디커슨이 말했다.

디커슨의 2012년 메이저리그 첫 타석은 2회 말에 오리올스의 우완 투수 크리스 틸만과의 맞대결로 시작되었다. 포수 러셀 마틴이 1루에 있었다. 볼 카운터는 2대 1이었고, 틸만은 디커슨의 손에서 공이 커트되게 하려고 애썼다. 하지만 그렇게 되지 않았다.

틸만의 투구를 예상한 디커슨이 공이 커트되기 전에 배트를 히팅 존으로 집어넣었다. "공이 배트에 맞자마자 꽤 많이 날아갔다는 걸 알았죠. 날아가는 공을 보니 기분이 짜릿했어요. 홈런이었습니다."

공은 센터와 우측 필드 사이로 날아갔고 양키스가 2대 0으로 앞서게 되었다. 디커슨이 베이스를 돌 때 그의 발이 거의 땅에 닿지 않았다.

"제가 평생 쳐본 홈런 중에서 그런 느낌은 처음이었어요. 어릴 때 쳤던 홈런도, 2008년 메이저에서의 첫 홈런도 그렇지 않았거든요. 제 몸에서 아드레날린이 마구 솟구쳐 나왔습니다. 그해 홈런을 치고 사람들이 환호해주고 첫 타임업에 나온 이후 다시 그 경기장으로 돌아가는 것은……."

그는 멈췄다. "말로 다 설명할 수 없는 일입니다. 적절하게 표현하기 힘든 감정이에요."

그가 베이스를 돌던 그 밝게 빛나던 일요일 오후에, 디커슨은 2012 시즌 동안 호텔방에서 지낸 외로운 밤으로부터 아주 멀리 와 있었다. 그는 그가 속해 있다고 믿었던 곳으로 돌아왔다.

스콧 엘라튼은 선발에서 딱 한 번만 빠진 채 오금줄 부상에서 회복되어 마운드로 돌아올 수 있어서 기뻤고, 2012년 그의 6번째 경기에서 마침내 이겼다. 하지만 리하이밸리에서 그 시즌의 마지막 며칠을 긴장을 푼 채 지켜보면서 그는 피할 수 없는 우울함을 느꼈다.

"그 시즌에서 두 경기 남은 상태에서 우리가 플레이오프에 나가지 못하게 되는 걸 알자, 저는 그 시즌의 마지막 경기인 월요일이 실제 경기에서 제가 던져 보는 마지막이 될 수도 있다고 생각했습니다. 2013년은 어떨지 전혀 예상할 수 없었으니까요."

"사실 출발은 좋았는데 바로 벼랑으로 떨어진 거죠. 원하는 대로 생각할 수 있지만 그게 실제 일어났던 일이에요. 저는 그 일에 대해 많이 생각했습니다. 그 시즌을 아주 잘 시작하고 나면 5월 중순에 메이저로 호출될 수 있는 진짜 기회가 있을 거라고 생각했어요.

필라델피아에 부상당한 선수가 있었기 때문에 기회가 바로 왔습니다. 그러나 결국 그들은 40명의 명단에서 누군가를 빼고 단지 몇 번의 선발을 위해서 저를 집어넣을 필요는 없다고 결정했어요. 이해는 했지만 완전히 실망했죠. 그 일이 제게 감정적으로 영향을 미쳤는지는 모릅니다. 하지만 그 후 몇 달 동안 예전과 같지는 않았어요. 저는 곧 37세가 될 거고 팀들이 올해 저의 기록을 볼 텐데 강한 인상을 줄 만한 게 별로 없었거든요. 저는 그동안 여러 번 잘 던졌고 여전히 던질 수 있다고 믿습니다."

"제가 잘못 생각하고 있을 수도 있지만요."

마지막 며칠 동안 엘라튼은 동료들을, 특히 나이 든 동료들을 찾아다니며 야구 인생에 대해 선수 생활이 얼마 안 남았다고 느낄 때, 그들의 경험이나 느낌에 대해 얘기하면서 시간을 보냈다.

"그건 '삶의 의미' 같은 종류는 아니었습니다. 전혀 그렇진 않았고요. 그저 마이클 스파이데일이나 피트 오르 같은 저만큼 나이가 많지는 않지만, (스파이데일은 30세, 오르는 33세) 잠시 가까이 지냈던, 그리고 저 같은 경우엔 남아 있을지 모르겠지만, 어쨌든 선수 생명이 얼마 남지 않은 걸 알고 있는 그런 선수들과 둘러앉아 있는 거였습니다. 그런 대화를 통해 모든 부침에도 불구하고 제가 아주 운이 좋은 사람이었다는 걸 깨닫게 되었어요. 또한, 더 이상 야구 선수로서 살아갈 수 없는 때가 온다는 것, 감당하기 힘들지만 그런 때가 온다는 사실에 대해 저도 다시 생각하게 되었죠. 그래서 우리 대부분은 할 수 있을 때까지 야구를 꼭 붙들고 있으려 하는 겁니다."

시즌의 마지막 날은 비가 오고 으스스하게 시작됐다. 경기는 1시에 예정돼 있었고 엘라튼은 일찍 클럽하우스에 와 있었다. 차에는 짐이 실려 있어서 경기가 끝나고 샤워를 하고 작별 인사를 하자마자 바로 서부로 운전해 갈 계획이었다.

일기예보는 종일 비가 올 거라고 했다. 하지만 아이언피그스는 매진시켜준 관중들을, 그중 얼마의 관중이 오더라도 집으로 돌려보내고 싶어 하지 않았다. 겨울 동안 경기가 없기 때문에 그전에 한 번 더 야구 경기를 볼 수 있도록 가능한 모든 조치를 취하려 했다.

클럽하우스에 앉아 있는데 엘라튼은 한 번만 더 공을 던지고 싶다는 생각이 간절했다. 그는 그 시즌의 대미를 연속 두 개의 훌륭한 등판으로 화려하게 끝내고 싶었고, 사람들에게 그가 절벽을 건널 때 잃어버렸던 것이 무엇이었건 다시 찾아냈다는 걸 보여주고 싶었다.

하지만 그것 말고도 다른 생각이 더 있었다. 비가 계속해서 내렸고 엘라튼은 야구 유니폼을 입는 마지막이 될지도 모른다는 생각이 계속 들었다. 그는 더그아웃으로 걸어 나와서 잠시 비가 오는 걸 바라보면서 혼자 앉아 있었다. 한 번 더 던지기에는 전혀 적합하지 않은 날씨라고 생각하면서.

"사람들은 최대한 기다릴 겁니다. 하지만 경기를 하기엔 위험해지는 시점이 있어요. 누군가 다칠 수도 있는 위험이 있는데도 경기를 진행하는 건 말이 안 되는 얘기죠."

엘라튼에겐 의미 있을지 몰라도, 전체적으로 봤을 땐 의미 없는 일이었다. 엘라튼이 이것저것 곰곰이 생각하고 있는데, 존 수오미가 더그아웃으로 왔다. 수오미는 한 달 후면 32세가 되는데, 마이너리그에서 11년 동안 뛰고 있었다. 이번이 리하이밸리와의 4번째 시즌이었고, 트리플A에서 있은 후로 가장 오랫동안 머물고 있었다. 수오미는 그날 오후 이후 자신의 미래에 대해 아무것도 확신할 수 없었다.

엘라튼은 야구 없는 삶이 어떤 것인지 벌써 한 번 겪어 봤었고, 그래서 고민하고 있었다. 어떤 면으로는 자신이 말허리를 끊고 떠나버린 것 같았는데, 술과 건강 문제가 미래에 대한 준비를 다 마치기도 전에 그를 떠나도록 몰아붙였다. 이제, 네 살 더 먹고서 정신적으로나 육체적으로 건강해졌고 그런 시즌의 마지막에 와서 끝과 마주할 준비가 되었는지 아직 그는 확신할 수 없었다.

"수오미와 저는 야구에서의 마지막 날이 어떤 느낌일지에 대해 오래 얘기했습니다. 우리는 그날의 느낌이 오늘 같아서는 안 된다는데 동의를 했지만 아마도 이것이 현실일지도 모르죠."

아니면 오늘 같은 경우엔 유격수에게 가는 땅볼로 경기를 끝내기보다는 우천으로 경기가 연기될 것이다.

시즌 마지막은 라이언 샌드버그 감독이 4시 전에 선수들에게 경기가 취소됐다고 알려주면서 공식화됐다. 끝까지 말이 별로 없는 남자 샌드버그 감독은 모두에게 시즌 동안 열심히 뛰어준 데에 고맙다고 했고 행운을 빈다고 했다.

"저는 한 번 더 던지지 못해 어찌나 실망스러웠던지 그곳에 2분 정도 앉아 있었어요. 그리고 모든 게 끝났습니다. 옷을 갈아입고 서둘러 작별 인사를 하고 샌드버그 감독과도 일을 끝내고 15분 내로 차에 올랐습니다. 갈 길이 멀었어요."

라마까지는 2,570km이다. 그의 목표는 아이들이 부탁한 대로 학교로 아이들을 픽업하러 수요일까지 제시간에 도착하는 것이었다. "저는 모텔에 들러 4시간을 잤어요. 그러고는 계속 달리기만 했죠."

그래서 캐넌 엘라튼과 클로에 엘라튼이 수요일 오후에 학교에서 걸어 나올 때, 그들의 아빠는 약속한 대로 그들을 기다리고 있었다.

그 시즌의 끝은 완벽하지 않았지만 오프 시즌으로는 완벽한 시작이었다. 다음에 무엇이 오든지 간에.

크리스 쉬윈든은 그 마지막 날에 앨런타운에 있었고, 아이언피그스의 클럽하우스에서 복도를 건너 비좁은 원정팀 클럽하우스에 앉아 있었다. 그는 그 시즌의 마지막 경기가 우천 연기로 끝나는 걸 바라보며 엘라튼이 느꼈던 그런 복잡한 감정을 느끼지는 못했다.

그럴 이유가 있었는데, 첫째는 쉬윈든은 다음 생일에 37세가 아니라 26세가 될 거였고, 또 다른 이유는 그 경기에 등판하지 않을 터였다. 그는 4

일 전에 로체스터에서 만족할 만한 기록으로 시즌을 끝냈는데 6회까지 3자책점, 4안타, 5개의 탈삼진을 기록하며 승리했다.

그 승리는 그의 시즌 중 버펄로에서 8승 6패, 자책점 2.70으로 마쳤다는 걸 의미한다. 그가 트리플A 사막에서 헤매던 35일 동안에 22.1회를 던지는 동안 20자책점을 기록했다. 버펄로에서는 106.1회에 32자책점을 기록했다. 기록이 보여준 대로 버펄로는 약속된 땅이었다.

"편안해서일 수도 있고, 자신감을 되찾은 것도 있고요. 또 탈삼진용으로 저의 체인지업을 개발해서이기도 합니다." 그는 곧 엘라튼이 비와 미래에 대해 곰곰이 생각하러 나왔던 내야 다른 쪽 1루 더그아웃에 앉아서 말했다. "그래도 어쨌든, 내년 봄 캠프에 갈 수 있는 뭔가를 얻었다는 겁니다. 저는 아직 메이저에서 성공할 정도의 투수는 아니란 걸 알고 있어요. 트리플A는 그럭저럭 괜찮지만, 메이저는 아직은 아닙니다. 메이저에서 경기를 이겨본 적도 없고 아주 잘 던져보지도 못했거든요."

"저는 그들에게 보여줘야 합니다. 그래서 그들이 제게 5일마다 공을 주고 제게서 퀄리티 스타트가 나오는지를 볼 수 있도록요. 물론, 올해 이후, 저는 메이저로 다시 가서 자립하도록 노력해야겠죠. 서열에서 약간 뒤로 물러난 건 알지만 좋은 투수가 될 잠재력이 있다는 걸 보여줬다고 생각합니다. 단지 한 번 더 기회가 필요합니다."

그는 웃었다. "그게 모두가 말하는 거겠죠. 그렇지 않나요? '저에게 기회를 한 번만 더 주세요.' 그래요. 저도 그렇게 말할게요. 꼭 기회를 잡고 싶어요."

존 린지는 시즌을 상향 곡선으로 마감했다. 그는 이제 은퇴할 시기가 아

닌가 생각하면서 2011년을 끝냈다. 그리고 2012년은 한 번 더 메이저리그로 돌아갈 기회가 있다는 확신을 가지고 끝냈다.

그 시즌의 마지막 이틀 전, 톨레도는 시원하고 구름 낀 날씨였는데, 린지는 구장에 9,831명이나 꽉 들어찬 관중 앞에서 콜럼버스의 에릭 버거와 맞서 3점짜리 홈런을 5회에 날렸다. 팀의 승패가 60승 84패인 시즌에 톨레도 사람들은 경기 끝날 때까지 피브스 서드 필드로 모여들었다.

그 홈런은 클리퍼스에 대해 8대 5로 승점을 받으며, 머드헨스를 시즌의 마지막 승리로 이끌었다. 그 홈런은 린지가 6월 톨레도에 도착한 이후로 15번째였고 필 네빈 감독은 라인업에서 그를 4번 타자로 끼워 넣었다.

"린지는 딱 부러지게 안타를 쳐낼 수가 있어요. 그가 수비면에서 꼭 맞는 포지션이 있다면 도움이 되겠지만, 지금의 그의 경력으로 봤을 때 그런 포지션은 없습니다. 하지만 홈런이 필요하다면 린지가 하나를 줄 겁니다." 네빈 감독이 말했다.

타이거즈는 9월 명단의 선수들이 모두 건강해서, 린지는 늦은 호출에 대해 환상을 품지 않았다. 하지만 멕시코에서 뛴 것을 시작으로 트리플A에서 성공적으로 마감한 그 시즌 자신의 전적이 회복됐다고 믿었다.

"저는 메이저리그 구단으로 돌아오기 위해 노력해야 했습니다. 봄에는 저와 계약하려는 곳이 하나도 없었거든요. 다음 시즌 봄 훈련에는 누군가 기회를 줄 거라는 느낌이 들어요. 몇몇 시범경기에 나가서 제가 비록 캠프에 있는 팀에는 들어가지 못하더라도 사람들 마음속에 적어도 메이저리그 선수의 투구를 쳐낼 수 있다는 걸 보여주고 싶습니다."

"1년 전에 저는 거의 은퇴를 할 뻔했습니다. 지금은 메이저리그에서 그리 멀리 떨어져 있지 않다고 느껴요. 솔직히 메이저로 올라갈 수 있다고 믿습니다. 살이 빠지자 배트가 빨라졌고 시즌 동안 몸이 가벼웠기 때문에 그곳에 가서 지난 오프 시즌에 했던 대로 할 거예요. 재밌는 일은 사람들이 올해 저의 기록들을 보면 제가 36세가 아니라 26세가 되며, 아마 유망주로 생각할 수도 있다는 겁니다. 저는 어떻게 그것이 가능한지 알아요. 부정적으로 생각하지 말아야 합니다. 그런 생각들은 방해만 되니까요. 저는 계속 어딘가로 갈 것이고 어디에 있든 계속 기록을 올리려고 노력할 겁니다."

"적어도 지금은 기회가 생길 거라는 자신이 있어요. 제가 경기에서 항상 요구하는 것은 바로 기회였습니다."

린지는 적어도 1년은 보장을 받은 셈이다.

엘라튼, 린지 그리고 쉬윈든이 시즌 말을 맞고 있는 동안, 시즌이 서서히 끝나가면서 트리플A 페넌트 레이스는 긴장감이 별로 없었다.

인터내셔널리그 지구 경쟁은 남부와 서부 둘 다 마지막 주말 전에 모두 결정되었다. 인디애나폴리스는 14경기 차이로 콜럼버스를 강타하며, 리그 최고 기록인 89승 55패로 서부 지구에서 우승했다. 샬롯은 노퍽을 83승 61패로 9경기를 앞서며 남부 지구에서 쉽게 우승했다. 북부에서는 스크랜튼 윌크스배리가 따라잡기 위한 긴 여정에서 약간 발을 헛디뎠지만 포터킷을 편안히 5경기 앞서며 84승 60패로 우승했다.

유일하게 긴장감이 있는 곳은 포터킷, 리하이밸리, 노퍽이 시즌 결승전으로 들어가려고 각축을 벌이고 있는 와일드카드 스팟뿐이었다. 하지만 포우삭스는 마지막 주에 6연승을 올려 리하이밸리나 노퍽 누구도 가질 수 없게 만들어 버렸다. 포우삭스는 마지막 플레이오프 스팟을 시즌을 이틀 남겨두고 이뤄냈다. 38세의 넬슨 피구에로아가 8회를 무실점으로 던지며

9월에 호출된 선수 6명이 빠진 채 첫 경기를 하고 있던 스크랜튼 윌크스배리를 2대 0으로 이기며 얻어냈다. 이것으로 넬슨 피구에로아는 그의 전적을 12승 5패로 올려놓게 되었다.

그것은 플레이오프가 고정되었다는 것을 의미한다. 즉 샬롯은 인디애나폴리스와 경기할 것이고 포터킷은 스크랜튼 윌크스배리와 경기할 것이다. 1차에서는 자신의 지역팀과는 경기할 수 없는 메이저와는 달리 플레이오프전은 시즌이 시작되기 전에는 변경할 수 없다. 북부의 우승자는 그 팀이 어느 지역에서 오든 상관없이 와일드카드 팀과 싸우게 되어 있다.

특히 트리플A급에서 마이너리그 플레이오프 전은 메이저리그 플레이오프 전이 갖고 있는 긴박감은 없다. 그것은 크게는 팀들이 종종 트리플A 클럽의 핵심 선수들을 경기가 시작되기 전이나 혹은 심지어 필요하면 플레이오프 중이라도 해체하기 때문이다.

"이기고 싶지 않은 것은 아니에요. 물론 이기고 싶죠. 그리고 야구의 어느 급이든 우승 트로피를 들었을 때 그건 아주 특별한 감정입니다. 하지만 이 트리플A급에서 우승 트로피는 시즌 동안 이룩한 어떤 것으로는 여겨지지 않아요. 제가 생각하기엔 메이저에서 느낄 수 있는 그런 종류의 승리감은 아닙니다."

시리즈는 모두 5전 3선승제로 2대 3 포맷으로 되어 있다. 이번 시즌엔 와일드 카드팀인 포터킷이 첫 두 경기를 홈에서 치룬다는 뜻이다. 즉 메이저보다는 트리플A급에 더 유리하다.

"2대 0으로 지고 3차전에서 이겨야만 한다는 걸 알고서 집에 가는 일은 힘들어요. 실망해서는 안 되지만, 그게 인간 본성입니다. 선수들은 지쳤죠. 몇몇은 메이저에 가지 못해서 우울하죠. 여러분이 그런 구덩이에 빠져 있을 때, 한 번 더 일어나는 것은 그리 쉬운 일이 아닙니다." 샬롯의 조엘 스키너 감독이 말했다.

스크랜튼 윌크스배리는 포터킷에서 개막전 두 경기에 지고서 그런 유의 늪에 빠졌었다. 로체스트에 있는 그들 홈으로 돌아와서도 양키스는 3차전에서 9회 후반에 3대 1로 뒤처져 있었다. 분명히 시즌을 마칠 때가 되었다. 그런데 웬일인지 그들은 한 번 더 뭉쳤다. 그들이 토니 페냐 주니어를 맞아 1점을 얻었을 때, 포터킷 바이엘러 감독은 양키스를 끝내게 하려고 노장 페드로 비토로 교체했다. 비토는 그 회에서 2번째 아웃을 잡았지만 점수는 3대 2였고, 둘이 아웃이고 1명은 1루에 있는 상황에서 멜키 메사가 비토의 속구를 쳐 냈다. 경기 막판에 결정적으로 구장을 넘는 2점짜리 홈런이었다. 이로써 양키스의 시즌은 아직 살아 있었다.

놀랄 만하게 빨리 이루어져서 본루에는 그 순간 축하의 물결이 있었다. 메사가 홈에 들어오자 사람들에 둘러싸였고 양키스는 갑자기 생명을 얻은 듯했다.

"죽지 않는 팀이죠." 데이브 마일리 감독이 경기 후 만족한 웃음으로 말했다.

적어도 다음 날 밤까지는 그랬다. 서늘하고 구름이 많이 낀 밤, 로체스터의 프론티어 필드 주위에 떼를 지어 서성거리는 442명이라고 발표된 관중과 함께 포우삭스는 양키스의 선발 비달 누노를 맞아 2회에서 7득점을 하며 박살을 냈고, 넬슨 피구에로아를 다시 승리 투수로 만들며 7대 1로 수월하게 이겼다.

그 경기로 포우삭스는 거버너스컵 시리즈에서 인디애나폴리스를 4경기 차로 이긴 샬롯과 맞붙게 되었다. 이 두 팀은 인디애나에서 한 경기씩 이겼고, 후에 로체스트에서보다는 많지 않은 관중 앞에서 경기하던 나이츠가 홈에서 마지막 두 경기를 이기며 결승에 오르게 됐다.

챔피언십 시리즈는 그리 오래 걸리지 않았다. 다시금 포우삭스는 홈에서는 손댈 수가 없었다. 두 팀이 샬롯으로 다시 돌아왔을 때 나이츠는 2대 0으로 뒤지고 있었고 피구에로아를 상대해야 했다. 그는 양키스에서 레드삭스로 이적된 후, 즉 스크랜튼 윌크스배리에서 포터킷으로 옮겨온 후 그 시즌 마지막 달에는 사실상 칠 수 없는 타구를 던졌다. 1,102명의 관중이 3번째 경기에 왔고 나이츠는 한 번도 앞서지를 못했다. 피구에로아는 정말 대단했고, 포우삭스는 1984년 4대 1로 승리한 이래로 첫 번째 거버너스컵을 거머쥐었다.

피구에로아는 메이저에서 9시즌 동안 부분적으로 투구했는데 2012년 시즌의 마지막 6주 동안에 던진 것만큼 더 잘 던진 적은 없었다. 하지만 그것은 한 번 더 호출을 부를 만하진 않았다.

"기분이 좋았어요. 우리 팀 모두 이 컵을 획득하는데 일조했다는 걸 기억하리라 믿습니다." 바이엘러 감독이 타이틀을 획득한 것에 대해 소감을 말했다.

챔피언십을 획득한 그날 밤, 유니폼을 입은 25명의 선수 중 7명은 시즌 초 4월 포터킷에서의 개막일 경기에서 뛰고 있었다. 모두들 이기게 돼서, 또 트로피와 함께 찍은 사진을 갖게 돼서 기뻤다. 그리고 사실을 말하자면, 그들 모두 그날 밤 다른 곳에 있을 수도 있었다.

그들은 포드세드닉이 보스턴에서 레드삭스를 위해 경기하던 곳에 있을 수도 있었다. 애리조나 다이아몬드백스에게서 리노에서 도착 보고를 하라는 얘기를 들은 지 8일 후 방출된 포드세드닉은 계속 보스턴에 머물면서 메이저에서 누가 계약을 하자고 전화가 오기를 기다리고 있었다.

전화는 오지 않았다.

"마침내 짐을 싸서 집에 가야 하는구나 생각했죠. 우리는 비행기 예약을 하고 아파트의 짐을 싸서 텍사스로 가는 트럭에다 차를 실었습니다. 솔직히 저는 이제 끝났는지도 모른다고 생각했거든요."

포드세드닉이 보스턴을 떠나기로 한 8월 9일 아침, 마침내 전화벨이 울렸다. 그의 에이전트 라이언 글레이구브스키였다. 레드삭스가 그와 남은 시즌 동안 재계약하고 싶다는 거였다. 레드삭스는 그가 메이저에서 뛰는 것을 보증해 주려 했다. 명단이 9월 1일에 확정되기 때문에 8월 중순에는 더 쉽기 때문이다.

레드삭스는 타율 0.229인 라이언 캘리쉬를 포터킷에 돌아오도록 했다. 그래서 외야수가 한자리 비게 됐고 레드삭스는 포드세드닉이 가장 적합하다고 결정했다.

"호출을 받는 건 멋지지만 정신이 없었죠. 저는 빌린 차를 타고 우리 차를 쫓아가야 했습니다. 그 안에 제 모든 짐들이 들어 있었으니까요. 그 트럭은 몇 시간째 달리고 있어서, 저는 트럭 운전사에게 전화를 해서 다시 제 차를 내리고 제가 갈 때까지 기다려 달라고 했습니다. 그들을 따라잡고서 필요한 것들을 돌려받고, 방향을 돌려서 보스턴까지 돌아왔죠."포드세드닉이 웃으면서 말했다.

리사와 아들들은 계획대로 벌써 집으로 갔다. 포드세드닉은 아파트 임대를 연장하고 클리블랜드로 팀을 만나러 갔다. 레드삭스는 클리블랜드, 볼티모어, 뉴욕으로 10경기 도로 여행을 시작했다. 그는 다시 길 위로 돌아왔지만 그것은 메이저리그였다.

"저는 여전히 메이저리그급의 실력이 있다는 걸 증명했다고 느꼈습니다. 그래서 마이너로 다시 가는 게 무슨 의미가 있을까요? 제가 제 가족과 멀리 떨어져 지내야 한다면 그냥 도로로 이동하는 것이라도 메이저에서 뛰겠다고 결심했어요. 저는 서른여섯 살이었고, 제 인생을 트리플A에서 보냈습니다. 비록 그곳에 속한다고 생각하지는 않았지만 그해 초반에 마이너로 돌아갔고, 보스턴으로 갔을 때는, 이제 마이너에 속하지 않는다는 걸 보여줬습니다."

"그래서 메이저리그 협상이 아니면 집으로 가자고 생각했습니다. 다행히 집으로 돌아가지 않아서 행복합니다."

레드삭스는 그가 다시 돌아와서 좋았다. 포드세드닉은 남은 시즌 동안 라인업에 오르기도 빠지기도 했다. 그가 선발 투수로 뛰지 못하는 밤에는 수비 대타로 자주 들어갔다. 그는 시즌을 메이저 타수 199번, 타율 0.302, 도루 8개로 끝냈다. 탄탄한 기록으로 레드삭스가 2013년에도 그를 부르지 않을까 생각이 들게 하는 그런 기록이다.

하지만 레드삭스는 69승 93패의 재앙 후에 긴축하면서 그 시즌 말이 되기도 전에 굵직굵직한 고액 연봉의 선수들을 정리했다. 바비 발렌타인 감독은 해고되었다. 레드삭스는 젊은 선수들을 기용하기로 결정했다. 포드세드닉은 10월 말에 자유계약 선수가 되었다.

그는 2012년에 마침내 자신의 소망과 기회를 잡았지만 미래에 대한 보증은 없었다.

37

롤로와 톰코

결말

2012년 9월 18일, 노스캐롤라이나 더럼.

마이너리그 야구 시즌의 마지막 날은 야구를 실내에서 하기에 딱 좋은 날이었다. 해가 뜨기 전부터 더럼에는 비가 내리기 시작했고, 오후 중반쯤엔 비가 억수같이 쏟아지며 도시 전체가 물에 잠긴 듯했다.

인터내셔널리그 회장 랜디 모블리는 내셔널 챔피언십 경기를 위해 그 도시 주위에서 온 모든 이들을 위해 본부로 쓰는 호텔 로비에 서서 애써 웃음을 지었다. 퍼시픽코스트리그 우승자인 리노 에이스는 인터내셔널리그 우승자 포터킷 레드삭스와 맞설 준비가 되었으나 날씨가 주요한 걸림돌이었다.

"사람들이 늦은 오후부터 저녁까지 몇 시간 동안 잠깐 갤 수도 있다고 말했습니다. 운이 좋을 것 같은데요. 모두 오늘 밤 경기가 열리기를 바라고 있는 것을 압니다." 모블리 회장이 말했다.

모블리 회장은 비가 비스듬히 내리는 것을 봤고, 그 뒤로 무지개가 떠오르는 것도 봤다. 그의 말에서 한 가지, 모두가 그날 밤 경기가 열리기를 바란다는 말은 맞는 얘기였다. 어느 누구도 다시 집으로 가서 24시간 앉아서 기다리고 싶은 사람은 없었다.

마크 롤로도 비가 막 쏟아부을 때 로비에 앉아 있었다. 다른 사람들처럼 그도 집이 아닌 다른 곳에 있어서 행복했다. 마크는 모블리 회장의 날씨 보도에 귀를 기울이며 고개를 저었다.

"이번 달은 시원섭섭하네요. 오늘은 이 달을 한마디로 요약해 놓은 듯해요. 팀에서는 공식적으로 제게 방출될 거라는 얘기가 없지만, 오늘이 저의 마지막 경기라는 걸 확실히 느낍니다. 제가 일했던 두 개의 플레이오프 시리즈에 주장으로 뽑아주고 챔피언십 시리즈 중의 한 경기에서 주심을 본 것에 아주 감사합니다. 윗사람들이 저의 업무 성과에 대해 인정해 줄 때는 기분이 아주 좋습니다."

롤로는 웃었다. "제 아내는 행복하답니다. 그녀는 제가 빨리 집으로 와서 같이 있으면서 항상 길 위에서 이동하지 않아도 되는 곳에서 일하기를 원해요. 아내를 나무랄 수는 없죠. 오랫동안 늘 떨어져 있었고 집에서 어린아이 둘과 지내려면 힘드니까요."

롤로는 한참 동안 말이 없더니, 비가 아직도 퍼붓는 창 쪽을 슬쩍 쳐다봤다. "제가 필드로 걸어 나갈 때마다 오늘 밤이든, 내일이든, 경기하는 언제든, 그게 끝이라는 생각이 들면 힘들어요. 저는 이제 심판이 아니잖아요. 10대 때부터 스스로를 심판으로 생각해 왔거든요."

롤로가 겪고 있는 일을 똑같이 겪는 사람들은 직장생활이 아직 상승곡선을 타고 있다고 느낄 때 느닷없이, 그리고 어쩌다 느끼는 것이 아니다. 마이너의 가장 낮은 곳에서부터 시작해서 메이저에서 시간을 보낸 사람들은 서른의 나이에 끝났다는 말을 듣기 어렵다. 선수들은 마이너로 보내지지만 운동하면서 다시 올라갈 수 있는 기회가 여전히 존재한다. 심판에게는 선택권이 없다. 메이저로 올라가거나 은퇴하거나 둘 중 하나다. 뉴욕에 있는 누군가가 그에 대한 크리스 존스의 평가를 무효로 하지 않는 한, 롤로는 해고라는 걸 안다.

"저는 오늘 밤, 내 인생에서 마지막으로 심판을 보는 것처럼 경기에 임할 겁니다. 여러모로 그럴 가능성이 많아 보이기 때문입니다." 그는 억지로 웃으며 말했다.

브렛 톰코도 같은 경우이다.

그는 그날 밤 챔피언십에 뛰지 못할 수도 있다는 걸 알았지만, 리노가 챔피언십에 올라간 데에는 자신의 역할이 컸다고 스스로를 위로했다. 그는 비록 마운드에 섰던 그날까지 등판한다는 확신을 받지는 못했지만, 퍼시픽코스트리그 플레이오프전 개막전에서 새크라멘토와 붙은 리노의 결정적인 5번째 경기에서 투구했다.

"아직도 아프네요. 39세라는 나이에 큰 부상을 당하면 100% 회복되기란 29세 때보다 훨씬 어렵습니다. 다이아몬드백스에서 건강진단을 받았는데, 의사들이 제 어깨에서 지난 5월에 루이빌에서의 부상 후에 생긴 여러 가지를 발견해냈습니다."

"저는 신체검사에서 떨어졌을지도 모른다고 생각했지만 의사들은 '자네는 39세야, 부상에서 돌아오는 중이라고, 이건 정상이야.'라고 말했어요. 저는 나가서 던질 수 있다고 생각했지만 막상 그렇게 하니 아프더군요. 정규 시즌엔 그럭저럭 괜찮았고 꽤 잘 던졌습니다만 포스트 시즌으로 들어가면 이기려고 무척 애를 씁니다. 그리고 이기거나 집에 가거나 둘 중에 하나인 경기를 하고 있으면 아웃돼서 나오고 싶지 않거든요. 활활 다 태워서 팀이 경기에 이기는 데 보탬이 됐다고 생각하면서 마운드를 내려

| 브렛 톰코

오고 싶어집니다."

리노의 브렛 버틀러 감독은 40세까지 메이저에서 경기를 했다. 그래서 그는 삐걱거리는 몸을 끌며 부서지는 지점까지 몰고 가는 상황을 이해한다. 4번째 경기전, 리노가 2대 1인 상황에서 버틀러 감독은 톰코가 괜찮은지 보려고 불렀다.

"내일 우리가 경기해야 한다면 괜찮겠어?" 감독이 물었다.

톰코는 버틀러에게는 용감한 병사역을 하지 않고 솔직한 것이 중요하다고 생각했다. 왜냐하면, 그렇게 했다가 몸이 망가지면 누구에게도 도움이 되지 않는다.

"감독님, 100%는 아니에요. 아시죠. 한 80% 정도 돼요. 그런 것 같아요. 제 생각에 5~6회는 괜찮겠어요. 하지만 제 상태가 걱정되면 다른 사람으로 대체해도 괜찮습니다. 이해합니다."

버틀러 감독은 앞으로 몸을 숙이고 다정하게 말했다. "톰코, 자네를

50%만 쓰겠네. 무슨 말인지 알지? 오늘 밤 어떨지 한 번 보세. 그리고 우리가 내일 경기를 하게 되면 괜찮은지 말해 주게."

그들은 경기를 해야 했다. 새크라멘토가 4번째 경기에서 7대 1로 이겼다. 그러면 결정은 다음 날 밤 5번째에서 난다는 얘기다. 톰코는 잠을 자려고 이리저리 뒤척였고 일어나자 투구하고 싶었다.

"속에서 느낌이 오더군요. 나가고 싶다는 걸 알았죠."

"저는 그날이 프로 경기에서의 마지막 선발일 수도 있다고 생각했어요. 그래서 싸우고 싶었고 남은 걸 모두 쏟아붓고 싶었습니다. 그거면 충분하다고 생각했습니다. 그렇지 않았다면 던지지 않았겠죠."

톰코는 구장에 가서 버틀러 감독에게 컨디션이 어떤지 얘기했다. 감독은 고개를 끄덕였고, 그것이 바로 톰코가 듣고 싶었던 대답이었다.

톰코는 5회까지 던졌다. 그는 몇 번의 꽉 막힌 상태에서 던졌고 일찍 3점을 허용했지만 에이스가 경기를 지켜내도록 했다. 톰코는 자신이 가졌던 80% 중에서 할 수 있는 모든 것을 했다. 그는 3대 0으로 뒤지며 나왔지만, 에이스가 반등해서 7대 4로 이겼다. 톰코는 그들의 배트가 흐물흐물해질 때까지 점수가 더 나지 않도록 버티며 팀을 도왔다는 걸 알았다.

"제가 나가서 완봉승을 한 것은 아니지만, 제가 할 수 있는 모든 것을 했고 팀 동료들도 역시 그걸 알아줬습니다. 아주 멋진 느낌이었죠."

버틀러 감독은 그에게 퍼시픽코스트 리그 챔피언십 시리즈 오마하 전 출전 명단이 새크라멘토 전과 똑같다고 얘기해 줬다. 즉 5번째 경기까지 간다면, 톰코가 선발이 되는 것이다. 그러나 이번에는 5번째가 없었다. 에이스가 4번째에 8대 2로 이기며 시리즈를 끝내고 타이틀을 획득했다. 그것은 또한 에이스가 더럼에서 내셔널 챔피언십 우승자 포터킷과 대결해야 한다는 뜻이기도 했다. 톰코는 한 번 더 투구할 기회를 마다하지 않았겠지만, 어쨌든 그의 팀이 이기는 걸 봐서 행복했다.

엘라튼처럼 톰코는 똑딱거리는 시계의 지침 소리와 야구 선수로서의 마지막 날들을 보내고 있다는 사실을 예민하게 의식해 왔다. "그런 생각이 늘 들었어요. '클럽하우스로 걸어 들어가서 유니폼을 입는 게 이번이 마지막인가? 이번이 불펜으로 던지는 마지막인가? 팀 버스를 타는 것도? 호텔에 투숙하는 것도? 장거리 이동을 위해 짐을 싸는 것도 이게 마지막인가?'라며 생각하고 있더라고요."

"저의 마음은 매우 명확했어요. 2013년에도 다시 뛸 수 있을지 알아보고 싶었지만, 개막식 즈음인 4월 7일에 마흔이 되는 투수에게 일이 별로 없다는 걸 알고있었죠. 그것이 마지막 기회일지도 모르기 때문에 제가 무엇이든 할 수 있다는 것을 확인하고 싶었습니다."

톰코는 경기가 열릴까 생각하면서 챔피언십 경기가 있는 오후에 호텔 로비를 걸어가면서 그런 생각을 하고 있었다. "제 생각에 그 경기는 마지막 우천 시 연기 경기가 될 것 같더라고요." 그가 농담을 했다.

거의 구장으로 떠나야 할 시간이었기 때문에 로비는 붐볐지만, 경기가 열릴지 아무도 장담하지 못했다. 톰코는 우연히 롤로를 만나, 둘은 잠시 멈춰 얘기를 했다. 둘은 그 시즌 동안 재미있는 관계로 발전했는데, 선수와 심판은 친구가 될 수 없기 때문에 우정이라고 하기엔 뭣하고 그냥 아는 관계 정도였다.

"이번 시즌 전에는 톰코를 만나본 적이 없습니다. 그가 오랫동안 마이너와 메이저에 있었기 때문에 누구인지는 알고 있었죠. 그리고 5월 그가 다치기 바로 전에 투구했던 경기에서 주심을 봤습니다." 롤로가 말했다.

"톰코가 그렇게 성공할 수 있었던 이유를 바로 말할 수 있습니다. 그는 던지는 법과 공을 쳐 내는 법을 알고 있어요. 경기 초반에 제가 그에게 볼을 안 줬으면 하고 바라던 투구가 몇 개 있었어요. 제겐 꽤 일관된 스트라이크존이 있는데 훌륭한 투수는 그걸 알아냅니다. 톰코는 절대로 '당신이 그걸 놓쳤어요.' 같은 반응은 하지 않았습니다. 그가 한 군데를 원하면 알려 줄 수도 있었는데요. 투수가 더 많은 구역을 차지하면 할수록 타자에게는 더 힘들기 때문에 좋은 투수는 그 존을 확인해 봅니다. 그리곤 이내 적응하고 정말 잘 던졌습니다."

"저는 나중에 그와 우연히 만났는데, 톰코는 그 경기에서 제가 심판 보던 방식에 대해 좋은 점을 얘기해 줬고 저도 그에게 똑같이 해줬습니다. 그 후에, 우리는 루이빌에 있을 때면 잠깐씩 얘기를 하곤 했습니다. 선수들은 한 팀으로 열심히 하고 있었는데, 리그에 있는 다른 심판들은 에이스 팀의 경기에서 일하는 걸 그다지 좋아하지 않았어요. 데이비드 벨 감독이 사람들을 피곤하게 했지만 저는 벨 감독과도 잘 지냈죠. 그래서 에이스의 경기에서 일하는 걸 좋아했습니다."

롤로는 톰코가 8월 초 루이빌에서 방출된 후 투구할 다른 곳을 찾은 것에 대해 축하해 줬다. 톰코는 롤로가 메이저에서 심판을 봤던 걸 알았으므로 시즌을 어떻게 보냈는지 물었다.

"글쎄, 지금은 여기 있으니 좋은 거지 뭐. 하지만 시즌 말에 해고될 거라는 말을 들었네." 롤로가 말했다.

톰코는 깜짝 놀랐다. 롤로가 좋은 심판이었고 괜찮은 사람이라고 생각했다. 톰코는 선수였기 때문에 심판들이 메이저로 가는지 해고가 되는지는 별로 생각해 보지 못했다.

"정말 충격이었어요. 저는 끝일 지도 모르지만 집에 가서 여기저기 알아볼 겁니다. 하지만 롤로는 다른 선택권이 없잖아요. 위에서 그냥 '그만두세요.'라고만 말했고 심판관 중에 한 사람이 어떤 이유로 롤로를 좋아하지 않기 때문일지도 모르잖아요. 우리가 얘기하고 난 후 솔직히 기분이 안 좋더군요. 저는 경기 내내 이게 얼마나 공평하지 않은 일인가 생각하면서 그를 바라봤습니다."

롤로는 올스타전에서 주심을 맡았었기 때문에, 이 경기에서는 1루를 맡고 있었고, 퍼시픽코스트리그는 에릭 러브리스가 주심으로 본루를 맡고 있었다. 러브리스는 한 번도 메이저 명단에 올라가지 못했고 롤로와 마찬가지로 그도 2013년에는 해고된다는 얘기를 들었다.

그래서 이 밤이 야구계에서 그들의 마지막 밤이라는 걸 알고 있는 사람이 그 경기에서 3명이나 있었다. 러브리스, 롤로, 그리고 에이스의 포수 라이언 부데였다. 라이언은 나이 33세에 다른 일자리로 옮기기로 결정했다. 부데는 2007년과 2010년 사이에 29경기를 뛰면서 메이저에 4번 갔었다. 그는 33번의 타석에서 7안타에 1개의 홈런을 쳤다. 부데는 챔피언십 경기의 결승전을 뛰고 은퇴하는 것이 좋은 방법이라고 생각했다.

부데는 선택을 했지만 두 심판은 그렇지 못했다.

스티브 하이더는 포우삭스의 시즌 개막일에 선택을 했다. 그는 겨울 동안 팀의 넘버원 라디오 해설가에서 제외되었더라도 즉흥적으로 결정을 내리지는 않겠다고 결심했다. 그는 2011년에 심장 발작이 있었고, 또 두 번째 이혼을 겪은 지 얼마 되지 않았기 때문에 그 일이 있기 전부터 2012년에 일을 할지 어쩔지 생각하던 중이었다.

그는 4월 5일 맥코이 스타디움에서의 팀 첫 경기 전에 필드 위로 걸어서 나갔는데 전혀 신 나지 않았다. 1년 전엔 그것이 건강 때문이라고 생각했지만, 지금은 육체적으로 건강한데도 정신적으론 공허했다.

"저는 건강해지면 생각이 달라질지 몰라서 결정을 미뤄왔습니다. 아마도 제가 넘버원 라디오 해설 일을 맡았다면 달라졌을지도 모르지만 맡지 못했어요. 속이 상했습니다. 제가 맡을 줄 알았습니다. 하지만 팀에선 그렇게 생각지 않았던 거죠. 저는 바로 개막일에 그만두기로 결심했습니다. 이제 쉰한 살입니다. 다른 결말이었으면 좋았을 텐데요."

하이더는 마지막 경기 이후, 자신의 저널로 책을 만들 수 있기를 바라면서 그 시즌 동안 개인 저널에 열심이었다. 하이더는 벌써 '진짜 맥코이'라는 책 제목도 정했다.

마지막 경기가 시작되려는 가운데, 하이더는 다시 새로 시작하는 것에 상당한 두려움을 느끼긴 했지만 다시 되돌리고 싶지도 않았다.

"저는 야구를 좋아하고 제 일과 관련된 사람들을 좋아했습니다. 다른 목적으로 그들을 팔려고도 하지 않았어요. 하지만 어느 누구든 마이너리그에서 아주 오랫동안 풀타임으로 일하기는 힘들다고 생각해요. 모두가 하는 그런 방법으로 메이저로 올라가려고 한다면 그건 너무도 소모적이고 좌절감을 주는 과정입니다."

"저는 승자의 모습으로 나가게 돼서 기쁩니다. 팀이 챔피언십을 획득하는 걸 보니 즐거웠고요. 69명의 선수가 시즌 동안 유니폼을 입는데 그중 오직 7명만 그 마지막 경기에 끝까지 남으니 참 대단합니다. 저의 마지막 경기가 모두에게 시즌 마지막 경기가 돼서 기쁩니다. 상황을 조금 쉽게 만드네요. 그렇긴 해도, 제가 오늘 밤 구장을 걸어 나올 때 우울한 기분이 들 거 같아요. 그런 기분이 들지 않을 순 없겠지요."

나중에 보니 랜디 모블리 회장이 바라던 일기예보가 들어맞았다. 대략

6시쯤 비가 그쳤고 경기는 실제로 정각에 시작했다. 그런 날씨에도 불구하고 8,606명의 관중들이 몰렸다.

식전 행사의 일부로 노스캐롤라이나 가너의 더럼으로부터 50km 떨어진 곳에서 자란 2011년 아메리칸 아이돌 우승자 스코티 맥크리리가 시구하기로 되어 있었다. 에이스가 홈팀이었기 때문에 브렛 버틀러 감독은 맥크리리의 공을 받아줄 자원 포수가 필요했다.

브렛 톰코가 바로 손을 들었다.

"저는 몇 년 전 캔자스시티에서 데이비드 쿡이 던진 시구를 잡은 생각이 나네요. 쿡은 그해 아메리칸 아이돌에서 우승했었죠. 저는 '에라 모르겠다.'라고 생각했어요. 그게 필드에 나갈 수 있는 유일한 길이었으니까요. 그래서 감독님께 제가 하겠다고 했죠." 톰코가 말했다.

그는 맥크리리의 투구를 받아냈고 곧 에이스는 넬슨 피구에로아의 투구를 받아내기 시작했다. 피구에로아는 인터내셔널 리그 플레이오프전 내내 포우삭스의 에이스였지만 이날은 쉽게 말해서 그의 밤이 아니었다. 2회 후 그의 팀이 6대 0으로 지고 있었다. 신기한 것은, 포터킷은 불스 애트래틱 파크에서 경기한 다른 어느 원정팀보다 인터내셔널 리그에서 기록이(38승 26패) 아주 좋았는데도 말이다.

확실히 이날 밤은 아니었다. 점수는 8대 0으로 더 벌어졌고, 경기는 거의 땅바닥을 기고 있었다. 지금쯤, 의심 없이 결과를 쉽게 예상하면서 모두들 집에 갈 생각을 했다. 그날 저녁은 경기 시간 동안 19.5도 정도로 시원했고 바람도 거의 없었다. 하지만 하늘이 어두워지더니 구름이 지평선으로 몰려오고, 경기를 할 수 있는 시간이 그리 많이 남지는 않았다.

포우삭스가 10대 3으로 뒤진 채 9회에 들어왔을 때 비가 내리기 시작했다. 7점 앞서긴 했지만 버틀러 감독은 조나단 알발라데호를 9회에 투수로 내보냈다. 알발라데호가 마지막 아웃을 시킬 만하다고 생각해서였는데, 실제로 그는 그 시즌 동안 42번이나 그렇게 했었고 25번은 세이브 상황에서였다. 또 한편으로는 조나단을 쉬게 할 이유가 전혀 없었다. 그의 다음 출전은 3월까지 없을 터였으므로.

앤디 라로쉬는 그 회를 내야 안타로 시작했다. 브라이스 브렌츠는 삼진 아웃됐다. 비가 더 세게 내렸다. 누구도 그 시즌이 우천 연기로 끝나기를 원치 않았다. 댄 버틀러는 센터에서 우익수 쪽 틈으로 2루타를 쳐 냈고, 라로쉬는 전력으로 달리고 있었다. 아마도 그의 팀이 7점이 뒤진 상태에서 좋은 방법은 아닐지도 모른다. 중견수 폴락은 젖은 외야에서 공을 잡아 완벽한 릴레이로 유격수 테일러 하빈에게 던졌다. 하빈은 돌아서 라로쉬가 3루를 도는 걸 봤다. 라로쉬가 홈으로 치고 들어올 때 그는 공을 라이언 부데에게 던졌다.

그 공이 처음 센터와 우익수 쪽 틈으로 날아갔기 때문에 댄 버틀러가 3루로 가려고 할 경우엔 러브리스가 3루를 맡는 것으로 심판들이 자리를 바꿨다. 롤로는 본루에 있는 러브리스를 커버하려고 1루에서 전력 질주했다. 결과적으로 공과 라로쉬가 거의 동시에 들어왔기 때문에 롤로의 결정이 필요했다.

롤로는 라로쉬가 본루에 터치하기 전에 아주 간만의 차로 부데가 라로쉬에게 태그했다고 봤다. 롤로가 본루를 커버하려고 1루로 내려오지 않았다면 보기에 각도가 좋았을 것이다.

"제가 놓쳤습니다. 라로쉬가 그러더군요. '부데가 저를 터치하지 않았어요.' 라로쉬가 먼저 들어 왔다고 하기에는 너무 늦었죠. 제가 조금만 다른 위치에 있었더라면 봤을 텐데 1루에서 오고 있었기 때문에 좋은 각도가 아니었어요. 세이프를 부르기엔 너무 늦은 걸 알자 기분이 너무 안 좋았습니다."

"저의 마지막 세이프가 될 수 있었는데 놓쳐 버렸어요."

모두들 그건 판정하기 아주 까다로웠고 특히나 1루에서 오고 있었기 때문에 더 그랬다. 어쨌든 그것이 그 경기의 승패를 결정짓는 것은 아니었다는데 동의했다. 두 타자 이후 린 저슈엔(林哲瑄)이 좌익수 키온 브락스턴 쪽으로 똑바로 라인 드라이버를 쳐서 마지막으로 아웃됐다. 모두 클럽하우스로 전력 질주했고 그때 비가 쏟아지기 시작했다. 경기는 3시간 29분 동안 진행됐다. 비가 그 야구장을 휩쓸던 10시 37분에 트리플A 야구 시즌이 끝났다.

한 시간 후, 두 리그에서 연 파티에서 롤로는 라로쉬를 만나 사과했다.

라로쉬는 씩 웃으며 롤로의 어깨를 두드려줬다. "당신이 세이프라고 선언했으면, 우린 아마 지금쯤 우천 연기로 야구장에 있을 겁니다. 우리가 7점을 따라잡아서 동점으로 갈 것 같지는 않았어요. 그만 생각하세요."

다른 사람들도 라로쉬처럼 얘기해 줬지만 롤로는 계속 생각이 났다.

"그런 생각에서 벗어나기는 어렵습니다. 전문 심판으로서의 마지막 판정이었는데 제가 원했던 그런 마지막이 아니었습니다."

그는 어려운 판정을 내리기 위해 사람들을 밀치며 달려갔었다. 부끄러워할 일은 없다. 그것이 당신의 첫 판정이든, 마지막 판정이든.

◆◆◆◆

에필로그

Epilogue

맥로스

10월 7일 밤, 마이너리그 시즌이 끝나고 거의 3주가 지났다. 네이트 맥로스와 팀 동료들이 아메리칸리그 지구 시리즈의 첫 번째 경기인 뉴욕 양키스와의 경기를 위해 캠덴 야즈에 있는 오리올 파크 안쪽 1루 더그아웃에서 좌익수 방향으로 필드로 들어서자 우레와 같은 함성이 쏟아졌다.

앞의 다섯 시즌 동안 많은 경기의 무덤이 되어 왔던 오리올 파크 구장은 4만 7,841명의 관중으로 꽉 들어찼고, 오리올스가 수비 위치로 들어서자 거의 모두 일어섰다.

맥로스는 파이러리츠 클린트 허들 감독의 사무실에 앉아서 마이너로 가든지 아니면 방출되든지 둘 중 하나를 선택하며 앉아 있던 지난 5월 그 오후에서 아주 멀리 왔다.

맥로스는 방출을 선택했다. 일주일 동안 초조하게 기다린 후 그는 오리올스로부터 호출을 받았다. 오리올스는 계약을 하고는 그를 노퍽으로 보냈는데, 맥로스가 파이어리츠에서 공식적으로 방출되던 그날 손목이 부러졌던 노퍽의 선발 우익수 닉 마카키스를 대신해 잠정적인 외야수로서 합류했다.

맥로스는 노퍽에서 초기에 많이 고전했지만, 6월 말이 되자 거리는 남동부 버지니아의 여름 날씨에 지글지글 열기가 올랐다. 그가 힘을 엄청나게 비축하고 연속 36경기에서 홈런 10개와 33점을 뽑아내자, 오리올스는 8월 4일에 그를 메이저로 불렀다. 오리올스는 그런 타격에다 속도와 수비를 더하면 34세가 된 노장 엔디 차베스보다 훨씬 나은 예비 외야수가 될 것으로 생각했다.

"제가 열심히 하면 호출을 받을 수 있지 않을까 생각했습니다. 저는 어느 것에도 의존하지 않았는데요. 왜냐하면, 그런 식으로 생각하기 시작하면 눈에 띄기 위해 꼭 해야 하는 일들을 하지 않기 때문입니다. 저는 필요할 때에 좋은 성적을 냈습니다. 그러자 론 존슨 감독이 저를 사무실로 불러 메이저로 올라간다고 말해주었어요. 특히 봄에 오리올스로부터 호출을 받은 그건 정말 대단한 소식이었죠."

맥로스는 외야수들 중 하나가 비번으로 쉴 때나 경기 후반부에 수비로 자주 투입됐다. 9월 8일 캠덴 야즈, 양키스와의 대결에서 마카키스, 예, 그가 5회에서 다시 사바시아의 투구를 왼손으로 잡자 상황이 바뀌었다. 손은 부러졌고 마카키스는 그것으로 그 시즌은 끝이었다. 오리올스는 대개는 1루수나 지명타자였던 크리스 데이비스를 우익수로 맥로스는 좌익수로 배치했다.

곧 맥로스는 선발 라인업에 들어갔다. 벅 쇼월터 감독은 그를 1번 타자로 세웠고 그는 잘해냈다. 시즌 말쯤엔 그는 55개 경기를 뛰었고 타율 0.268에 홈런 7개, 18타점, 도루 12개였다.

1997년 이후 처음으로 플레이오프전에 출전한 오리올스가 텍사스 레인저스를 만나 새로운 단판승 경기, 이기거나 집에 가는 와일드카드 스팟을 놓고 싸우게 됐을 때 맥로스는 좌익수와 1번 타자였다. 맥로스는 볼넷으로 진루하며 경기를 시작해서 오리올스에게 첫 1점을 안겼다. 3회에서 그는 우측으로 1루타 땅볼을 치며 오리올스에게 2번째 득점을 안겼다. 그리고 8회에서 그는 우익수 쪽으로 희생플라이를 쳐 팀에게 마지막 득점을 안기며 5대 1 승리로 이끌었다.

이 승리로 오리올스는 지구 시리즈에서 양키스와 맞붙게 되었고, 이틀은 볼티모어에서 삼 일은 뉴욕에서 연속 닷새 밤 동안 가득 메운 팬들 앞에서 맥로스는 좌익수로 뛰었다.

"6월에 녹스빌의 집에 앉아 있을 때와는 아주 많이 달라진 일이죠. 솔직히 제가 늘 꿈꾸던 일이었습니다. 제가 파이어리츠에서 성적이 좋았을 때 팀은 그다지 성적이 좋지 않았어요. 그래서 애틀랜타로 가서 잘하는 팀들과 경기했지만, 그때는 제가 좋은 성적을 내지는 못했어요. 마침내 저는 실력 있는 포스트 시즌 야구팀에서 중요한 역할을 하는 선수로 두 가지를 합칠 수 있게 되었습니다. 아주 멋진 느낌이었어요. 제가 꿈꾸었던 모든 것이었습니다."

"더 어렸을 때는 메이저에서 뛰는 일이 이만큼이나 고마울지 몰랐습니다. 하지만 메이저에 다시 가서 운동할 수 있을까 고민하고 난 후부터는 매일 밤 야구장을 둘러보면서 그런 환경에서 운동할 수 있는 것은 정말 놀라운 일입니다."

오리올스는 5번째 경기에서 패했지만 맥로스 때문은 아니었다. 그는 그 시리즈 동안 1홈런과 3타점을 포함해 0.318을 쳤다. 그 패배는 실망스러웠지만 나이 서른의 맥로스는 자신을 메이저리그 선수로 복위시켰다.

그의 계약서대로 맥로스는 11월에 자유계약 선수가 되었다. 하지만 오리올스는 맥로스가 다시 오도록 했다. 12월에 그는 오리올스와 200만 달러에 1년 계약을 했고 외야에서 선발 자리를 얻기 위한 싸움을 다짐하며 2월 봄 훈련에 들어갔다. 그것이 그가 요구할 수 있는 전부였다.

몬토요

2012 시즌 결과, 인터내셔널 리그 14명의 감독 중 4명이 빅리그로 갔다.

그다지 놀랍지 않은 승진은 라인 샌드버그 감독으로 필라델피아 필리스의 찰리 매뉴얼의 벤치 코치로 간 것이었다. 매뉴얼은 2013년 개막일에 69세가 될 것이었고 전반적인 합의로는 그가 아마 그 시즌 말에 은퇴할 것이라는 거였다. 샌드버그 감독은 매뉴얼 감독의 후임자로 내정되어 있었다. 그것은 2013년 시즌이 끝나기도 전에 공식화되었다. 필라델피아가 고전하자 매뉴얼은 8월에 해임되었고 샌드버그 감독이 취임했다.

2012년에 샌드버그 감독을 택하지 않았던 컵스는 데일 스웨임 아래서 61승 101패를 기록했다. 스웨임은 2013년에도 컵스를 맡았지만 팀이 뚜렷하게 향상되지 않으면 2014년에는 새로운 감독을 영입할 거라는 얘기가 있었다. 상황이 별로 좋아지지 않자 컵스는 스웨임을 해고했지만, 샌드버그 감독이 이미 빅리그의 감독을 맡게 되었으므로 그를 선택할 수는 없었다.

데이비드 벨도 메이저, 시카고로 돌아왔지만, 화이트삭스가 있는 사우스 사이드에서 부친 밑에서 일하지 않고 컵스의 3루 코치로 스웨임에게 고용되었다. 벨에게는 이번 이직이 아주 완벽했는데 컵스의 훈련 캠프가 애리조나에 있는 벨의 집 근처여서 정규 시즌이 시작될 때까지 벨은 이동할 필요가 없었다.

샌드버그와 벨은 그들의 경기 경력과 인맥을 고려해 봤을 때 메이저로 승진하는 것이 그리 놀랄 일은 아니었다. 애니 베일러와 마이크 사바프의 승진은 꿈이 현실로 이루어지는 순간이었다.

베일러는 늘 '풍선껌 포장지 뒷면' 같은 그의 경기 경력이 메이저로 들어가는 데 방해가 되는 건 아닌지 염려했다. 하지만 보스턴에서 계속된 혼란에도 불구하고 포터킷이 거버너스컵 타이틀을 획득하게끔 한 그의 필드에서의 능력이 고스란히 드러났다.

존 파렐이 레드삭스 바비 발렌타인 감독 대신으로 지명된 후 곧 베일러는 존 파렐의 1루 코치로 지명되었다. 27년 동안 마이너리그의 삶을 산 후, 베일러는 2013년에는 5성급 호텔에 묵으며 전세기를 타고 다닐 것이다. 그리고 10월에는 보스턴에서의 주목할 만한 월드시리즈 우승을 음미할 것이다.

또한, 마이너리그 생활자였던 마이크 사바프도 메이저리그 생활을 하게 됐다. 사바프는 감독계에서는 떠오르는 별이었고 그래서 테리 프랑코나 감독이 사바프에게 클리블랜드에서 자신을 도와 일해 달라고 제의했을 때 그리 놀랄 일이 아니었다. 사바프는 단계마다 이기면서 인디언스의 구단에서 꾸준히 단계를 올라갔으므로 그의 승진은 이해가 되었다.

한 감독은 감독 자리를 그만뒀는데 데이브 브룬디지 감독은 6시즌 동안 브레이브스의 트리플A팀 감독으로서 일한 후, 매일 밤 4,000명 앞에서 경기하는 것보다는 1만 명 앞에서 경기하는 게 확실히 낫다고 생각하며 샌드버그가 제안한 리하이밸리에서의 일을 수락했다.

또 다른 이동도 있었는데, 그곳에는 감독의 이직은 없었지만 팀 전체가 완전히 바뀌어 버렸다. 마이너리그에서 가끔 일어나는 일로 메이저리그 팀들이 그들의 운영 독점권을 서로 맞바꾼 경우였다. 뉴욕 메츠는 버펄로 바이슨스를 경영하는 지역주민과 여러 번 불화가 있었다. 마침 트리플A 제휴사를 라스베이거스에서 토론토와 가까운 지역으로 옮기려 하던 토론토 블루 제이스가 서로 교환하면 어떤지를 타진해 왔을 때 메츠는 바로 동의했다.

그래서 윌리 백맨 감독과 크리스 쉬윈든을 포함한 버펄로의 바이슨스에서 일했던 모두는 라스베이거스로 향했고, 쉬윈든이 2012년에 잠깐 투구했었던 라스베이거스에서 일하던 사람들은 모두 버펄로로 향했다.

그건 모든 사람에게 변화를 의미했다. 버펄로 시는 완전히 다른 선수 명단과 새 감독 마티 브라운으로 짜여진 아메리칸리그 제휴사를 갖고 있다. 1년 전 퍼시픽코스트리그로 라스베이거스에서 경기했던 사람들은 대체적으로 변화구보다는 속구 리그로 알려진 인터내셔널리그에 적응해야 했다. 예전의 바이슨스에게도 반대의 일이 일어났다. "완전히 다른 종류의 투구더라고요. 구장도 다르고 심판들도 다 다릅니다. 모든 것이 새롭고 그게 꼭 나쁜 것만은 아니에요." 쉬윈든이 말했다.

메츠 바이슨이 나가고 블루제이스 실버스타즈가 들어온 것은 2013년에는 인터내셔널리그에 6명의 새로운 감독이 있게 된다는 뜻인데 버펄로에는 브라운이, 리하이밸리는 브룬디지 감독으로 시작한다는 의미이다. 다른 네 명의 새로운 얼굴들은 이전 메이저리그 내야수였고 텍사스 레인저스 구단을 떠나 그위닛의 브룬디지 후임으로 간 랜디 래디, 더블A팀 애크런에서 콜럼버스 사바프의 후임을 맡은 크리스 트레미, 전 레드삭스 내야수이며 애너하임에서의 수월한 경영본부 일을 버리고 다시 유니폼을 입고 포터킷의 버스에 올라탄 게리 디사르시나, 시카고 샌디에이고와 워싱턴에서 전 메이저리그 감독이었으며 루이빌에서 벨 감독을 이은 짐 리글맨이었다.

리글맨은 2011년 시즌 중에 계약서 논쟁으로 갑자기 내셔널스를 그만두고 더블A로 되돌아갔고, 2012년 펜사콜라 블루 와후스를 지휘했다. 예순의 나이에 그는 트리플A로 되돌아갔다. 선수들은 운동을 그만두고 싶어

하지 않고 감독들도 감독 일을 그만두고 싶어 하지 않는다.

2013년을 시작하며 리그에서 가장 오래도록 계속 같은 팀을 맡고 있는 감독 둘은 2006년부터 양키스 트리플A팀을 맡고 있는 데이브 마일리와 1년 후 더럼에 온 찰리 몬토요 감독이다.

마일리 감독은 2013년 마침내 버스에서 내리게 됐다. 그의 팀은 새롭게 재건축된 야구장뿐만 아니라 새 이름도 갖게 됐는데 바로 오프 시즌 팀 이름 짓기 경연대회에서 뽑힌 '스크랜튼 윌크스배리 레일 라이더즈'였다.

몬토요 감독은 2012년에 트리플A 감독으로서 승패 면에서는 최악의 시즌을 보냈지만, 좋은 경험이었다고 느끼며 그 상황에서 벗어났다.

"지는 건 전혀 즐거울 게 없죠. 우리는 4월에 연속 13경기 패배로 일찍 묻혀서 승률 0.500을 달성하기 위해 노력한 것 말고는 다른 기회가 없었어요. 하지만 시즌이 끝나고는 제가 팀을 이끌어온 방식에 대해 꽤 만족했습니다. 메이저리그 클럽으로부터의 압력이란 늘 있는 것이지만, 이번엔 메이저의 많은 부상자들 때문에 훨씬 더 심했습니다."

"저를 비롯해서 투수 코치 닐 알렌, 타격 코치 데이브 마이어스 중 누구도 하는 일에 대해 긴장을 풀거나 불평하지 않았습니다. 불평하거나 하는 일은 트리플A에 있다면 누구에게나 있는 일이에요. 특히 성적이 좋지 않은 시즌에는 더 그렇죠. 하지만 우리는 그러지 않았어요. 그런 점이 뿌듯합니다. 4월 5일에 가졌던 만큼의 열정으로 남김 없이 9월 3일까지 계속 이어 나갔습니다. 그것은 차세대 슈퍼스타이든, 1년 더 쥐어짜 보려고 하는 선수이든, 모두 선수들 덕분이었습니다."

그렇다고 몬토요 감독이 9월 3일 마지막 경기 후 집에 가서 가족들을 만나는 걸 기다리지 않았다는 뜻은 아니다.

아이들은 모두 학교에 다니고 있었고 몬토요는 알렉산더가 4번째 심장 수술을 어떻게든 피했으면 하는 바람이었는데, 의사들이 말하길 봄에 할 가능성이 있다고 했다. 더럼에 온 이후로 포스트시즌 경기가 없던 적이 처음이어서 그는 다른 해보다 몇 주 일찍 집에 돌아왔다.

"집에 그렇게 일찍 오니 기분이 좀 묘하더라고요."

그의 남다른 가족 상황 때문에 레이스는 과거에도 몬토요에게 9월에는 팀에 합류하라고 시키지 않았었다. 그런데 이번엔 약간 달랐다. 그 시즌이 끝나고 한 주 후 예전 같으면 더럼에서 이제 시즌이 끝났거나 막 끝나려고 하는 시기였는데, 레이스의 팜 디렉터 미치 루케빅스로부터 전화를 받았다.

"팀이 볼티모어와 뉴욕으로 가네. 자네도 같이 갔으면 하는데." 그는 잠시 말을 멈췄다."자네가 오면 좋을 것 같네."

몬토요 감독은 이해했다. 이반 롱고리아가 라인업에 다시 돌아온 레이스는 플레이오프 자리를 놓고 마지막 박차를 가하고 있었고, 볼티모어와 뉴욕에서의 여섯 경기는 아주 중요한 것이었다. 하지만 루케빅스가 몬토요를 부른 것은 그게 다가 아니었다. 그는 몬토요가 레이스나 다른 팀들의 메이저리그 사람들과 어울리기를 원했다.

"저는 알았죠." 몬토요가 말했다. "루케빅스는 사람들에게 저를 알리고 싶어 했어요. 불펜을 던지거나 경기 전에 수비 연습을 위한 타구를 던질 선수가 필요해서 저보고 가자고 하는 게 아니라는 걸 알았죠."

그 여행은 레이스에게는 만족스럽지 않았다. 비록 90경기를 이기는 것으로 끝내긴 했지만 6번 중 5번을 져서 플레이오프 전엔 못 가게 됐다. 몬토요는 뉴욕에서의 마지막 경기 후 애리조나로 다시 돌아갔고 오프 시즌 동안 폰이 다시 울리기를 기다렸다. 전화는 오지 않았다.

"괜찮아요. 마이너리그를 잘 압니다. 제게 마이너리그는 야구 그 자체죠. 그게 언젠가 변한다면 멋진 일이고 기회를 잡을 수도 있겠죠. 저의 능력을 믿으니까요. 2013년 개막일이면 마흔일곱 살이 되니까 정확히 아직 그리 늙지는 않았어요. 그래서 메이저에서 부를 때까지는 아직 시간이 있습니다."

오프 시즌에 가장 실망스러운 소식은 알렉산더가 수술을 한 번 더 해야 한다고 의사들이 결정했다는 거였다. 수술은 4월 15일에 예정되어 있고 레이스와는 필요한 날짜만큼 몬토요가 자리를 비울 수 있도록 계획을 짜뒀다.

"저희는 수술을 여러 번 겪어 봐서 일을 하는 법을 압니다. 이상하게 들릴지 모르겠지만 사실이에요. 저희는 늘 수술은 월요일로 일정을 잡습니다. 왜냐하면, 의사가 수술 후 적어도 다음 나흘은 병원에 있으니까요. 4월이면, 저는 낮 경기를 마치고 가족을 만나러 UCLA 병원이 있는 로스앤젤레스로 날아갈 겁니다."

"지난번에는 한 달 동안 떠나 있을 준비를 했고 수술 후 5일째 되던 날 알렉산더가 집으로 돌아왔어요. 이번에도 잘 되기를 바랍니다."

알렉산더는 수술할 날짜에 겨우 다섯 살이 될 것이다. "우리는 이번이 마지막 수술이길 바랍니다. 의사들이 이번에도 잘 되지 않으면 다음 단계는 이식을 고려해야 한다고 하거든요." 그는 잠시 멈췄다."그건 안 했으면 좋겠어요."

늘 그렇듯이 몬토요는 메이저리그팀 선수들과 어울리며 메이저리그 생활을 느끼는 봄 훈련을 즐겁게 했다. 그러나 마음 한구석에선 개막일 4월 4일에는 평소의 개막일과 같진 않을 거라고 생각했다. 그가 바라고 기도했던 아들의 마지막 수술이 카운트다운에 들어가는 날이 될 것이다.

"아들은 그동안 정말 놀랍게도 잘 견뎌줬어요. 아들에게 원하는 것이 있다면 평범하고 건강하게 자라는 것입니다."

당연히 아들의 건강이 메이저리그에서 일을 얻는 것보다 훨씬 더 중요하다. 몬토요는 알렉산더가 건강해지는 대가로 트리플A 종신직에 계약할 것이다.

의사들의 말에 따르면 수술은 성공적이었다고 했다. 이제 모두 기다리면서 4번째 수술이 괜찮았는지 두고 봐야 한다. 9월에 불스는 거버너스컵에서 한 번 더 우승했다. 몬토요 감독은 그의 전화기가 울리기를 기다렸다.

린지와 쉬윈든

선수들의 오프 시즌 의례 중 하나는 각자 속한 팀 편지를 한 통 받는 날이다. 그 편지에는 언제 그들이 봄 훈련 도착 보고를 하는지가 나와 있다.

메이저리그 연봉을 보증하는 계약서를 갖고 있는 사람들은 메이저리그 캠프에서 도착 보고를 한다는 걸 안다. 매년 날짜가 달라지기 때문에 어느 날 보고를 해야 하는지만 알면 된다. 2013년에 도착 보고 일자는 평소보다 약간 일렀는데 월드 베이스볼 클래식이 3월에 며칠 봄 훈련과 겹쳤기 때문이다.

어떤 선수들에겐 언제 하는가보다 어디서 하는가가 훨씬 더 중요하다. 종종 노장들은 메이저리그 캠프에 초청된다는 보증 조항이 있는 마이너리그 계약서에 서명하기 때문이다. 대부분 팀들은 메이저리그 캠프에 8~15명 정도 명단에 없는 선수들을 초청한다. 스콧 엘라튼과 스콧 포드세드닉 둘은 2012년 필라델피아 캠프에 등록되지 않은 초청 선수들이었다.

모든 선수는 구단의 처분대로 따른다. "선수들은 구단이 메이저리그 캠프에서 도착 보고를 하라고 하길 바랍니다. 그래야 그곳 사람들에게 자신의 능력을 보여줄 기회를 갖기 때문이죠. 하지만 그런 기회가 오지 않더라도 선수들은 가서 최선을 다해야 합니다." 존 린지가 말했다.

린지는 자유계약 기간이 시작된 후 바로 타이거즈가 2013년 계약을 제의했을 때 기뻤다. 타이거즈는 린지에게 톨레도에서 아주 인상 깊었다고 말했는데, 확실히 필 네빈 감독이 구단에다 린지에 대해 잘 얘기해 둔 것 같았다.

린지는 1월에 편지를 한 통 받았다. 브래이던튼에 있는 마이너리그 캠프로 3월 10일에 도착 보고를 하러 가라는 거였다. 놀라지 않았다. 그것은 그가 원한 것은 아니었으나, 그가 예상했었던 것이다.

"아마도 저는 그곳 시범경기에서 타석에 설 수도 있겠죠. 기회를 못 얻는다면, 톨레도로 돌아가서 작년처럼 기록을 올리기 위해 애쓸 겁니다. 그래서 그들이 누군가가 필요할 때 제가 바로 준비되어 있으면 되니까요. 완벽하진 않지만 멕시코에서 시즌을 시작하는 것보단 훨씬 낫죠."

린지에게 편지가 도착했을 때 담담했던 반면 크리스 쉬원든은 실망했다.

그는 버펄로에서의 시즌 마지막 두 달 동안 충분히 잘 던져서 메이저리그 캠프에서 초청장이 올 거라고 생각했다. 쉬원든은 뉴욕에서 그 시즌을 마치고 2012년에 버펄로에 머물렀기 때문에 적어도 몇 주는 메이저리그 관계자들과 지낼 수 있기를 바랐다. 린지처럼 그의 희망은 좋은 인상을 주는 것이었다.

그는 마이너리그 캠프에서 그렇게 해야 했다. 그의 도착 보고 일은 3월 첫째 주였고, 포트 세인트 루시에 있는 메츠의 마이너리그 캠프에서였다.

"솔직히 편지를 뜯어봤을 때 조금 화가 났습니다. 실망스러웠어요. 저는 비록 팀과 같이 북쪽으로 가지는 않더라도 메이저리그 캠프에 가면 좋은 인상을 심어주고 명단에서 위로 올라가서 시즌이 시작되면 호출되리라 생각했거든요. 그런 일이 2012년에 있었어요. 그때 저는 4월이 끝나기도 전에 메이저로 올라갔습니다. 하지만 작년 여름처럼 좋은 투수가 되려면 특히 저의 체인지업으로 계속 노력해야겠죠. 아직 제가 원하는 싱커를 만들지 못했어요. 그래서 그 싱커가 자리 잡으면 메이저에 가는 것만이 아니라 그곳에서 성공할 수 있을 겁니다. 메이저에서 성공하는 것, 그것이 저의 목표입니다."

쉬윈든은 웃었다. "지난해를 보내고 올해는 비교적 조용하고 수월한 해가 될 거라 생각합니다."

메츠가 그들의 트리플A팀을 버펄로에서 라스베이거스로 옮기면서 마이너리그에서의 생활이 달라졌다. "저는 버펄로를 좋아했고 아주 편안했어요. 추운 데서 투구하는 것은 전혀 문제가 아니었죠. 라스베이거스가 좋은 점은 저희 집과 훨씬 가까워져서 프레즈노에서 제 친구들과 가족들 앞에서 투구할 수 있게 되었다는 겁니다. 작년에는 그곳에 가보지도 못했어요."

물론 쉬윈든은 지난 6월에 라스베이거스에서 잠깐이나마 프레즈노에서 투구하기로 예정되어 있었는데 블루 제이스가 그를 그 선발 등판 전에 방출했다. 그래서 다음 등판은 클리블랜드 인디언스 소유인 콜럼버스에서 등판하게 되었다.

쉬윈든은 2013년에 두 가지 목표가 있다. 하나는 메이저로 돌아가는 것이고, 그곳에서 잘 던져서 한 시즌을 한 구단에서만 보내는 것이다. 35일 동안 4개의 구단을 거치는 일은 너무 심했다.

톰코

린지와 쉬윈든은 그들이 언제 어느 곳에서 도착 보고를 하는지 알려주는 편지를 받았을 때 약간 실망했지만, 브렛 톰코라면 그중의 어느 한 곳이라도 기쁘게 이적했을 것이다.

더럼에서의 내셔널 챔피언십 경기 후에 톰코는 샌디에이고에 있는 집으로 날아가서 아내 줄리아와 그들의 미래에 대해 얘기했다. 챔피언십 팀의 일원이 되는 것은 즐거웠지만 톰코는 자신의 경력이 끝날 수도 있다는 생각에 어느 정도는 차분해졌다.

수년 동안 야구 선수로 지내면서 톰코는 기념품을 모아 왔다. 그는 메이저리그 경기에서 그가 던진 투구를 받은 포수들의 사인이 있는 38개의 야구공을 갖고 있다. 어떤 공은 톰코가 여러 팀에서 한 포수에게 투구했던 것도 있다. 톰코를 맞아 홈런을 쳤던 첫 번째 선수 리코 브로그나에게서 사인받은 배트도 갖고 있었다. 그리고 처음으로 탈삼진 시킨 미키 모란디니에게서 사인받은 배트도 갖고 있다.

"저는 늘 선수 생활이 끝나면 야구공을 넣을 멋진 상자를 만들어야겠다고 계획해 왔어요. 9월에 집으로 돌아가서 아내에게 상자를 만들 때가 왔다고 말했죠. 저는 그런 일하기를 좋아해요. 그리고 꽤 잘 만듭니다. 하지만 그것을 만들고 있는데 갑자기 저 자신의 야구 선수 생활을 끝내는 관을 짜고 있다는 생각이 들더군요. 그래서 조금 불안해졌어요. 정말로 끝낼 준비가 된 건지 생각하게 됐죠."

11월에 자유계약 기간이 시작되었을 때 톰코는 프론트 오피스의 지인들에게 이메일을 보내고 전화를 하기 시작했다. 대부분 봄에 다시 연락하라는 같은 얘기를 했다.

"그들은 또 누구와 계약할 수 있는지 찾고 있을 것으로 생각했어요. 분명히 나이 마흔이 된 투수는 젖혀두겠지만 필요하면 연락을 하겠죠."

봄 훈련이 가까워 오자 약간의 입질이 있었다. 콜로라도가 그가 던지는 것을 잠깐 보고 싶다고 했고, 블루제이스는 던지는 것을 봤다. 하지만 선수들이 봄 훈련을 떠날 때에도 톰코는 일자리를 찾으며 아직 집에 있었다.

"어깨 수술로 재활치료를 할 때 말고는 이번이 19년 만에 처음이에요. 봄 훈련을 빠진 적이 없었는데. 정말 묘한 기분입니다. 대부분 봄에는 애리조나에 있었고 차에 짐을 잔뜩 싣고 혼자 차를 몰고 갔었죠. 지금은 집에 앉아 있네요." 그가 2월 어느 오후에 말했다.

홈이지만 어쩔 수 없이 영원한 홈은 아니다. 톰코는 가까운 고등학교에서 규칙적으로 던지고 있었고, 일반적 봄 훈련 스케줄에 있는 배팅 연습 시에 타자들과 맞닥뜨릴 계획이었다.

"저는 캠프에 있는 것처럼 하고 있어요. 시범경기 시즌에 맞추도록 사이드 세션을 던지고 있습니다. 곧 살아 있는 타자들에게 던질 겁니다. '지금 당장 캠프로 가도 괜찮겠습니까?'라고 누가 물어도 제 대답은 '네'입니다. 저는 아내와 얘기했는데, 아내는 이것이 제가 원하는 일인 걸 알기 때문에 끝까지 해 보기를 바랍니다."

"조금은 무모하다고 할 수 있을 거예요. 이번 겨울에 팀에게 전화할 때마다, 저는 똑같이 말했어요. '이봐요, 저는 지금 당장 뛰고 싶지만, 그리 오래는 못 뛴다는 걸 압니다. 선수로서 다 됐다면 코치나 감독으로 일하고 싶습니다. 밑바닥부터 꼭대기까지 야구에서 모든 걸 경험한 사람을 찾으신다면 제가 바로 그 사람입니다. 제가 맡을 선수 중에 제가 경험해 보지 못한 걸 해 본 선수는 아마 없을 겁니다."

"'톰코, 당신은 한 번도 던져 본 적이 없는 것처럼 던지면서 그렇게 맞추기 까다로운 볼을 어떻게 만들어 내나요?' 야구에서 누구에게도 뒤처지지 않을 만큼 잘 던졌던 곳에서 보낸 반 시즌 동안의 경험을 그들에게 얘기해 줄 수 있습니다. 그리고 같은 시즌 동안에 몇 달은 또한 야구에서 최악의 투수였다는 것도 말해 줄 수 있어요."

"저는 길 아래 물속에서 줄을 잡기 위해 모든 걸 다 꺼내 놓았죠. 무엇보다 지금은 한 번 더 던지고 싶어요."

그 계획은 봄 훈련이 진행되는 동안 전화를 기다리는 것이었다. 아무도 전화하지 않는다면 요크, 펜실베이니아, 캠덴, 뉴저지에 있는 독립 리그 팀들에게 그가 투구할 수 있는지 얘기해 볼 생각이었다.

"그렇게 하는 사람이 있더군요. 저는 잃을 게 없다고 생각해요. 이렇게나 저렇게나……. 어차피 오래 뛰지는 못하니까요. 제가 할 수 있는 한 최대한 해보는 거죠. 제가 그런 멋진 컴백 스토리의 주인공이 될지 아무도 모르는 거죠. 그런 일은 일어나니까요."

그리고 4월의 어느 날, 그는 요크로 떠났다.

롤로

마크 롤로가 불리함을 극복할 기회는 없었다. 심판을 보는 것은 제로섬 게임이었다. 살거나 죽거나.

10월에, 그는 메이저리그로부터는 공식적으로 아무 얘기도 듣지 못했다. 롤로는 간단히 크리스 존스가 결정을 재고했는지 아니면 누군가가 개입해서 자기를 대신해 변호해 줬는지 궁금했다.

"저는 그 문제에 대해 오래 생각지 않았어요. 어떻게 되든 제게 알려주려면 11월 1일까지는 제게 알려줄 시간이 있었으니까요. 공식적인 전화를 받았을 때 실망하고 싶지 않습니다."

결국, 마감일 며칠 전에 연락이 왔다. 크리스 존스와 다른 감독자들이 롤로를 불렀고 그동안 일해준 것에 대해 감사를 표했지만 2013년에는 계약이 갱신되지 않는다고 말해 줬다.

"그 소식을 솔직하지 않은 식으로 듣게 됐다면, 그리고 다시 부를 거라고 말했다면 아마 충격을 받았을 거예요. 하지만 저를 힘들게 한 것은 의례적인 그런 말이었어요. 12년을 일했는데, 회사의 인사부에서 온 편지를 듣고 있는 듯한 그런 느낌이 들었죠. 그것보다는 좀 더 나은 얘기여야 하지 않을까 생각했어요. 야구가 큰 사업이라는 건 알지만 무척 공허하고 씁쓸했던 느낌이 아직도 남아 있습니다."

롤로는 공식적인 전화가 오기 전부터 야구 말고 다른 일을 알아보고 있었다. 하지만 며칠 전 받은 그 전화에 은근히 마음을 쓰고 있는 자신을 발견했다. 그는 궁금한 것이 있었는데, 대답을 듣지 못했고 존스가 말한 얘기 중에 아무것도 그 질문에 대한 답이 되지 못했다. 마침내 전화를 받은 1주일 후 그는 존스에게 이메일을 보냈다.

화를 내는 건 아니었고, 질문이 있었다. "존슨 씨, 이 질문에 대한 답을 듣고 싶습니다. 메이저리그 심판이 되기 위해 할 수 있는 일들을 제가 다 해 봤는지 알고서 제 무덤으로 갈 수 있을까요?"

존스에게 이런 답이 왔다. "자네가 전화하면 얘기해 주겠네."

"바로 그때, 존슨 씨와는 더 이상 그 얘기를 하고 싶지 않다는 생각이 들었어요. 답이 무엇이든지 간에 제가 원하는 답을 들을 수 없다는 생각이 들었어요. 그가 제가 시도할 만한 일은 다해 봤다고 얘기한다 해도 솔직한 답이라고 느끼지 못할 테니까요."

"그래서 래리 영에게 전화하기로 했죠. 그는 2011년에 메이저로 저를 처음 불러준 감독자였어요. 그 사람이라면 사실이 무엇이든지 제게 얘기해 줄 것 같았어요. 래리는 제게 바로 전화를 해줬고 저는 그에게 대답을 듣고 싶은 게 있다고 얘기했죠. 제가 물었더니 그의 답은 아주 직접적이었어요. '다시는 그 문제에 대해선 생각하지 말게. 자네는 할 수 있는 걸 다 했네. 인생에서 시기가 아주 중요한데, 시기적으로 운이 없었을 뿐이네.'"

"제가 듣고자 했던 답이었어요. 물론 상처를 받지 않았다거나 어느 정도 이제는 그것에 대해 애석해하지 않는다는 뜻은 아닙니다. 하지만 그 후로는 끝이 난 것처럼 느껴졌습니다."

롤로는 그 전화 이후는 열심히 면접을 보러 다녔다. 그는 긴 면접을 끝내고 자금 관리인으로 일자리를 얻었지만 마지막 순간에 거절했다. 면접을 보는 곳마다 다 잘 봤다.

"다섯 곳을 보고 다섯 군데서 다 일자리를 제의받았어요. 하지만 망설였죠. 아직 준비가 안 됐거든요."

마침내 2월 유니 퍼스트라는 이름의 유니폼 공급업체에서 일자릴 제의받았다. 사무실은 콜럼버스의 교외에 있는 그의 집에서 75km 떨어져 있었지만 일주일에 며칠은 집에서 일해도 된다고 해서 롤로는 하기로 했다.

"저는 아직도 제가 어디서 다시 심판 일을 하고 싶은 건지 결정하지 못했어요. 빅텐 야구나 고등학교 축구부에 지원해볼까도 생각해봤습니다. 그건 재밌을 것 같긴 해요."

"이런 일들이 현재 저의 진행 상황입니다. 지금쯤 제 친구들은 봄 훈련을 떠나겠죠. 1년 전 저는 빅리그 심판이 되는 것이 그리 멀리 있지 않다고 생각하면서 메이저리그 봄 훈련에 있었는데요. 이제 저는 차를 몰고 매일 사무실로 출근합니다. 제 가족들에겐 좋은 일이죠. 압니다. 하지만 제게 야구가 완전히 끝났다고는 솔직히 말할 수 없습니다."

위대한 선수는 두 번 죽는다는 오랜 속담이 있는데 심판도 역시 그렇다.

엘라튼

일단 엘라튼이 9월 초, 앨런타운에서 라마르까지 이틀을 운전해서 온 이후 쓰린 감정이 사그라지는데 꼬박 한 달이 걸렸다. 8월에 선발을 놓치게 했던 그의 오금줄은 아직 아팠지만, 그것 말고는 36세치고는 건강하다고 느껴졌다.

"야구 한 시즌을 다 뛴 건 한참 됐습니다 . 건강하게 한 시즌을 뛴 것은 훨씬 더 적고요. 제가 마지막으로 전체 시즌을 다 투구한 것은 2007년이었죠. 야구에서는 저는 젊지 않지만 젊다 하더라도 5년은 긴 휴지 기간이에요. 그래서 시간이 좀 걸렸습니다. 하지만 점점 기분도 좋아지고 다시 투구하고 싶다는 생각이 들었어요. 저는 회피하는 걸 좋아했던 듯해요."

톰코에게 그랬던 것처럼 문제는 그에게 기회를 줄 수 있는 누군가를 만날 수 있는가 하는 것이다. 그는 2012년에 자신에게 기회를 준 필라델피아 단장 루벤 아마로와 얘기했고 아마로는 솔직하게 얘기해 줬다.

"지금 당장은 자네에게 해 줄 게 없네."

"필라델피아는 관심 있게 보는 어린 투수들이 있어서 37세 된 투수는 그 계획에는 들어맞지 않았죠. 단장님은 봄이 되면 좀 바뀔 수도 있다고 얘기하셨지만, 전 그냥 기대하지 않는 게 낫다는 걸 알았어요."

엘라튼은 자신이 생각하기에 경험 있는 선발투수를 예비 선수로 구할지도 모르는 열 팀을 뽑아 봤다. 그가 팀의 누군가를 알면 이메일을 보냈다. 아는 사람이 없는 경우엔 팜 디렉터에게 메모를 보냈다. 엘라튼은 그게 사리에 맞는 시작점이란 걸 알았다.

톰코처럼, 엘라튼도 에이전트에 의존하지 않고 자신이 직접 메모나 이메일을 보냈다. 협상이 이뤄지면 그때 에이전트를 개입시킬 생각이었다.

"일을 하다 보면 어떤 시점에는 에이전트에게 해 달라고 하기 어려운 그런 종류의 일도 있습니다. 그리고 에이전트보다 선수에게 직접 '자리가 없습니다.'라고 하는 게 더 어려울 것 같기도 했습니다. 하지만 그리 어려워하지 않더군요."

"저는 9군데서 '안 된다'는 답을 들었어요. 그저 그 시점엔 필요한 선수가 없다고 공손하게 대답하더라고요."

10번째 대답은 브래드 스테일에게서 왔는데 새롭게 이름이 바뀐 미네소타 트윈스의 팜 디렉터였다. 그와 테리 라이인 단장이 엘라튼과 마이너리그 계약을 하고 싶다는 거였다.

"펄쩍 뛰었죠. 던질 수 있는 기회였거든요. 저는 지난 시즌 첫 몇 달 동안에 메이저리그 선수로서의 기준과 그리 멀리 있지 않았고, 그해 또 잘 뛰었던 오프 시즌에서의 경험으로 여전히 메이저로 되돌아갈 수 있다고 믿어요. 저는 사람들이 트리플A가 천장이라고 말해도 뒤돌아서지 않을 겁니다. 사람들이 제가 해낼 거라고 생각하지 못하는 그런 힘든 일을 해낼 수 있다는 믿음, 경쟁력 있는 당근이 필요합니다. 제 말은 여기저기 이동하면서도 5년 동안 빅리그에 얼마나 자주 올라갔는지 생각해 보라는 뜻입니다."

트윈스의 제의는 적어도 불가능할 것 같은 일을 해낼 기회, 희망을 줬다. 그의 가족은 100% 찬성했다. "저와 계약하려는 팀이 있다고 말하자마자 모두의 반응은 '봄 훈련장으로 언제 떠나요?'였습니다. 가족들은 그날 차 안에서 점프하며 떠날 준비를 마쳤어요."

그래서 엘라튼은 3월 7일에 플로리다 포트 마이어스에 있는 마이너리그 캠프로 나오라는 편지가 왔을 때 전혀 실망하지 않았다. 마이너리그 봄 훈련 클럽하우스가 북적대는 것도 전혀 문제가 되지 않았다.

"작년엔 제가 메이저리그 캠프에 한 달 있다가 내려가서 신체 시스템에 충격이 왔어요. 그런 종류의 호사스러움이 망쳐놓았던 거예요. 그래서 마이너리그 클럽하우스로 들어가는 게 힘들었었죠. 올해는 첫날부터 그곳에 도착할 것이고 전혀 문제가 되지 않을 거예요."

"사실 저는 지금 잔뜩 기대하고 있습니다."

3월 1일 엘라튼 가족은 차에 짐을 싣고 플로리다로 대륙 횡단 여행을 떠났다. 그들은 엘라튼이 도착 보고하기 전까지 며칠 시간이 있었다. 그래서 2,870km를 여행하는 동안 자주 멈춰 쉬면서 시간을 보냈다. 가족의 최종적인 목적지는 야구월드로써 포트 마이어스가 아니었다.

"저는 클럽하우스로 걸어 들어가서 제 이름이 새겨진 사물함과 유니폼을 보게 될 겁니다." 엘라튼은 남쪽으로 갔다가 한 번 더 동쪽으로 방향을 돌릴 것이다. 그리고 그전에 말했다. "저는 여전히 야구 선수예요. 솔직히 그것만큼 좋은 직업은 생각해 낼 수가 없습니다."

사실 그는 야구 경기에서 모두를, 메이저리그 사람들, 마이너리그 사람들, 독립 리그 사람들, 선수, 감독, 코치, 스카우트, 심판, 중계방송인, 작가, 팬들, 모두 다를 대변해서 말했다.

그들 모두 한 가지 공통점을 갖고 있는데 바로 야구를 사랑한다는 것이다. 그들이 마지막으로 유니폼을 벗기 전에 모두 고참 투수 짐 부튼의 유명한 책 《볼넷》의 맺음말에서 유창하게 그려진 진실 하나를 발견한다.

"거 보시오. 당신은 당신 삶의 좋은 시절을 야구공을 잡느라 허비하고 결국에는 늘 거꾸로 갔다는 걸 알게 됩니다."

진실된 이야기는 쓰인 적이 없다.

메이저리그 마이너리그 치열한 경쟁

초판 1쇄 인쇄 2018년 4월 6일
초판 1쇄 발행 2018년 4월 13일

지은이 | John Feinstein
옮긴이 | IB스포츠
펴낸이 | 박정태
편집이사 | 이명수 감수교정 | 정하경
편집부 | 김동서, 위가연, 이정주
마케팅 | 조화묵, 박명준, 송민정 온라인마케팅 | 박용대
경영지원 | 최윤숙

펴낸곳 BOOK STAR
출판등록 2006. 9. 8. 제 313-2006-000198 호
주소 파주시 파주출판문화도시 광인사길 161 광문각 B/D 4F
전화 031)955-8787
팩스 031)955-3730
E-mail kwangmk7@hanmail.net
홈페이지 www.kwangmoonkag.co.kr

ISBN 979-11-88768-05-9 03690
가격 19,000원